Hesse/Keppler/Schuseil
Theoretische Grundlagen der „Fiscal Policy“

Theoretische Grundlagen der „Fiscal Policy“

von

Prof. Dr. Dr. h.c. Helmut Hesse
Universität Göttingen

Dr. Horst Keppler
Bundesbankdirektor, Hannover

Dr. Andreas Schuseil
Ministerialrat, Bonn

2., neubearbeitete und erweiterte Auflage

Verlag Franz Vahlen München

Die Deutsche Bibliothek – CIP-Einheitsaufnahme

Hesse, Helmut:
Theoretische Grundlagen der „Fiscal policy" / von Helmut Hesse ; Horst Keppler ; Andreas Schuseil. – 2., neubearb. und erw. Aufl. – München : Vahlen, 1998
ISBN 3 8006 2178 9

ISBN 3 8006 2178 9

Gesamtherstellung: C. H. Beck'sche Buchdruckerei, Nördlingen
Gedruckt auf säurefreiem, alterungsbeständigem Papier
(hergestellt aus chlorfrei gebleichtem Zellstoff)

Vorwort zur ersten Auflage

Dieses Lehrbuch ist weitgehend identisch mit den Lehrbriefen „Makroökonomische Analyse der Wirkungen des Budgets“, die im Jahr 1979 für die Fernuniversität Hagen angefertigt worden sind. Lehrbriefe wenden sich an Studenten, die keine Gelegenheit zur Rücksprache mit ihrem Dozenten haben. Sie entsprechen deshalb nicht üblichen Lehrbüchern, in denen man auf Zwischenschritte bei Ableitungen und ausführliche Darstellung von Einzelaspekten verzichten darf.

Die Lehrbriefe wurden 1982 überarbeitet, ergänzt und neu geordnet. Die Überarbeitung folgte weitgehend den Hinweisen von Studenten der Fernuniversität Hagen und der Universität Göttingen auf unklare Formulierungen und auf zu knappe Ableitungen von Formeln und Lehrsätzen. Die Ergänzung wurde notwendig, weil in der Literatur seit 1979 neue Forschungsergebnisse vorgestellt und diskutiert worden sind. So mußten die Kapitel 3.3, 4.2, 4.4 und 4.6 eingefügt werden. Überarbeitung und Ergänzung der Lehrbriefe machten es notwendig, die Kapitel neu zu ordnen. Die Kapitel 1, 2 und 3.1 dieses Lehrbuchs entsprechen der Kurseinheit I 1 der Lehrbriefe; die Kapitel 3.2 und 3.4 sind mit der Kurseinheit I 2 identisch; die Kapitel 4.1, 4.3 und 4.5 decken sich mit der Kurseinheit I 3; das Kapitel 5 ist aus der Kurseinheit II 1 hervorgegangen, die Kapitel 6 und 7 entsprechen der Kurseinheit II 2; und die Kapitel 8 und 9 sind identisch mit der Kurseinheit II 3.

An der Überarbeitung der Lehrbriefe war Herr Dr. *Andreas Schuseil* wesentlich beteiligt. Er hat auch wichtige Vorarbeiten für die Kapitel geleistet, um die die Lehrbriefe ergänzt worden sind. Schließlich habe ich das Kapitel 5.2 mit ihm zusammen erarbeitet; aus dieser Zusammenarbeit ist die im Literaturverzeichnis zum Kapitel 5.2 angegebene Veröffentlichung hervorgegangen.

Für wichtige Hinweise bei der Überarbeitung danke ich Herrn Professor Dr. *Volker Arnold,* Herrn Professor Dr. *Hans-Joachim Jarchow,* dem didaktischen Zentrum der Fernuniversität Hagen und meinen Mitarbeitern in Göttingen. Besonderen Dank schulde ich Herrn Professor Dr. *Manfred Neumann* (Nürnberg), der mir an einer wichtigen Stelle des Buches entscheidend weitergeholfen hat. Frau *Ingrid Ferreira* hat den Text mehrfach mit großer Geduld getippt, auch ihr danke ich herzlich.

Göttingen, November 1982 *Helmut Hesse*

Vorwort zur zweiten Auflage

Das Tempo des Wirklichkeitswandels in der gegenwärtigen, modernen Welt ist so groß, daß Lehrbücher selbst dann schnell veralten, wenn sie weniger auf die Weitergabe tradierten Wissens, mehr auf eine Verbesserung der Fähigkeiten zur ökonomischen Analyse ausgerichtet sind. Das gilt auch für dieses Lehrbuch, dessen Ziel die Befähigung zur makroökonomischen Analyse der Wirkungen des Budgets ist. Seit Erscheinen der ersten Auflage haben zu Änderungen im wirtschaftlichen Umfeld der „fiscal policy" insbesondere die Globalisierung der Finanzmärkte und die Internationalisierung von Wettbewerb und Produktion geführt. Darüber hinaus hat in zahlreichen Ländern ein starker Anstieg der Staatsschuld und der mit ihr verbundenen Zinslast die langfristige Tragfähigkeit („sustainability") der aktuellen Budgetstrukturen in Frage gestellt.

Diese Entwicklungen begründen die wesentlichen Änderungen der zweiten Auflage gegenüber der ersten. Im Kapitel 5 „Fiscal Policy in offenen Volkswirtschaften" wird ein Zwei-Länder-Modell entwickelt, das den Einfluß der „fiscal policy" auf das Ausland und die Rückwirkungen auf das Inland in die Analyse einbezieht. Im Kapitel 6 wird die Frage nach der Tragfähigkeit des Staatsbudgets erörtert; die damit verbundenen Überlegungen, welcher Handlungsspielraum für die „fiscal policy" verblieben ist, werden im Kapitel 7 vorgetragen. Auf eine Interpretation des Stabilitätsgesetzes wurde verzichtet (bisher Kapitel 9), da es seine frühere Bedeutung als Magna Charta der „fiscal policy" offensichtlich verloren hat. Dafür wurde in einem neuen Abschnitt 6.5 der Europäische Stabilitätspakt kurz beschrieben.

Die sonstigen Änderungen entsprechen dem Üblichen: Fehler und Unklarheiten, auf die dankenswerterweise Kollegen und Studenten hingewiesen haben, wurden beseitigt; einige Stellen wurden gestrafft; die statistischen Angaben wurden auf den neuesten Stand gebracht; Literaturhinweise wurden ergänzt.

Bei der Vorbereitung der zweiten Auflage habe ich so eng mit Herrn Dr. *Horst Keppler* zusammengearbeitet und mit ihm so intensiv diskutiert, daß die neu eingefügten Kapitel und Abschnitte eine echte Gemeinschaftsproduktion darstellen.

Hannover, im Februar 1998 *Helmut Hesse*

Inhaltsverzeichnis

Verzeichnis verwendeter Symbole

A	Beschäftigung
A_{st}	Ausgaben des Staates für Güter und Dienste
B	Anzahl der Bonds
Bg	Steuerbemessungsgrundlage
Bd	Budgetdefizit
C	Konsumgüternachfrage der privaten Haushalte
C^G	Konsumgüternachfrage der Bezieher von Gewinn- und Kapitaleinkommen
C^W	Konsumgüternachfrage der Bezieher von Löhnen und Gehältern
E	Erwartungswert
E_{pr}	das im privaten Sektor entstehende Leistungseinkommen
E_{st}	das im staatlichen Sektor entstehende Leistungseinkommen
Ex	exportierte Güter
El	kaufkraftmäßiges Realeinkommen
G	Gewinn- und Kapitaleinkommen
G_v	verfügbares Gewinn- und Kapitaleinkommen
I	Nettoinvestitionen
Im	importierte Güter
Inf	Informationsmenge
$\overline{K}$	Kapitaleinsatz in der Produktion
K	Saldo der Kapitalverkehrsbilanz
Kr_{st}^{ZB}	Kreditaufnahme des Staats bei der Zentralbank
L	gewünschte Kassenhaltung oder Geldnachfrage (Liquiditätspräferenz)
L^S	gewünschte, spekulative Kassenhaltung
L^T	gewünschte Kassenhaltung zu Transaktionszwecken
M	Geldangebot bzw. Geldvolumen
M_B	Bargeldumlauf
Mu	Multiplikator
N	Güternachfrage
S	Ersparnisse der privaten Haushalte
T	Steuern
T^G	Steuern der Bezieher von Kapital und Gewinneinkommen
T^W	Steuern der Bezieher von Löhnen und Gehältern
T_d	direkte Steuern
T_i	indirekte Steuern
Tr	Transferzahlungen
U	Umfang der Unterbeschäftigung
V	finanzielles Vermögen
VE	Volkseinkommen
VL	staatliche Nachfrage nach Gütern bei privaten Produzenten
W	Löhne und Gehälter
X	Produktionsmenge
Y	Nettosozialprodukt zu Marktpreisen
Y_h	hypothetisches Nettosozialprodukt zu Marktpreisen
Y_v	verfügbares Einkommen
Y_v^P	permanentes, verfügbares Einkommen
Z	Saldo der Devisenbilanz
a	absolutes Glied der Konsumfunktion
b	marginale Konsumquote in bezug auf das verfügbare Einkommen

d	totales Differential
g	Gewinnquote vom Volkseinkommen
h	Anteil des Bargeldumlaufs am Geldvolumen (Kapitel 3.4)
h	Konsumquote der permanenten Einkommenshypothese (Kapitel 3.3)
h	kurzfristig konstante Beziehung zwischen Unterbeschäftigungsrate und Auslastungsgrad der Kapazitäten (Kapitel 4)
i	Zinssatz
k	marginaler Kassenhaltungskoeffizient in bezug auf das Sozialprodukt
l	Bruttolohnsatz
j	Steigerungsrate des Bruttolohnsatzes = dl/l
m	derjenige Teil der Staatsausgaben, der in Form von Vorleistungen von privaten Unternehmungen gekauft wird
m	Liquiditätspräferenz (Kapitel 4)
n	gewinnunabhängige Steuern bei Beziehern von Kapital- und Gewinneinkommen (Kapitel 3)
n	Investitionsneigung (Kapitel 4)
p	Preisniveau der im Inland hergestellten Güter
$\dot{p}$	Preissteigerungsrate = dp/p
p_{Im}	Preis importierter Güter in inländischer Währung
r	Realzins
s	marginale Sparquote
t	derjenige Anteil des Sozialprodukts, der in Form von Steuern dem Staat zufließt
t^G	Proportionalitätskoeffizient für Steuern aus Gewinn- und Kapitaleinkommen
t^W	Proportionalitätskoeffizient für Steuern aus Löhnen und Gehältern
t_d	derjenige Anteil des Volkseinkommens, der in Form von direkten Steuern dem Staat zufließt
t_i	derjenige Anteil des Nettosozialprodukts zu Marktpreisen, der in Form von indirekten Steuern dem Staat zufließt
u	Unterbeschäftigungsrate
w	Wechselkurs

α	Lohnsteigerungsparameter
β	Erwartungsbildungskoeffizient (Kapitel 3)
β	Anteil der erwarteten Inflationsrate, der in Lohnsteigerungen übergeht (Kapitel 4)
∂	partielles Differential
γ	„Built-in-flexibility"-Maß
κ	Mark-up-Parameter
τ	Steuerparameter
π	Preisindex der im Inland absorbierten Güter

Häufig verwendete Suffixe:

A	Angebot
H	Haushalte
N	Nachfrage
P	Parlament
R	Realgröße
a	ausländische Variable
t	Periodenindex
•	erwartete Größe
+	geplante Größe

Verzeichnis der Abbildungen, Tabellen und Übersichten

Kapitel 1:
Einführung in Gegenstand und Aufbau dieses Lehrbuchs

Lehrziele

Kurse über die makroökonomische Analyse der Wirkungen staatlicher Budgets sollen Studenten auf Tätigkeiten vorbereiten, die ihnen in ihrem späteren Beruf anvertraut werden. Studenten sollen heute lernen, wie sie später „fiscal policy" vorbereiten, mitgestalten oder analysieren können.

Da heute nicht bekannt ist, in welcher Situation der Volkswirtschaft zukünftige fiskalpolitische Maßnahmen ergriffen werden, läßt sich diese Absicht nur verwirklichen, wenn

- die Fähigkeit zu modelltheoretischer Analyse der „fiscal policy" vermittelt wird und
- die wichtigsten Wirkungszusammenhänge und Aspekte, die bei dieser Analyse zu berücksichtigen sind, herausgearbeitet werden.

Dieses sind die beiden Hauptlehrziele des gesamten Lehrbuchs. Sie lassen sich nicht erreichen, ohne daß zuvor genau geklärt wird, welche Ziele der „fiscal policy" zugeordnet werden und in welchem Verhältnis diese Ziele zu anderen Zielen der Wirtschaftspolitik stehen. Zudem muß im vorhinein gezeigt werden, auf welche Weise die Wirkungen staatlicher Budgets hinsichtlich der Ziele der „fiscal policy" analysiert und aufgedeckt werden können. Somit sind diesem Eingangskapitel zwei Aufgaben gestellt: die Zielfestlegung und die Untersuchungsmethode.

Nach Durcharbeitung des Kapitels sollten Sie in der Lage sein:

- „fiscal policy" zu definieren und
- die wichtigsten methodischen Schritte zur Analyse der „fiscal policy" anzugeben.

1.1. Was ist „fiscal policy"?

Dieses Lehrbuch ist der Analyse der *kurzfristigen* Wirkungen des staatlichen Budgets+* auf den Wirtschaftskreislauf gewidmet. Es soll erörtert werden, wie man die Effekte der staatlichen Ausgaben und der Steuern auf die Entstehung und die Verwendung des Sozialprodukts+, auf das Preis- und das Zinsniveau, auf die Beschäftigung und auf den Saldo der Devisenbilanz+ erfassen kann.

---

* Die mit + gekennzeichneten Begriffe sind im Glossar definiert.

Man kann den so geschilderten Inhalt des Lehrbuchs anders formulieren: Der Leser soll in die Theorie der „fiscal policy“ eingeführt werden. Zur Beschreibung dessen, was „fiscal policy“+ ist, empfiehlt es sich, auf die drei Elemente einzugehen, die jedes wirtschaftspolitische Problem begründen: auf *Ziel, Lage* und *Mittel.* Immer dann besteht die Notwendigkeit zu wirtschaftspolitischem Handeln, wenn die Lage, in der sich eine Volkswirtschaft befindet, von dem Zustand der Volkswirtschaft abweicht, den die Gesellschaft mehrheitlich als wünschenswert und erreichbar ansieht (Ziel). Es ist dann zu überlegen, mit Hilfe welcher Maßnahmen (Mittel) dieses Spannungsverhältnis aufgelöst und die aktuelle Situation in die gewünschte überführt werden kann.

„Fiscal policy“ wird durch ihre Maßnahmen (Mittel) und durch die Ziele definiert, die mit Hilfe dieser Maßnahmen erreicht werden sollen. Als *Maßnahmen* sind alle Änderungen staatlicher Ausgaben und staatlicher Einnahmen zu betrachten, mit denen die gesamtwirtschaftliche Nachfrage beeinflußt werden kann („demand management“, Nachfragesteuerung). *Ziele* der „fiscal policy“ sind die Überwindung von Arbeitslosigkeit und die Bekämpfung von Inflation. Da „fiscal policy“ Nachfragesteuerung betreibt, sind diese Ziele jedoch einzuengen. Von der „fiscal policy“ kann nur die erfolgreiche Überwindung einer nachfragebedingten Arbeitslosigkeit (konjunkturelle Arbeitslosigkeit, „Nachfragemangelarbeitslosigkeit“) und in gleicher Weise nur die Bekämpfung einer nachfrageinduzierten Inflation („demand-pull-inflation“) erwartet werden.

„Fiscal policy“ hat nicht den Entwicklungspfad einer Volkswirtschaft zum Gegenstand. Sie ist nicht Wachstums-, sondern Stabilitätspolitik. Sie soll die konjunkturellen Schwankungen um den langfristigen Trend des Sozialprodukts glätten. Um diesen mehr kurzfristigen Aspekt zum Ausdruck zu bringen, verwendet man im deutschen Sprachbereich den angelsächsischen Begriff „fiscal policy“. Er läßt sich nicht mit „Fiskalpolitik“ übersetzen; denn dieser Begriff ist umfassender und schließt den Einsatz von finanzpolitischen Maßnahmen zu anderen Zwecken als dem der Stabilisierung des Wirtschaftskreislaufs ein. Das bedeutet nicht, daß „fiscal policy“ dem Wachstumsziel überhaupt nicht zugeordnet werden könnte. Bevor eine Maßnahme ergriffen wird, sollte auch geprüft werden, wie sie den Wachstumspfad der Volkswirtschaft beeinflußt. Erkennt man bei dieser Prüfung, daß die Maßnahme die wirtschaftlichen Wachstumschancen des Landes beeinträchtigt, sollte man eine andere Maßnahme auswählen, selbst wenn diese das Stabilisierungsziel nicht gleich gut erreichen hilft wie die zunächst geplante. Dies gilt um so mehr, als „fiscal policy“ um so leichter wird, je höher die Wachstumsrate des Sozialprodukts ist und je flexibler die Produzenten auf Nachfrageänderungen reagieren können.

Es gibt wenige wirtschaftspolitische Maßnahmen, die sich gleich gut zur gleichzeitigen Erreichung mehrerer, unterschiedlicher Zielsetzungen eignen. In der Regel haben einzelne Maßnahmen wie auch Maßnahmebündel relative (man sagt auch: komparative) Vorteile hinsichtlich der Erreichung einzelner wirtschaftspolitischer Ziele. Deshalb ist es erforderlich, eine Arbeitsteilung der Träger der Wirtschaftspolitik festzulegen und dabei jedem Politikbereich das Ziel zuzuordnen, zu dessen Erreichung er am besten geeignet ist. Dieses Zuordnungsproblem wird häufig – selbst im deutschen Sprachbereich – „assignment problem“ genannt; es wird in diesem Lehrbuch ausführlich erörtert werden müssen. Dabei wird zu zeigen sein, daß die „fiscal policy“ gegenüber der Geldpolitik komparative Vorteile im Hinblick auf die Sicherung der „Binnenstabilität“ (Vollbeschäftigung, Preisniveaukonstanz), die Geldpolitik hinsichtlich der „Außenstabilität“ (ausgeglichene Devisenbilanz bei festem Wechselkurs oder Konstanz des flexiblen Wechselkurses) hat.

Träger der „fiscal policy" ist der Staat. Parlamente beschließen über die Höhe staatlicher Ausgaben für Güter und Dienste, über Transferzahlungen+ an Konsumenten und Produzenten, über Steuerbemessungsgrundlagen und -tarife und über die staatliche Kreditaufnahme. Die Regierungen von Bund und Ländern werden im Rahmen der von den Parlamenten verabschiedeten Gesetze tätig. Im Rahmen der Finanzaufsicht der Länder über die Kommunen sind auch diese verpflichtet, zur Erreichung konjunkturpolitischer Zielsetzungen beizutragen.

1.2. Warum „Theorie" der „fiscal policy"?

Ein Lehrbuch zur „fiscal policy" soll Studenten auf Tätigkeiten vorbereiten, die ihnen in ihrem späteren Beruf anvertraut werden. Studenten sollen heute lernen, wie sie später „fiscal policy" vorbereiten, mitgestalten oder analysieren können.

Ein solches Lehrziel läßt sich schwerlich durch Beschreibung und Aufarbeitung gegenwärtiger oder vergangener fiskalpolitischer Maßnahmen erreichen. Konkrete „fiscal policy" ist nämlich immer in die historische Situation eines Landes eingebettet, sie muß in Ausgestaltung, Umfang und Zeitpunkt der Maßnahmen jeweils auf die besonderen Gegebenheiten der Volkswirtschaft ausgerichtet sein. „Fiscal policy" läßt sich nicht nach einer festen Regel betreiben. Deshalb liefert das Studium konkreter gegenwärtiger oder vergangener Maßnahmen nicht notwendig Erkenntnisse, die auf die Zukunft übertragen werden können. Leichter läßt sich das angestrebte Lehrziel durch Herausarbeitung von wichtigen Wirkungszusammenhängen und von immer wieder zu beachtenden Aspekten erreichen. Dazu ist es notwendig, die Wirkung einzelner fiskalpolitischer Maßnahmen modelltheoretisch abzuleiten und die jeweiligen Modelle unter didaktischen Gesichtspunkten so zu konstruieren, daß der jeweilige Wirkungszusammenhang oder Aspekt so eindringlich wie möglich hervorgekehrt wird. Eine solche isolierende, theoretische Betrachtung ist gewiß abstrakt: Modelle nämlich dürfen nie als geistige oder visuelle Nachbildungen der Realität angesehen werden. Sie stellen lediglich eine Organisation des Denkens dar, einen Weg, über Realität im Hinblick auf bestimmte menschliche Zwecke nachzudenken. Mit Hilfe der isolierenden, theoretischen Methode kann man jedoch derartig nachdrücklich auf wichtige Gesichtspunkte aufmerksam machen, daß der Student diese Aspekte bei seinen zukünftigen Tätigkeiten nicht mehr übersehen wird. Hinzu kommt, daß nur auf diese Weise die Fähigkeit erworben werden kann, in veränderten Situationen „fiscal policy" wissenschaftlich sauber zu analysieren.

1.3. Grundsätzliche Überlegungen zur Entwicklung einer Theorie der „fiscal policy"

Da „fiscal policy" wichtige Aggregate des volkswirtschaftlichen Kreislaufs beeinflussen soll, kann man auf diejenigen Modelle zurückgreifen, die an allen Universitäten traditionellerweise während der Lehrveranstaltungen zur Makroökonomik entwickelt werden. Bei der Konstruktion solcher Modelle geht man stets in folgenden Schritten vor, an die hier erinnert werden muß:

1. Schritt: Das zu behandelnde Problem ist zu kennzeichnen und abzugrenzen. Zu seiner Beschreibung sind operationale Maßgrößen (z.B.: Sozialprodukt, Kollektivkonsum+) zu definieren und gegebenenfalls statistisch zu ermitteln.

2. Schritt: Es ist zu klären, welche Gruppen von Menschen mit ihren Verhaltensweisen, Entscheidungen oder Handlungen direkt oder indirekt die wichtigen volkswirtschaftlichen Aggregate bestimmen, die mittels der „fiscal policy" beeinflußt werden sollen. Dabei ist nicht nur an Private, sondern auch an Entscheidungsträger im staatlichen Bereich zu denken.

3. Schritt: Über das Verhalten jeder dieser Gruppen ist eine Hypothese aufzustellen und plausibel zu machen. Jedes Modell umfaßt deshalb Verhaltenshypothesen bzw. -funktionen. Sie stellen normalerweise die wichtigsten Modellelemente dar. In der Aufstellung und Begründung solcher Funktionen zeigt sich vielfach die eigentliche und entscheidende Leistung des Nationalökonomen.

4. Schritt: Die Beschränkungen, unter denen die Wirtschaftssubjekte handeln, sind explizit anzugeben. Zu ihnen gehören insbesondere die technologischen Bedingungen der Produktion (sog. Produktionsfunktion).

5. Schritt: Es ist zu prüfen, ob dem Erkenntnisziel, das mit dem Modell verfolgt werden soll, Genüge getan wird, wenn man sich mit der Ableitung von Gleichgewichtswerten der einzelnen Kreislaufgrößen begnügt. Im Gleichgewicht erlebt keine Gruppe Überraschungen in dem Sinn, daß sich andere Gruppen, auf deren Aktivitäten sie sich einstellt, anders als erwartet verhalten. Die Wirtschaftspläne der in gegenseitiger Abhängigkeit stehenden Gruppen sind dann kompatibel. Ernsthaft zu erwägen ist deshalb, ob die einzelnen Gruppen des Kreislaufs auf Störungen und Überraschungen so reagieren, daß der sich daraus ergebende Anpassungsprozeß jeweils zu einem neuen Kreislaufgleichgewicht führt. Ist man davon überzeugt, daß das volkswirtschaftliche System immer zum Gleichgewicht tendiert, lassen sich durch die Vorhersage desjenigen Gleichgewichts, auf das die Volkswirtschaft nach einer fiskalpolitischen Maßnahme zusteuert, die Wirkungen der „fiscal policy" hinreichend beschreiben. Dem Modell sind in diesem Fall entsprechende Gleichgewichtsbedingungen hinzuzufügen. Diese erleichtern die Analyse ganz erheblich, blenden jedoch den gesamten Anpassungsprozeß von einem Gleichgewicht zu einem anderen aus.

6. Schritt: Aus den Verhaltenshypothesen sind unter Beachtung der technologischen Gegebenheiten und sonstigen Beschränkungen und gegebenenfalls unter Berücksichtigung der Gleichgewichtsbedingungen auf dem Wege logischer Deduktion Vorhersagen über die endogenen Variablen des Modells wie Sozialprodukt, Preisniveau und Beschäftigung abzuleiten.

Hat man sich (beim 5. Schritt) für die Aufstellung eines Gleichgewichtsmodells entschieden, ist in der Regel eine Vorhersage über die Änderungswerte von Sozialprodukt, Preisniveau, Beschäftigung usw. abzuleiten. Man ermittelt die Differenz zwischen den Gleichgewichtswerten, welche die einzelnen Kreislaufgrößen vor und nach Ergreifen einer fiskalpolitischen Maßnahme annehmen. Eine solche, zwei Gleichgewichte miteinander vergleichende Analyse, nennt man komparativ-statisch. Sie steht im Mittelpunkt dieses Lehrbuchs.

7. Schritt: Die Vorhersagen müssen getestet werden. Sie sind in einem späteren Zeitpunkt den dann vorliegenden, statistisch erfaßten Fakten gegenüberzustellen. Stellt sich dabei heraus, daß die Vorhersagen falsch waren, sind die Verhaltenshypothesen des Modells zu überprüfen und verbesserte Modelle aufzustellen. In dieser Weise vollzieht sich wissenschaftlicher Fortschritt.

Indem sich die modelltheoretische Analyse der „fiscal policy" in diesen sieben Schritten vollzieht, unterscheidet sie sich nicht von herkömmlicher, makroökonomischer Modellanalyse, wie sie auch in den Lehrbüchern zur Makroökonomik durchgeführt wird. Jedoch lassen sich die Modelle nicht in völlig gleicher Art aufstellen. In einer Hinsicht nämlich müssen sie ein besonderes Erfordernis erfüllen, das üblicherweise makroökonomischen Modellen nicht vorgegeben wird: Sie müssen die Wirkungen fiskalpolitischer Maßnahmen unverfälscht zum Ausdruck bringen, also verhindern, daß der „fiscal policy" zugeschrieben wird, was andere Ursachen hat. Um dieses sicherzustellen, muß das Modell insbesondere so konstruiert werden, daß nicht gleichzeitig geldpolitische Maßnahmen die Kreislaufgrößen beeinflussen. Mit anderen Worten: Die Geldpolitik muß neutral sein.

Die Frage, wie eine **neutrale Geldpolitik,** die fiskalpolitische Maßnahmen nicht störend beeinflußt, zu definieren sei, ist in der Literatur nicht übereinstimmend beantwortet worden. Mehrere Neutralitätskonzepte sind bisher entwickelt worden; die beiden wichtigsten sind die folgenden. Nach dem ersten gilt die Geldpolitik dann als neutral, wenn die Zentralbank des Landes in dem Sinne passiv bleibt, daß sie die Geldmenge⁺ konstant hält.

Die Verfechter des zweiten Konzepts weisen darauf hin, daß die Entscheidung der Zentralbank für eine konstante Geldmenge als eine nicht-neutrale Maßnahme gedeutet werden muß. Im Falle von Staatsausgabenerhöhungen beispielsweise wachse der Geldbedarf der Volkswirtschaft. Bei unveränderter Geldmenge müsse das zu einem Anstieg des Zinsniveaus führen; und dies veranlasse die Wirtschaftssubjekte, ihre getroffenen Realentscheidungen zu ändern. Dann träte eine Kontraktionswirkung ein, sie wirke der Fiskalstimulierung entgegen. Die Geldpolitik sei deshalb im Effekt nicht neutral, sie müsse als kontraktiv beurteilt werden. Nur dann läge Neutralität vor, wenn Produzenten, Investoren und Konsumenten ihre in der Folge von fiskalpolitischen Maßnahmen getroffenen Realentscheidungen nicht aus geld- oder kreditpolitischen Gründen revidieren müßten. Dies sei dann der Fall, wenn der Zinssatz, den man als Indikator der Bedingungen auf dem Geldmarkt betrachten darf, konstant gehalten würde.

In diesem Lehrbuch wird auf beide Konzepte zurückgegriffen. Die meisten der im folgenden aufgestellten Modelle werden zweifach ausgewertet; alternativ werden jeweils beide Konzepte zugrunde gelegt. Durch den Vergleich der unterschiedlichen Ergebnisse kann verdeutlicht werden, wie stark „fiscal policy" und Geldpolitik miteinander verquickt sind und wie sehr sie aufeinander abgestimmt werden sollten.

1.4. Zum Aufbau des Lehrbuchs

Das in den Abschnitten 1.1 und 1.2 genannte Lehrziel soll unter Beachtung der methodologischen Überlegungen des Abschnitts 1.3 in den folgenden Kapiteln schrittweise verfolgt werden. In den Mittelpunkt jedes Kapitels wird ein besonderer Aspekt gerückt, den jeder, der sich mit der „fiscal policy" befassen will, kennen muß und zu dessen modelltheoretischer Analyse er befähigt sein sollte. Dabei hat das *2. Kapitel* die Aufgabe zu zeigen, wie der Staat mit der „fiscal policy" in das System der wechselseitigen Abhängigkeiten der einzelnen Gruppen einzufügen ist und welcher Platz ihm in Kreislaufmodellen zugewiesen werden muß.

Die Kapitel 3 bis 5 dienen danach der Ableitung der *kurz*fristigen Wirkungen fiskalpolitischer Maßnahmen mit Hilfe makroökonomischer Modelle. Diese sind nach dem Kriterium abnehmender Abstraktion angeordnet: In jedem Kapitel wird eine zentrale Hypothese des jeweilig vorausgegangenen Kapitels durch eine andere, meist realistischere ersetzt.

Im *3. Kapitel* wird die Frage in den Mittelpunkt der Analyse gerückt, wie die „fiscal policy" die gesamtwirtschaftliche Nachfrage verändern und dadurch beschäftigungspolitische Ziele erreichen kann. Die Angebotsseite der Volkswirtschaft und die mit ihr verbundenen Probleme werden durch die (unrealistische und daher später aufzuhebende) Annahme aus der Analyse ausgeklammert, daß bei Nachfrageänderungen die Preise konstant bleiben. Mit anderen Worten: Es wird zunächst unterstellt, daß die Produzenten auf Änderungen der Nachfrage vollkommen elastisch reagieren; die gesamtwirtschaftliche Angebotskurve verläuft dann horizontal. Diese vollkommene Konzentration der Überlegungen auf die Nachfrageseite der Volkswirtschaft im 3. Kapitel geschieht in der Absicht, die Bedeutung der Angebotsverhältnisse für den Erfolg der „fiscal policy" später um so plastischer herausarbeiten zu können.

Das 3. Kapitel beginnt mit der Aufstellung und Auswertung eines „Ausgangsmodells" zur Analyse der „fiscal policy". Anschließend werden einzelne Verhaltenshypothesen des Ausgangsmodells durch andere, oft ebenso plausible Hypothesen ersetzt: Das Ausgangsmodell wird variiert. Auf diese Weise soll dem Studenten deutlich gemacht werden, wie sehr jede modelltheoretisch gefundene Aussage über Wirkungen der „fiscal policy" von den Hypothesen abhängig ist, von denen man ausgeht. Je nach der Konsum-, Investitions- oder Geldnachfragefunktion beispielsweise erhält man andere Ergebnisse über die Wirksamkeit fiskalpolitischer Maßnahmen. Folglich kann es *das* Konzept der „fiscal policy" nicht geben. Je nach Verhalten der Wirtschaftssubjekte ist sie anders zu gestalten.

Die unrealistische Annahme konstanter Kosten und Preise wird im *4. Kapitel* aufgehoben. Dies macht es zunächst erforderlich zu untersuchen, wie die gesamtwirtschaftliche Nachfrage von der Höhe des Preisniveaus abhängt und wie demzufolge die „gesamtwirtschaftliche Nachfragekurve" verläuft. Danach rücken die Angebotsseite der Volkswirtschaft und ihre Bedeutung für eine erfolgreiche „fiscal policy" in den Mittelpunkt der Analyse. So müssen Hypothesen über die Angebotsverhältnisse aufgestellt werden. Insbesondere ist zu prüfen, wie Unternehmer mit ihren Produktionsentscheidungen und ihren „Angebotspreisen" sowie die Tarifparteien mit ihren Lohnvereinbarungen auf konjunkturelle Störungen reagieren. Das Ergebnis dieser Prüfung bildet eine kurzfristige gesamtwirtschaftliche Angebotskurve.

Mit Hilfe der gesamtwirtschaftlichen Nachfrage- und Angebotskurven wird dann die „fiscal policy" analysiert. Dabei wird zwei Fragen besondere Beachtung geschenkt. Zunächst wird geprüft, ob fiskalpolitische Maßnahmen eine Änderung des Preisniveaus verursachen und ob durch diese Änderung der Erfolg der „fiscal policy" bei der Bekämpfung von Arbeitslosigkeit geschmälert wird. Danach wird erörtert, ob „fiscal policy" Inflationserwartungen bei den Wirtschaftssubjekten wecken kann und ob dadurch die Erreichung des Vollbeschäftigungs- bzw. des Stabilitätsziels vereitelt oder verzögert wird.

Preissteigerungen werden bis hierher nur insoweit berücksichtigt, als sie Folge fiskalpolitischer Maßnahmen sind. Es bleibt demnach zu untersuchen, ob und, wenn ja, wie die „fiscal policy" die ihr gesetzten Ziele erreichen kann, wenn sich auf Grund von Störungen auf der Angebotsseite der Volkswirtschaft Preissteigerungen ergeben. Diese Untersuchung wird im letzten Abschnitt des 4. Kapitels durchgeführt.

In den Kapiteln 3 und 4 wird davon abgesehen, daß die Volkswirtschaft internationale Wirtschaftsbeziehungen unterhält. Die gewonnenen Erkenntnisse können deshalb nicht ohne weiteres auf die Bundesrepublik Deutschland übertragen werden. Vielmehr ist zu prüfen, ob eine enge wirtschaftliche Verflechtung mit dem Ausland die „fiscal policy" vor besondere Probleme stellt, ihr bestimmte Grenzen setzt und ihre Erfolgschancen verändert. Es ist also zu klären, ob die „fiscal policy" in einem Land mit bedeutsamem Außenhandel und starkem internationalen Kapitalverkehr anders auszugestalten ist als in einer geschlossenen Volkswirtschaft. Gleichzeitig muß erörtert werden, wie die „fiscal policy" das außenwirtschaftliche Gleichgewicht berührt und wo ihre komparativen Vorteile gegenüber der Geldpolitik liegen: in der Sicherung der Binnen- oder der Außenstabilität. Diese Aufgaben sollen im *5. Kapitel* behandelt werden. Dabei müssen zunächst die für die „fiscal policy" wichtigsten Wirkungszusammenhänge herausgearbeitet werden.

Die in den Kapiteln 3 bis 5 abgeleiteten Wirkungen fiskalpolitischer Maßnahmen treten kurzfristig auf. Mit ihnen ist in der Regel ein langfristig stabiles Gleichgewicht nicht erreicht. Es ist deshalb notwendig herauszufinden, welche weiteren Wirkungen die „fiscal policy" hat. Dabei ist auch zu prüfen, ob der Staat durch eine dauerhafte Hinnahme relativ hoher Budgetdefizite nicht selbst die Voraussetzungen für eine erfolgreiche expansive „fiscal policy" zerstört. Ohne langfristig tragfähige Budgetstrukturen (Prinzip der sogenannten „sustainability") hat die „fiscal policy" keinen Spielraum.

Mit dem *Kapitel 6* ist der Grundaufbau einer Theorie der „fiscal policy" abgeschlossen. Die folgenden Kapitel stellen Auswertungen oder Ergänzungen dar. In *Kapitel 7* werden mit Hilfe des gewonnenen theoretischen Instrumentariums die Konzepte des konjunkturbedingten und des strukturellen Budgetdefizits analysiert. Damit läßt sich einschätzen, inwieweit ein aktuelles Budgetdefizit endogen erzeugt und deshalb vorübergehender Natur oder durch diskretionäre Entscheidungen von Regierung und Parlament bestimmt ist. Auf diese Weise läßt sich der Handlungsspielraum der „fiscal policy" abschätzen. Das *Kapitel 8* soll deutlich machen, daß die „fiscal policy" auch auf institutionelle Probleme stößt, die oft von gleich großer Bedeutung wie die in den vorangehenden Kapiteln erörterten sind.

Literaturhinweise zum 1. Kapitel[1]

a. Grundlegend für die Positionsbestimmung der „fiscal policy" innerhalb der öffentlichen Finanzwirtschaft ist (immer noch):
Richard A. Musgrave, a. a. O., Kap. 1 und 13, S. 3–32, S. 353–378.

---

[1] Die allgemeinen Literaturhinweise sind an den Schluß der Lehrtexte gestellt (S. 236). Auf diese Literaturhinweise beziehen sich auch die Angaben „a. a. O." hier und nach den einzelnen Kapiteln dieses Lehrbuchs.

b. Einzelhinweise zu den einzelnen Unterabschnitten:

b.1. Zur Entwicklungsgeschichte der „fiscal policy“ ist die Lektüre folgender Beiträge lohnend:

Alvin H. Hansen, Fiscal Policy and Business Cycles, New York 1941
und, für den deutschsprachigen Raum,
Fritz Neumark, Wo steht die „Fiscal Policy“ heute? „Finanzarchiv“, N.F., Bd. 19 (1959), S. 46–71,
Heinz Haller, Finanzwirtschaftliche Stabilisierungspolitik, in: Handbuch der Finanzwissenschaft, Bd. 3, 3. Auflage, Tübingen 1981, S. 359–513.

b.2. Einen Überblick über die „fiscal policy“ geben

Horst Zimmermann, Klaus-Dirk Henke, a. a. O., Siebentes Kapitel, S. 293–298.
Rolf Peffekoven, Finanzpolitik als Stabilisierungspolitik, „WiSt“, Heft 12/1981, S. 557–562.

b.3. Eine kritische Auseinandersetzung mit der „fiscal policy“ kann nachgelesen werden bei

Günter Schmölders, a. a. O., § 46, S. 462–474.

c. Weiterführende Überlegungen zur Frage der „Neutralität der Geldpolitik“ stellen an:
Otto Pfleiderer, Transaktionen mit der Notenbank und mit den Geschäftsbanken im System der antizyklischen Finanzpolitik, in: *H. Haller, L. Kullmer, C. S. Shoup, H. Timm* (Hrsg.), Theorie und Praxis des finanzpolitischen Interventionismus, Fritz Neumark zum 70. Geburtstag, Tübingen 1970, S. 511–528,
Werner Lachmann, Crowding Out und die Frage nach der neutralen Geldpolitik, „Kredit und Kapital“, Bd. 11 (1978), S. 451–464.

Kapitel 2: Der Staat im Wirtschaftskreislauf

Lehrziele

Eine makroökonomische Analyse der Wirkungen des Budgets setzt voraus, daß man weiß, wie der staatliche Sektor in das Netz der wechselseitigen Abhängigkeiten der am Wirtschaftsleben beteiligten Gruppen eingefügt ist. Diese Voraussetzung zu schaffen, ist Aufgabe des Kapitels 2.

Nach Erarbeitung des Kapitels sollten Sie in der Lage sein,

- den Staat in den Wirtschaftskreislauf einzuordnen,
- anzugeben, warum der Staat als Produzent zu bezeichnen ist und welcher Wert seiner Produktion zugemessen wird,
- zu entscheiden, ob das Sozialprodukt richtig ausgewiesen wird, wenn man ihm die gesamten Ausgaben des Staates für Güter und Dienste zurechnet.

Die wechselseitigen Abhängigkeiten zwischen den am Wirtschaftsleben eines Landes teilnehmenden Gruppen und damit die wichtigsten, den Wirtschaftskreislauf formenden Elemente sind aus dem Studium der Grundlagen der Makroökonomik bereits bekannt. Gleichwohl sollen sie in ihrer Grundstruktur für den Gütermarkt nochmals skizziert werden, weil dadurch ein besserer Zugang zu den folgenden Ausführungen geschaffen wird. Um die wesentlichen Gesichtspunkte herauszustellen und Verwirrung vermeiden zu können, wird auf den Einbezug des Geld- und des Arbeitsmarkts abgesehen, zumal die Rolle dieser beiden Märkte im Wirtschaftskreislauf als bekannt vorausgesetzt werden darf.

In Kontenform lassen sich die kreislaufmäßigen Beziehungen zwischen den verschiedenen Gruppen für eine geschlossene Volkswirtschaft ohne staatliche Aktivität wie folgt darstellen:

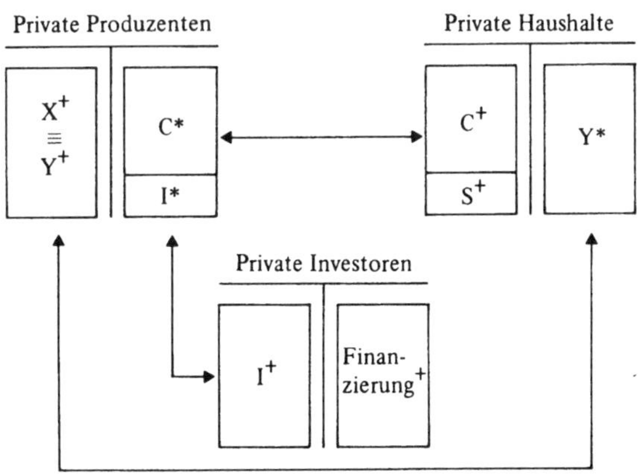

Abbildung 1: Wirtschaftskreislauf zwischen Produzenten, Investoren und Haushalten

Dabei bezeichnen die Symbole
C = Konsum der privaten Haushalte,
I = Nettoinvestitionen der privaten Unternehmer,
S = Ersparnisse der privaten Haushalte,
X = Beitrag des privaten Produktionssektors zum Nettosozialprodukt, d.h. zum Wert aller der Volkswirtschaft während der Periode netto neu zugeflossenen Güter (in einem Land ohne staatliche Aktivität ist hiermit zugleich das Nettosozialprodukt zu Marktpreisen und zu Faktorkosten angegeben),
Y = Volkseinkommen (Summe aller im Zuge des Produktions- und Tauschprozesses erzielten Leistungseinkommen).

Alle Größen stellen Wertgrößen dar. Da in diesem Kapitel von konstanten Preisen ausgegangen wird (der Preisindex des Sozialprodukts sei 1), lassen sich ihre Änderungen auch als Mengenänderungen interpretieren.

Das Suffix * gibt an, daß die zugehörige Größe von der Gruppe erwartet wird, in deren Konto sie erfaßt ist. Das Suffix $^+$ weist die zugehörige Variable als von der jeweiligen Gruppe geplante Größe aus. Es wird unterstellt, daß alle Pläne auch realisiert werden. Symbole ohne jeden Suffix stellen tatsächlich realisierte Größen dar.

Die Pfeile geben an, wie die Planungen und Entscheidungen in einem Sektor von den Planungen und Entscheidungen in einem anderen Sektor abhängen. Man kann ablesen:

- *Produzenten* erwarten (bei den gegebenen Preisen) eine ganz bestimmte Nachfrage seitens der privaten Haushalte und seitens der privaten Investoren. Sie planen und realisieren eine Produktion von gleicher Höhe: $X^+ = C^* + I^*$. Da mit der Produktion von Gütern immer zugleich Leistungseinkommen in Höhe des Wertes dieser Erzeugnisse entsteht, ergibt sich gleichzeitig ein entsprechendes Volkseinkommen: $X^+ \equiv Y^+$.
- Die *privaten Haushalte* erwarten, daß ihnen ein bestimmtes Einkommen Y^* zufließt. Auf der Grundlage dieses Einkommens planen und realisieren sie ihren Konsum und ihre Ersparnisse: $Y^* = C^+ + S^+$.
- Die *Investoren* planen und entfalten eine bestimmte Nachfrage bei den Investitionsgüter herstellenden Unternehmungen. Die auch die Lagerbestandsänderungen umfassenden Investitionspläne lassen sich bei konstanten Preisen nur dann ganz verwirklichen, wenn die privaten Haushalte auf den Konsum eines Teils des Sozialprodukts, auf dessen volle Höhe sie mit ihrem Einkommen Anrecht erwerben (zur Erinnerung: das Nettosozialprodukt zu Faktorkosten ist gleich dem Volkseinkommen), verzichten, und zwar gerade auf den Teil, der den geplanten Nettoinvestitionen entspricht. Ist das nicht der Fall, sind gesamtwirtschaftliches Angebot und gesamtwirtschaftliche Nachfrage nicht einander gleich.

Zu beachten ist, daß die Plan- und die Erwartungsgrößen, also die einzelnen mit Pfeilen verbundenen Blöcke, nicht übereinstimmen müssen: Jede Gruppe kann sich in ihren Erwartungen, die sie hinsichtlich der für ihre Entscheidungen wichtigen Variablen hegte, enttäuscht und zu Revisionen ihrer Wirtschaftspläne veranlaßt sehen. Nur im Gleichgewicht sind die mit Pfeilen verbundenen Variablen einander gleich.

In diese sich auf den Gütermarkt beschränkende Darstellung der bestehenden, wechselseitigen Abhängigkeiten der am Produktions- und Tauschprozeß beteiligten Gruppen ist **der Staat einzufügen.** Dabei ergeben sich folgende, zum Teil schwierige Fragen, deren Antworten besonders derjenige kennen muß, der „fiscal policy“ analysieren will:

1. a. Produziert der Staat?
   b. Wer entscheidet über das Produktionsvolumen des Staates?
   c. Nach welchen Kriterien wird das Ausmaß staatlicher Produktion durch die dafür verantwortlichen Entscheidungsträger festgelegt?
   d. Welches ist der „Wert" der vom Staat produzierten Güter?
2. a. Wer nimmt die vom Staat produzierten Güter und Dienstleistungen auf? Werden die Güter „konsumiert" oder dienen sie privaten Produzenten als Vorleistungen?
   b. Wird das Ausmaß des Konsums der vom Staat produzierten Güter durch entsprechende Konsumentscheidungen privater Haushalte festgelegt?
   c. Gibt es zwischen den staatlichen Produzenten und den Konsumenten der öffentlichen Güter einen ähnlichen Zusammenhang wie zwischen den Produzenten und den Konsumenten im privaten Bereich?
3. a. Fragt der Staat Güter bei Produzenten des privaten Sektors nach?
   b. Wonach richtet er sich bei dieser Nachfrage aus?

Den im folgenden aufgelisteten Antworten sind in der Literatur lange Diskussionen vorausgegangen. Teilweise beruhen die **Antworten** auf Konventionen.

Zu 1

a. Staatliche Stellen „produzieren" Dienstleistungen und dienen damit der Befriedigung verschiedener menschlicher Bedürfnisse. Sie befriedigen bis zu einem bestimmten Grad beispielsweise das Bedürfnis der Bürger nach Verkehrssicherheit, indem sie an der Aufstellung von Regeln für den Straßenverkehr mithelfen, die Einhaltung dieser Regeln überwachen und denjenigen Bußgelder oder andere Strafen auferlegen, die sich nicht an die Regeln gehalten haben. Der Staat ist als Produzent unersetzlich; denn es gibt Güter, die wegen ihrer besonderen Eigenschaften nicht von privaten Unternehmern produziert werden. Hierbei spricht man von öffentlichen Gütern^{+}. Sie zeichnen sich dadurch aus, daß sie gemeinschaftlich genutzt werden können (wie Straßen oder die vom Staat geschaffene Verkehrssicherheit) und daß von ihrer Nutzung zahlungsunwillige Personen nicht oder nur mit unvertretbar hohen Kosten ausgeschlossen werden können. So ist es beispielsweise undenkbar, daß ein privater Unternehmer einen Leuchtturm betreibt, der vielen Schiffen gleichzeitig Hinweise auf die richtige Route gibt. Da der Leuchtturm nicht ausgeschaltet werden kann, wenn einzelne Kapitäne die Zahlung einer kostendeckenden Gebühr verweigern, wird es unmöglich sein, Einnahmen zu erzielen und Gewinne zu machen. Deshalb muß der Staat den Leuchtturm betreiben und die dabei entstehenden Kosten aus Steuereinnahmen abdecken.

b. Staatliche Stellen erhalten ihre Produktionsaufträge normalerweise von den zugehörigen Parlamenten. Jährlich werden dort Haushaltsdebatten geführt und Haushaltsgesetze verabschiedet. Das Budget legt für jede staatliche Stelle genau das Ausgabenvolumen und damit den „Produktionsumfang" fest (Budgetprinzip der sachlichen Spezialität). Das Budget ist „vollzugsverbindlich", d.h., die im staatlichen Dienst produzierenden Personen müssen sich in jedem Haushaltsjahr genau an den im Budget festgelegten Produktionsauftrag halten. (Deshalb steht in der folgenden *Abbildung 2* auf der rechten Seite des Kontos „Staat als Produzent" A_{st} ohne Suffix.) Da in den Parlamenten die Bürger des Landes bzw. die von ihnen Gewählten entscheiden, muß man letztlich die Bürger als Entscheidungsträger ansehen. Nur in Ausnahmefällen liegt die Entscheidung unmittelbar bei der Regierung; diese ist dann jedoch zuvor vom Parlament ermächtigt worden, über die Höhe der Staatsausgaben selbst zu entscheiden. Nach Artikel 110 des Grundgesetzes hat der Staat sein Budget in Einnahmen und Ausgaben auszugleichen. Da die Einnahmen nicht durch Verkauf der öffentlichen

Güter auf dem Markt erzielt werden können, muß der Staat seine Einnahmen durch Besteuerung der Bürger gewinnen oder sich verschulden. Somit erfordert die Ausgabenplanung zugleich eine Planung von Steuereinnahmen und Staatsverschuldung.

c. Die Parlamente entscheiden über den „staatlichen Produktionsumfang" fast immer nach langen politischen Debatten. Den Entscheidungen liegen meist ganz unterschiedliche Motive zugrunde. Diese lassen sich von Ökonomen zwar in mancherlei Weise skizzieren; eine Operationalisierung der Entscheidungsgründe mißlingt aber vielfach. Dieser Tatbestand muß die Analyse der „fiscal policy" nicht erschweren. Da man sich dabei ausschließlich für die kurzfristigen Auswirkungen des Budgets auf den Wirtschaftskreislauf interessiert, kann man den vom Parlament beschlossenen Produktionsumfang als exogen vorgegeben betrachten, es sei denn, die Höhe der Staatsausgaben sei auch kurzfristig eine Funktion solcher Größen, die sich im Wirtschaftskreislauf herausbilden und mit Hilfe des Modells erst vorhergesagt werden sollen. Hierauf ist bei der Aufstellung von Hypothesen über das Verhalten der Parlamente näher einzugehen.

d. Vom Staat produzierte Güter und Dienstleistungen werden nicht wie z.B. Kleidungsstücke und Nahrungsmittel am Markt verkauft. Sie erzielen – wie bereits erwähnt – keine Preise. So fällt es schwer, den Wert der staatlichen Produktion anzugeben. Man hat sich darauf geeinigt (Konvention), dem Staat keine Gewinnerzielungsabsichten zu unterstellen und Verluste bei ihm auszuschließen. Dann ist der Wert staatlicher Produkte gleich den Kosten, die bei ihrer Erzeugung anfallen. Mit anderen Worten: Die Ausgaben, die dem Staat bei der Bezahlung der in seinem Dienst stehenden Arbeitskräfte und der bei privaten Unternehmern erworbenen, zur staatlichen Produktion notwendigen Vorprodukte entstanden sind, entsprechen dem Wert der staatlichen Produktion.

Zu 2

a. Die vom Staat produzierten Güter und Dienstleistungen dienen einerseits der unmittelbaren Bedürfnisbefriedigung der Bürger, andererseits ermöglichen oder erleichtern sie privaten Unternehmern die Produktion. Häufig erfüllt dieselbe staatliche Leistung gleichzeitig beide Zwecke. So ermöglicht es eine Autobahn beispielsweise sowohl Ferienreisenden, Erholungsgebiete mühelos zu erreichen, als auch Spediteuren, den ihnen übertragenen Güterverkehr relativ kostengünstig abzuwickeln. Dieser Tatbestand bewirkt deshalb Schwierigkeiten, weil das Sozialprodukt, dessen Veränderung nach einem Einsatz der „fiscal policy" vorherzusagen ist, als Wert aller jener Güter und Dienstleistungen definiert ist, die der Gesellschaft während einer Periode netto neu zugeflossen sind. Soweit die vom Staat hergestellten Güter und erbrachten Dienstleistungen als Input von Produzenten zu betrachten sind, stellen sie nicht einen Bestandteil des Sozialprodukts dar. Folglich wäre es nötig zu entscheiden, welcher Teil staatlicher Produktion konsumiert wird und welcher Teil Vorleistungen darstellt. Doch dies wirft unüberwindbare Schwierigkeiten auf. Deshalb hat man die Konvention getroffen, alle vom Staat produzierten Güter in das Sozialprodukt einzurechnen. Man unterscheidet bei ihnen lediglich danach, ob sie einer einmaligen Nutzung dienen wie die Dienstleistung eines Verkehrspolizisten, die ihren Zweck nur in dem Augenblick ihrer Erbringung erfüllt, oder ob sie über längere Zeit hinweg genutzt werden können. Im ersten Fall spricht man von staatlichem Konsum, im zweiten von staatlicher Investition.

b. Da die Nutzung öffentlicher Güter durch eine Person die gleichzeitige Nutzung durch andere Personen nicht ausschließt und demzufolge öffentliche Güter gemeinsam

„konsumiert“ werden, spricht man vom Kollektiv- oder Staatskonsum⁺. Da davon Zahlungsunwillige nicht ausgeschlossen werden können, müssen private Haushalte keine Kaufentscheidungen treffen und nicht dadurch ihren Konsum öffentlicher Güter festlegen. Das Ausmaß der nutzbaren staatlichen Güter ist ihnen vorgegeben. Folglich ist die Aufstellung von Konsumfunktionen im Hinblick auf öffentliche Güter entbehrlich. Dies gilt auch dann, wenn vom Staat produzierte Güter die beiden oben genannten Eigenschaften nicht vollkommen aufweisen.

c. Das bedeutet gleichzeitig, daß die wechselseitige Abhängigkeit zwischen Konsumenten und Produzenten, wie sie für den privaten Bereich gilt, im Hinblick auf die staatlichen Güter und Dienstleistungen nicht besteht.

Zu 3

a. Der Staat benötigt zur Produktion von Gütern und Dienstleistungen Vorleistungen privater Unternehmungen: Er kauft von ihnen Schreibmaschinen, Kraftfahrzeuge und vieles andere, und er vergibt zur Errichtung der Infrastruktur Aufträge an private Firmen. Um diese Käufe bleibt die im staatlichen Bereich erbrachte Wertschöpfung hinter dem Wert der staatlichen Produktion zurück.

b. Man darf davon ausgehen, daß das Ausmaß der vom Staat in Anspruch genommenen Vorleistungen bei den herrschenden institutionellen und technologischen Gegebenheiten einem festen Prozentsatz der gesamten Ausgaben des Staates für Güter und Dienste entspricht. Deshalb verändert sich das Ausmaß der staatlichen Käufe bei privaten Unternehmern kurzfristig proportional zum „Wert“ staatlicher Produktion.

Diese Antworten auf die eingangs gestellten Fragen lassen sich in dem folgenden *Wirtschaftskreislauf* zusammenfassen:

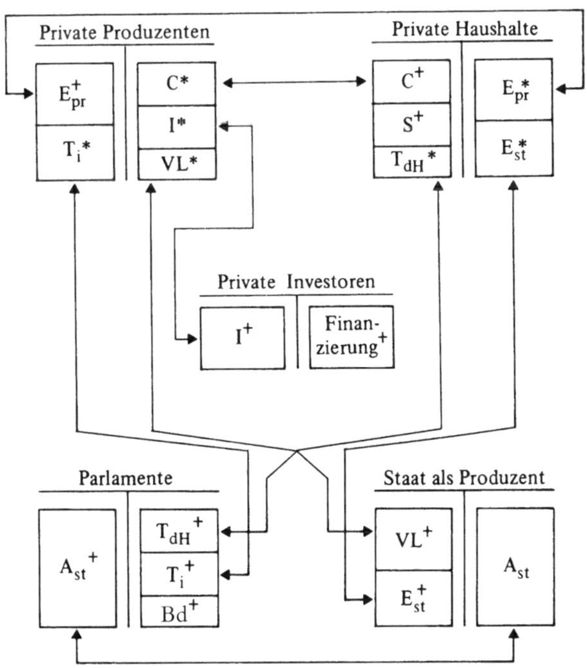

Abbildung 2: Der Staat im Wirtschaftskreislauf

Dabei bezeichnen die Symbole

E_{pr} = das im privaten Sektor entstandene Leistungseinkommen (vor Versteuerung),

E_{st} = das im staatlichen Sektor entstandene Leistungseinkommen,

T_i = indirekte Steuern,

T_{dH} = direkte Steuern der Haushalte (der Einfachheit halber ist unterstellt, daß alle Gewinne an Haushalte verteilt werden und direkte Steuern seitens der Kapitalgesellschaften nicht zu entrichten sind und daß der Staat nicht an Produktionsunternehmen beteiligt ist und insofern keine Einnahmen aus Unternehmertätigkeit erzielt),

VL = staatliche Nachfrage nach Gütern bei privaten Produzenten,

A_{st} = Wert der vom Staat produzierten Güter = Ausgaben des Staates für Güter und Dienste,

Bd = Budgetdefizit$^+$ des Staates (Neuverschuldung).

Das Bild läßt sich in gleicher Weise auswerten wie das eingangs des Kapitels 2 entwickelte [vgl. S. 9]. Jeweils wird angegeben, welche Größen von den einzelnen Gruppen geplant werden und auf Grund welcher Erwartungen diese Planungen erfolgen. Erwartungen, Planungen und tatsächliches Handeln werden jeweils so ausgerichtet, daß die beiden Seiten jedes Kontos ausgeglichen sind.

Die beiden neuen Konten sind wie folgt zu lesen:
Parlamente: Die Parlamente planen und beschließen, welche Aufgaben der Staat erfüllen soll und sehen dafür entsprechende Ausgaben vor: Es werden Staatsausgaben in Höhe von A_{st}^+ geplant. Gleichzeitig wird auf Grund der erwarteten Wirtschaftsentwicklung die Finanzierung der Ausgaben geplant. Steuerbemessungsgrundlagen und -tarife werden entsprechend festgelegt. Die so entstehenden Budgets sind in Einnahme und Ausgabe ausgeglichen:

$$A_{st}^+ = T_{dH}^+ + T_i^+ + Bd^+$$

Staat als Produzent: Für die Verwaltungen sind die Budgets vollzugsverbindlich. Deshalb entspricht der Wert der von ihnen getätigten Produktion den vom Parlament geplanten Staatsausgaben. Um den mit den Budgets verbundenen Auftrag erfüllen zu können, plant (und realisiert) die Verwaltung Käufe bei privaten Produzenten; gleichzeitig plant sie die Beschäftigung von Arbeitern, Angestellten und Beamten, für die eine entsprechende Einkommenszahlung vorgesehen wird.

An dieser Stelle ist eine wichtige Anmerkung zu den Tätigkeiten des Staatssektors notwendig. Beim Einbau des Staats in den Wirtschaftskreislauf wurde dem Grundsatz gefolgt, daß ein Modell keine vollständige Nachbildung der Realität ist, sondern ein Hilfsmittel zur Organisation des Denkens und zum Herausarbeiten wichtiger Gesichtspunkte. Ziel dieses Lehrbuchs ist, Wirkungen veränderter staatlicher Ausgaben für Waren und Dienste und veränderter Steuern auf das Sozialprodukt, die Beschäftigung und andere makroökonomische Größen aufzudecken. Also wurden in der Bugetrestriktion nur die öffentlichen Ausgaben für Güter und Dienste und die direkten und indirekten Steuern berücksichtigt.

Damit wurde allerdings ein erheblicher Teil der finanziellen Aktivitäten des Staates aus der Betrachtung ausgeblendet. Der Staat erfüllt nämlich eine wichtige Umverteilungsfunktion in der Volkswirtschaft. So erhebt er auf der einen Seite von den Bürgern neben Steuern auch Sozialversicherungsbeiträge (z.B. im Rahmen der gesetzlichen Renten-, Kranken- und Arbeitslosenversicherungen). Auf der anderen Seite leistet er Transfers an den privaten Sektor, die der sozialen Absicherung der Bürger dienen. In der Volkswirtschaftlichen Gesamtrechnung wird der Staat in einem aggregierten Konto mit all seinen Funktionen erfaßt. Dann lassen sich die Steuern und Sozialabgaben zu den gesamten Zwangsabgaben zusammenfassen und den entsprechenden Ausgaben der öffentlichen Hand, die dann die Sozialtransfers einschließen, gegenüberstellen.

Die Umverteilungsfunktion des Staates kann in Untersuchungen zu den kurzfristigen Wirkungen der „fiscal policy" vor allem aus zwei Gründen ausgeblendet werden. Erstens: Sozialleistungen sind reine Transfers. Sie tauchen im gesamtwirtschaftlichen Produktionskonto, wo es um die Entstehung und Verwendung des Sozialprodukts geht, nicht auf. Zweitens: Zur Beeinflussung der Konjunktur eignen sich Umverteilungsmaßnahmen schlecht. Wenn der Staat die makroökonomische Situation verändern will, tut er dies in der Regel mit Hilfe von Staatsausgaben und Steuern. „Fiscal policy" wird nicht über das Sozialbudget betrieben.

In den Kapiteln 6 und 7 jedoch, in denen die langfristige Tragfähigkeit der Budgetstrukturen und damit der Handlungsspielraum der „fiscal policy" erörtert werden, sind die Transferzahlungen und Zwangsabgaben für die Sozialversicherungen in die Betrachtung einzubeziehen.

Literaturhinweise zum 2. Kapitel

a. Als **grundlegende Lektüre** zur Stellung des Staates im Wirtschaftskreislauf sei empfohlen:
Gottfried Bombach, Die öffentliche Finanzwirtschaft im Wirtschaftskreislauf, in: Handbuch der Finanzwissenschaft, Bd. 1, 3. Auflage, Tübingen 1977, S. 53–75.

b. Darstellungen von Kreislaufschemata sind in nahezu jedem Lehrbuch zur Finanzwissenschaft bzw. „fiscal policy" nachzulesen. Beispielhaft seien erwähnt:
Heinz Haller, a. a. O., S. 9–43,
Rolf Peffekoven, a. a. O., S. 93–104,
Manfred Rose, a. a. O., S. 1–53.
Horst Zimmermann, Klaus-Dirk Henke, a. a. O., S. 298–315.

c. Eine **weiterführende Analyse** der Stellung des Staates im Wirtschaftskreislauf nimmt vor:
Konrad Littmann, Definition und Entwicklung der Staatsquote (Kommission für wirtschaftlichen und sozialen Wandel, Bd. 42), Göttingen 1975, S. 11–55.
Studenten, die sich für ältere Einordnungen des Staates in den Wirtschaftskreislauf interessieren, kann empfohlen werden:
Otto Pfleiderer, Die Staatswirtschaft und das Sozialprodukt, Jena 1930.

Kapitel 3:
„Fiscal policy" bei konstanten Preisen

Lehrziele

Die „fiscal policy" beeinflußt sowohl die Nachfrage- als auch die Angebotsseite der Volkswirtschaft. Zudem sind ihre Wirkungen auf Beschäftigung und Preisniveau, die sie über die Nachfrageseite hat, davon abhängig, wie elastisch das gesamtwirtschaftliche Angebot reagieren kann. Bei der Analyse der Wirkungen des staatlichen Budgets auf den Wirtschaftskreislauf darf man deshalb die Angebotsseite der Volkswirtschaft nicht vernachlässigen. Wenn das in diesem Kapitel dennoch geschieht (es wird unterstellt, daß die Kapazitäten der Produzenten noch nicht ausgelastet sind und daß diese ohne eine Veränderung der Grenzkosten und der Preise eine Mehrnachfrage befriedigen können), so ist das allein mit didaktischen Überlegungen zu rechtfertigen: Es sollen die wichtigsten Wirkungszusammenhänge herausgestellt werden, die auf der Nachfrageseite der Volkswirtschaft bei der Analyse der „fiscal policy" zu berücksichtigen sind. Im nächsten Kapitel wird der Angebotsseite besondere Beachtung geschenkt. Im Vergleich der Ergebnisse der beiden Kapitel läßt sich dann erkennen, wie die Gegebenheiten auf der Angebotsseite die „fiscal policy" erschweren oder aber erleichtern können.

Nach Durcharbeitung des 3. Kapitels sollten Sie in der Lage sein

- ein Modell zur Analyse der Wirkungen des Budgets bei konstanten Preisen aufzustellen und auszuwerten,
- zu erklären, warum Staatsausgabenerhöhungen und Steuersenkungen bei unveränderten Preisen tendenziell beschäftigungssteigernde Wirkungen haben,
- zu zeigen, daß die Wirksamkeit der „fiscal policy" vom Konsumverhalten der privaten Haushalte abhängig ist, und zu entscheiden, ob eine Abhängigkeit des Konsums vom permanenten Einkommen die Ursache für eine gänzliche Wirkungslosigkeit der „fiscal policy" sein kann,
- darzulegen, warum gewinnabhängige Investitionen „fiscal policy" im Vergleich zu gewinnunabhängigen erleichtern,
- abzuleiten, wie die Veränderung der steuerlichen Vorschriften zur Ermittlung steuerpflichtiger Unternehmergewinne auf die Beschäftigung wirkt,
- die Bedeutung von Vermögenseffekten auf Kassenhaltung und Konsumgüternachfrage für die Wirksamkeit der „fiscal policy" zu begründen,
- zu erkennen, daß die Wirkung zusätzlicher Staatsausgaben auf die Beschäftigung davon abhängig ist, wie diese finanziert werden.

3.1. Ausgangsmodell zur Analyse der Wirkungen der „fiscal policy“ bei konstanten Preisen

3.1.1. Aufstellung des Ausgangsmodells

Im Kapitel 1 (Einführung) dieses Lehrbuchs ist gezeigt worden, welche einzelnen Schritte bei der Modellanalyse volkswirtschaftlicher Phänomene getan werden müssen. Die bildhafte Darstellung der wechselseitigen Abhängigkeiten zwischen den auf dem Gütermarkt handelnden Gruppen läßt sich den beiden ersten Schritten zuordnen. Mit ihr ist ein Modell des Wirtschaftskreislaufs jedoch noch nicht entwickelt worden, vor allem deshalb nicht, weil über das Verhalten der einzelnen Gruppen explizit keine Hypothesen aufgestellt und plausibel gemacht worden sind. Wonach sich die Pläne (hinsichtlich der mit dem Suffix $^{+}$ gekennzeichneten Größen) ausrichten, muß noch erörtert werden. Das soll im folgenden geschehen, wobei allerdings auf die während des Grundstudiums zur Makroökonomik gewonnenen Erkenntnisse zurückgegriffen wird.

3.1.1.1. Verhaltenshypothesen (Schritt 3)

A. Gütermarkt

Private Produzenten

$$X^{+}_{R,t} = N^{*}_{R,t} \tag{3.1}$$

Private Produzenten planen ihre mengenmäßige Produktion für die Periode t so, daß sie der von ihnen für diese Periode erwarteten mengenmäßigen Nachfrage N nach den von ihnen produzierten Gütern gleich ist. Das Suffix R soll verdeutlichen, daß die Variable eine Mengengröße (R = Real) darstellt. Da in diesem Kapitel von konstanten Preisen ausgegangen wird und der Preisindex gleich 1 gesetzt wird, stellen Veränderungen der Mengenvariablen zugleich Veränderungen der zugehörigen Wertgröße dar. Dies gilt nicht mehr in späteren Kapiteln, in denen die Annahme der Preiskonstanz aufgegeben wird.

$$X^{+}_{R,t} = X_{R,t} \tag{3.2}$$

Die Produzenten verwirklichen ihre Produktionspläne.

In diesem Lehrbuch wird „fiscal policy“ im Rahmen von *Gleichgewichtsmodellen* behandelt. Wie oben erwähnt worden ist, zeichnet sich ein Kreislaufgleichgewicht dadurch aus, daß keine der Gruppen Überraschungen hinsichtlich der von ihr erwarteten, durch das Handeln anderer Gruppen bestimmten Größen erlebt. So ist es entbehrlich, an dieser Stelle Hypothesen über die Erwartungsbildung (N^{*}) der privaten Produzenten aufzustellen. Im Gleichgewicht gilt, daß die tatsächliche, in der Periode t entfaltete Nachfrage aller Gruppen nach den Erzeugnissen der privaten Produzenten der von diesen erwarteten Nachfrage entspricht. Das wird durch die Gleichgewichtsbedingung (3.15) ausgedrückt.

Private Haushalte (Konsumenten)

$$C^{+}_{R,t} = a + b\,Y^{*H}_{R,v,t} \text{ mit } a > 0 \text{ und } 0 < b < 1 \tag{3.3}$$

Private Haushalte planen ihre mengenmäßige Nachfrage nach Konsumgütern für die Periode t auf der Grundlage des von ihnen für diese Periode erwarteten verfügbaren Realeinkommens (nicht erfaßt ist der Kollektivkonsum, er wird nicht durch Käufe verwirklicht). Das verfügbare Einkommen^{+} ergibt sich dabei aus dem den Haushalten zufließenden Bruttoeinkommen (einschließlich der vom Staat geleisteten Transfer- und Zinszahlungen) abzüglich der Steuerzahlungen. Dieser Tatbestand muß bei den Definitionsgleichungen des Modells (s. Gleichung 3.22) erwähnt werden. Das Suffix * H zeigt an, daß die Erwartungen von den **H**aushalten gebildet werden.

Der Verhaltensfunktion (3.3) liegt die absolute Einkommenshypothese von *Keynes* zugrunde. Indem diese Hypothese zum Bestandteil des Modells gemacht wird, erhält dieses eine besondere Ausrichtung; denn diese Hypothese gilt als ein Kennzeichen für keynesianische Modelle. Für „Keynesianer“ ist die gemäß der absoluten Einkommenshypothese formulierte Konsumfunktion stabil (d.h. ihre Parameter ändern sich in der Zeit nicht) und damit ein „Fixpunkt“ des Modells. Im Kapitel 3.3 wird dieser „Fixpunkt“ verlassen und statt dessen eine Hypothese formuliert (die permanente Einkommenshypothese), der in der Regel die sogenannten Monetaristen (deren bekannteste Vertreter *Brunner* und der Nobelpreisträger *Friedman* sind) den Vorzug geben.

$$C^{+}_{R,t} = C_{R,t} \tag{3.4}$$

Die privaten Haushalte verwirklichen ihre Konsumpläne; auf Hindernisse – z.B. im Hinblick auf die Finanzierung der notwendigen Ausgaben – stoßen sie dabei nicht.

An dieser Stelle müßten Hypothesen über die Erwartungsbildung der Haushalte hinsichtlich der ihnen zufließenden Einkommen aufgestellt werden. Da die Analyse der „fiscal policy“ jedoch ausschließlich mit Hilfe von Gleichgewichtsmodellen erfolgen soll, kann darauf verzichtet werden. Im Gleichgewicht sind die erwarteten und tatsächlichen Einkommen einander gleich (vgl. Gleichgewichtsbedingung (3.16)).

Private Investoren

$$I^{+}_{R,t} = I\,(i_t) \text{ mit } \frac{dI^{+}}{di} < 0 \tag{3.5}$$

Die realen Nettoinvestitionen werden zinsabhängig geplant; die Planungen werden realisiert.

Parlamente

$$A^{+}_{st\,R,t} = \overline{A}_{st} \tag{3.6}$$

Bei der Budgetaufstellung und -planung sind in allen demokratischen Staaten bestimmte Prinzipien einzuhalten. Zu ihnen gehört das sog. Prinzip der Vorherigkeit. Es verlangt vom Parlament, daß es **vor** Beginn der Periode, für welche das Budget gelten soll, der Regierung und der Verwaltung Art und Höhe der Ausgaben angeben soll. Von vornherein soll Klarheit darüber geschaffen werden, was Regierung und Verwaltung tun dürfen und zu lassen haben. Insofern sind die Staatsausgaben in der Periode, für die Sozialprodukt, Beschäftigung, Preisniveau etc. vorhergesagt werden sollen, exogen vorgegeben, was in Gleichung (3.6) durch den Querstrich gekennzeichnet ist. Sie dürfen kurzfristig als von den vorherzusagenden Variablen unabhängig angesehen werden.

$$T^{+}_{R,t} = t \cdot Y^{*P}_{R,t} \tag{3.7}$$

Die Parlamente bzw. ihre Ausschüsse erwarten ein bestimmtes Sozialprodukt (das Suffix * P deutet darauf hin, daß die Einkommenserwartungen hier anders als bei (3.3) von den Parlamenten gebildet werden). Sie legen Steuerbemessungsgrundlagen und -tarife daraufhin so fest, daß dem Staat der Anteil t des Sozialprodukts in Form von Steuern zufließt. Der Verhaltensparameter t darf nicht als durchschnittlicher (und – da die Steuerfunktion kein Absolutglied aufweist – marginaler) Steuersatz aufgefaßt werden, denn das Sozialprodukt stellt weder direkt noch indirekt in jedem Fall die Steuerbemessungsgrundlage dar (man denke beispielsweise an Vermögen- oder Kfz-Steuern).

Über die Erwartungsbildung ist aus den oben bereits erwähnten Gründen keine Hypothese aufzustellen, da die Analyse der „fiscal policy“ mit Hilfe von Gleichgewichtsmodellen erfolgen soll. Es sei auf die Gleichgewichtsbedingungen (3.17) und (3.18) verwiesen.

Staat als Produzent

$$A_{st\,R,t} = A^{+}_{st\,R,t} \tag{3.8}$$

Die von den Parlamenten beschlossenen Budgets sind vollzugsverbindlich. Die Ausgabenplanung wird verwirklicht.

$$VL_{R,t} = m \cdot A_{st\,R,t} \tag{3.9}$$

Die Verwaltung ist bei der Erfüllung ihrer Aufgaben auf Vorleistungen privater Produzenten angewiesen. Die notwendigen realen Vorleistungen, welche geplant *und* verwirklicht werden, sind kurzfristig bei den herrschenden institutionellen und technischen Gegebenheiten zu den realen Staatsausgaben proportional. Die Proportionalitätskonstante ist $0 < m < 1$.

B. Geldmarkt

Kassenhalter (Geldnachfrage)

$$L^{T}_{R,t} = k \cdot Y_{R,t} \tag{3.10}$$

Die zu Transaktionszwecken gewünschte reale Kassenhaltung L^{T}_{R} ist proportional zum realen Sozialprodukt des Jahres t. Der Verhaltensparameter k ist kurzfristig konstant und darf für die Periode t als vorgegeben angesehen werden.

Zu beachten ist, daß L eine Bestandsgröße darstellt, die in Bezug zu der Strömungsgröße Y gesetzt wird. Man hat $L^{T}_{R,t}$ deshalb als jahresdurchschnittliche Größe zu interpretieren. Der Kassenhaltung werden der Bargeldumlauf (Betrag an umlaufenden Noten und Münzen ohne Kassenbestände der Kreditinstitute) und der Bestand an Sichteinlagen der inländischen Nichtbanken bei den Kreditinstituten und der Zentralbank zugerechnet. Dies entspricht der Definition des Geldvolumens im engeren Sinne (sog. M_1).

$$L^{S}_{R,t} = L^{S}(i_t) \text{ mit } \frac{dL^{S}}{di} < 0 \tag{3.11}$$

Außer zu Transaktionszwecken wird auch aus Spekulationsmotiven Kassenhaltung gewünscht (L^S). Sie ist bei gegebenen Erwartungen hinsichtlich der Entwicklung der

Wertpapierkurse bzw. der effektiven Verzinsung der Wertpapiere um so höher, je niedriger der Zinssatz ist (je höher die Wertpapierkurse sind).

$$L_{R,t}^{\cdot} = L_{R,t}^{T} + L_{R,t}^{S} \tag{3.12}$$

Außer zu Transaktions- und zu Spekulationszwecken wird keine Kassenhaltung gewünscht.

Zentralbank

$$M_{R,t} = \overline{M} \tag{3.13}$$

Die Zentralbank strebt ein bestimmtes Geldvolumen an und ist in der Lage, die Giralgeldschöpfung der Kreditinstitute so zu beeinflussen, daß ihre Vorstellungen verwirklicht werden. Da das Preisniveau als konstant angenommen wird, ist auch das „reale Geldvolumen", definiert als $M_R \equiv M/P$, konstant.

C. Arbeitsmarkt

$$A_t = A(Y_{R,t}, \overline{K}), \text{ wobei } \frac{\partial A}{\partial Y_R} > 0. \tag{3.14}$$

Die Beschäftigung (Arbeitseinsatz A) läßt sich mit Hilfe der Produktionsfunktion $Y_R = Y_R\,(A, \overline{K})$ ermitteln. Diese Funktion zeigt, welchen „Output" ein bestimmter Arbeitseinsatz A und Kapitaleinsatz $\overline{K}$ bei der herrschenden Technik und bei der gegebenen Organisation der Produktion hervorbringen. Kurzfristig wird der Kapitalbestand als konstant angenommen.

Kurzfristig besteht somit ein eindeutiger Zusammenhang zwischen realem Sozialprodukt und Arbeitseinsatz.

Gleichung (3.14) stellt die Arbeitsnachfragefunktion dar. Bei ihrer Interpretation ist zu beachten, daß sich aus den wechselseitigen Abhängigkeiten der auf Güter- und Geldmarkt handelnden Gruppen ein ganz bestimmtes (reales) Sozialprodukt ergibt. Diesem wird mit Hilfe von (3.14) die zugehörige Beschäftigung „zugeordnet".

Dieses Vorgehen schließt implizit drei wesentliche **Annahmen** ein, die dieses Modell charakterisieren.

(a) Der seitens der Produzenten (gemäß (3.14)) geäußerte Bedarf an Arbeitskräften kann gedeckt werden: Die Zahl der Arbeitswilligen ist ausreichend. Eine weitere Steigerung des realen Sozialprodukts ist nicht durch Arbeitskräftemangel ausgeschlossen.

(b) Somit kann (sog. keynesianische) Arbeitslosigkeit auftreten. Mit anderen Worten: Auf Güter- und Geldmarkt kann sich ein Gleichgewicht herausbilden, ohne daß gleichzeitig Gleichgewicht auf dem Arbeitsmarkt herrscht. Der wesentliche Grund hierfür liegt in der Annahme fester Güterpreise und eines festen Geldlohnsatzes bei im relevanten Bereich nahezu konstanter Grenzproduktivität der Arbeit. Damit ist der Reallohnsatz fest. Der Mechanismus, der das Arbeitsangebot und die Arbeitsnachfrage zum Ausgleich bringen könnte, fällt kurzfristig, und das heißt: für die Periode, für die eine Vorhersage abgeleitet werden soll, aus.

(c) Die Annahme der Güterpreiskonstanz beinhaltet, daß bei Störungen des Gütermarktgleichgewichts nicht Preisänderungen ein neues Gleichgewicht zwischen Güterangebot und -nachfrage herbeiführen können, sondern daß Konsumenten und

Produzenten mit Mengenvariationen (bei gegebenen Preisen) auf die Störung reagieren.

3.1.1.2. Gleichgewichtsbedingungen (5. Schritt)

A. Gütermarkt

Private Produzenten

$$N^{*}_{R,t} \overset{!}{=} N_{R,t} \tag{3.15}$$

Im Gleichgewicht erleben die Produzenten keine Überraschungen: Die tatsächlich nach ihren Erzeugnissen während der Periode t entfaltete mengenmäßige Nachfrage entspricht der von ihnen erwarteten.

Private Haushalte

$$Y^{*H}_{R,v,t} \overset{!}{=} Y_{R,v,t} \tag{3.16}$$

Im Gleichgewicht erleben die privaten Haushalte keine Überraschungen: Ihr tatsächliches, verfügbares Realeinkommen entspricht dem für die Periode t erwarteten.

Parlamente

$$Y^{*P}_{R,t} \overset{!}{=} Y_{R,t} \tag{3.17}$$

und

$$T^{+}_{R,t} \overset{!}{=} T_{R,t} \tag{3.18}$$

Im Gleichgewicht erleben die Parlamente keine Überraschungen: Das von ihnen bei der Steuerplanung erwartete Sozialprodukt ist dem tatsächlichen gleich. Die Steuerplanungen werden dann verwirklicht.

B. Geldmarkt

$$M_{R,t} \overset{!}{=} L_{R,t} \tag{3.19}$$

Im Gleichgewicht wird das gesamte Geldvolumen von denen, die Kasse zu halten wünschen, gerade aufgenommen.

C. Arbeitsmarkt

Charakteristisch für das vorliegende Modell ist es, daß auf dem Arbeitsmarkt Ungleichgewicht (= Arbeitslosigkeit) herrschen kann.

3.1.1.3. Definitionsgleichungen

Das Modell ist noch nicht vollständig, da einige Variablen bisher nicht explizit definiert worden sind.

$$N_{R,t} \equiv C_{R,t} + I^{+}_{R,t} + VL_{R,t} \tag{3.20}$$

Die *Nachfrage*, der sich die privaten Produzenten gegenübersehen, wird von den privaten Haushalten, den privaten Investoren und vom Staat entfaltet.

$$Y_{R,t} \equiv X_{R,t} + A_{st\,R,t} - VL_{R,t} \tag{3.21}$$

Das *Sozialprodukt* ist gleich der Summe der im privaten und im staatlichen Sektor geschaffenen (realen) Wertschöpfungen. Die Wertschöpfung der privaten Produzenten entspricht dem Wert der von ihnen netto neu geschaffenen Güter; die Wertschöpfung des Staates ist gleich der Differenz aus dem Wert der staatlichen Produktion und dem Wert der im privaten Produktionssektor gekauften Waren.

$$Y_{R,v,t} \equiv Y_{R,t} - T_{R,t} \tag{3.22}$$

Das *verfügbare Einkommen* ergibt sich als Differenz aus Sozialprodukt und Steuerzahlungen.

Immer dann, wenn ein Modell aufgestellt worden ist, sollte überprüft werden, ob es *vollständig* ist, d.h., ob irgendeine Verhaltenshypothese, Gleichgewichtsbedingung oder Definitionsgleichung vergessen worden ist. Dazu empfiehlt es sich festzustellen, ob die Zahl der (endogenen) Variablen der Zahl der Gleichungen entspricht und deshalb das Gleichungssystem lösbar ist. Das beschriebene „Ausgangsmodell“ zur Analyse der „fiscal policy“ hat 22 Gleichungen und die folgenden 22 Variablen (in der Reihenfolge ihres erstmaligen Auftretens in den Gleichungen; unter Fortlassung der Suffixe R und t): X^+, N^*, X, C^+, Y^{*H}_{v}, C, I^+, i, A^+_{st} T^+, Y^{*P}, A_{st}, VL, L^T, Y, L^S, L, M, A, N, Y_v, T.

Die Verhaltensparameter a, b, t, m und k sind durch die Hypothesen ebenso vorgegeben wie $\overline{A}_{st}$, $\overline{M}$ und $\overline{K}$.

3.1.2. Auswertung des Ausgangsmodells (Schritt 6)

Aus den aufgestellten Verhaltenshypothesen sollen unter Beachtung der Gleichgewichtsbedingungen und Definitionsgleichungen auf dem Wege logischer Deduktion Vorhersagen über die Wirkungen von Änderungen des staatlichen Budgets auf Sozialprodukt und Beschäftigung abgeleitet werden. Das kann auf unterschiedliche Weise geschehen. Dabei kann man sich sowohl der Algebra als auch der Geometrie bedienen. Beide Wege sollen hier beschritten werden.

3.1.2.1. Algebraischer Weg

Wer die Algebra zu Hilfe nimmt, geht herkömmlicherweise **in drei Schritten** vor:

(a) Die Modellgleichungen werden soweit wie möglich *zusammengefaßt*. Für den Güter-, Geld- und Arbeitsmarkt soll je eine zusammenfassende Gleichung ermittelt werden; sie bilden die „zusammengefaßte Form“ des Modells.

(b) Diese Gleichungen werden total *differenziert*. Die Rechenergebnisse werden solange umgeformt, bis die Änderungsgrößen der gesuchten Variablen (also von Y und A, gegebenenfalls von i etc.) gefunden worden sind.

(c) Diese *Änderungsgrößen* stellen Differenzen zwischen zwei Gleichgewichtswerten dar. Sie werden als Wirkungen der „fiscal policy“ interpretiert. Diese Differenzen sind zu analysieren. Dabei ist zu klären, welche ökonomischen Gegebenheiten für ihr Ausmaß verantwortlich sind.

Beim vorliegenden Modell führen diese drei Schritte zu den folgenden Ergebnissen:

Aus (3.1), (3.2), (3.15) und (3.20) ergibt sich die Höhe der privaten Produktion im Gleichgewicht

$$X_{R,t} \overset{!}{=} C_{R,t} + \overset{+}{I}_{R,t} + VL_{R,t} \tag{3.23}$$

Aus (3.3), (3.4), (3.16) und (3.22) erhält man die Konsumgüternachfrage der privaten Haushalte im Gleichgewicht

$$C_{R,t} \overset{!}{=} a + b \cdot \left(Y_{R,t} - T_{R,t}\right)$$

Aus (3.7), (3.17) und (3.18) läßt sich die Höhe der Steuereinnahmen im Gleichgewicht ableiten

$$T_{R,t} \overset{!}{=} t \cdot Y_{R,t}$$

Die beiden letzten Gleichungen ergeben zusammen

$$C_{R,t} \overset{!}{=} a + b\,(1-t) \cdot Y_{R,t} \tag{3.24}$$

Aus (3.6) und (3.8) folgt

$$A_{st\,R,t} = \overline{A}_{st} \tag{3.25}$$

Faßt man (3.23), (3.24), (3.25), (3.5) und (3.21) zusammen, erhält man eine Gleichung, die alle Annahmen über den **Gütermarkt** enthält:

$$Y_{R,t} \overset{!}{=} a + b \cdot (1-t) \cdot Y_{R,t} + I\,(i_t) + \overline{A}_{st} \tag{3.26}$$

Die Gleichung (3.9) wird nicht benötigt, wenn man auf die Bestimmung der staatlichen Nachfrage nach Produkten des privaten Sektors glaubt verzichten zu können.

Aus (3.10), (3.11), (3.12), (3.13) und (3.19) folgt die entsprechende Gleichung für den **Geldmarkt:**

$$\overline{M}_R \overset{!}{=} k \cdot Y_{R,t} + L^S\,(i_t) \tag{3.27}$$

Alle Gleichungen sind bisher berücksichtigt worden mit Ausnahme der Arbeitsnachfragefunktion (3.14).

Die Gleichungen (3.26), (3.27) und (3.14) bilden die zusammengefaßte Form des Modells; in ihnen sind alle Hypothesen zusammengefaßt worden. Dabei ist wichtig zu sehen, daß (3.26) und (3.27) nur im Gleichgewicht erfüllt sind.

Das totale Differenzieren der drei Gleichungen der zusammengefaßten Form des Ausgangsmodells führt zu den Gleichungen (3.26)', (3.27)' und (3.14)', wobei die Suffixe R und t fortgelassen sind. Alle Variablen sind Realgrößen. Wegen der Annahme der Preiskonstanz lassen sie sich auch als Wertgrößen interpretieren. Annahmegemäß gilt $da = db = dk = d\overline{K} = 0$.

$$dY = b\,(1-t) \cdot dY - b \cdot Y \cdot dt + \frac{\partial I}{\partial i}\,di + d\overline{A}_{st} \tag{3.26'}$$

$$d\overline{M} = k \cdot dY + \frac{\partial L^S}{\partial i} \cdot di \qquad (3.27)'$$

$$dA = \frac{\partial A}{\partial Y} \cdot dY \qquad (3.14)'$$

Diese drei Gleichungen lassen sich hinsichtlich der verschiedenen Politikalternativen auswerten. **Drei** mögliche **Fälle** sollen im folgenden behandelt werden.

1. Fall:

Der Staat erhöht bei unveränderten Steuersätzen ($dt = 0$) *seine Ausgaben* ($d\overline{A}_{st} > 0$).

Man kann sich vorstellen, daß neue Hochschulbauten errichtet oder zusätzliche Straßen gebaut werden. Solche zusätzlichen Staatsaktivitäten wirken je nach Definition der Neutralität der Geldpolitik unterschiedlich.

Unterfall A: Neutralität der Geldpolitik wird definiert durch $d\overline{M} = 0$.

Dies impliziert, daß sich der Staat zur Finanzierung seiner zusätzlichen Ausgaben am Wertpapiermarkt (durch Ausgabe von Bonds⁺) verschulden muß. Auf dieses Problem wird später genauer einzugehen sein.

Aus (3.27)' folgt unter dieser Voraussetzung:

$$di = -\frac{k}{\frac{\partial L^S}{\partial i}} dY$$

Setzt man diesen Ausdruck für die Zinsänderung in die Gleichung (3.26)' ein, ergibt sich unter Berücksichtigung unveränderter Steuervorschriften ($dt = 0$)

$$dY = b(1-t)\,dY - \frac{k \cdot \frac{\partial I}{\partial i}}{\frac{\partial L^S}{\partial i}} \cdot dY + d\overline{A}_{st}$$

In dieser Gleichung stellt der Ausdruck $d\overline{A}_{st}$ die zusätzlichen Ausgaben des Staates dar, die im (gedanklichen) Ausgangsgleichgewicht getätigt worden sind und zu Reaktionen im Wirtschaftskreislauf geführt haben. Der Ausdruck dY gibt die gesamte *Sozialproduktänderung* an, die sich insgesamt durch die zusätzlichen Staatsausgaben und alle nachfolgenden Reaktionen ergibt. Wenn man dY isoliert, erhält man

$$dY = \frac{1}{1-b(1-t) + \frac{k \cdot \partial I/\partial i}{\partial L^S/\partial i}} \cdot d\overline{A}_{st} \qquad (3.28)$$

Bei der Interpretation dieses Ausdrucks empfiehlt es sich, zwischen *Multiplikand* und *Multiplikator* zu unterscheiden. Als Multiplikand bezeichnet man in Ergebnisformeln wie dieser stets die „erste Nachfrageänderung" die – ausgehend von einem Gleichgewicht – eingetreten ist und die im Wirtschaftskreislauf tätigen Gruppen zu einer Änderung ihres Verhaltens veranlaßt hat. In diesem Fall ist $d\overline{A}_{st}$ der Multiplikand; denn der Staat hat mit zusätzlichen Ausgaben das alte Gleichgewicht „gestört". Der Multiplikator faßt dagegen die vielfachen Reaktionen auf die „erste Nachfrageänderung“ zusammen. In diesem Fall stellt der Bruch auf der rechten Seite von (3.28) den Multiplikator dar. Dieser Multiplikator, der noch eingehend erläutert werden muß, ist positiv. Die marginale Konsumquote b und die marginale „Steuerquote“ sind kleiner als 1. Da die marginale Investitionsquote $\partial I/\partial i$ wie die marginale Liquiditätspräferenz der Spekulanten negativ ist und da $0 < k < 1$ gilt, ist der letzte Term im Nenner des Bruchs positiv.

Mit Hilfe der Sozialproduktänderung dY läßt sich der Einfluß zusätzlicher Staatsausgaben auf den Beschäftigungsgrad des Landes relativ leicht ermitteln. Man greift zu diesem Zweck auf Gleichung (3.14)' zurück und setzt den in (3.28) gewonnenen Ausdruck für dY ein. Man erhält

$$dA = \frac{\partial A}{\partial Y} \cdot \frac{1}{1-b\,(1-t) + \dfrac{k \cdot \partial I/\partial i}{\partial L^S/\partial i}} \cdot d\bar{A}_{st} \qquad (3.29)$$

Bevor diese Ergebnisse näher analysiert werden, sollen sie in Form eines Lehrsatzes festgehalten werden:

Lehrsatz 1:
Zusätzliche (verminderte) Staatsausgaben führen zu einer Erhöhung (Senkung) von Sozialprodukt und Beschäftigung,

wenn die Modellvoraussetzungen zutreffen, d.h. wenn

- das Preisniveau konstant bleibt,
- vom Außenhandel abgesehen werden darf und
- die gemachten Verhaltenshypothesen – insbesondere über private Haushalte und Kassenhalter – zutreffen.

Dieses Ergebnis läßt sich mit Hilfe folgender „Wirkungskette“ verdeutlichen:

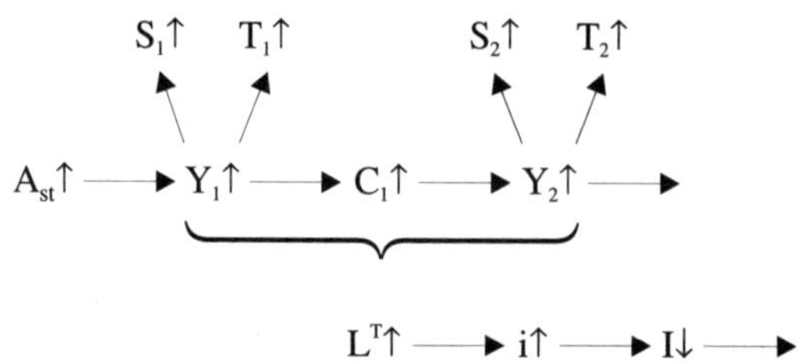

Diese *„Wirkungskette“* ist eingedenk der Verhaltenshypothesen des Modells wie folgt zu interpretieren.

Zusätzliche Staatsausgaben ($A_{st}\uparrow$) fließen privaten Produzenten oder Staatsbediensteten zu, die sie als Einnahmen verbuchen. Diese Einnahmen werden bei den Staatsbediensteten und bei den Produzenten, ihren Beschäftigten und Vorlieferanten zu Einkommen in voller Höhe ($Y_1\uparrow$). Aus diesen zusätzlichen Einkommen sind zusätzliche Steuern zu zahlen ($T_1\uparrow$). Es bleibt jedoch ein zusätzliches, verfügbares Einkommen ($dY_v = dY - dT$). Dieses veranlaßt die Haushalte zu zusätzlichen Ersparnissen ($S_1\uparrow$) und zu zusätzlichem Konsum ($C_1\uparrow$). Zusätzliche Ersparnisse und zusätzliche Steuerzahlungen „versickern“[+] im Kreislauf, d.h. dem zusätzlichen Einkommen folgt keine zusätzliche Nachfrage in gleichem Ausmaß. Zusätzliche Konsumgüternachfrage führt gemäß der Hypothese (3.1) zu zusätzlicher Produktion bei den Konsumgüterfabrikanten. Da gleichzeitig mit Produktion Leistungseinkommen entstehen, steigt das in der Konsumgüterindustrie erzielte Einkommen entsprechend ($Y_2\uparrow$). Aus diesem zusätzlichen Einkommen sind Steuern zu zahlen ($T_2\uparrow$), gleichwohl steigt das verfügbare Einkommen. Dieses führt zu zusätzlichen Ersparnissen ($S_2\uparrow$) und – was entscheidend ist – zu einer weiteren Steigerung der Konsumgüternachfrage. Dieser Prozeß pflanzt sich fort. Er ist aus dem Grundkurs zur Makroökonomik als Multiplikatorprozeß+ bekannt. Die Rolle, welche die sich aus zusätzlichen Einkommen jeweils ergebenden zusätzlichen Steuerzahlungen und zusätzlichen Ersparnisse im Multiplikatorprozeß spielen, wird durch den Term 1–b (1–t) im Nenner des Multiplikators angezeigt. Ist die (marginale) Steuerquote t hoch und ist die (marginale) Konsumquote b niedrig, so „versickern" im Zuge des Multiplikatorprozesses vergleichsweise große Beträge; m. a. W.: dann entsteht aus zusätzlichen Einkommen nur eine verhältnismäßig geringe Zusatznachfrage nach Gütern. Der Term 1–b (1–t) ist dann relativ hoch und läßt den ganzen Bruch relativ klein werden.

Der letzte Term im Nenner des Multiplikators läßt sich wie folgt erklären. Im Zuge der einsetzenden wirtschaftlichen Expansion nimmt der Bedarf an Geld zu: Es müssen mehr Transaktionen finanziert werden ($L^T\uparrow$). Dieser zusätzliche Geldbedarf kann bei gegebenem Geldvolumen ($M_R = \overline{M}_R$) nur gedeckt werden, wenn Spekulanten eine geringere Kasse halten als zuvor. Dieser Umwandlungsprozeß vollzieht sich derart, daß diejenigen, die zu Transaktionszwecken Geld benötigen, Wertpapiere verkaufen oder Kredite bei Banken begehren, die zur Beschaffung der notwendigen Liquidität ihrerseits zinstragende Forderungen verkaufen. Die dadurch bewirkte Kurssenkung veranlaßt die Spekulanten, Wertpapiere zu kaufen und sich von ihrer Kasse zu trennen. Ein gesunkener Wertpapierkurs bedeutet bei festem Nominalzinssatz eine gestiegene Effektivverzinsung ($i\uparrow$). Der Zinsanstieg veranlaßt lt. aufgestellter Investitionshypothese die Investoren zur Minderung ihrer Investitionsgüternachfrage ($I\downarrow$). Ein negativer Multiplikatorprozeß setzt ein. Seine Wirkung kann jedoch nicht durchschlagend, sondern nur dämpfend sein, wie ebenfalls im Grundkurs zur Makroökonomik gezeigt worden ist.

Faßt man die hiermit vorgetragenen Überlegungen zusammen, so lassen sich zwei weitere Lehrsätze formulieren.

Lehrsatz 2:
Zusätzliche Staatsausgaben führen bei konstantem Geldvolumen zu einem Zinsanstieg.

Als Folge geht die Investitionsgüternachfrage zurück. Insofern verdrängen zusätzliche Staatsausgaben private Nachfrage.

Lehrsatz 3:
Die Expansionswirkung zusätzlicher Staatsausgaben ist um so größer, je kleinerdie marginale „Steuerquote" (t) und je größer die marginale Konsumquote (b) sind.

Dann nämlich sind die oben genannten *Sickerverluste* kleiner. Daraus folgt, daß die „fiscal policy" in Ländern mit früh einsetzender, starker Progression und mit hoher Sparneigung *relativ* erfolglos ist.

Unterfall B: Neutralität der Geldpolitik wird definiert durch di = 0

Bei konstantem Zinssatz (di = 0) läßt sich die Sozialproduktwirkung zusätzlicher Staatsausgaben aus Gleichung (3.26)' unmittelbar ableiten. Man erhält

$$dY = \frac{1}{1-b\,(1-t)}\, d\overline{A}_{st} \qquad (3.30)$$

Die **Interpretation** dieses Ergebnisses fällt leicht, da man direkt an die Erklärung des Multiplikators von (3.28) anschließen kann. Alles dort Gesagte gilt mit einer Ausnahme auch hier. Die Ausnahme besteht darin, daß es hier anders als dort einen Dämpfungseffekt des Geldmarktes nicht geben kann; denn der Zinssatz bleibt gleich. Die Zentralbank läßt eine Geldmengenerhöhung zu: Der zusätzliche Bedarf an Transaktionskasse im Zuge des expansiven Multiplikatorprozesses kann somit ohne Zinssteigerung gedeckt werden. Damit fällt auch der investitionshemmende Einfluß fort.

Bei einem Vergleich der Multiplikatoren von (3.28) und (3.30) wird dies sehr deutlich; in (3.30) fehlt der (positive) Term $\left(k \cdot \frac{\partial I}{\partial i}\right) \Big/ \left(\frac{\partial L^S}{\partial i}\right)$. Somit ist der Bruch auf der rechten Seite von Gleichung (3.30) größer als auf der rechten Seite von (3.28). Entsprechend ist auch die Beschäftigungssteigerung bei Zinskonstanz größer als bei Geldmengenkonstanz.

Die Geldvolumensteigerung, die zur Erfüllung der Neutralitätsbedingung notwendig ist, ergibt sich aus (3.27)':

$$dM = k \cdot \frac{1}{1-b\,(1-t)}\, d\overline{A}_{st}$$

2. Fall:

Die Parlamente ändern Steuertarife und/oder -bemessungsgrundlagen so, daß der Steueranteil am Sozialprodukt um dt steigt, während sie konstante Staatsausgaben beschließen ($d\overline{A}_{st} = 0$).

Unterfall A: Die Zentralbank hält das Geldvolumen konstant ($d\overline{M} = 0$)

Um die Steuerwirkungen zu ermitteln, wird wieder auf die Gleichungen (3.26)' und (3.27)' auf Seite 24f. zurückgegriffen. Aus (3.27)' ergibt sich unter Beachtung von $d\overline{M} = 0$ als Zinsänderung

$$di = -\frac{k}{\frac{\partial L^S}{\partial i}} \cdot dY.$$

Setzt man diesen Ausdruck in (3.26)' ein, erhält man bei Berücksichtigung von $d\overline{A}_{st} = 0$

$$dY = b\,(1-t)\,dY - bY dt - \frac{k \cdot \frac{\partial I}{\partial i}}{\frac{\partial L^S}{\partial i}}\, dY.$$

Isoliert man dY, erhält man diejenige Sozialproduktänderung, die sich als Folge der veränderten Steuervorschriften einstellt:

$$dY = -\frac{1}{1-b\cdot(1-t)+\dfrac{k\cdot\partial I/\partial i}{\partial L^S/\partial i}}\, b\cdot Y\cdot dt. \tag{3.31}$$

Vergleicht man dieses Ergebnis mit der Gleichung (3.28), so fällt auf, daß der Multiplikator der gleiche ist. Es unterscheiden sich lediglich die durch die Multiplikanden ausgedrückten „ersten Nachfrageänderungen“.

Die Beschäftigungswirkung läßt sich aus (3.14)' ableiten

$$dA = -\frac{\partial A}{\partial Y}\cdot\frac{1}{1-b\cdot(1-t)+\dfrac{k\cdot\partial I/\partial i}{\partial L^S/\partial i}}\, b\cdot Y\cdot dt. \tag{3.32}$$

Aus diesen Ergebnissen lassen sich zwei Lehrsätze gewinnen:

Lehrsatz 4:
Steuererhöhungen (-senkungen) führen zu einer Senkung (Erhöhung) von Sozialprodukt und Beschäftigung,

wenn die in Lehrsatz 1 erwähnten Modellvoraussetzungen zutreffen.

Dieser Satz läßt sich wie folgt verdeutlichen (bei Fortlassung der beim Fall (1 A) erläuterten Geldmarktwirkungen, die hier analog eintreten).

$t\uparrow \longrightarrow Y_{v1}\downarrow \longrightarrow C_1\downarrow \longrightarrow Y_{v2}\downarrow \longrightarrow$ kontraktiver Multiplikatorprozeß

Steuererhöhungen führen zu einer Senkung des verfügbaren Einkommens um den Betrag $Y\cdot dt$. Darauf reagieren die privaten Haushalte mit einem um $b\cdot Y\cdot dt$ verminderten Ausgabenbetrag für Konsumgüter. Auf diese Nachfragesenkung stellen sich die Produzenten mit einer entsprechenden Verminderung der Produktion ein. Es sinkt das Einkommen. Das wiederum veranlaßt die Konsumenten, ihren Konsum abermals einzuschränken. Es setzt ein kontraktiver Multiplikatorprozeß ein. Auslösendes Moment (angezeigt durch den Multiplikanden) ist – wie stets – die erste im Kreislauf auftretende reale Nachfrageänderung; sie ist – wie erwähnt – $b\cdot Y\cdot dt$. Der Multiplikator, also der Bruch in (3.31), ist der gleiche wie in (3.28). Dieses Ergebnis ist nicht überraschend, denn die Verhaltenshypothesen hinsichtlich der einzelnen kreislaufmäßig verbundenen Gruppen (Produzenten, Konsumenten, Kassenhalter) sind im Fall (2 A) die gleichen wie im Fall (1 A).

Kombiniert man die Fälle (1 A) und (2 A), d.h., betrachtet man eine gleichzeitige Erhöhung von Ausgaben und Steuern um den gleichen Betrag, so erhält man den

Lehrsatz 5:
Erhöht der Staat seine Staatsausgaben um $d\overline{A}_{st}$ und finanziert er diese gänzlich mit zusätzlichen Steuern ($d\overline{A}_{st} = dT = Y_0 dt$), so ergibt sich unter den gemachten Voraussetzungen eine Sozialprodukt- und Beschäftigungssteigerung.

Um diesen Satz zu beweisen, werden die Ausdrücke (3.28) und (3.31) addiert, wobei der Multiplikator mit Mu verkürzt geschrieben wird:

$Mu \cdot d\overline{A}_{st} - Mu \cdot b \cdot Y \cdot dt = Mu \cdot d\overline{A}_{st} \cdot (1-b)$

Der Ausdruck ist positiv.

Der Grund hierfür liegt darin, daß zusätzliche Staatsausgaben in voller Höhe zusätzliches Einkommen bilden, während zusätzliche Steuern zunächst nur *bei unverändertem Sozialprodukt* das verfügbare Einkommen senken. Erst dann setzen sie im Kreislauf einen kontraktiven Prozeß in Gang, wenn die Konsumgüternachfrage sinkt. Diese Nachfragesenkung aber ist kleiner als $d\overline{A}_{st}$ bzw. $Y_o \cdot dt$, da die privaten Haushalte nach einer Minderung des verfügbaren Einkommens ihre Konsumausgaben nicht um den gleichen Betrag senken.

Unterfall B: Die Zentralbank hält das Zinsniveau konstant (di = 0)

Aus (3.26)' ergibt sich unmittelbar

$$dY = -\frac{1}{1-b \cdot (1-t)} \, b \cdot Y \cdot dt. \qquad (3.33)$$

Die Beschäftigungswirkung ist wiederum mit Hilfe von (3.14)' leicht anzugeben.

Wie (3.33) zeigt, wirken die Steuererhöhungen in höherem Maße kontraktiv als im Fall (3.31). Das hat seinen Grund darin, daß die Zentralbank die Senkung des Zinssatzes und damit eine investitionserhöhende Wirkung nicht zuläßt, indem sie das Geldvolumen um den Betrag reduziert, der wegen des gesunkenen Sozialprodukts nicht mehr für Transaktionszwecke benötigt wird. Rein äußerlich ist dies im Multiplikatorterm daran zu erkennen, daß der positive Ausdruck $(k \cdot \partial I/\partial i) / (\partial L^S/\partial i)$ nicht mehr im Nenner erscheint.

3. Fall (Vergleichsfall):

Es soll geklärt werden, ob die „fiscal policy" oder die Geldpolitik größere Beschäftigungswirkungen hat. Das kann geschehen, wenn man den Fall (1 A) vergleicht mit dem im folgenden geschilderten *Fall, in dem angenommen wird, daß* $d\overline{A}_{st} = dt = 0$. *Das heißt, der Staat ändert weder Ausgaben noch Steuern. Dagegen möge die Zentralbank eine Geldmengenerhöhung von* $d\overline{M}$ *bewirken.*

Dann ergibt sich aus (3.26)' und (3.27)'

$$dY = \frac{1}{1-b \cdot (1-t) + \dfrac{k \cdot \partial I/\partial i}{\partial L^S/\partial i}} \cdot \frac{\partial I/\partial i}{\partial L^S/\partial i} \cdot d\overline{M}. \qquad (3.34)$$

Da dem Ausdruck dasselbe Modell zugrunde liegt, ist der Multiplikator, der die Reaktionen der verschiedenen Gruppen im Kreislauf auf eine vorausgehende Störung des Gleichgewichts erfaßt, der gleiche wie im Fall (1 A). Für den Vergleich allein wichtig ist somit der Multiplikand, der die erste Nachfrageänderung mißt, die im Kreislaufsystem auftritt. Diese Änderung tritt bei den Investitionen auf:

$$dI_1 = \frac{\partial I/\partial i}{\partial L^S/\partial i} \cdot d\overline{M}.$$

Dieser Ausdruck läßt sich wie folgt verdeutlichen: Die erhöhte Geldmenge $d\overline{M}$ wird anfangs nicht für Transaktionszwecke benötigt. Sie muß deshalb von den Spekulanten aufgenommen werden, das heißt, es muß gelten $d\overline{M} = dL^S$. Diese sind jedoch dazu erst bereit, wenn der Zins auf ein entsprechendes Niveau gesunken ist. Diese Zinssenkung kommt dadurch zustande, daß zunächst mehr Geld im Geldkreislauf ist, als Menschen Kasse zu halten wünschen. Menschen oder Institutionen, die Geld besitzen und nicht zur Finanzierung laufender Transaktionen benötigen, versuchen, es in zinstragende Forderungen zu verwandeln. Sie treten somit an den Wertpapiermarkt und erwerben dort festverzinsliche Wertpapiere, Aktien usw. Somit stellt sich eine Kurssteigerung ein. Diese kommt bei gegebenen Nominalzinssätzen der einzelnen Wertpapiere (z. B. 8% bei sogenannten 8-Prozentern) einer Senkung der effektiven Verzinsung gleich. Um z. B. Jahr für Jahr während der Laufzeit eines Wertpapiers 8 DM zu erhalten, muß der Käufer nicht mehr 100 DM, sondern 110 DM bezahlen. Die effektive Verzinsung sinkt damit von 8% auf (8/110) · 100 = 7,27%.

Auf eine solche Zinssenkung reagieren die Spekulanten: Sie setzen ihre Wertpapiere zu dem nun höheren Kursniveau ab und halten das Geld in ihrer Kasse, um es bei einem Kursfall wieder für Wertpapierkäufe bereit zu haben. Die „Spekulationskasse" steigt um $dL^S = (\partial L^S/\partial i) \cdot di$, wobei $\partial L^S/\partial i$ die Kassenabnahme bei einer Zinssteigerung von 1%-Punkt ist und sich aus der Verhaltenshypothese (3.11) des Modells ergibt.

Die geschilderten Vorgänge auf dem Geldmarkt halten so lange an, bis die Zinssenkung gerade die Gleichheit von $d\overline{M}$ und dL^S sicherstellt: $dM = (\partial L^S/\partial i) \cdot di$.

Daraus folgt, daß

$$di = \frac{1}{\frac{\partial L^S}{\partial i}} \cdot d\overline{M}.$$

Auf eine solche Zinssenkung reagieren die Investoren gemäß Hypothese (3.5) des Modells mit

$$dI = \frac{\partial I}{\partial i} \cdot di = \frac{\partial I}{\partial i} \cdot \frac{1}{\frac{\partial L^S}{\partial i}} \cdot dM.$$

Dieser Ausdruck entspricht dem Multiplikanden von (3.34).

Aus diesen Überlegungen folgt: **Zielpunkt der Geldpolitik** ist letztlich die **Investitionstätigkeit,** während die **„fiscal policy",** indem sie erhöhte Staatsausgaben zahlreichen Unternehmungen in verschiedenen Sektoren zufließen läßt, den **gesamten produzierenden Bereich** zu erfassen vermag. Prinzipiell läßt sich nicht entscheiden, welcher Multiplikand ($d\overline{A}_{st}$ oder $(\partial I/\partial i) / (\partial L^S/\partial i) \cdot d\overline{M}$) größer ist. Somit läßt sich nicht sicher sagen, welche Politik im Hinblick auf das Beschäftigungsziel unter den gemachten Annahmen effektiver ist. Jedoch ist anzunehmen, daß in Rezessionszeiten mit verbreiteter Arbeitslosigkeit und unausgelasteten Kapazitäten Zinssenkungen die Investoren nicht veranlassen können, die Kapazitäten merklich auszudehnen. Dann ist $\partial I/\partial i$ nahezu Null, und dies mag eine gewisse Überlegenheit der „fiscal policy" (bei den gemachten Annahmen!) begründen.

3.1.2.2. Geometrischer Weg

Wer sich bei der Auswertung des Modells der Geometrie bedienen will, muß sich über einen **Nachteil** dieses Vorgehens gegenüber der algebraischen Lösung im klaren sein. Indem nämlich die einzelnen Funktionen in ganz bestimmten Kurvenverläufen festgehalten werden, erfolgt eine weitgehende numerische Fixierung der jeweiligen Verhaltensparameter. Wird z. B. die Konsumfunktion C = a + bY in folgender Form dargestellt,

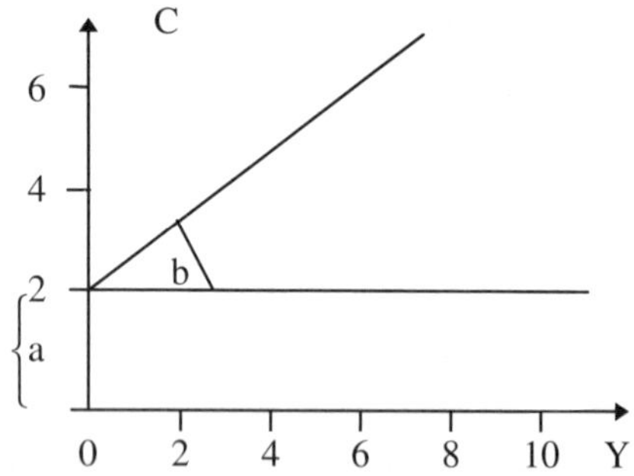

so ist sowohl die marginale Konsumneigung b (das ist die Steigung der Konsumkurve) als auch der sog. Basiskonsum a dem Betrag nach genau festgelegt. Im Beispiel beträgt a = 2 Mrd DM zu Preisen des gewählten Basisjahres, und b = tan 35° = 0,7. Wegen dieser Fixierung verliert das Ergebnis der Modellauswertung an Allgemeingültigkeit.

Bei der geometrischen Auswertung geht man normalerweise **in drei Schritten** vor:

(a) Die Verhaltenshypothesen und Gleichgewichtsbedingungen werden mit Hilfe von Abbildungen verdeutlicht. Die einzelnen Abbildungen werden so geordnet, daß Diagramme mit gleicher Ordinatenbezeichnung neben- und solche mit gleicher Abszissenbezeichnung untereinander stehen.

(b) Man bestimmt diejenigen Werte von Sozialprodukt und Zinssatz, bei denen Gleichgewicht sowohl auf dem Güter- als auch auf dem Geldmarkt herrscht. Die zugehörige Beschäftigung wird ermittelt.

(c) Man prüft, zur Verschiebung welcher Kurven die fiskalpolitischen Maßnahmen führen und ermittelt die neuen Gleichgewichtswerte. Die Differenzen zwischen ihnen und den ursprünglichen Gleichgewichtswerten stellen die Auswirkungen der „fiscal policy" dar. Es ist zu erörtern, wovon das Ausmaß dieser Differenzwerte abhängt.

Diese drei Schritte werden im folgenden vorgeführt, wobei von einigen Zusammenfassungen ausgegangen wird und nach wie vor konstante Preise unterstellt werden. Das zu Beginn des Kapitels 3.1.2.1 teilweise zusammengefaßte Modell lautet (bei Fortlassung der Suffixe t und R): **Modell A**

Y	$\overset{!}{=} C + I^{+} + A_{st}$	(Gleichgewichtsbedingung für den Gütermarkt)	(A 1)
C	$= a + b \cdot (Y - T)$	(Konsumfunktion)	(A 2)
T	$= t \cdot Y$	(Steuerfunktion)	(A 3)

A_{st}	$= \overline{A}_{st}$	(Staatsausgabenfunktion)	(A 4)
I^+	$= I(i)$	(Investitionsfunktion)	(A 5)
L^T	$= k \cdot Y$	(Kassenhaltungsfunktion zu Transaktionszwecken)	(A 6)
L^S	$= L^S(i)$	(Kassenhaltungsfunktion zu Spekulationszwecken)	(A 7)
$\overline{M}$	$\overset{!}{=} L^T + L^S$	(Gleichgewichtsbedingung für den Geldmarkt bei vorgegebener realer Geldmenge)	(A 8)
A	$= A(Y, \overline{K})$	(Arbeitsnachfragefunktion)	(A 9)

Jede Gleichung dieses teilweise zusammengefaßten Modells ist geometrisch darzustellen. Dabei beginnt man in aller Regel mit der Gleichgewichtsbedingung des Gütermarkts. Um eine übersichtlichere Darstellung zu erhalten, wird jedoch die Gleichgewichtsbedingung (A 1) umgeformt, ehe sie gezeichnet wird, und zwar in:

$$Y - C \overset{!}{=} A_{st} + I^+.$$

Die linke Seite dieser Gleichung entspricht der Summe aus den Ersparnissen der privaten Haushalte und den Steuerzahlungen, so daß man auch schreiben kann:[1]

$$S + T = A_{st} + I^+$$

Die Summe von Ersparnissen und Steuern wird entlang der Ordinate des Teildiagramms (A 1) von *Abbildung 3,* die Summe von Staatsausgaben und Investitionen entlang der Abszisse abgetragen. Beide Summen sind im Gleichgewicht gleich groß. Da auf einem Fahrstrahl vom Ursprung aus mit einer Steigung von 45° in jedem Punkt Ordinaten- und Abszissenwert einander gleich sind, stellt die 45°-Linie die *Gleichgewichtsbedingungen* (A 1) dar.

Da Abbildungen mit gleicher Ordinatenbezeichnung nebeneinander und solche mit gleicher Abszissenbezeichnung untereinander gestellt werden, ist neben das Diagramm, in das die Gleichgewichtsbedingung (A 1) eingezeichnet worden ist, ein Diagramm zu zeichnen, entlang dessen Ordinate die Summe von Sparen und Steuerzahlungen (der Sickerverluste auf dem Gütermarkt) abzutragen ist. Das Diagramm muß also die Sparfunktion (die sich unmittelbar aus der Konsumfunktion (A 2) ergibt, da immer $Y_v = C + S$ gilt) und die Steuerfunktion (A 3) enthalten; die entsprechenden Kurven sind vertikal zu addieren. Da sowohl Steuern als auch Ersparnisse vom Sozialprodukt Y abhängig sind, weiß man, welche Größe entlang der Abszisse abgetragen werden muß: Y.

Unter dem Diagramm mit der Gleichgewichtsbedingung (A 1) ist gemäß der Regel ein Diagramm vorzusehen, entlang dessen Abszisse die Summe von Staatsausgaben und Investitionen abzutragen ist. In das Diagramm sind somit die Investitionsfunktionen (A 5) und die Staatsausgabenfunktion (A 4) einzutragen und horizontal zu addieren. Da die Investitionen zinsabhängig sind (und die Staatsausgaben als exogen vorgege-

---

[1] Beweis: Die Ersparnisse der privaten Haushalte (ihr Konsumverzicht) betragen $S = Y_v - C$
also: $S = -a + (1-b)(1-t) \cdot Y$
Addiert man hierzu die Steuern $T = t \cdot Y$, so erhält man $S + T = -a + sY + t \cdot b \cdot Y$, wobei $(1-b) = s$ gesetzt worden ist. Den Ausdruck auf der rechten Seite erhält man auch, wenn man die Subtraktion $Y - C$ ausführt.

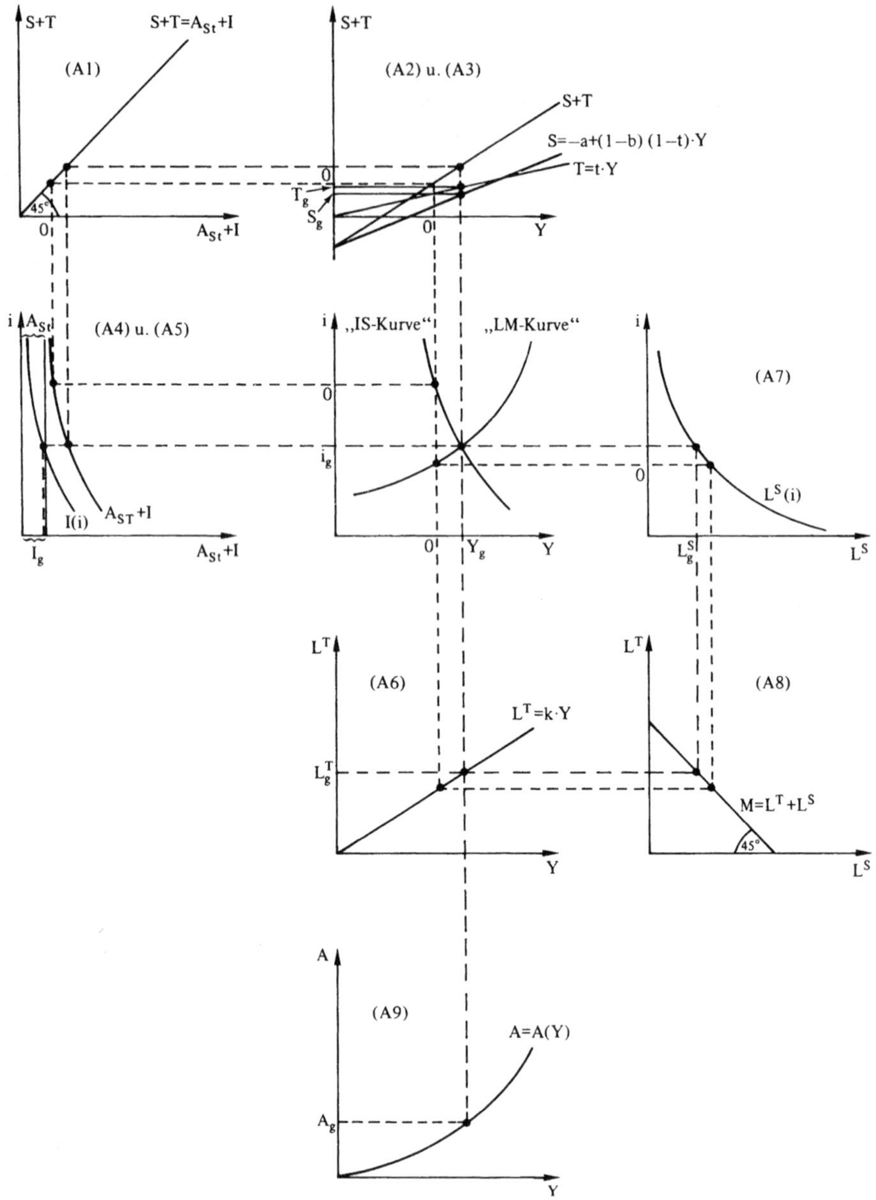

Abbildung 3: Geometrische Darstellung des „Ausgangsmodells"

ben angesehen werden), ergibt sich der Zins als die Variable, die entlang der Abszisse dieses Diagramms abgetragen werden muß.

Aus der „Logik" der Konstruktionsregel ergibt sich in der 2. Zeile und in der 2. Spalte des Abbildungssystems ein Diagramm, entlang dessen Koordinaten der Zinssatz und das Sozialprodukt abgetragen werden. In diesem Diagramm, das in der Literatur „*Hicks'*sches Diagramm" genannt wird, wird die aus dem makroökonomischen Grund-

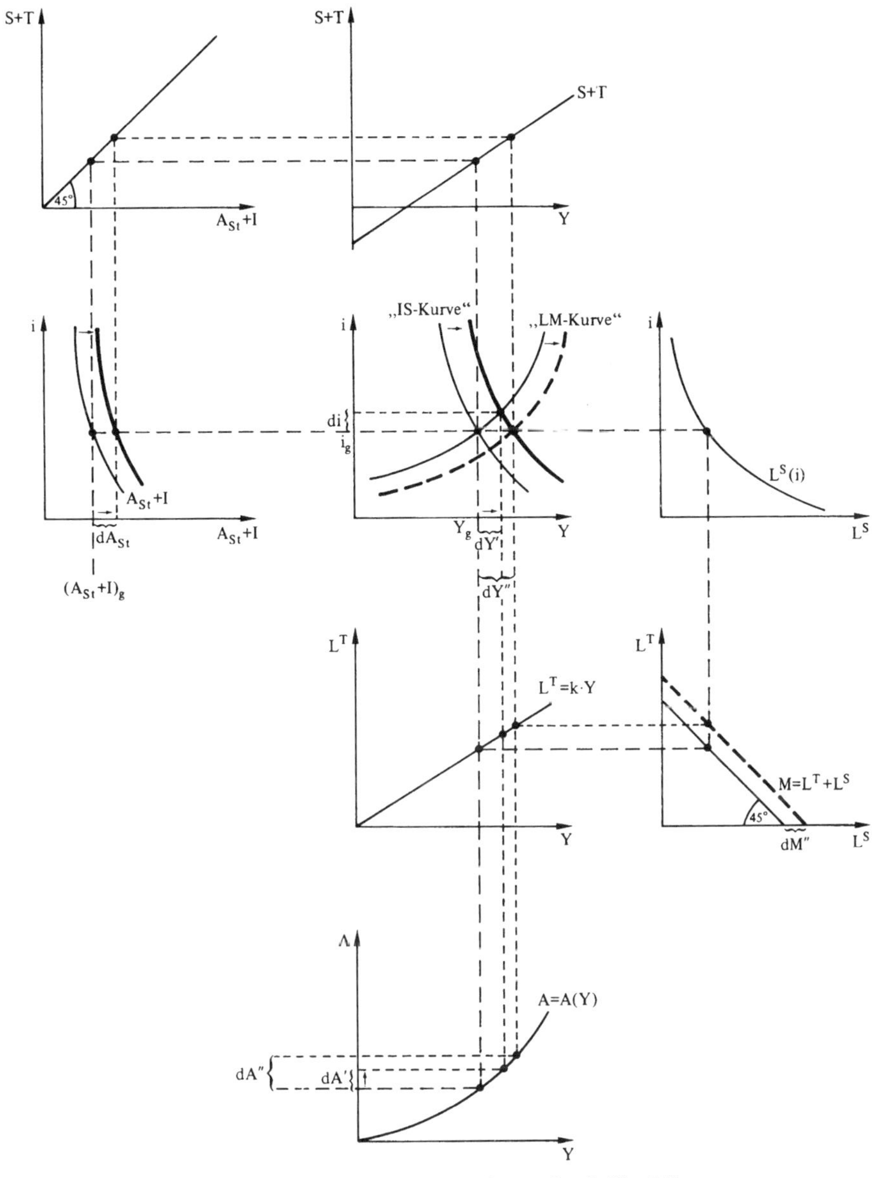

Abbildung 4: „Fiscal policy" bei neutraler Geldpolitik

kurs bekannte *I=S-Kurve* eingezeichnet. Man findet die Punkte auf dieser Kurve so, wie mit den Punktlinien in *Abbildung 3* vorgeführt worden ist: Man geht von einem beliebig gewählten Sozialprodukt aus (z.B. dem mit 0 oder dem mit Y_g bezeichneten) und liest ab, welche Steuern und welche Ersparnisse sich dabei aufgrund der aufgestellten Hypothesen (A 2) und (A 3) ergeben. Soll Gleichgewicht herrschen, muß der Summe dieser beiden Variablen die Summe von Staatsausgaben und Investitionen gleich sein. Das ist – wiederum bei den gemachten Annahmen – nur bei dem mit i_g bezeichneten Zins der Fall. Gleichgewicht kann also auf dem Gütermarkt nur herrschen, wenn sich zu einem Sozialprodukt ein und nur ein ganz bestimmter Zins einstellt. Alle denkbaren Kombinationen von Sozialprodukt und Zinssatz, bei denen Gleichgewicht herrschen würde, werden durch die I=S-Kurve bestimmt.

Nach dem gleichen Muster, das für den Gütermarkt beschrieben worden ist, werden die Geldmarktgleichungen (A 6), (A 7) und (A 8) dargestellt. Mit ihrer Hilfe wird die sog. *L=M-Kurve* konstruiert. Sie ist – wie aus dem makroökonomischen Grundkurs bekannt – der geometrische Ort aller Y_R/i-Kombinationen, bei denen die verschiedenen Gruppen von Wirtschaftssubjekten das vorhandene (reale) Geldvolumen gerade als Kasse zu halten wünschen, bei denen somit Gleichgewicht auf dem Geldmarkt herrscht.

Das **Ausgangsgleichgewicht,** von dem aus die Wirkungen der „fiscal policy" bestimmt werden, wird durch den Schnittpunkt von I=S- und L=M-Kurve angezeigt: Alle zugehörigen Werte sind mit dem Suffix g versehen worden.

In diesem Abbildungssystem lassen sich **fiskalpolitische Maßnahmen** durch Verschiebung der Steuerkurve und/oder der Staatsausgabenkurve darstellen (vgl. dazu *Abbildung 4*). Dadurch ergibt sich eine neue I=S-Kurve. Bei konstanter Geldmenge ändert sich die L=M-Kurve nicht. Der neue Schnittpunkt beider Kurven zeigt das neue Gleichgewicht an. Die Änderungswerte von Sozialprodukt und Beschäftigung lassen sich leicht bestimmen. Für eine Staatsausgabenerhöhung (1. Fall, Unterfall A, S. 25ff.) ist das beispielhaft gezeigt worden (dick aufgezeichnete durchgezogene Linie): Das Sozialprodukt steigt um dY', die Beschäftigung um dA'.

Würde die Zentralbank sich entschließen, den Zinssatz zu stabilisieren (1. Fall, Unterfall B, S. 27f.) müßte sie eine Erhöhung des Geldvolumens um $d\overline{M}''$ herbeiführen (dick aufgezeichnete, gestrichelte Linie). Das Sozialprodukt würde dann um dY" steigen, die Beschäftigung um dA".

Übungsaufgabe 1

Brasilien und Schweden unterscheiden sich unter anderem durch die Progression der Einkommensteuer. Unterstellen Sie, bitte, in beiden Ländern erhöhe der Staat seine (realen) Ausgaben um $d\overline{A}_{St}$. In welchem Land begünstigt das Steuersystem die Wirkung der Staatsausgaben auf die Beschäftigung?

Übungsaufgabe 2

In einer Rezession soll die Beschäftigung durch zusätzliche Staatsausgaben gesteigert werden.

(a) Von welchen Verhaltensweisen (Verhaltensparametern) hängt die Effizienz der „fiscal policy" ab?
Gehen Sie bei der Beantwortung der Frage davon aus, daß die Volkswirtschaft durch das Ausgangsmodell hinreichend korrekt beschrieben wird und daß die Zentralbank die Geldmenge konstant hält!

(b) Können diese Verhaltensweisen derart sein, daß „fiscal policy" gänzlich unwirksam wird?

Übungsaufgabe 3

Fast in jedem Lehrbuch zur „fiscal policy“ wird ein von Haavelmo entwickeltes Theorem abgeleitet. Das „Haavelmo-Theorem“ besagt: Eine Erhöhung der Staatsausgaben um $d\overline{A}_{st}$ bei gleichzeitiger Erhöhung der Steuern um dT führt zu einer Erhöhung des Sozialprodukts um $dY = d\overline{A}_{st} = dT$. Demgegenüber beruht der Lehrsatz 5 auf dem Ergebnis

$$dY = \frac{1-b}{1-b\cdot(1-t)+\dfrac{k\cdot\dfrac{\partial I}{\partial i}}{\dfrac{\partial L^S}{\partial i}}}\, d\overline{A}_{st}$$

wobei unterstellt worden ist, daß die Staatsausgaben sofort in der ersten Periode durch Steuern finanziert werden.

(a) Welche Hypothesen des Ausgangsmodells müssen geändert werden, damit $dY = d\overline{A}_{st} = dT$ gilt?
Bedenken Sie dabei, daß dann der Bruch auf der rechten Seite der im Aufgabentext genannten Formel gleich 1 werden muß. Welche Ausdrücke im Nenner müssen 0 werden, damit dies geschieht?

(b) Stellen Sie ein entsprechendes Modell auf und leiten Sie das Theorem ab!

Übungsaufgabe 4

Zeigen Sie mit Hilfe der geometrischen Methode, wie sich eine Änderung der steuerlichen Vorschriften, die zu einem erhöhten Steueranteil am Sozialprodukt führt, auf Sozialprodukt und Beschäftigung auswirkt.

Übungsaufgabe 5

Beantworten Sie die Frage 2 (b) nochmals, und zwar dieses Mal mit Hilfe der geometrischen Methode.

3.2. Gewinnabhängige Investitionen – Eine erste Variation des Ausgangsmodells

Die im Kapitel 3.1 abgeleiteten Lehrsätze sind streng an die aufgestellten Hypothesen über das Verhalten der einzelnen Gruppen gebunden. Wenn sich diese Gruppen anders als angenommen verhalten, dann reagieren sie auf fiskalpolitische Maßnahmen in einer anderen als der angenommenen Weise. Konsequenterweise kann dann die „fiscal policy“ andere als bisher beschriebene Wirkungen haben.

Aus dieser Erkenntnis folgt für den lernenden Studenten eine Schwierigkeit. Erfahrungsgemäß erwartet er von seinen Dozenten, daß sie ihm sichere Sachaussagen über „fiscal policy“ ableiten, auf die er immer wieder zurückgreifen und die er zum Kriterium der Beurteilung konkreter fiskalpolitischer Maßnahmen machen kann. Diese erhoffte Sicherheit kann ihm nicht vermittelt werden. Statt dessen muß er seine Lernanstrengungen darauf richten,

- das jeweilige Verhalten der einzelnen Gruppen korrekt zu erfassen und
- die Fähigkeit zu erwerben, aus den *je nach der konkreten Situation* unterschiedlichen Hypothesen auf dem Wege logischer Deduktion Vorhersagen über die *jeweils* anderen Wirkungen der „fiscal policy" abzuleiten.

Eine Lehrveranstaltung, an deren Ende der Student meint, sagen zu können: „Ich weiß nun sicher, wie ‚fiscal policy' wirkt", muß nicht unbedingt als erfolgreich bezeichnet werden. Sie wäre es erst dann, wenn der Student befähigt worden ist, die *jeweiligen* Wirkungen fiskalpolitischer Maßnahmen aus *jeweils* plausiblen Verhaltenshypothesen einigermaßen sicher abzuleiten. Die drei folgenden *Beispiele* (behandelt in den Kapiteln 3.2, 3.3 und 3.4) sind nach diesem Kriterium ausgesucht. Im ersten wird eine alternative Hypothese über das Verhalten der *Investoren,* im zweiten über das Verhalten der *Konsumenten* vorgestellt. In den Mittelpunkt des dritten Beispiels werden *Vermögenseffekte* auf den Konsum und die gewünschte Kassenhaltung gerückt. In allen drei Fällen werden die für das „Ausgangsmodell" grundlegenden Annahmen beibehalten, daß die Preise konstant sind und daß die außenwirtschaftlichen Beziehungen des Landes vernachlässigt werden dürfen.

Nach Hypothese (3.5), die allen bisherigen Erörterungen zugrunde gelegt worden ist, stellt der Zins die einzige Variable des Modells dar, von der die Investitionsgüternachfrage abhängt. Dies beinhaltet u.a. die Annahme, daß Produzenten auf eine steigende Güternachfrage mit steigender Produktion reagieren und dabei ihren Gewinn erhöhen, jedoch ihre Investitionsgüternachfrage nicht steigern. Diese – wenn auch nur implizit gemachte – Annahme wird häufig nicht realistisch sein. Es hat sich nämlich gezeigt, daß Unternehmer durchaus ihre Kapazitäten ausweiten, wenn – z.B. auf Grund fiskalpolitischer Maßnahmen – ein wirtschaftlicher Expansionsprozeß eingesetzt hat, in dem gesamtwirtschaftliche Nachfrage, Sozialprodukt und eigene Gewinne steigen.

Bei der Formulierung einer zu (3.5) alternativen Verhaltenshypothese soll ein weiterer, für die „fiscal policy" wichtiger Aspekt herausgestellt werden. Die Träger der „fiscal policy" versuchen häufig mit Hilfe steuerpolitischer Maßnahmen, Unternehmer zu einer Änderung ihrer Investitionsgüternachfrage zu bewegen, damit sich nicht nur über den in Kapitel 3.1 geschilderten, allein von den Konsumenten getragenen Multiplikatorprozeß eine Expansion oder aber eine Kontraktion ergibt. Ein solcher fiskalpolitischer Versuch läßt sich zwar mit Hilfe des „Ausgangsmodells" behandeln, indem man den Erfolg der steuerpolitischen Maßnahme mit einer Änderung des (in (3.5) explizit nicht aufgeführten) Niveauparameters der Funktion abbildet; aber dieses Vorgehen bleibt deshalb unbefriedigend, weil der Ansatzpunkt der „fiscal policy" nicht als (Instrument-)Variable im Modell sichtbar enthalten ist.

Beide vorgenannten Gesichtspunkte werden berücksichtigt, wenn man die Hypothese aufstellt, daß die **Investitionsgüternachfrage** nicht nur vom Zins, sondern auch vom verfügbaren Gewinn abhängig ist, und zwar derart, daß dann mehr Real-Investitionen vorgenommen werden, wenn der reale verfügbare Gewinn steigt:

$$I_{R,t} \overset{+}{=} I(i_t, G_{R,v,t}). \tag{3.5a}$$

Diese Schreibweise deckt auch die folgende Verhaltenshypothese ab: Danach bilden die Gewinn*erwartungen* der Unternehmer den entscheidenden Bestimmungsgrund für ihr Investitionsverhalten. Beurteilen sie die zukünftige Entwicklung der Nachfrage nach ihren Produkten optimistisch, so werden sie zu einer Ausdehnung ihrer Kapazitäten bereit sein und entsprechende Investitionen durchführen. Gewinnerwartungen sind jedoch schwer meßbar. Deshalb fällt es nicht leicht, sie als quantifizierbare Variable in das Modell aufzunehmen. Empirische Untersuchungen[2] zeigen jedoch, daß die Gewinnerwartungen mit den verfügbaren Gewinnen der laufenden Periode sehr eng korreliert sind. Hohe Gegenwartsgewinne verursachen danach Optimismus bei den Unternehmern und veranlassen sie zu relativ hoher Investitionsgüternachfrage.

Wird im Ausgangsmodell die Hypothese (3.5) durch (3.5a) ersetzt, wird es notwendig sein, die neue Variable $G_{R,v,t}$ genau zu definieren. Der verfügbare Gewinn ergibt sich als Differenz zwischen dem gesamten (Brutto-) Gewinn- und Kapitaleinkommen in der Volkswirtschaft und den daraus zu entrichtenden Steuern. Den Definitionsgleichungen des „Ausgangsmodells" ist deshalb hinzuzufügen:

$$G_{R,v,t} \equiv G_{R,t} - T^G_{R,t},$$

wobei $T^G_{R,t}$ die in der Periode t aus dem (realen) Gewinn- und Kapitaleinkommen zu zahlenden (realen) Steuern angibt.

Mit dieser Definitionsgleichung werden zwei neue Variable in das Modell eingeführt, nämlich $G_{R,t}$ und $T^G_{R,t}$. Beide Variable können nicht als exogen vorgegeben betrachtet werden; denn der (reale) Perioden-Gewinn $G_{R,t}$ wird sich bei gegebenen Preisen der Produktionsfaktoren und bei den durch (3.14) angezeigten Produktionsbedingungen mit steigender gesamtwirtschaftlicher Nachfrage ändern. Auch wird die Steuerzahlung der Gewinn- und Kapitaleinkommensbezieher umso höher sein, je größer $G_{R,t}$ ist. Folglich müssen beide Variable im Rahmen des Modells erklärt werden.

Hinsichtlich des Gewinn- und Kapitaleinkommens soll die Hypothese aufgestellt werden, daß sich die Tarifpartner mit ihren Absprachen für die Periode t auf eine bestimmte Einkommensverteilung bzw. eine bestimmte Lohnquote einigen und daß diese Einkommensverteilung bei konstanten Preisen kurzfristig auch verwirklicht wird:

$$G_{R,t} = g \cdot Y_{R,t} \qquad 0 < g < 1.$$

Entsprechend gilt für den verbleibenden Teil des Volkseinkommens, der weitgehend aus Löhnen und Gehältern besteht und deshalb mit W (Wages) bezeichnet werden soll:

$$W_{R,t} = (1-g) \cdot Y_{R,t}.$$

Hinsichtlich der zweiten, zusätzlich benötigten Verhaltenshypothese darf angenommen werden, daß der Steuergesetzgeber (das Parlament) Steuertarife und Steuerbemessungsgrundlagen so festlegt bzw. festgelegt hat, daß sich ein Teil der Steuern proportional mit den Gewinn- und Kapitaleinkommen verändert (man denke etwa an die Körperschaft- oder die Gewerbeertragsteuer), während ein anderer Teil von der jeweiligen Gewinnhöhe unabhängig ist und kurzfristig einen konstanten Betrag ausmacht (man denke etwa an die Grundsteuer):

$$T^G_{R,t} = n + t^G \cdot G_{R,t}.$$

---

[2] Z.B. im Ifo-Schnelldienst, Heft 15, 1977, S. 7ff.

Wird diese Hypothese in das Modell übernommen, so läßt sich die Steuerfunktion (A 3) $T_R = t \cdot Y_R$ nicht mehr verwenden. Die Gesamtsteuer T umfaßt nämlich die aus Kapital- und Gewinneinkommen gezahlte Steuer T^G, die somit doppelt erfaßt würde. Benötigt wird somit nur noch eine Hypothese über das Verhalten des Steuergesetzgebers hinsichtlich der „Reststeuer" $T-T^G$. Sieht man der Einfachheit halber von einer allgemeinen Verbrauch- oder Ausgabensteuer ab, so kann man die „Reststeuer" in Verbindung zum Lohneinkommen sehen und folgende Hypothese vertreten: Steuerbemessungsgrundlagen und -tarife sind so festgelegt worden, daß sich die Steuerzahlung auf einen kurzfristig konstanten Anteil des Lohneinkommens beläuft:

$$T^W_{R,t} = t^W \cdot W_{R,t}.$$

Hiermit sind die zusätzlich benötigten Hypothesen formuliert worden. Damit ist ein geschlossenes neues Modell als Alternative zum „Ausgangsmodell" entwickelt worden. Der einzig wichtige Unterschied zwischen beiden Modellen besteht in den unterschiedlichen Hypothesen über die Investitionsgüternachfrage. Dieser Unterschied hat jedoch zur Folge, daß zwischen zwei Gruppen von Einkommensbeziehern zu unterscheiden ist, deren Einkommen sich zum Volkseinkommen summieren:

$$Y \equiv W + G,$$

und entsprechend zwei Gruppen von Steuerzahlern bestehen

$$T \equiv T^W + T^G.$$

Diese explizite Unterscheidung zweier Gruppen von Einkommensbeziehern wirft die Frage auf, ob man das Modell noch konsequenter, als es bisher geschehen ist, daraufhin ausrichten soll. Das könnte dadurch geschehen, daß man nicht mehr länger die Konsumgüternachfrage beider Gruppen zusammenfaßt und von der aggregierten Konsumhypothese (A 2) ausgeht, sondern daß man das Konsumverhalten beider Gruppen getrennt erfaßt. Dieses Vorgehen bietet sich deshalb an, weil sich beide Gruppen hinsichtlich ihrer Konsumgüternachfrage unterscheiden dürften. Vielfach darf davon ausgegangen werden, daß die Gewinn- und Kapitaleinkommensbezieher eine marginale Konsumquote von Null haben. Die Konsumausgaben sind durch gruppenspezifische Verhaltensweisen festgelegt, die sich kurzfristig nicht ändern. Hinzu kommt, daß der Gewinn häufig diese Konsumausgaben merklich übersteigt.

$$C^G_{R,t} = \overline{C}^G.$$

Ein ähnliches Verhalten läßt sich bei den Lohneinkommensbeziehern nicht beobachten. Hier darf weiterhin von der „absoluten Einkommenshypothese" ausgegangen werden. Es ist jedoch zu berücksichtigen, daß als Grundlage der Konsumplanung das verfügbare Lohneinkommen dient:

$$C^W_{R,t} = a + b\,(W_{R,t} - T^W_{R,t})$$

Die gesamte (reale) Konsumgüternachfrage in der Volkswirtschaft ergibt sich aus der Addition der beiden letzten Gleichungen.

Hiermit ist die Alternative zum „Ausgangsmodell" vollständig dargestellt. Für das Gleichgewicht, in dem die geplanten und erwarteten Größen einander entsprechen und den tatsächlichen Marktgrößen gleich sind, lautet dieses Modell (bei allen Variablen wird der Suffix t fortgelassen):

Modell B

$$Y_R \overset{!}{=} C_R + \overset{+}{I}_R + A_{st\,R} \qquad \text{(B 1)}$$

$$C_R = C_R^G + C_R^W \qquad \text{(B 2)}$$

$$C_R^G = \overline{C}^G \qquad \text{(B 3)}$$

$$C_R^W = a + b\,(W_R - T_R^W) \qquad \text{(B 4)}$$

$$W_R = (1-g) \cdot Y_R \qquad \text{(B 5)}$$

Gütermarkt (B 1) – (B 11)

$$T_R^W = t^W \cdot W_R \qquad \text{(B 6)}$$

$$A_{st\,R} = \overline{A}_{st} \qquad \text{(B 7)}$$

$$\overset{+}{I}_R = I\,(i, G_{v,R}) \qquad \text{(B 8)}$$

$$G_{v,R} \equiv G_R - T_R^G \qquad \text{(B 9)}$$

$$T_R^G = n + t^G \cdot G_R \qquad \text{(B 10)}$$

$$G_R = g \cdot Y_R \qquad \text{(B 11)}$$

$$L_R^T = k \cdot Y_R \qquad \text{(B 12)}$$

$$L_R^S = L^S\,(i) \qquad \text{(B 13)}$$

Geldmarkt (B 12) – (B 16)

$$L_R = L_R^T + L_R^S \qquad \text{(B 14)}$$

$$L_R \overset{!}{=} M_R \qquad \text{(B 15)}$$

$$M_R = \overline{M}_R \qquad \text{(B 16)}$$

$$A = A\,(Y_R, \overline{K}) \qquad \textit{Arbeitsmarkt} \qquad \text{(B 17)}$$

Dieses Modell besteht aus 17 Gleichungen und 17 Variablen. Diese sind (in der Reihenfolge ihres Auftretens und bei Fortlassung des Suffix R): Y, C, A_{st}, I^+, C^G, C^W, W, T^W, i, G_v, G, T^G, L^T, L^S, L, M und A.

Sozialprodukt und Beschäftigung lassen sich somit mit Hilfe der aus den Verhaltenshypothesen bekannten Verhaltensparameter bzw. Realausgaben bestimmen.

Die algebraische Auswertung dieses Modells geschieht auf dem zu Beginn des Kapitels 3.1.2.1 geschilderten Weg. Zunächst werden die Gleichungen (B 1) bis (B 11) und (B 12) bis (B 16) zusammengefaßt. Man erhält damit je eine Gleichung für den Güter- und den Geldmarkt. Sie ergeben zusammen mit der Gleichung (B 17) die **zusammengefaßte Form des Modells.** Bei Vernachlässigung des Suffix R lautet sie:

$$Y = \overline{C}^G + a + b\,(1-g)\,(1-t^W)\,Y + I\,[i, g \cdot (1-t^G)\,Y - n] + \overline{A}_{st} \qquad \text{Gütermarkt} \qquad (3.35)$$

$$\overline{M} = k \cdot Y + L^S\,(i) \qquad \text{Geldmarkt} \qquad (3.36)$$

$$A = A\,(Y, \overline{K}) \qquad \text{Arbeitsmarkt} \qquad (3.37)$$

Die Gleichungen (3.36) und (3.37) entsprechen den Gleichungen der zusammengefaßten Form des Ausgangsmodells (3.27) und (3.14); dies ist deshalb nicht überraschend, weil hinsichtlich des Geld- und Arbeitsmarkts Hypothesenänderungen nicht vorgenommen worden sind. Dagegen unterscheidet sich (3.35) von (3.26), und zwar in zweifacher Weise. Einmal enthält die Investitionsfunktion als Argument das verfügbare Kapital- und Gewinneinkommen $G_V = g \cdot (1-t^G)\, Y - n$. Zum andern ist die gesamtwirtschaftliche Konsumgüternachfrage auf den Konsum der beiden Einkommensgruppen aufgeteilt.

Um die Wirkungen der „fiscal policy" auf die Gleichgewichtswerte von Sozialprodukt und Beschäftigung angeben zu können, werden die Gleichungen (3.35), (3.36) und (3.37) total differenziert. Wenn man entsprechend dem Vorgehen in Kapitel 3.1.2.1

$$da = db = dk = d\overline{K} = dg = d\overline{C}^G = 0$$

setzt, erhält man:

$$dY = b(1-g)(1-t^W)\, dY - b(1-g)\, Y \cdot dt^W + d\overline{A}_{st} + \frac{\partial I}{\partial i}\, di + \frac{\partial I}{\partial G_v} \cdot \left[g\,(1-t^G)\, dY - g \cdot Y \cdot dt^G - dn \right] \qquad (3.35)'$$

$$d\overline{M} = k \cdot dY + \frac{\partial L^S}{\partial i} \cdot di \qquad (3.36)'$$

$$dA = \frac{\partial A}{\partial Y} \cdot dY \qquad (3.37)'$$

Die Differentialausdrücke geben die Differenzen der einzelnen Modellvariablen zwischen dem Ausgangsgleichgewicht und dem neuen Gleichgewicht an. Die drei Gleichungen enthalten Änderungswerte der drei folgenden Variablen: Sozialprodukt, Zinssatz (wenn neutrale Geldpolitik mit $d\overline{M} = 0$ definiert wird) und Beschäftigung. Die Differenzen $d\overline{A}_{st}$, dt^W, dt^G, dn und $d\overline{M}$ zeigen geänderte Verhaltensweisen von Staat und Zentralbank an. Auf Grund dieser Verhaltensänderungen, die auf wirtschaftspolitische Entscheidungen zurückgehen und im Modell als exogen vorgegeben betrachtet werden, wird das Ausgangsgleichgewicht verlassen.

Um die Wirkungen der „fiscal policy" durchsichtig zu machen, soll im folgenden untersucht werden, wie groß die Differenzbeträge der drei endogenen Variablen sind, wenn jeweils nur eine der fünf genannten Verhaltensweisen bzw. wirtschaftspolitischen Instrumentvariablen geändert wird. Das Vorgehen entspricht dem in Kapitel 3.1.2.1 gewählten.

1. Fall:

Der Staat erhöht bei unveränderten steuerlichen Vorschriften ($dt^W = dt^G = dn = 0$) *seine Ausgaben* ($d\overline{A}_{st} > 0$). *Die Zentralbank hält das Geldvolumen konstant* ($d\overline{M} = 0$).

Mit Hilfe von (3.36)' ermittelt man für die Zinsänderung

$$di = -\frac{k}{\frac{\partial L^S}{\partial i}} \cdot dY.$$

Dieser Ausdruck wird in (3.35)' eingesetzt. Dann erhält man

$$dY = b\,(1-g)\,(1-t^W)\,dY + d\bar{A}_{st} - \frac{k \cdot \dfrac{\partial I}{\partial i}}{\dfrac{\partial L^S}{\partial i}} \cdot dY + \frac{\partial I}{\partial G_v}\, g(1-t^G)\,dY.$$

Aus dieser Gleichung läßt sich der Differenzbetrag dY des Sozialprodukts isolieren, der sich auf Grund zusätzlicher Staatsausgaben schließlich (das heißt: im neuen Gleichgewicht, wenn alle Anpassungen der im Wirtschaftskreislauf handelnden Gruppen an die neue Situation abgeschlossen sind) ergibt:

$$dY = \frac{1}{1-b\,(1-g)\,(1-t^W) - \dfrac{\partial I}{\partial G_v}\, g\,(1-t^G) + \dfrac{\partial I/\partial i \cdot k}{\partial L^S/\partial i}}\, d\bar{A}_{st}. \tag{3.38}$$

Die Beschäftigungswirkung zusätzlicher Staatsausgaben läßt sich ermitteln, wenn man die rechte Seite dieses Ausdrucks mit $\partial A/\partial Y$ multipliziert.

Aus diesem Ergebnis läßt sich folgender Lehrsatz ableiten.

Lehrsatz 6:
Die Erfolgsaussichten einer auf Beschäftigungserhöhung ausgerichteten (expansiven) „fiscal policy“ sind um so größer, je stärker die verfügbaren Gewinne die Investitionsentscheidungen der Unternehmer beeinflussen.

Um diesen Lehrsatz zu verdeutlichen, sollen ähnlich wie bei der Schilderung des Falls (1 A) in Kapitel 3.1.2.1 die Kreislaufwirkungen zusätzlicher Staatsausgaben mit Hilfe eines einfachen Verlaufdiagramms dargestellt werden:

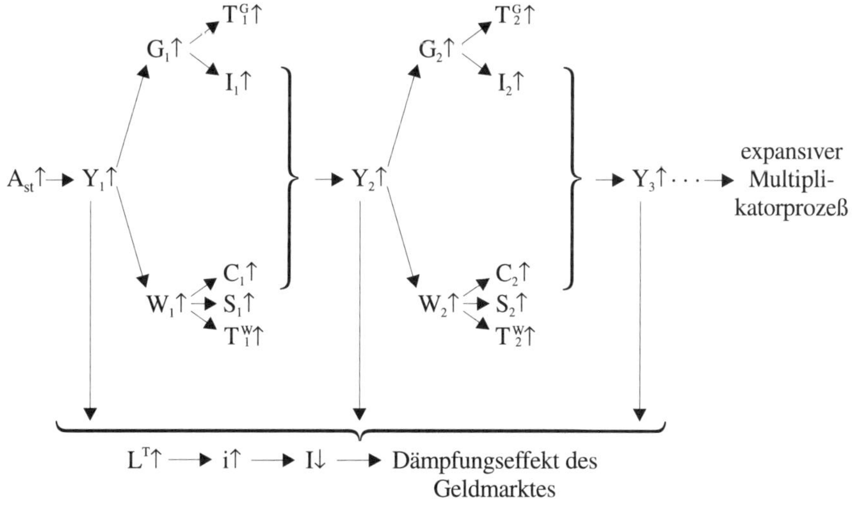

Zusätzliche Staatsausgaben ($A_{st}\uparrow$) fließen privaten Produzenten oder Staatsbediensteten zu und bedeuten für sie oder für ihre Vorlieferanten zusätzliches Einkommen ($Y_1\uparrow$). Dieses Zusatzeinkommen fällt sowohl bei Unternehmern und Kapitaleignern

($G_1 \uparrow$) als auch bei Lohnempfängern an ($W_1 \uparrow$). Die Bezieher zusätzlicher Kapital- und Gewinneinkommen haben zusätzliche Steuern zu zahlen ($T_1^G \uparrow$). Es bleibt jedoch ein zusätzliches verfügbares Einkommen. Dieses wird voll gespart. Gleichwohl treten nicht in Höhe dieser zusätzlichen Ersparnisse Sickerverluste ein, da die höheren Gewinne (bzw. die steigende Güternachfrage, die zu dieser Gewinnsteigerung geführt hat) zum Anlaß zusätzlicher Investitionsgüternachfrage genommen werden ($I_1 \uparrow$).

Gleichzeitig haben die Empfänger höherer Lohneinkommen mehr Steuern zu entrichten ($T_1^W \uparrow$). Es bleibt jedoch ein höheres verfügbares Einkommen. Dieses veranlaßt die Haushalte zu zusätzlicher Ersparnis ($S_1 \uparrow$) und zu zusätzlicher Konsumgüternachfrage ($C_1 \uparrow$).

Die Ausgaben, die zur Verwirklichung der steigenden Investitions- und der höheren Konsumgüternachfrage getätigt werden, sind für die betroffenen Produzenten Einnahmen. Sie werden bei den Produzenten, ihren Beschäftigten, ihren Vorlieferanten und deren Beschäftigten in voller Höhe zu zusätzlichem Einkommen ($Y_2 \uparrow$). Damit beginnt eine zweite Multiplikatorrunde⁺, die nach dem gleichen Muster wie die beschriebene erste abläuft.

Der Aufschwung läßt die aus Transaktionsgründen gewünschte Kassenhaltung ansteigen ($L^T \uparrow$). Das führt aus den im Kapitel 3.1.2.1 beschriebenen Gründen zu einer Zinssteigerung ($i \uparrow$), die einen Rückgang der Investitionsgüternachfrage ($I \downarrow$) und damit eine Dämpfung des Expansionsprozesses bewirkt. Dieser Dämpfungseffekt wird durch den Term $(\partial I/\partial i \cdot k)/(\partial L^S/\partial i)$ im Multiplikatorausdruck angegeben.

Vergleicht man dieses Verlaufsschema mit dem entsprechenden des Kapitels 3.1.2.1, so entdeckt man, daß hier anders als dort der expansive Multiplikatorprozeß auch von wachsenden Investitionen getragen wird. Ihr Einfluß wird in der Multiplikatorformel durch den Term $(\partial I/\partial G_v) \cdot g\,(1-t^G)$ angegeben. Je größer $(\partial I/\partial G_v$ ist, desto kleiner wird der Nenner des Quotienten und desto größer der Multiplikator.

2. Fall:

Mit § 26 Nr. 3b des sog. Stabilitätsgesetzes wird die Bundesregierung u.a. ermächtigt, Sonderabschreibungen⁺ auszusetzen, „wenn eine Störung des gesamtwirtschaftlichen Gleichgewichts eingetreten ist". Sonderabschreibungen können bei der Ermittlung des steuerbaren Gewinns wie Kosten behandelt werden. Werden sie ausgesetzt, wird die Steuerbemessungsgrundlage größer; bei gleichbleibenden Steuersätzen haben die Unternehmer mehr Steuern zu zahlen. Ihr verfügbarer Periodengewinn verringert sich dadurch.

Bei gleichbleibenden Staatsausgaben und konstantem Geldvolumen läßt sich dieser zweite, hier zu analysierende Fall wie folgt beschreiben:

$dn > 0;\ d\overline{A}_{st} = d\overline{M} = dt^W = dt^G = 0.$

Wie schon bei der Analyse des 1. Falls greift man auf die Gleichungen (3.35)' und (3.36)' zurück. Mit Hilfe von (3.36)' ermittelt man einen Ausdruck für die eintretende Zinsänderung di und setzt ihn in (3.35)' für di ein. Die sich daraus ergebende Gleichung formt man mit dem Ziel um, die gesuchte Sozialproduktänderung dY zu isolieren. Es ergibt sich dann

$$dY = \frac{1}{1-b\cdot(1-g)\,(1-t^W) - \dfrac{\partial I}{\partial G_v}\,g\,(1-t^G) + \dfrac{\partial I/\partial i \cdot k}{\partial L^S/\partial i}} \cdot (-)\,\frac{\partial I}{\partial G_v}\,dn. \qquad (3.39)$$

Der Multiplikator (der Quotient) ist der gleiche wie im 1. Fall. Da dem 2. Fall das gleiche Modell zugrunde gelegt worden ist wie dem 1. Fall, ist dieses Ergebnis selbstverständlich. Der andere Ansatzpunkt, den der Staat für seine „fiscal policy“ gewählt hat, führt jedoch zu einem unterschiedlichen Multiplikanden, d.h. zu einer anderen Nachfrageänderung, mit der ein Multiplikatorprozeß ausgelöst wird. Nicht die Staatsausgaben ändern sich, sondern die private Investitionsgüternachfrage; die Aussetzung der Sonderabschreibung bewirkt einen Rückgang der Investitionen um $\partial I/\partial G_v \cdot dn$. Auf diesen Rückgang reagieren die verschiedenen, wechselseitig voneinander abhängigen Gruppen, bis schließlich das (reale) Sozialprodukt um den berechneten Wert dY gesunken ist. Insgesamt ergibt sich damit der

Lehrsatz 7:
Durch Aussetzung der Sonderabschreibungen kann – unter den gemachten Annahmen – der Staat eine kontraktive Wirkung auf die Volkswirtschaft herbeiführen.

Bei der Interpretation dieses Lehrsatzes ist zweierlei zu berücksichtigen. Erstens sind Sonderabschreibungen nicht weit verbreitet. So wird ihre Aussetzung nur zu einem *relativ* kleinen Minderbetrag dn führen können. Insofern sind der „fiscal policy“ auf diesem Weg vergleichsweise enge Grenzen gesetzt. Zweitens ist für die Wirkung entscheidend, wie groß der Verhaltensparameter $\partial I/\partial G_v$ ist. In Boomphasen beispielsweise, wenn die Absatzchancen optimistisch bewertet werden, werden die Produzenten wahrscheinlich auf eine Verringerung ihres Gewinns – vom Staat durch eine Veränderung der steuerlichen Vorschriften bewirkt – nicht mit einem spürbaren Investitionsrückgang reagieren. Umgekehrt werden die Unternehmer in einer Rezessionsphase auf Abschreibungserleichterungen schwerlich mit vermehrten Investitionen reagieren, wenn ihre Kapazitäten unterdurchschnittlich ausgelastet sind und wenn sie ihre zukünftigen Absatzchancen pessimistisch beurteilen. In beiden Fällen ist der Verhaltensparameter $\partial I/\partial G_v$ klein oder sogar Null.

Mit vergleichsweise geringer Reaktion der Investoren ist insbesondere dann zu rechnen, wenn Abschreibungserleichterungen nur für eine Übergangsfrist zugestanden werden. Die dadurch bewirkte Erhöhung des verfügbaren Periodengewinns wird die für die Zukunft erwarteten Gewinne (die für die Investitionsentscheidung maßgeblich sind) nicht sicher erhöhen, es sei denn, die Abschreibungserleichterungen sind Bestandteil eines umfassenden und energischen Ankurbelungsprogramms, das bei den Investoren Optimismus hinsichtlich der weiteren wirtschaftlichen Entwicklung schafft.

3. Fall:

Der Staat erhöht die Lohnsteuersätze. Weitere Änderungen der steuerlichen Vorschriften werden nicht vorgenommen. Die Staatsausgaben bleiben konstant. Die Zentralbank sorgt für ein unverändertes Geldvolumen.
Insgesamt gilt also:

$dt^W > 0; dt^G = dn = d\overline{A}_{st} = d\overline{M} = 0.$

Die Wirkung der verstärkten Besteuerung des Lohneinkommens auf das Sozialprodukt wird mit Hilfe von (3.35)' und (3.36)' so abgeleitet, wie das in den Fällen 1 und 2 angegeben worden ist. Man erhält dann

$$dY_W = -Mu \cdot [b\,(1-g) \cdot Y \cdot dt^W], \qquad (3.40)$$

wobei Mu den Multiplikator bezeichnet, der für das aufgestellte Modell charakteristisch ist und sowohl bei der Behandlung des 1. als auch des 2. Falls oben abgeleitet worden ist, und wobei das Suffix W darauf hinweist, daß die auf eine Lohnsteuererhöhung eintretende Sozialproduktänderung gemeint ist.

Das Ergebnis zeigt, daß die Steuererhöhung einen kontraktiven Prozeß auslöst: Das Sozialprodukt sinkt. Entsprechend geht – nach (3.37)' – die Beschäftigung zurück.

Die genauere Analyse der Formel läßt sich mit Hilfe eines Verlaufsdiagramms verdeutlichen, wie es analog bereits bei der Erörterung des 1. Falls ausgewertet worden ist.

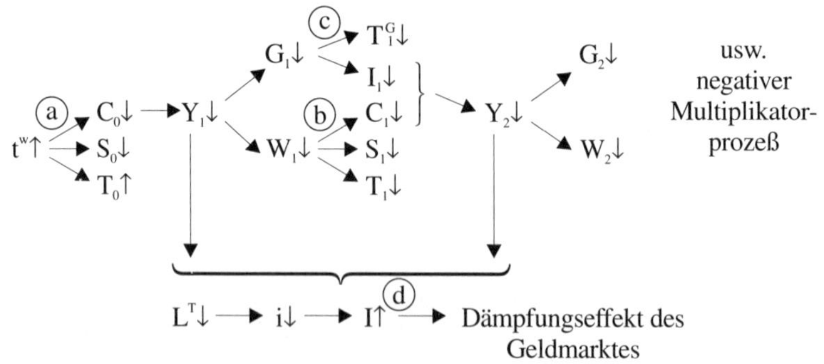

Diese „Wirkungskette" macht deutlich, daß für den Rückgang von Sozialprodukt und Beschäftigung **vier Kräfte** maßgeblich sind: (a), (b), (c) und (d).

(a) Der Anstoßeffekt (= Term in eckiger Klammer der Multiplikatorformel, Multiplikand) geht von der *Konsumgüternachfrage* aus. Die Änderung der steuerlichen Vorschriften, die den Anteil der Steuerzahlungen am Lohneinkommen um dt^W erhöht, führt zu einer Verringerung des verfügbaren Einkommens bei den betroffenen Haushalten um $(1-g) \cdot Y \cdot dt^W$. Auf diese Einkommenssenkung reagieren die Haushalte mit einer um $b(1-g) \cdot Y \cdot dt^W$ verminderten Konsumgüternachfrage. Dieser Nachfrageausfall löst auf dem Gütermarkt Reaktionen aus und leitet den sog. Multiplikatorprozeß ein.

(b) Dieser Multiplikatorprozeß wird durch drei Kräfte getragen, die in dem bei der Erörterung des 1. Falls entwickelten Verlaufsdiagramm abgebildet worden sind und jeweils durch einen der drei Ausdrücke im Nenner des Multiplikatorbruchs angezeigt werden. Der erste Term $[1-b(1-g)(1-t^W)]$ weist darauf hin, daß die Haushalte auf sinkende Einkommen von Multiplikatorrunde zu Multiplikatorrunde mit *sinkender Konsumgüternachfrage* reagieren.

(c) Der zweite Term $-\left[\dfrac{\partial I}{\partial G_v} \cdot g \cdot (1-t^G)\right]$

erfaßt die Reaktionen der Unternehmer auf den von Runde zu Runde weiteren Rückgang des Gewinns: Sie *schränken ihre Investitionsgüternachfrage ein.*

(d) Der dritte Ausdruck $\left[\dfrac{\partial I}{\partial i} \cdot \dfrac{k}{\partial L^S/\partial i}\right]$

besagt, daß der Kontraktionsprozeß den Geldbedarf zu Transaktionszwecken sinken läßt. Dadurch werden Zinssenkungen ausgelöst, auf die Unternehmer mit *In-*

vestitionserhöhungen reagieren (vgl. die Erläuterung dieses Zusammenhangs bei der Analyse des 1. Falls).

Lehrsatz 8:
Die kontraktiven Wirkungen einer Lohnsteuererhöhung erfassen (unter den gemachten Annahmen) weitgehend die Konsumgüterindustrie.

Dieser Satz ergibt sich daraus, daß *Ansatzpunkt* der „fiscal policy" in diesem Fall die *Konsumgüternachfrage* ist (a) und daß der Multiplikatorprozeß von Runde zu Runde zu einem weiteren Rückgang der Konsumgüternachfrage führt (b). Demgegenüber wird die Investitionsgüternachfrage von zwei gegeneinander wirkenden Kräften erfaßt, wobei die investitionshemmende Kraft (c) nicht einmal die investitionsfördernde (d) übersteigen muß.

4. Fall:

Der Staat erhöht die Körperschaftssteuersätze. Weitere Änderungen der steuerlichen Vorschriften werden nicht vorgenommen. Staatsausgaben werden in gleicher Höhe wie bisher getätigt. Das Geldvolumen bleibt konstant. Insgesamt gilt also:

$dt^G > 0; dt^W = dn = d\,\overline{A}_{st} = d\overline{M} = 0.$

Die verstärkte Besteuerung der Kapital- und Gewinneinkommen führt nach (3.35)' und (3.36)' zu

$$dY_G = -Mu \cdot \left[\frac{\partial I}{\partial G_v} \cdot g \cdot Y \cdot dt^G\right], \qquad (3.41)$$

wobei Mu wiederum den Multiplikator des Modells bezeichnet.

Der Ansatzpunkt der „fiscal policy" ist diesmal die Investitionsgüternachfrage bzw. -industrie; denn der Multiplikand [Term in eckiger Klammer] gibt an, um welchen Betrag die Unternehmer ihre Investitionsgüternachfrage einschränken, wenn ihre verfügbaren Gewinne auf Grund der höheren Steuern um $g \cdot Y \cdot dt^G$ zurückgehen. Wenn sich konjunkturelle Überhitzungserscheinungen oder aber Konjunktureinbrüche überproportional stark in der Investitionsgüterindustrie zeigen, läßt sich somit [unter den gemachten Annahmen!] die „fiscal policy" gezielt einsetzen. Ihre Wirkung bleibt jedoch keineswegs auf die Investitionsgüterindustrie beschränkt. Die den Multiplikatorprozeß tragenden Kräfte sind nämlich die gleichen, die unter (b) bis (d) im 3. Fall beschrieben worden sind. Zu ihnen gehören die Reaktionen der Haushalte auf einen Rückgang ihres verfügbaren Einkommens. Der Ausfall an Konsumgüternachfrage im Laufe des gesamten Multiplikatorprozesses kann durchaus den Rückgang der Investitionsgüternachfrage übersteigen.

Lehrsatz 9:
Die kontraktiven Wirkungen einer verstärkten Besteuerung der Kapital- und Gewinneinkommen erfassen nicht nur die Investitions-, sondern auch die Konsumgüterindustrien.

Übungsaufgabe 6

Zur Überwindung verbreiteter Arbeitslosigkeit beschließt das Parlament eines Staates die Senkung der Lohnsteuersätze. Andere steuerliche Vorschriften werden nicht geändert. Auch werden die Staatsausgaben auf gleicher Höhe wie bisher gehalten.

Die Zentralbank hat erklärt, sie wolle die Konjunkturpolitik des Staates unterstützen und den erhofften Aufschwung „finanziell absichern" und für eine solche Geldvermehrung Sorge tragen, bei der der Zins konstant bleibe.

(a) Darf mit einer Erhöhung des Sozialprodukts gerechnet werden?

(b) Ist folgende Behauptung richtig: „Von der Senkung der Lohnsteuersätze werden nur die Lohnempfänger begünstigt. Diese reagieren mit erhöhtem Konsum, somit erfaßt der Aufschwung lediglich die Konsumgüterindustrie und den ‚konsumtiven' Dienstleistungsbereich."

Übungsaufgabe 7

Der Staat wolle aus irgendeinem Grund den Anteil der Investitionsgüterindustrie am Sozialprodukt erhöhen und entsprechend den der Konsumgüterindustrie senken. Dabei solle jedoch das Sozialprodukt unverändert bleiben (dY = 0), weil sonst das wirtschaftspolitische Ziel der Preisniveaukonstanz gefährdet sei.

Prüfen Sie, ob der Staat seine Absicht durch eine Änderung der Steuerstruktur verwirklichen kann! Ermitteln Sie, ob die auf Kapital- und Gewinneinkommen anzuwendenden Steuersätze relativ stärker oder schwächer als die auf Lohneinkommen anzuwendenden Steuersätze zu ändern sind! Wovon hängt die Relation der Steuersatzänderungen ab?

Gehen Sie bei Ihren Überlegungen davon aus, daß die marginale Konsumquote der Lohnempfänger etwa b = 0,8 ist und daß der Lohnanteil am Volkseinkommen etwa (1–g) = 0,7 beträgt.

3.3. Abhängigkeit des Konsums vom erwarteten Lebenseinkommen

Das im Kapitel 3.2 gewonnene Ergebnis, daß die Wirkungen der „fiscal policy" wesentlich von den jeweils vorherrschenden Verhaltensweisen der Investoren abhängen, läßt sich analog ableiten, wenn man den jeweiligen Erfolg der „fiscal policy" bei unterschiedlichen Verhaltensweisen der **Konsumenten** ermittelt. Diese Ableitung soll in den folgenden Abschnitten vorgenommen werden. Dabei soll die Erkenntnis vertieft werden, daß die Träger der „fiscal policy" nicht auf Standardprogramme zurückgreifen können, sondern ihre Maßnahmen auf die jeweils vorherrschenden Verhaltensweisen der Wirtschaftssubjekte auszurichten haben.

3.3.1. Die permanente Einkommenshypothese

Bei der bisherigen Analyse der makroökonomischen Wirkungen von Veränderungen der Budgets öffentlicher Haushalte wurde von der *absoluten Einkommenshypothese* ausgegangen:

$$C_{R,t} = a + b\,Y_{R,v,t}$$

Diese Hypothese impliziert unter anderem, daß die privaten Haushalte ihre Konsumentscheidungen unabhängig treffen von

- den Konsumentscheidungen in den Vorperioden t – 1, t – 2, ... und
- den für die zukünftigen Perioden t + 1, t + 2, ... erwarteten Einkommen.

Die Höhe des Konsums in der laufenden Periode t wird somit als Ergebnis einer ganz unter dem Einfluß der momentanen Einkommensverhältnisse getroffenen Entscheidung gedeutet. Daß der Konsum auch das Resultat eines intertemporalen Entscheidungskalküls sein könnte, wird implizit geleugnet. Ob bei gegebenem verfügbaren Einkommen in der Periode t die Haushalte für die Zukunft ein sehr viel niedrigeres oder aber sehr viel höheres Einkommen erwarten, ist der absoluten Einkommenshypothese zufolge für die Höhe des laufenden Konsums C_t unerheblich. Gerade diese Implikation erweist sich in vielen Fällen als unrealistisch. So läßt sich beobachten, daß Haushalte, deren Mitglieder Arbeitslosigkeit in künftigen Perioden befürchten, trotz unveränderten Periodeneinkommens ihren laufenden Konsum senken. Auch zeigt sich, daß Personen, die in kommenden Jahren mit höheren als den gegenwärtigen Einkommen rechnen dürfen, ihren Konsum erhöhen und zum Teil mit Konsumentenkrediten finanzieren.

Solche Einzelbeobachtungen reichen zur Ablehnung der absoluten Einkommenshypothese, die sich auf die gesamtwirtschaftliche Konsumnachfrage, also auf eine aggregierte Variable bezieht, nicht aus. Gleichwohl wird aus ihnen häufig geschlossen, daß der durchschnittliche Konsument bei seinen laufenden Entscheidungen auch zukünftige Einkommensentwicklungen berücksichtigt und ein intertemporales Kalkül vornimmt. Dieser Vorstellung müsse auch die Hypothese über das Verhalten privater Haushalte entsprechen, mit der eine Analyse der „fiscal policy“ durchgeführt werde.

Die sogenannte *permanente Einkommenshypothese* genügt diesem Anspruch. Danach wird der Konsumentscheidung derjenige Teil des Gegenwartswerts aller für die Zukunft erwarteten verfügbaren Einkommen zugrunde gelegt, der der laufenden Periode t zugeordnet wird:

$$C_t = h \cdot Y^P_{v,t} \tag{3.42}$$

Hierbei geben h einen Verhaltensparameter und $Y^P_{v,t}$ den der laufenden Periode zugeordneten Teil aller für die Zukunft erwarteten Einkommen an. $Y^P_{v,t}$ wird auch das permanente, verfügbare Einkommen genannt. Im einfachsten Fall, in dem jeder Periode der gleiche Teil des (auf die Gegenwart abdiskontierten) erwarteten Zukunftseinkommens zugemessen wird, ist

$$Y^P_{v,t} = \frac{1}{n} \sum_{i=0}^{n} \left[Y^*_{v,t+i} \right] \tag{3.43}$$

Hierbei bezeichnet n den Zeithorizont der Haushalte. Der Maximalwert von n ist durch die Lebenserwartung der Haushaltsmitglieder festgelegt.

3.3.2. Zur Erwartungsbildung der privaten Haushalte

Die permanente Einkommenshypothese ist nicht operational, wenn ihr nicht eine Hypothese darüber hinzugefügt wird, wie die privaten Haushalte ihre **Einkommenserwartungen** bilden. In der Literatur werden unterschiedliche Hypothesen über die Erwartungsbildung (und dies generell, d.h. auch hinsichtlich der Erwartung anderer Wirtschaftssubjekte im Hinblick auf andere Variable) diskutiert. Davon sind die folgenden drei die wichtigsten.

(a) „Rationale Erwartungsbildung"

Nach der ersten dieser drei Hypothesen bilden private Haushalte ihre Einkommenserwartungen auf der Grundlage von Informationen über die *zukünftige* wirtschaftliche Entwicklung, insbesondere die Entwicklung des verfügbaren Einkommens. Hinsichtlich der Modelle, mit denen „fiscal policy" analysiert wird, besagt diese Hypothese, daß die Haushalte (1) Informationen über die künftige Entwicklung der exogenen Variablen, also auch der Instrumentvariablen der „fiscal policy", sammeln und erhalten und daß sie (2) Verhaltensfunktionen des Modells kennen und die Auswirkungen von Veränderungen der exogenen Variablen auf das verfügbare Einkommen abschätzen können.

Diese Hypothese schließt ein, daß die privaten Haushalte Verlautbarungen und Absichtserklärungen von Regierung und Parlament zur Kenntnis nehmen und daraufhin das tatsächliche Verhalten der Träger der „fiscal policy" in der Zukunft einigermaßen verläßlich prognostizieren. Im Extremfall verfügen die Haushalte über so viele Informationen, daß sie genau wissen, um welche Beträge sich in den nächsten Perioden Staatsausgaben und -einnahmen verändern werden und wie diese Änderungen ihr verfügbares Einkommen beeinflussen werden. In diesem Extremfall spricht man von einer „rationalen" Erwartungsbildung.

Ganz allgemein nennt man die Erwartungsbildung „rational"+, wenn sie eine unverzerrte Schätzung der zu prognostizierenden Variablen auf der Basis aller vorhandenen Informationen darstellt.

Im Hinblick auf die von privaten Haushalten erwarteten verfügbaren Einkommen läßt sich die Hypothese der rationalen Erwartungsbildung formal wie folgt ausdrücken.

$$Y^*_{v,t} = E(Y_{v,t}, \text{Inf.}_{t-1}),$$

wobei Inf._{t-1} der konkrete Inhalt der Informationsmenge am Ende der Periode t–1 ist (E = Erwartungswert). Bei *vollständigen* Informationen gilt im Rahmen von (deterministischen) Modellen, daß

$$Y^*_{v,t} = Y_{v,t}$$

ist: Das von den privaten Haushalten (insgesamt) erwartete verfügbare Einkommen entspricht gerade dem Einkommen, das tatsächlich erzielt wird.

Da es für die folgende Analyse wichtig ist, die Definition „rationaler" Erwartungen genau zu kennen, sei nochmals betont: Rationale Erwartungsbildung beinhaltet u.a., daß die Wirtschaftssubjekte vorhersehen, welche Maßnahmen die Träger der „fiscal policy" in einer Periode t ergreifen werden und wie sich diese Maßnahmen auf das verfügbare Einkommen dieser und der nachfolgenden Perioden auswirken werden. Die Haushalte lassen sich durch staatliches Handeln nicht systematisch über die zukünftige Einkommensentwicklung täuschen. Nur zufällige Ereignisse können bewirken, daß das tatsächliche vom erwarteten Einkommen abweicht.

In Verbindung mit der Bestimmungsgleichung (3.43) für das permanente Einkommen gilt dann: Die Konsumenten können das permanente Einkommen auf der Basis der verfügbaren Informationen korrekt bestimmen:

$$Y^P_{v,t} = \frac{1}{n} \sum_{i=0}^{n} \left[Y_{v,t+i} \right] \tag{3.44}$$

Diese Hypothese ist zukunftsorientiert. Erfahrungen, in vergangenen Perioden gesammelt, gehen allerdings insofern in die Erwartungsbildung ein, als die Konsumenten gelernt haben, die Interdependenzen im wirtschaftlichen Leben zu erkennen. Diese Kenntnisse bilden gewissermaßen die Basis, auf der Erwartungen „rational" gebildet werden können. Insofern besteht zu den in den beiden folgenden Abschnitten erläuterten rein vergangenheitsorientierten Hypothesen über die Bildung von Erwartungen kein diametraler Gegensatz.

(b) „Autoregressive" Erwartungsbildung

Die Erwartungsbildung wird „autoregressiv"+ genannt, wenn die zu prognostizierende Variable durch Ermittlung des gewogenen arithmetischen Mittels der beobachteten Werte dieser Variablen in der Vergangenheit gewonnen wird. Bei ihrer Erwartungsbildung handeln Wirtschaftssubjekte dann in der Vorstellung: In der Zukunft wird sein, was in der Vergangenheit war. Dabei mag die unmittelbare Vergangenheit die Erwartungsbildung stärker als die weiter zurückliegende beeinflussen. Man erhält dann beispielsweise:

$$Y^*_{v,t} = \alpha_1 Y_{v,t-1} + \alpha_2 Y_{v,t-2} + \ldots + \alpha_n Y_{v,t-n},$$

wobei der stärkere Einfluß jüngerer als älterer Erfahrungen darin zum Ausdruck kommt, daß $\alpha_1 > \alpha_2 > \ldots > \alpha_n$ gilt. Die Summe aller Gewichte $(\alpha_1 + \alpha_2 + \ldots + \alpha_n)$ ist Eins.

Berücksichtigt man, daß das permanente Einkommen jenes Einkommen ist, das die Haushalte permanent, d.h. in allen zukünftigen Perioden ihren Konsumentscheidungen zugrunde legen wollen, ergibt sich aus (3.43)

$$Y^P_{v,t} = \sum_{i=0}^{m} \left[\beta_i Y_{v,t-i}\right] \tag{3.45}$$

mit $\sum \beta_i = 1$.

Hierbei bezeichnet β_i das Gewicht, das dem in der Periode t–i verfügbaren Einkommen bei der Bestimmung des permanenten Einkommens zugeordnet wird, und m gibt den Erinnerungshorizont, gemessen in Periodeneinheiten, an. Würde beispielsweise die Hypothese aufgestellt

$$Y^P_{v,t} = 0{,}6\, Y_{v,t} + 0{,}4\, Y_{v,t-1},$$

so hieße das, daß den Haushalten ein Erinnerungshorizont von nur einer Periode unterstellt wird und daß zudem das laufende Einkommen (mit einem Gewicht von 60 Prozent) die Haushalte bei der Festlegung ihres permanenten Einkommens deutlich stärker beeinflußt als das in der Vorperiode verfügbare Einkommen (Gewicht nur 40 Prozent).

(c) „Adaptive" Erwartungsbildung

Die „adaptive"+ ist der autoregressiven Erwartungsbildung nahe verwandt (formelmäßig kann sie sogar in gleicher Weise ausgedrückt werden). Wiederum sind die in der Vergangenheit gemachten Erfahrungen ausschlaggebend. Jedoch wird der Erwartungswert einer Variablen (z.B. des verfügbaren Einkommens) nicht einfach als arithmetisches Mittel der in den zurückliegenden Perioden beobachteten Werte dieser

Variablen gebildet. Vielmehr werden bei seiner Festlegung die Überraschungen (ausgedrückt durch die Differenz zwischen dem für eine vergangene Periode erwarteten und dem in dieser Periode tatsächlich eingetretenen Variablenwert), die sich bei den Wirtschaftssubjekten in der Vergangenheit eingestellt haben, berücksichtigt. Eine adaptive Erwartungsbildung erfolgt somit im Verlauf eines Lernprozesses: Personen, die früher beispielsweise ein höheres als dann wirklich erzieltes Einkommen erwartet haben, sind bei der gegenwärtigen Bildung von Erwartungen vorsichtiger und setzen den erwarteten Wert ihres verfügbaren Einkommens niedriger an, als sie es ohne ihre Überraschungen getan hätten.

Erfolgt die Erwartungsbildung adaptiv, so wird das permanente Einkommen wie folgt festgesetzt.

$$Y^P_{v,t} = Y^P_{v,t-1} + \beta\,(Y_{v,t} - Y^P_{v,t-1}) \tag{3.46}$$

Hierbei ist der Klammerausdruck ein Indikator für die Überraschungen der Haushalte. Sie hatten für die Vorperiode ihr *permanentes* Einkommen mit $Y^P_{v,t-1}$ festgesetzt. Wie aus dem Adjektiv „permanent" hervorgeht, haben sie mit diesem Einkommen permanent, also auch in der Periode t gerechnet. Man darf somit das permanente Einkommen der Vorperiode als Erwartungswert des Einkommens in der laufenden Periode betrachten. Dann weist die Differenz zwischen $Y_{v,t}$ und $Y^P_{v,t-1}$ auf das Ausmaß der Überraschungen hin, welche die Haushalte in der laufenden Periode erleben. Der Verhaltensparameter β gibt an, wie sie auf diese Überraschung reagieren und die Festsetzung ihres permanenten Einkommens korrigieren.

3.3.3. „Fiscal policy" bei Gültigkeit der permanenten Einkommenshypothese

3.3.3.1. Staatliche Ankurbelungs- und Dämpfungseffekte

In konjunkturell extremen Lagen wird vom Staat erwartet, daß er in der Volkswirtschaft eine Aufschwungbewegung *auslöst* oder aber einen Dämpfungsprozeß *einleitet.* Die Aufgabe der „fiscal policy" besteht dann darin, durch kräftige Initialzündung eine schnelle und kumulative Eigenentwicklung des privaten Sektors zu bewirken. Bei verbreiteter Arbeitslosigkeit geht es insbesondere darum, die private Investitionstätigkeit anzuregen (*„pump-priming"*-Funktion des Staates).

Staatliche Maßnahmen werden in diesen Fällen nur für eng begrenzte Perioden geplant. Dem Ziel, lediglich anzukurbeln, widerspricht es, staatliche Ausgaben dauerhaft auf ein deutlich höheres Niveau anzuheben oder die Steuern auf Dauer zu senken. Vielmehr werden zusätzliche Staatsausgaben nur im Rahmen befristeter „Beschäftigungsprogramme" vorgesehen und steuerliche Erleichterungen nur einmalig (z.B. Freistellung des sog. Weihnachtsgeldes eines Jahres von der Besteuerung) oder für eine Übergangszeit (z.B. 10%-Reduktion der Sätze der veranlagten Einkommensteuer und der Lohnsteuer gemäß § 26 Abs. 3b des Stabilitätsgesetzes für höchstens ein Jahr) gewährt. Entsprechend erfordert die Absicht, einen Prozeß der Inflationsdämpfung einzuleiten, nicht die dauerhafte Erhöhung von Steuern oder die Kürzung der Staatsausgaben auf ein permanent niedrigeres Niveau.

Ob der Staat seine Absicht, anzukurbeln oder einen Dämpfungsprozeß auszulösen, verwirklichen kann, hängt auch von den Reaktionen der Konsumenten auf die staatlichen Maßnahmen ab. Das sei mit Hilfe eines sehr vereinfachten Beispiels erläutert.

Dieses Beispiel beruht auf zwei wichtigen Annahmen. Einmal wird unterstellt, daß der Staat ein befristetes „Beschäftigungsprogramm“ geplant hat, das im wesentlichen aus zusätzlichen Staatsausgaben in Höhe von ΔA_{st} besteht. Diese Ausgaben werden bereits im ersten Vierteljahr nach der Entscheidung über das Programm getätigt, um Arbeitslosigkeit rasch abzubauen. Auf diesen „Einmaleffekt“ staatlicher Zusatzausgaben auf das Sozialprodukt reagieren die Konsumenten mit zusätzlicher Konsumgüternachfrage und die Konsumgüterindustrie mit einer Erhöhung der Produktion derart, daß sich eine weitere Erhöhung des Sozialprodukts im zweiten Vierteljahr ergibt. Weitere Folgewirkungen mögen sich jeweils nach einem weiteren Vierteljahr einstellen. Dies ist die zweite Unterstellung.

Die sich innerhalb eines ganzen Jahres ergebende Erhöhung der gesamtwirtschaftlichen Nachfrage ist je nach der Verhaltensweise der Konsumenten unterschiedlich hoch, wie aus der folgenden **Übersicht** hervorgeht (dabei beziehen sich alle Strömungsgrößen auf ein Vierteljahr).

Übersicht 1: Effekte staatlicher Ankurbelungspolitik bei unterschiedlichen Konsumhypothesen

Verhaltensweise der privaten Haushalte	„Einmaleffekt“ zusätzlicher Staatsausgaben im	Konsumsteigerung gegenüber der Periode vor der Durchführung des Beschäftigungsprogramms im		
	1. Vj.	2. Vj.	3. Vj.	4. Vj.
(a) absolute Einkommens-hypothese	ΔAst	$b\,(1-t)\,\Delta Ast$	$[b\,(1-t)]^2\,\Delta Ast$	$[b\,(1-t)]^3\,\Delta Ast$
(b) permanente Einkommens-hypothese (1) rationale Erwartungsbildung (gemäß 3.42 und 3.44)	ΔAst	$h\,(1-t)\cdot\frac{1}{n}\cdot(\Delta Ast+\Delta\overline{Y})$	$h\,(1-t)\cdot\frac{1}{n}\cdot(\Delta Ast+\Delta\overline{Y})$	$h\,(1-t)\cdot\frac{1}{n}\cdot(\Delta Ast+\Delta\overline{Y})$
(2) autoregressive Erwartungsbildung (gemäß 3.42 und (3.45)	ΔAst	$h\cdot\beta_0\,(1-t)\cdot\Delta Ast$	$h\,(1-t)\,\Delta Ast\cdot[\beta_1+h\beta_0^2\cdot(1-t)]$	$h\,(1-t)\,\Delta Ast\cdot[\beta_2+2\,h\beta_1\beta_0\,(1-t)+h^2\beta_0^3\,(1-t)^2]$
(3) adaptive Erwartungsbildung (gemäß 3.42 und 3.46)	ΔAst	$h\cdot\beta\,(1-t)\cdot\Delta Ast$	$h\,(1-t)\,\Delta Ast\cdot[\beta(1-\beta)+h\beta^2\,(1-t)]$	$h\,(1-t)\,\Delta Ast\cdot[\beta(1-\beta)^2+2\,h\beta^2(1-\beta)\,(1-t)+h^2\beta^3\,(1-t)^2]$

In dieser Übersicht ist die Einkommenssteigerung, die sich auf Grund von Reaktionen der Investoren und anderer Wirtschaftssubjekte auf das Beschäftigungsprogramm ergeben und von den Haushalten bei rationaler Erwartungsbildung korrekt vorhergesehen werden, mit $\Delta\overline{Y}$ bezeichnet. Bei verbreiteter Arbeitslosigkeit, wenig ausgelasteten Kapazitäten und ausgeprägtem Pessimismus der Bevölkerung hinsichtlich der weiteren wirtschaftlichen Entwicklung dürfte $\Delta\overline{Y}$ nahezu Null betragen. In diesem Fall vereiteln die Ausrichtung des Konsums auf das permanente Einkommen und die „rationale“ Erwartungsbildung einen Erfolg des staatlichen Beschäftigungsprogramms. Es werden fast ausschließlich *„Einmaleffekte“* erzielt. Die Wirkungen des Programms verpuffen deshalb schnell, weil dieses kurzfristig ist, während die Konsumenten langfristig planen. Die Absicht, die Wirtschaft anzukurbeln und einen sich selbst tragenden Aufschwungprozeß im privaten Sektor auszulösen, läßt sich auch bei adaptiver oder autoregressiver Erwartungsbildung schwerlich verwirklichen. Wenn man in der Übersicht einigermaßen realistische Parameterwerte einsetzt, erhält man auch in den Fällen (b 2) und (b 3) geringe Ankurbelungseffekte. Da β kleiner als 1 ist, nehmen die Konsumsteigerungen von Vierteljahr zu Vierteljahr deutlich ab. Verhalten sich dagegen die privaten Haushalte so, wie es durch die absolute Einkommenshypothese angezeigt wird, darf im 2. Vierteljahr mit einer Steigerung der Konsumgüternachfrage um etwa 60 Prozent ($b \approx 0{,}85$; $t \approx 0{,}3$) der zusätzlichen Staatsausgaben gerechnet werden; und dieser Sachverhalt mag die Investitionsneigung erhöhen.

Lehrsatz 10:
Bei Ausrichtung des privaten Konsums auf das permanente Einkommen fällt es der „fiscal policy“ schwer, die Volkswirtschaft anzukurbeln.

3.3.3.2. „ Ex-ante-crowding-out“ bei Entstehung von Budgetdefiziten

Bei den Überlegungen im vorangegangenen Kapitel 3.3.3.1 ist implizit unterstellt worden, daß zusätzliche Staatsausgaben zur Ankurbelung der Volkswirtschaft mit Hilfe von Bonds finanziert werden. Den Auswirkungen der eintretenden staatlichen Verschuldung ist jedoch keine Beachtung geschenkt worden. Zwar ist gemäß Lehrsatz 2 (vgl. S. 27) bekannt, daß bei konstanter Geldmenge der Zins steigt und dies die Investitionstätigkeit beeinträchtigt; aber darüber hinausgehende mögliche Einflüsse sind nicht in Erwägung gezogen worden.

Mit solchen Einflüssen ist jedoch dann zu rechnen, wenn die privaten Haushalte ihren Konsum in Abhängigkeit vom erwarteten Lebenseinkommen planen und ihre *Einkommenserwartungen „rational“* bilden. In diesem Fall werden sie berücksichtigen, daß der Staat die Schulden, die er zur Finanzierung eines Beschäftigungsprogramms gemacht hat, in späteren Perioden zu tilgen und zu diesem Zweck gegebenenfalls die Steuern zu erhöhen hat. Diese Steuererhöhungen wären gleichbedeutend mit einer Senkung des verfügbaren Einkommens in späteren Perioden und damit des verfügbaren Lebenseinkommens. Damit gingen auch das permanente Einkommen und mit ihm der Konsum in der laufenden Periode zurück. Die Wirksamkeit der „fiscal policy“ würde dadurch stark beeinträchtigt; mit einer spürbaren Ankurbelung der Volkswirtschaft wäre in diesem Fall kaum zu rechnen.

In der Literatur wird diese Problematik besonders anhand eines Extremfalls diskutiert. Dieser besteht darin, daß der Staat die Volkswirtschaft mit Hilfe von Steuersenkungen anzukurbeln sucht und den Einnahmeausfall durch eine höhere Verschuldung ausgleicht und daß die privaten Haushalte die später für die Tilgung der staatlichen

Schuld notwendigen Steuerzahlungen vollständig antizipieren. In diesem Extremfall hat die Steuersenkung keine Auswirkungen auf das permanente Einkommen: Das höhere verfügbare Einkommen der Konsumenten in der laufenden, der Ankurbelungsperiode, wird durch die zukünftigen Steuererhöhungen gerade ausgeglichen. Eine Steuersenkung hat dann keine expansiven Wirkungen mehr, sie ist gänzlich unwirksam und fällt als Ankurbelungsmaßnahme aus.

Obwohl dieser Extremfall unrealistisch ist, lohnt sich seine Analyse; denn sie deckt diejenigen Sachverhalte auf, die einem Erfolg der „fiscal policy“ entgegenstehen können. Mit völliger Erfolglosigkeit einer Steuersenkung zur Ankurbelung der Konsumgüternachfrage (man sagt: mit einem *„ex-ante-crowding-out“*) ist dann zu rechnen, wenn

- die privaten Haushalte ihren Konsum auf das erwartete Lebenseinkommen ausrichten,
- ihr permanentes Einkommen bei „rationalen“ Erwartungen festsetzen und
- künftige Steuerzahlungen vollständig antizipieren.

Die dritte Bedingung beinhaltet, daß jeder Konsument mit einer anteilmäßigen Beteiligung an den zur späteren Tilgung der Staatsschuld notwendigen Steuerzahlungen rechnet. Erwarten die Konsumenten dagegen, daß die öffentliche Schuld erst nach ihrem Ableben oder dann getilgt wird, wenn sie – z.B. als Rentenempfänger – nicht mehr steuerpflichtig sind, dann führt eine Steuersenkung in der laufenden Periode zu einer Erhöhung des permanenten Einkommens und zu einer Zunahme des Konsums.

Der Grundgedanke dieses Kapitels 3.3.3.2, die mögliche Antizipation künftiger Steuerzahlungen bei Entstehung eines Budgetdefizits, läßt sich auf andere am Wirtschaftskreislauf beteiligte Gruppen übertragen. Beispielsweise könnten Unternehmer, deren Investitionsneigung durch Investitionsprämien+ gestärkt werden soll, erwarten, daß sie diese Prämien einschließlich einer Verzinsung später zurückzahlen müssen, dann nämlich, wenn der Staat die im Zuge einer Ankurbelung entstandene Schuld später mit Hilfe höherer Gewinnsteuern abtragen möchte. Der erhöhte verfügbare, gegenwärtige Gewinn ist dann nicht – wie eingangs des Kapitels 3.2 bei Begründung der Hypothese angenommen (vgl. S. 38) – ein Indikator für höhere Gewinnerwartungen; im Gegenteil, er wird mit einem Rückgang des verfügbaren Gewinns in der Zukunft verbunden. Investitionsprämien können in diesem Fall unwirksam sein.

3.3.4. Folgerungen für die „fiscal policy“

Bei Abhängigkeit des Konsums vom erwarteten Lebenseinkommen der privaten Haushalte und bei „rationaler“ Erwartungsbildung kann „fiscal policy“ nicht mehr nach den einfachen, bei der Analyse des Ausgangsmodells abgeleiteten Lehrsätzen gestaltet werden. Dieses im Kapitel 3.3.3 gewonnene Ergebnis bedeutet jedoch nicht, daß zusätzliche Staatsausgaben oder die Senkung von Steuern als Ankurbelungsmaßnahmen in einer Volkswirtschaft ausfallen, in der Wirtschaftssubjekte ihr gegenwärtiges Verhalten an „rational“ gebildeten Erwartungen über die künftige Wirtschaftsentwicklung ausrichten. Dies gilt deshalb nicht, weil die Erwartungsbildung privater Wirtschaftssubjekte beeinflußt werden kann. Die Träger der „fiscal policy“ können durch konsequentes, kontinuierlich auf ein Ziel ausgerichtetes Verhalten und das Festhalten an überzeugenden Leitlinien bei der Auswahl und der Ergreifung konsistenter

Maßnahmen den im privaten Sektor handelnden Personen die Überzeugung vermitteln, daß der Staat handlungsfähig ist und bleibt und daß mit Senkungen des verfügbaren Einkommens auf Grund steuerpolitischer Maßnahmen nicht zu rechnen ist. Die wirtschaftspolitische Schlußfolgerung aus den im Kapitel 3.3 dargestellten Überlegungen sollte deshalb lauten: Den privaten Wirtschaftssubjekten sollte es ermöglicht werden, einigermaßen sichere Erwartungen hinsichtlich der langfristigen Entwicklung staatlicher Ausgaben und Einnahmen zu bilden. Dabei kommt es darauf an, daß die Bürger keine Veranlassung haben, von diesen Erwartungen abzugehen, wenn die konjunkturelle Entwicklung kurzfristig zusätzliche Ausgaben oder Steuersenkungen erfordert und dabei eine Erhöhung staatlicher Schulden nicht vermieden werden kann. Der Staat muß in dieser Weise durch glaubwürdiges, konsistentes und langfristig konsequentes Handeln selbst die Rahmenbedingungen – in Form fester Erwartungen der privaten Wirtschaftssubjekte – für eine erfolgreiche „fiscal policy" schaffen.

Lehrsatz 11:
Zu den Aufgaben der „fiscal policy" gehört die Beeinflussung der Erwartungsbildung der privaten Wirtschaftssubjekte. Ihnen muß durch ein „dreifach hohes C" staatlicher Wirtschaftspolitik (credibility, consistency, continuity), die Bildung langfristiger, fester Erwartungen ermöglicht werden.

Übungsaufgabe 8

Zum Abbau verbreiteter Arbeitslosigkeit plane die Regierung, die Sätze der Einkommen- und Körperschaftsteuer entweder dauerhaft oder vorübergehend zu senken. Diskutieren Sie die Erfolgsaussichten der beiden Maßnahmen und gehen Sie dabei auch auf die Chancen ein, durch vorübergehende Steuersenkungen (bei unveränderten Ausgaben) die private Wirtschaft anzukurbeln.

3.4. Vermögensabhängige Kassenhaltung und vermögensabhängige Konsumgüternachfrage

In den Kapiteln 3.2 und 3.3 ist gezeigt worden, daß die Aussagen über die Wirkungen der „fiscal policy" entscheidend von den Annahmen über das Verhalten der beteiligten Gruppen abhängen. Die Träger der „fiscal policy" können deshalb nicht eher über den Einsatz bestimmter Maßnahmen entscheiden, ehe sie sich nicht mit dem Verhalten der einzelnen Gruppen in der jeweiligen Situation beschäftigt haben und zu vertretbaren Hypothesen darüber gelangt sind. Diese Erkenntnis soll durch ein weiteres Beispiel vertieft werden. Darin wird angenommen, daß die *spekulativen Kassenbestände* und die *Konsumgüternachfrage* außer von den im Kapitel 3.1 genannten Größen (Zins- bzw. Realeinkommen) vom realen Finanzvermögen abhängen.

Diese alternativen Verhaltenshypothesen lassen sich wie folgt begründen:

(a) Kassenhaltung

Personen, die über Mittel zur Vermögensanlage verfügen, können die Ertragsentwicklung einzelner Wertpapiere normalerweise nicht sicher abschätzen. Der Liquidationserlös, den sie am Ende ihrer Planungsperiode beispielsweise für eine in der Gegenwart erworbene festverzinsliche Staatsanleihe erzielen werden, läßt sich wegen des schwankenden Kurses nicht genau voraussagen. Die Wertanlage ist somit mit einem Risiko verbunden.

Das Ausmaß des Risikos hängt von der Zusammensetzung des finanziellen Vermögens ab.[3] Eine Person, die jegliches Risiko meiden will, wird bei konstanten Preisen ihr gesamtes finanzielles Vermögen in Form von Kasse halten. Sie hat dafür jedoch ein Opfer zu tragen; denn Erlöse aus ihrem Vermögen kann sie dann nicht erzielen. Umgekehrt wird eine Person, die durch eine entsprechende Vermögensanlage ihren Erlös vergrößern will, eine Zunahme des Risikos in Kauf nehmen müssen.

Welche Kombination von Erlös und Risiko als optimal angesehen wird, ist von Person zu Person verschieden. Man darf jedoch davon ausgehen, daß viele Menschen ihr Portefeuille so festlegen, daß es sowohl aus Wertpapieren als auch aus Kasse besteht. Sie treffen also keine Entweder (Kasse)-Oder (Wertpapiere)-Entscheidung, sondern eine Sowohl-Als-Auch-Entscheidung.

Diese Entscheidung, Kasse neben Wertpapieren zu halten, wird nicht grundsätzlich geändert, wenn das finanzielle Vermögen steigt. Es ist sogar anzunehmen, daß zahlreiche Personen bei sonst unveränderten Gegebenheiten (z.B. unverändertem Zinsniveau) die Vermögensstruktur konstant halten und den Bestand an (spekulativer) Kasse um den gleichen Prozentsatz erhöhen wie den an Wertpapieren. Selbst wenn man diese strenge Proportionalität als Ausnahme ansieht, läßt sich auf Grund der genannten Argumente die Hypothese

$$L_R^S = L^S\,(i, V_R) \text{ mit } \frac{\partial L^S}{\partial V_R} > 0 \qquad (3.47)$$

aufstellen. Hierbei bezeichnet V_R das (reale) finanzielle Vermögen.

(b) Konsumgüternachfrage

Bisher wurde unterstellt, daß der Konsum einer Periode allein in Abhängigkeit vom Realeinkommen geplant wird, entweder von dem in der Periode verfügbaren oder vom permanenten Einkommen. Diese Unterstellung wird vielfach kritisiert, insbesondere von den Vertretern der sog. Lebenszyklus-Hypothese. Sie gehen davon aus, daß ein Wirtschaftssubjekt bestimmten Lebensalters seine Konsumplanung für alle restlichen Lebensjahre durchführt und dies Auswirkungen auf die laufende Periode hat. So kann man beispielsweise beobachten, daß Menschen in ihrem 30. bis 40. Lebensjahr im Durchschnitt relativ viel sparen, um Wohneigentum zu erwerben. In dieser Zeit ist ihr reales Finanzvermögen noch gering; die Konsumquote ist klein. Die konsequente Weiterverfolgung dieser Basisannahme führt zu der Erkenntnis, daß ein Haushalt um so höhere (reale) Gegenwartsausgaben für Konsumgüter tätigt, je höher sein reales finanzielles Vermögen ist. Die gesamtwirtschaftliche Konsumfunktion läßt sich dann wie folgt schreiben:

$$C_{R,t} = C\,(Y_{R,v,t}, V_{R,t}) \text{ mit } \frac{\partial C}{\partial V_{R,v,t}} > 0 \qquad (3.48)$$

---

[3] Streng genommen gilt das Argument für die Zusammensetzung des Gesamtvermögens. Gleichwohl bleibt das Sachvermögen hier unberücksichtigt. Es wird kurzfristig als konstant angesehen. Analog ist bei der Behandlung der Produktionsfunktion $K = \overline{K}$ gesetzt worden.

Werden die in den vorangegangenen Abschnitten (a) und (b) skizzierten Alternativhypothesen der Modellanalyse zugrundegelegt, so sind gegenüber dem „Ausgangsmodell“ einige Ergänzungen bzw. Änderungen vorzunehmen. Sie werden im folgenden unter den Ziffern (c) bis (e) erörtert.

(c) Vermögensbildung

Mit V_R ist eine zusätzliche Variable in das Modell eingeführt worden. Sie ist zunächst eindeutig zu beschreiben; auch ist zu klären, von wessen Entscheidungen die Höhe des (realen) finanziellen Vermögens abhängt.

Bei Beantwortung der Frage, wessen finanzielles Vermögen zu erfassen ist und wie es sich zusammensetzt, soll davon ausgegangen werden, daß im „Ausgangsmodell“ unter der Geldmenge der Bargeldumlauf (ohne Kassenbestände der Kreditinstitute) und die Sichtguthaben inländischer Nichtbanken bei Banken (ohne Einlagen des Bundes im Bankensystem) verstanden worden sind. Dies entspricht dem Konzept M_1. Im Gleichgewicht ist diese Geldmenge der gewünschten Kassenhaltung gleich. Somit muß entsprechend dem Konzept M_1 festgelegt werden, wessen Kassenhaltung gemeint ist: diejenige solcher Wirtschaftssubjekte, die zum privaten Sektor (Banken und Publikum), zum Nichtbankensektor (Staat und Publikum) oder zum Publikum (= privater Nichtbankensektor) zusammengefaßt werden. Da die Analyse auf das Konzept M_1 abstellt, sind die Banken auszuschließen. Auch die Kassenhaltung des Staates spielt nur eine unbedeutende Rolle. Der dem Konzept M_1 entsprechende Sektor ist somit (wenn auch nicht ganz exakt) der *private Nichtbankensektor,* bestehend aus den Unternehmen und den privaten Haushalten. Die Variable V_R muß somit das (reale) Finanzvermögen dieses Sektors angeben, und zwar das finanzielle Reinvermögen^{+}.

Das finanzielle Reinvermögen eines Sektors ist definiert als Differenz aus den Forderungen des Sektors an andere Sektoren und seinen Verpflichtungen gegenüber diesen Sektoren. Nach dieser Definition gehören zum finanziellen Reinvermögen des privaten Nichtbankensektors

- der Bargeldumlauf (Forderungen an die Zentralbank),
- die in seinem Besitz befindlichen ausländischen Wertpapiere abzüglich der von Ausländern gehaltenen Aktien, Industrieobligationen und sonstigen Schuldverschreibungen des privaten Nichtbankensektors (Nettoforderungen an das Ausland),
- die in seinem Besitz befindlichen staatlichen Schuldverschreibungen, die gemäß dem englischen Sprachgebrauch als „Bonds“ bezeichnet werden (Forderungen an den Staat),
- die von Kreditinstituten emittierten Wertpapiere im Besitz von Haushalten und Unternehmen sowie deren Sicht-, Termin- und Spareinlagen bei Kreditinstituten, abzüglich der von den Kreditinstituten an den gleichen Kreis gewährten Kredite (Nettoforderungen an die Kreditinstitute).

Nicht dem finanziellen Reinvermögen des privaten Nichtbankensektors zuzurechnen sind dagegen **intrasektorale** Forderungen und Verbindlichkeiten, die sich bei der Aggregatbildung gegenseitig aufheben. Man denke an den Besitz von Aktien und Obligationen privater Unternehmen oder an die Einlagen von privaten Haushalten bei diesen Unternehmen (z. B. Versicherungen).

Um die durch Maßnahmen der „fiscal policy“ bewirkten Vermögenseffekte auf die Kassenhaltung und die Konsumgüternachfrage leichter analysieren zu können, werden die vier Bestandteile des privaten finanziellen Reinvermögens unter vereinfachenden, die Ergebnisse der Analyse i.d.R. nur unwesentlich verändernden Annahmen auf zwei reduziert.

- Von Nettoforderungen an das Ausland wird abgesehen. Da im vorliegenden Kapitel Auslandsbeziehungen aus didaktischen Gründen gänzlich vernachlässigt werden, wird dies erst im 5. Kapitel zum Problem, in dem das Ausland in die Überlegungen einbezogen wird.
- Die im Besitz des privaten Nichtbankensektors befindlichen staatlichen Schuldverschreibungen (dritter, oben aufgelisteter Vermögensbestandteil) ergeben zusammen mit den Nettoforderungen des Publikums an die Kreditinstitute (vierter Bestandteil) **annäherungsweise** den Gesamtbestand an (inländischen) Bonds. Das läßt sich bei der Betrachtung einer stark stilisierten Bankbilanz erkennen.

Bankbilanz

Forderungen an die Zentralbank[a]	Bankschuldverschreibungen
Forderungen an den Staat	
Forderungen an Unternehmen und Private Haushalte	Sichteinlagen
	Termineinlagen
	Spareinlagen

[a] überwiegend Mindestreserve.

Die Passivseite besteht im wesentlichen aus den Sicht-, Termin- und Spareinlagen der privaten Haushalte und Unternehmen sowie den von den Banken emittierten Bankschuldverschreibungen, die sich zum größten Teil in den Händen von privaten Haushalten und Unternehmen befinden.

Die Aktivseite wird dominiert von den Krediten an dieselben Gruppen. Doch auch die Kredite an den ‚Staat spielen eine beträchtliche Rolle. Diese sind vielfach verbrieft und können deshalb den Bonds zugerechnet werden, deren anderer Teil sich in Händen der privaten Haushalte und Unternehmen befindet.

Zieht man die Schulden des privaten Nichtbankensektors bei den Banken von seinen Forderungen an die Banken ab, so ergeben sich als Differenz die in Bankbesitz befindlichen Bonds zuzüglich der Bankenforderungen an die Zentralbank (inkl. der Mindestreserveguthaben der Banken). Sind die Mindestreservesätze der Notenbank sehr niedrig, so macht man keinen großen Fehler, wenn man als Ergebnis der Differenzenbildung lediglich die sich im Bankenbesitz befindlichen Bonds benennt. Somit ist die Summe der Nettoforderungen des Nichtbankensektors an den Staat und an den Bankensektor in grober Rechnung mit dem gesamten Bestand an Bonds gleichzusetzen.

Das finanzielle Reinvermögen des privaten Nichtbankensektors ergibt sich nach diesen Überlegungen annäherungsweise als Summe aus:

- dem Bargeldumlauf (Forderungen an die Zentralbank) und
- dem Gesamtbestand inländischer Bonds.

Die folgenden Berechnungen werden weiter dadurch erleichtert, daß für die Staatspapiere eine unendliche Laufzeit angenommen wird. Diese Annahme ist deshalb unproblematisch, weil es gängige Praxis ist, daß der Staat auslaufende Anleihen durch Neuplazierungen ersetzt, die wiederum am Ende ihrer Laufzeit durch weitere ersetzt werden. Eine weitere Erleichterung wird erreicht, wenn man die Freiheit der Skalierung in folgender Weise nutzt: Der Nennwert der Bonds wird so gewählt, daß jedes Stück pro Periode eine nominale Verzinsung von einer Geldeinheit erbringt. Dann ist der Zinsbetrag, den der Staat jährlich (Zinstermine jeweils nach Ablauf eines Jahres) zu zahlen hat, gleich der Stückzahl B_0 der Bonds, die zu Beginn der Haushaltsperiode bzw. am letzten Tag der Vorperiode im Umlauf sind. Bei konstanten Güterpreisen, die im ganzen Modell mit 1 indiziert werden, ist auch der reale Ertrag pro Stück gleich einer Geldeinheit.

Befinden sich B Stücke im Umlauf, so ist das Wertpapier-Reinvermögen gleich B/i. Beträgt der Zinssatz beispielsweise 8 Prozent, so ist der Kurs eines Stücks gleich 1/0,08 = 12,5 Geldeinheiten.

Wird der Bargeldumlauf mit M_B bezeichnet, ergibt sich als gesamtes reales Finanzvermögen des privaten Nichtbankensektors für einen beliebigen Stichtag

$$V_R = M_{B_R} + \frac{B}{i} \tag{3.49}$$

Die Definition (3.49) macht deutlich, daß die Höhe des finanziellen Vermögens des privaten Nichtbankensektors – sieht man einmal vom Zinssatz i ab – weitgehend durch staatliche Entscheidungen bestimmt wird. V_R geht als Variable in die Kassenhaltungsfunktion und in die Konsumfunktion[4] ein. Damit ergeben sich andere Budgetwirkungen als in vorangehenden Modellen.

Um dies zu erkennen, soll vor Aufstellung eines neuen Modells zunächst auf die jährlichen Haushaltsdebatten der Parlamente näher eingegangen werden. Dabei ist immer auch festzulegen, wie der Staat seine Ausgaben finanzieren soll. Wird ein Budgetdefizit angestrebt oder zugelassen, gibt es zwei Möglichkeiten zu seiner Finanzierung: den Verkauf neuer Schuldtitel im Wert von dB/i oder die Kreditaufnahme bei der Zentralbank (dKr_{st}^{ZB}).

Im ersten Fall steigt das Wertpapierreinvermögen des privaten Nichtbankensektors um dB/i; die Geldmenge bleibt jedoch konstant, da dem privaten Nichtbankensektor mit den staatlichen Ausgaben das Geld wieder zufließt, mit dem er die Staatspapiere gekauft hat.

Im zweiten Fall darf die öffentliche Hand über zusätzliche Guthaben bei der Zentralbank verfügen. Geschieht dies, so erhalten die Lieferanten des Staates oder seine eigenen Bediensteten zusätzliche Einnahmen, sei es in Form von Bargeld (die Nettoforde-

[4] Das Einsetzen des gefundenen Wertes V_R ist allerdings dann nicht zu vertreten, wenn die Haushalte erwarten, daß der Staat zur Abdeckung seiner Schuld letztlich auf Steuern zurückgreifen muß und wenn sie diese Steuerzahlungen kapitalisieren und bei ihrer Vermögensrechnung zum Abzug bringen. Die Berücksichtigung eines solchen Gegenpostens ist nicht auszuschließen; sie wird in der Literatur unter dem Stichwort „Freiheit von Fiskalillusion“ diskutiert.

rungen an die Zentralbank steigen), sei es in Form von Schecks oder Überweisungen, also in Form von Giralgeld (die Nettoforderungen an den Bankensektor nehmen zu). Das finanzielle Reinvermögen des Nichtbankensektors nimmt somit um den Betrag zu, um den der Staat seine Staatsausgaben ausgeweitet hat – gerade so wie im ersten Fall: $d\overline{A}_{st} = d\,\overline{Kr}^{ZB}_{st} = dV$. Wenn die Zentralbank den Kreditbanken nicht die Haltung von Mindestreserven auf Zentralbankkonten vorschreibt, spiegelt sich dieser Vermögenszuwachs auch in einer Zunahme des Bargeldumlaufs um $dV = dM_B$ wider[5].

(d) Beachten der Budgetrestriktion des Staates

Sowohl durch Ausgabe von Bonds an den privaten Nichtbankensektor als auch durch Kreditaufnahme bei der Zentralbank erhält die öffentliche Hand zusätzliche Mittel, über die sie anschließend verfügt, wenn sie ihren Zahlungsverpflichtungen (A_{st} und B_0) nachkommt. Der Staat kann einen oder beide Finanzierungswege gleichzeitig beschreiten. In jedem Fall muß die Summe von dB/i und dM_B dem gesamten Budgetdefizit entsprechen; es muß also gelten

$$A_{st\,R} + B_{0_R} - T_R = \frac{dB}{i} + dM_{B_R}\,, \tag{3.50}$$

wobei B_0 die öffentlichen Zinsverpflichtungen sind, die aus dem am Anfang des Betrachtungszeitraums vorhandenen Bestand an Bonds resultieren.[6]

Gleichung (3.50) nennt man – wie erwähnt – die *Budgetrestriktion*+ des Staates[7]. Sie begrenzt den Handlungsspielraum des Staates in jeder Situation. Dieser kann die vier

[5] Zahlt der Staat nicht bar, sondern mit Hilfe von Schecks und Überweisungen, kommt es zu einer Verlängerung der Bankbilanzen: die Einlagen auf der Passivseite der Kunden nehmen zu, gleichzeitig weiten sich die Forderungen der Banken an die Zentralbank aus. Den Banken wachsen auf diese Weise Überschußreserven im Umfang von dKr^{ZB}_{st} zu. Diese Überschußreserven lassen eine Ausweitung des Kreditspielraums zu, und zwar so weit, bis die Überschußreserven infolge von Barabhebungen zusätzlicher Kreditnehmer und infolge der Mindestreserveverpflichtungen im Gefolge der Kreditausweitung aufgebraucht sind. Bezeichnet man den maximalen zusätzlichen Kreditspielraum mit dKr_{max}, den durchschnittlichen Anteil, der von den Kreditnehmern in bar abgerufen wird, mit h^* und den durchschnittlichen Mindestreservesatz mit r, so ist die Überschußreserve aufgebraucht, wenn $dKr^{ZB}_{st} = h^* \cdot dKr_{max} + (1-h^*) \cdot dKr_{max} \cdot r$.
Für $r = 0$ gilt: $dKr^{ZB}_{st} = h^* \cdot dKr_{max} = dM_B$. Wenn $r \neq 0$, gilt zwar, daß $dM_B < dKr^{ZB}_{st}$, die Differenz ist jedoch relativ gering, da die Mindestreservesätze derzeit sehr niedrig sind. Unverändert gilt $dKr^{ZB}_{st} = dV$, da die Nettoforderungen der privaten Haushalte und Unternehmen an den Bankensektor – gemäß der obigen Überlegungen mit Hilfe einer stark stilisierten Bankbilanz – auch im Ausmaß des gestiegenen Mindestreserveguthabens des Bankensektors bei der Zentralbank zunehmen.

[6] Die Bestandsgrößen des Modells am Ende der Vorperiode werden mit dem Suffix 0 und nicht mit dem Suffix t–1 versehen, weil zunächst nur die sogenannten „first round effects"+ abgeleitet werden. Dabei bleibt unberücksichtigt, daß Geschehnisse in einer Periode Ursachen für Bestandsänderungen in den folgenden Perioden sein können. Die Wirkungen dieser nachfolgenden Änderungen von Bestandsgrößen werden hier als eigenständig angesehen. Auf sie wird erst im 6. Kapitel genauer eingegangen.

[7] Die hier verwendete Budgetrestriktion weicht von der Definition (2.1) ab. Bei der Ableitung von (2.1) sollte im Grundsatz dargetan werden, daß der Staat in den Wirtschaftskreislauf als Produzent und Nachfrager eingefügt ist. Die Finanzierungsfrage stand nicht zur Diskussion. Deshalb wurden nur die Steuern als Finanzierungsquelle berücksichtigt.

Variablen A_{st}, T, dB/i und dM_B nicht isoliert voneinander verändern. Plant er beispielsweise zusätzliche Ausgaben, so geht das nur, wenn er gleichzeitig höhere Steuereinnahmen hat, zusätzliche Wertpapiere beim privaten Sektor unterbringt oder einen Notenbankkredit in Anspruch nimmt. Will er dagegen die Kaufkraft des privaten Sektors durch Steuersenkungen erhöhen, müssen entweder die Staatsausgaben gesenkt oder ebenfalls neue Kredite beim Publikum oder bei der Zentralbank aufgenommen werden.

(e) Verhalten der Zentralbank

Bei der Finanzierung eines Budgetdefizits durch die Zentralbank kommt es – anders als bei einer Bondfinanzierung – zu einem weiteren Effekt, nämlich zu einer Ausweitung der gesamten Geldmenge, die ja nicht nur aus Zentralbankgeld besteht, um ein Vielfaches. Der Staat bezahlt seine Lieferanten und Bediensteten nämlich mit Hilfe von Schecks und Überweisungen. Somit erhalten die Banken, bei denen die vom Staat Entlohnten ihre Konten haben, Forderungen an die Zentralbank und damit Überschußreserve, die sie – wie hier unterstellt wird – unverzüglich zur Giralgeldschöpfung nutzen (vgl. Fußnote 5). Wenn die Zahlungs- und Kassenhaltungsgewohnheiten konstant sind und von einer Mindestreserve aus Einfachheitsgründen und wegen ihrer derzeit äußerst niedrigen Sätze abgesehen wird, besteht nicht nur zwischen $dKr_{st}^{ZB} = dM_B$ und dM, sondern auch zwischen M_B und M ein fester Zusammenhang:

$$M_{B_R} = h \cdot M_R \,,\text{[8]} \qquad \text{mit } 0 < h < 1 \tag{3.51}$$

Gleichung (3.51) kennzeichnet ein Verhalten der Zentralbank, das vom bisherigen Verhalten abweicht. In den vorangegangenen Modellen wurde i.d.R. von der Hypothese ausgegangen, daß die Zentralbank die Geldmenge M, die als Instrumentvariable angesehen wurde, festlegt: $M = \overline{M}$. Wenn die Zentralbank den Staat im Umfang dM_B mit zusätzlichem Zentralbankgeld versorgt, ändert sich auch – wie dargestellt – M um $dM = 1/h \cdot dM_B$. Würde die Zentralbank eine Geldmengenausweitung nicht zulassen (also weiterhin $M = \overline{M}$ durchsetzen), dann müßte sie dem privaten Sektor Zentralbankgeld gerade wieder im Umfang von dM_B entziehen. Man muß sich dieser Zusammenhänge bei der Aufstellung der Verhaltenshypothese für die Zentralbank bewußt sein. Im folgenden Modell wird von der (neuen) Hypothese ausgegangen, daß die Zentralbank die Zentralbankgeldmenge kontrolliert und die mit einer Kreditgewährung an den Staat verbundene Giralgeldmengenausweitung hinnimmt.

(f) Definition des verfügbaren Einkommens

Privaten Haushalten, die Bonds in ihren Portefeuilles haben, fließen Zinseinkommen seitens des Staates zu. Diese Zinseinkommen müssen bei der Definition des realen verfügbaren Einkommens der Haushalte berücksichtigt werden. Für jedes einzelne Staatspapier (für jedes Stück) beläuft sich der (reale) Zinsertrag auf eine Geldeinheit. Wenn der Staat seine Zinsen nachschüssig, d.h. immer erst *nach Ablauf der Periode* zahlt, sind die Zinseinnahmen der Haushalte in der Periode, für die das Sozialprodukt vorhergesagt werden soll, gleich der Stückzahl der Bonds in der Vorperiode, also gleich dem (vorgegebenen) Altbestand B_0. Das reale verfügbare Einkommen beläuft sich dann auf

$$Y_{R,v,t} \equiv Y_{R,t} + B_0 - T_{R,t} \tag{3.52}$$

[8] Bei einem Mindestreservesatz von Null ($r = 0$) gilt $h = h^*$.

(g) Steuerfunktion

Die Zinsen auf die Staatsschuld fließen den Haushalten als Transfereinkommen zu und sind zu versteuern. Dieser Tatbestand soll zum Ausdruck gebracht werden mit der Hypothese

$$T_{R,t} = t \cdot (Y_{R,t} + B_0). \qquad (3.53)$$

Werden die unter (a) bis (g) erörterten Veränderungen im „Ausgangsmodell" vorgenommen, erhält man (bei Fortlassen des Suffixes t) das **Modell C:**

Gütermarkt

$$Y_R \overset{!}{=} C_R + \overset{+}{I}_R + A_{st\,R} \qquad (C1)$$

$$C_R = C(Y_{R,v}, V_R) \quad \text{mit} \quad \frac{\partial C}{\partial Y_{R,v}} = b > 0 \text{ und } \frac{\partial C}{\partial V_R} > 0 \qquad (C2)$$

$$Y_{R,v} \equiv Y_R + B_0 - T_R \qquad (C3)$$

$$T_R = t \cdot (Y_R + B_0) \qquad (C4)$$

$$V_R \equiv M_{B_R} + \frac{B}{i} \qquad (C5)$$

$$M_{B_R} = h \cdot M_R \qquad (C6)$$

$$\overset{+}{I}_R = I(i) \qquad (C7)$$

Geldmarkt

$$M_R \overset{!}{=} L_R \qquad (C8)$$

$$L_R = L_R^T + L_R^S \qquad (C9)$$

$$L_R^T = k \cdot Y_R \qquad (C10)$$

$$L_R^S = L^S(i, V_R) \qquad (C11)$$

Produktionsfunktion (Arbeitsmarkt)

$$A = A(Y_R, \overline{K}) \qquad (C12)$$

Das Modell C hat 12 Gleichungen und 15 Variable (diese sind: Y_R, C_R, $\overset{+}{I}_R$, A_{st_R}, $Y_{R,v}$, V_R, T_R, M_{B_R}, B, i, M_R, L_R, L_R^T, L_R^S und A). Damit weist es drei Freiheitsgrade auf. Sie lassen sich beseitigen, indem man erstens berücksichtigt, daß der Staat seine Ausgaben für Waren und Dienste im Rahmen der „fiscal policy" als Instrumentvariable verwendet:

$$A_{st\,R} = \overline{A}_{st} \qquad (C13)$$

Zweitens hat er es in der Hand, zusätzliche Ausgaben per Verkauf von Bonds an die privaten Nichtbanken oder (nach Zustimmung der Zentralbank) per Zentralbankkredit zu finanzieren. Damit ergäben sich zwei weitere Gleichungen:

$$B = \overline{B} \tag{C 14a}$$

$$M_{B_R} = \overline{M}_B \tag{C 14b}$$

Allerdings ist bei den zuletzt angeführten beiden Gleichungen zu berücksichtigen, daß nur eine der beiden Variablen B und M_{B_R} als Instrumentvariable angesehen werden darf; denn sie können nicht unabhängig voneinander festgesetzt werden. Sie sind über die Budgetrestriktion (3.50) miteinander und mit A_{st_R} verbunden. Wenn gemäß (C14a) $\overline{B}$ als Instrumentvariable behandelt wird, ist M_{B_R} als endogene Variable anzusehen, die sich aus der Budgetrestriktion ergibt. Die Budgetrestriktion ist damit fünfzehnte Gleichung des Modells:

$$A_{st_R} + B_{0_R} - T_R = \frac{dB}{i} + dM_{B_R} \tag{C 15}$$

Analog ist der Fall zu behandeln, in dem $\overline{M}_B$ als Instrumentvariable gesehen wird.

Insgesamt ergibt sich also folgendes: Entschließt sich der Staat zu einer reinen Bondsfinanzierung zusätzlicher Ausgaben, wird das Modell durch die Gleichungen (C 13), (C 14 a) und (C 15) geschlossen, im Fall einer reinen Zentralbankfinanzierung werden die Gleichungen (C 13), (C 14b) und (C 15) verwendet und bei „Mischfinanzierung" wird neben (C 13) und (C 15) eine der beiden Gleichungen (C 14a) oder (C 14b) eingesetzt.

Die Gleichungen (C 1) bis (C 7) und (C 13) lassen sich zu einer Gütermarktgleichung zusammenfassen. Der Geldmarkt wird mit Hilfe von (C 8) bis (C 11) dargestellt. Um die Rechnung übersichtlich gestalten zu können, wird in beiden Fällen zunächst auf die Einbeziehung der Gleichungen (C 5) und (C 6), die das Finanzvermögen der privaten Nichtbanken angeben, verzichtet. Der Arbeitsmarkt wird durch (C 12) erfaßt:

Gütermarkt $$Y_R = C\left[(1-t)\cdot(Y_R + B_0), V_R\right] + I(i) + \overline{A}_{st} \tag{3.54}$$

Geldmarkt $$M_R = k \cdot Y_R + L^S(i, V_R) \tag{3.55}$$

Arbeitsmarkt $$A = A(Y_R, \overline{K}) \tag{3.56}$$

Die drei Gleichungen sind total zu differenzieren. Aus (3.54) ergibt sich

$$dY_R = b \cdot \left[(1-t)\cdot dY_R - (Y_R + B_0)\cdot dt\right] + \frac{\partial C}{\partial V_R}\cdot dV_R + \frac{\partial I}{\partial i}\cdot di + d\overline{A}_{st},$$

wobei nach den Gleichungen (C 5) und (C 6) gilt

$$dV_R = dM_{B_R} + \frac{i \cdot dB - B_0 \cdot di}{i^2}.$$

Durch Einsetzen des Ausdrucks für dV_R in die Gütermarktgleichung und Zusammenfassen erhält man

$$\left[1-b\cdot(1-t)\right]\cdot dY_R - b\cdot(Y_R+B_0)\cdot dt - \frac{\partial C}{\partial V_R}\cdot dM_{B_R} - \frac{\partial C}{\partial V_R}\cdot\frac{dB}{i}$$
$$-\left(\frac{\partial I}{\partial i} - \frac{\partial C}{\partial V_R}\cdot\frac{B_0}{i^2}\right)\cdot di - d\overline{A}_{st} = 0 \qquad (3.54)'$$

Die totale Differentiation von (3.55) führt zu

$$dM_R = k\cdot dY_R + \frac{\partial L^S}{\partial i}\cdot di + \frac{\partial L^S}{\partial V_R}\cdot dV_R$$

Setzt man auf der rechten Seite den oben angegebenen Ausdruck für dV_R ein und auf der linken Seite das totale Differential von (C6), so erhält man:

$$\left(\frac{1}{h} - \frac{\partial L^S}{\partial V_R}\right)\cdot dM_{B_R} - k\cdot dY_R - \frac{\partial L^S}{\partial V_R}\cdot\frac{dB}{i} - \left(\frac{\partial L^S}{\partial i} - \frac{\partial L^S}{\partial V_R}\cdot\frac{B_0}{i^2}\right)\cdot di = 0 \qquad (3.55)'$$

Zusammen mit der aus den vorhergehenden Modellen bekannten Gleichung

$$dA = \frac{\partial A}{\partial Y_R}\cdot dY_R \qquad (3.56)'$$

ist damit die Grundlage für die Analyse der Budgetwirkungen gewonnen.

Bei der Auswertung des Modells bleibt zu berücksichtigen, daß der Staat seine Aktionsparameter nicht unabhängig voneinander verändern kann. Er muß vielmehr stets die Budgetrestriktion (C15) beachten. Um die folgenden Rechnungen zu vereinfachen, wird angenommen, daß der Staat für das laufende Jahr einen ausgeglichenen Haushalt beschlossen hatte ($A_{st,t} + B_0 - T_t = 0$), ehe er sich zum Einsatz der „fiscal policy" aus konjunktur- oder beschäftigungspolitischen Gründen entschied. Diese Maßnahmen lösen zwar einen Multiplikatorprozeß aus, in dessen Verlauf sich auch die Steuereinnahmen, die Bestandteil der Budgetrestriktion sind, ändern. Doch wird die Veränderung der Steuereinnahmen vielfach vom Staat nicht für dieselbe Periode in seine (Restriktions-)Überlegungen einbezogen; denn die Steuereinnahmen stehen (im Fall einer Expansion) nicht bereits dann zur Verfügung, wenn der Staat seine zusätzlichen Ausgaben finanzieren muß. Manche zusätzlichen Steuereinnahmen fallen sogar erst in den Folgejahren an; man denke an die Körperschaftsteuer oder veranlagte Einkommensteuer.

1. Fall:

Ausgehend von einem ausgeglichenen Budget beschließt der Staat, seine Ausgaben zu erhöhen und gleich am Anfang der Untersuchungsperiode eine Anleihe beim Publikum aufzunehmen, um mit ihrer Hilfe die zusätzlichen Ausgaben voll finanzieren zu können. Die Zentralbank verhält sich neutral in dem Sinn, daß sie für die Konstanz des Bargeldumlaufs und damit der Geldmenge sorgt.

Dann gilt:

$$dt = dM_B = 0 \quad \text{und} \quad d\overline{A}_{st} = \frac{dB}{i} = \frac{d\overline{B}}{i} > 0$$

Der gleiche Fall wurde eingangs des Kapitels 3.1.2.1 (Fall 1 A, S. 25) behandelt, nur daß dabei die Bondsfinanzierung der zusätzlichen Staatsausgaben verdeckt blieb und Vermögenseffekte infolge der gewählten Hypothesen nicht auftreten konnten.

Aus (3.55') ergibt sich

$$di = -\frac{1}{\frac{\partial L^S}{\partial i} - \frac{\partial L^S}{\partial V_R} \cdot \frac{B_0}{i^2}} \cdot \left(k \cdot dY_R + \frac{\partial L^S}{\partial V_R} \cdot \frac{d\overline{B}}{i}\right).$$

Wird dieser Ausdruck in (3.54)' eingesetzt und wird berücksichtigt, daß $dB/i = d\overline{A}_{st}$ ist, so erhält man:

$$dY_R = \frac{1}{1-b\,(1-t) + \dfrac{k \cdot \left(\dfrac{\partial I}{\partial i} - \dfrac{\partial C}{\partial V_R} \cdot \dfrac{B_0}{i^2}\right)}{\dfrac{\partial L^S}{\partial i} - \dfrac{\partial L^S}{\partial V_R} \cdot \dfrac{B_0}{i^2}}} \cdot \left[1 + \frac{\partial C}{\partial V_R} - \frac{\partial L^S}{\partial V_R} \cdot \frac{\dfrac{\partial I}{\partial i} - \dfrac{\partial C}{\partial V_R} \cdot \dfrac{B_0}{i^2}}{\dfrac{\partial L^S}{\partial i} - \dfrac{\partial L^S}{\partial V_R} \cdot \dfrac{B_0}{i^2}}\right] \cdot d\overline{A}_{st} \qquad (3.57)$$

Das Ergebnis unterscheidet sich von der oben genannten, vergleichbaren Multiplikatorformel (3.28) eingangs des Kapitels 3.1.2.1 in vierfacher Weise. Diese vier Unterschiede stellen die Vermögenseffekte dar. Sie müssen näher interpretiert werden. Zwei der Unterschiede zeigen sich im eigentlichen *Multiplikator,* das ist der Bruch vor der eckigen Klammer. Sie müssen somit auf Vorgänge zurückgehen, die *während* des Multiplikatorprozesses von Runde zu Runde (eine Multiplikatorrunde ist nicht mit dem Etatjahr zu verwechseln!) immer wieder neu auftreten. Der **erste** Unterschied wird durch den Term $(\partial C/\partial V_R) \cdot (B_0/i^2)$ markiert. Da die marginale Konsumquote in bezug auf das Vermögen $\partial C/\partial V_R$ positiv ist, bewirkt er eine Verkleinerung der Multiplikatorwirkung. (Da $\partial I/\partial i$ und $\partial L^S/\partial i$ negativ und da $\partial C/\partial V_R$ und $\partial L^S/\partial V_R$ positiv sind, müssen der Zähler und der Nenner des 3. Terms im Nenner des Multiplikators jeweils negativ sein. Der 3. Term ist insgesamt somit positiv und vergrößert den Nenner des Multiplikators, der dadurch kleiner wird.) Die Verkleinerung der Multiplikatorwirkung läßt sich für einen expansiven Multiplikatorprozeß wie folgt verdeutlichen. Im Zuge des Aufschwungs nimmt der Bedarf an Transaktionskasse zu. Dadurch wird ein Zinsauftrieb bewirkt. Steigende Zinsen bedeuten Kursverluste. Das finanzielle Vermögen geht somit zurück. Die Haushalte reagieren hierauf mit einer Verminderung ihrer Konsumgüternachfrage. Zusammenfassend gilt somit für *jede* Multiplikatorrunde $Y\uparrow \rightarrow L^T\uparrow \rightarrow i\uparrow \rightarrow V_R\downarrow \rightarrow C\downarrow$. Dadurch wird die Aufschwungswirkung verkleinert.

Der **zweite** Unterschied wird durch den Term $(\partial L^S/\partial V_R) \cdot (B_0/i^2)$ bewirkt. Da der marginale Kassenhaltungskoeffizient in bezug auf das Vermögen positiv ist, zeigt der Ausdruck eine Vergrößerung der Multiplikatorwirkung an. (Der negative Nenner des 3. Terms unter dem Bruchstrich des Multiplikators wird dadurch absolut größer und somit der positive 3. Term kleiner. Dadurch wird der Nenner des Multiplikators geringer, der Multiplikatorbruch selbst wird größer.) Bei einem Aufschwung läßt sich diese Verstärkung der Expansionskraft ebenfalls auf die von Runde zu Runde eintretende Zinssteigerung zurückführen. Diese bedeutet nämlich einen Kursfall der Wertpapiere und damit eine Vermögenssenkung, auf die das Publikum annahmegemäß mit einer Verringerung der spekulativen Kassenhaltung reagiert. Dadurch wird der Zinsauftrieb gebremst. Somit werden sowohl die Investitionen (angezeigt durch $\partial I/\partial i$ im Zähler des Bruchs des 3. Terms) als auch die vermögensbedingten Konsumausgaben (ebenda angezeigt durch $(\partial C/\partial V_R) \cdot (B_0/i^2)$) vergleichsweise wenig sinken. Zusammenfassend ergibt sich somit in jeder Multiplikatorrunde

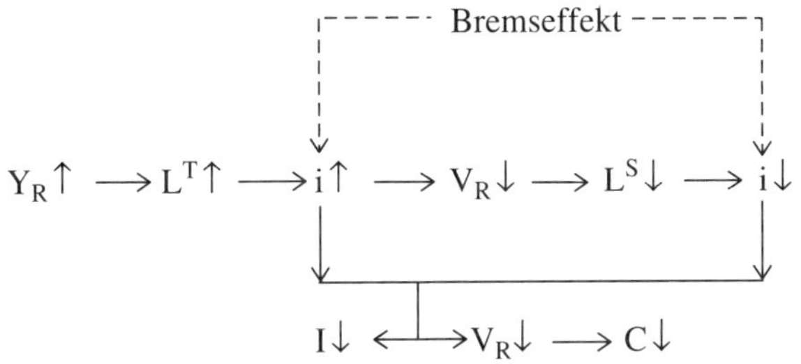

Ob die beiden bisher erläuterten Vermögenseffekte den Multiplikator vergrößern oder verkleinern, läßt sich nicht generell sagen. Das hängt von der jeweiligen Höhe der Verhaltensparameter ab.

Die verbleibenden zwei Unterschiede ergeben sich bei den **Anstoßwirkungen,** die den Multiplikatorprozeß auslösen. Sie sind in der eckigen Klammer angegeben.

Zu dem bisher alleinigen Anstoßeffekt $1 \cdot d\overline{A}_{st}$ tritt zunächst der positive Effekt von $(\partial C/\partial V_R) \cdot d\overline{A}_{st}$ hinzu: Haushalte erhöhen einmalig ihr Vermögen um $d\overline{B}/i = d\overline{A}_{st}$ und reagieren darauf mit verstärkter Konsumgüternachfrage im Umfang von $(\partial C/\partial V_R) \cdot dA_{st}$.

Der zweite zusätzliche Anstoßeffekt ist negativ. Die Haushalte nämlich, die gleich am Anfang des Etatjahres zusätzliche staatliche Bonds erhalten haben, sehen ihre optimale Vermögensstruktur gestört. Um die optimale Struktur wieder zu erreichen, erhöhen sie ihre spekulative Kassenhaltung um $(\partial L^S/\partial V_R) \cdot d\overline{A}_{st}$ und bewirken damit gleich zu Beginn des Etatjahres eine (einmalige) Zinssteigerung. Diese veranlaßt die Investoren zu verringerten Investitionen und die Haushalte, deren Vermögenswert gesunken ist, zu geringerer Konsumgüternachfrage.

Welcher der beiden zusätzlichen Anstoßeffekte überwiegt, der positive Vermögenseffekt auf den Konsum oder der Vermögenseffekt auf die Kassenhaltung, läßt sich wiederum nicht generell sagen. Erst empirische Untersuchungen über die entscheidenden Verhaltensparameter lassen eine endgültige Aussage zu. Somit bleibt offen, ob die Vermögenseffekte die „fiscal policy“ erschweren oder erleichtern.

Dieses Ergebnis ist wichtig. Deshalb soll es geometrisch verdeutlicht werden. Dazu wird auf das *Hicks*'sche Diagramm mit der $I_R = S_R$-Kurve und mit der $L_R = M_R$-Kurve zurückgegriffen (vgl. Kapitel 3.1.2.2, S. 34).

Die Ausgangssituation wird durch die LM_0- und IS_0-Kurve in der Periode t = 0 angegeben. Das reale Sozialprodukt beträgt OA, die Beschäftigung wird durch die Strecke OF angezeigt.

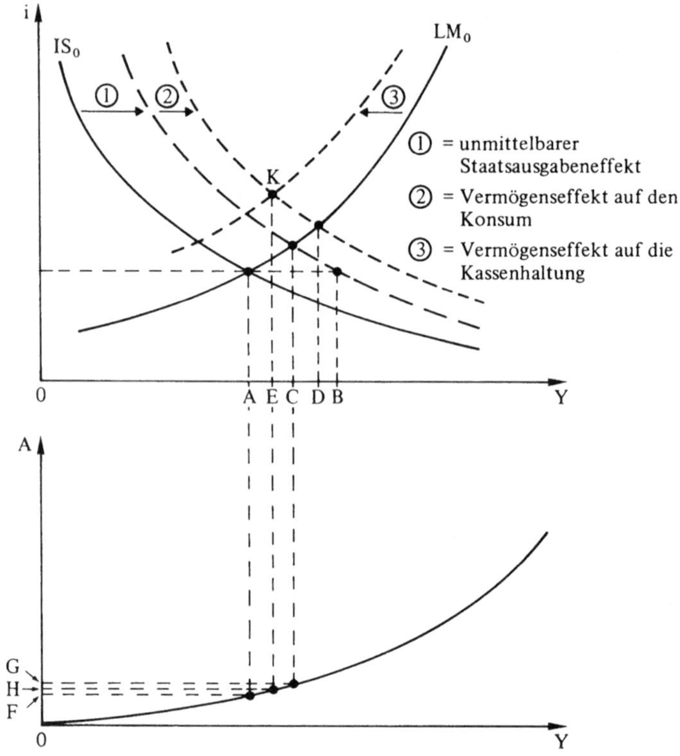

Abbildung 5: Geometrische Darstellung der Vermögenseffekte

Der Staat erhöhe seine Ausgaben um $d\overline{A}_{st}$. Das führt zu drei Anstoßeffekten, die in der Multiplikatorformel durch je einen der drei in der eckigen Klammer angegebenen Ausdrücke bezeichnet werden. Der unmittelbare Staatsausgabeneffekt (in der eckigen Klammer durch 1 angezeigt) verschiebt die $I_R = S_R$-Kurve in die dick gestrichelte Lage. Das Sozialprodukt erhöht sich von OA auf OC (vgl. in der Abbildung Effekt ①). (Dieses Ergebnis gilt unter der Annahme, daß $d\overline{M} = 0$ ist und dadurch die Neutralität der Zentralbank zum Ausdruck kommt. Würde Neutralität statt dessen bedeuten, daß der Zins konstant bleibt, würde das Sozialprodukt auf OB steigen.)

Der Vermögenseffekt auf den Konsum (in der eckigen Klammer der Multiplikatorformel durch $\partial C/\partial V_R$ angezeigt) verschiebt die $I_R = S_R$-Kurve weiter nach rechts in die Lage der fein gestrichelten Linie (Effekt ②). Das Sozialprodukt erhöht sich um CD.

Der Vermögenseffekt auf die Kassenhaltung (auf den der dritte Term in der eckigen Klammer hinweist) verschiebt die $L_R = M_R$-Kurve, und zwar in die Lage der gestrichelten Linie (Effekt ③). Das Sozialprodukt fällt um DE. In der Zeichnung überwiegt der Vermögenseffekt auf die Kassenhaltung den auf den Konsum (CD < DE), entsprechend haben die Vermögenseffekte per saldo einen Rückgang der Beschäftigung zur Folge (OH < OG). Dieses Ergebnis ist jedoch nicht zwingend. Es kann nicht ausgeschlossen werden, daß CD > DE ist und die Beschäftigung zunimmt.

Im Kapitel 6 wird zu zeigen sein, daß die Analyse der „fiscal policy" an dieser Stelle nicht abbrechen darf. Mit dem Punkt K ist nämlich *kein endgültig neuer Gleichgewichtspunkt* erreicht. Mit Hilfe von K können nur die unmittelbaren Budgetwirkungen, die „first round effects" oder der „impact-multiplier"+ (impact = Anstoß) bestimmt werden. Es treten weitere Wirkungen, Folgewirkungen, auf. Ihrer Bestimmung dient das 6. Kapitel dieses Lehrbuchs. Gegebenenfalls kann der Lernende dort unmittelbar weiterlesen.

Aus der Behandlung des 1. Falls folgt unmittelbar der

Lehrsatz 12:
Wenn der Staat zusätzliche Ausgaben mit Hilfe von Bonds finanziert, erleichtern gegebenenfalls auftretende Vermögenseffekte auf den Konsum die „fiscal policy", gegebenenfalls auftretende Vermögenseffekte auf die Kassenhaltung schwächen die Budgetwirkungen dagegen ab.

Nach Auffassung der sog. Monetaristen, als deren Hauptvertreter solch bekannte Nationalökonomen wie *Milton Friedman* und *Karl Brunner* angesehen werden, überwiegt der Vermögenseffekt auf die Kassenhaltung. Er bewirke ein *„crowding-out"* privater Güternachfrage durch den Staat: die eintretende Zinssteigerung verdränge private Investitionen. Die Bedeutung zusätzlicher Staatsausgaben als Mittel der Beschäftigungspolitik würde dadurch entscheidend gemindert. Auch auf dieses „crowding-out" ist im 6. Kapitel weiter einzugehen.

2. Fall:

Ausgehend von einem ausgeglichenen Budget beschließt der Staat, seine Ausgaben zu erhöhen und die Zentralbank zu ersuchen, die Finanzierung sicherzustellen. Die Zentralbank geht auf das Ersuchen ein, läßt aber eine darüber hinausgehende Steigerung der Zentralbankgeldmenge nicht zu.

Somit gilt

$dt = d\overline{B} = 0$ und $d\overline{A}_{st} = d\overline{M}_B > 0$

Aus (3.55)' ergibt sich damit

$$di = \frac{\left(\frac{1}{h} - \frac{\partial L^S}{\partial V_R}\right)}{\frac{\partial L^S}{\partial i} - \frac{\partial L^S}{dV_R} \cdot \frac{B_0}{i^2}} \cdot d\overline{A}_{st} - \frac{k}{\frac{\partial L^S}{\partial i} - \frac{\partial L^S}{dV_R} \cdot \frac{B_0}{i^2}} \cdot dY_R$$

Wird dieser Ausdruck in (3.54)' eingesetzt, erhält man

$$dY_R = \frac{1}{1-b\,(1-t) + \dfrac{k \cdot \dfrac{\partial I}{\partial i} - \dfrac{\partial C}{\partial V_R} \cdot \dfrac{B_0}{i^2}}{\dfrac{\partial L^S}{\partial i} - \dfrac{\partial L^S}{\partial V_R} \cdot \dfrac{B_0}{i^2}}}$$

$$\cdot \left[1 + \frac{\partial C}{\partial V_R} + \left(\frac{1}{h} - \frac{\partial L^S}{\partial V_R} \right) \frac{\dfrac{\partial I}{\partial i} - \dfrac{\partial C}{\partial V_R} \cdot \dfrac{B_0}{i^2}}{\dfrac{\partial L^S}{\partial i} - \dfrac{\partial L^S}{\partial V_R} \cdot \dfrac{B_0}{i^2}} \right] d\overline{A}_{st} \qquad (3.58)$$

Wird dieses Ergebnis über die „first round effects" zusätzlicher Staatsausgaben mit dem bei der Behandlung des 1. Falls gewonnenen verglichen, fällt auf, daß

- der **Multiplikator** (der Bruch vor der eckigen Klammer) der gleiche ist,
- sich vier statt nur **drei Anstoßeffekte** einstellen,

erstens – wie bisher – der *unmittelbare Staatsausgabeneffekt* (in der eckigen Klammer durch 1 angezeigt),

zweitens – wie bisher – der *Vermögenseffekt* (auch mehr Geld beim Publikum bedeutet ein größeres Finanzvermögen) *auf den Konsum* (angezeigt durch $\partial C/\partial V_R$),

drittens – wie bisher – der *Vermögenseffekt auf die Kassenhaltung* (angezeigt durch

$$-\frac{\partial Ls}{\partial V_R} \; \frac{\dfrac{\partial I}{\partial i} - \dfrac{\partial C}{\partial V_R} \cdot \dfrac{B_0}{i^2}}{\dfrac{\partial L^S}{\partial i} - \dfrac{\partial L^S}{\partial V_R} \cdot \dfrac{B_0}{i^2}}\;),$$

viertens der *Geldmengeneffekt* (angezeigt durch

$$\frac{1}{h} \; \frac{\dfrac{\partial I}{\partial i} - \dfrac{\partial C}{\partial V_R} \cdot \dfrac{B_0}{i^2}}{\dfrac{\partial L^S}{\partial i} - \dfrac{\partial L^S}{\partial V_R} \cdot \dfrac{B_0}{i^2}}\;):$$

die einmalige Geldmengensteigerung $dM = (1/h)\, d\overline{A}_{st}$ bewirkt eine Zinssenkung. Daraufhin reagieren die Investoren mit vermehrter Investitionsgüternachfrage und die Konsumenten, deren finanzielles Vermögen einen höheren Kurswert aufweist, mit verstärkter Konsumgüternachfrage.

Man kann diese vier Anstoßeffekte geometrisch verdeutlichen, indem man in *Abbildung 5* die als Punktlinie ausgezogene $L_R = M_R$-Kurve, die sich unter dem Vermögenseinfluß auf die Kassenhaltung aus der Ursprungskurve ergeben hat, nach rechts verschiebt. Man erhält dann einen neuen (in der Abbildung nicht eingezeichneten) Schnittpunkt mit der als Punktlinie ausgezeichneten neuen I_R=S_R-Kurve. Dieser

Schnittpunkt liegt südöstlich von K. Zu ihm gehören ein größeres Sozialprodukt und eine höhere Beschäftigung.

Lehrsatz 13:
Werden zusätzliche Staatsausgaben mit zusätzlichem Geld statt mit Hilfe von Bonds finanziert, haben sie kurzfristig eine größere Beschäftigungswirkung.

Übungsaufgabe 9

Zeigen Sie, daß die kurzfristigen Beschäftigungswirkungen zusätzlicher Staatsausgaben, die durch zusätzliches Geld finanziert werden, größer als diejenigen sind, die sich bei einer Finanzierung mit Hilfe von Bonds ergeben.

Übungsaufgabe 10

Ist es richtig zu behaupten, daß Vermögenseffekte den Erfolg der „fiscal policy" bei der Bekämpfung von Arbeitslosigkeit in Frage stellen?

Literaturhinweise zum 3. Kapitel

a. Die für dieses Kapitel **grundlegenden makroökonomischen Zusammenhänge** können mit Hilfe vieler neuerer Lehrbücher zur Makroökonomik erarbeitet werden. Zu empfehlen sind u. a. die folgenden deutschsprachigen Lehrbücher:

Rüdiger Dornbusch, Stanley Fischer, Makroökonomik, 6. Auflage, München, Wien 1995,
N. Gregory Mankiw, Makroökonomik, 2. Auflage, Wiesbaden 1995,
Manfred Neumann, Theoretische Volkswirtschaftslehre I, 5. Auflage, München 1996,
Alfred Stobbe, Volkswirtschaftliches Rechnungswesen, 8. Auflage, Berlin u.a. 1994,
Artur Woll, Allgemeine Volkswirtschaftslehre, 12. Auflage, München 1996.

Hingewiesen wird auch auf

Stephen J. Turnovsky, Macroeconomic Analysis and Stabilization Policy, Cambridge 1977.

b. Zu den einzelnen Unterabschnitten des 3. Kapitels werden zur Nacharbeitung und weiterführenden Lektüre empfohlen:

b.1. Zur Analyse der Wirkungen der „fiscal policy" im Ausgangsmodell siehe

Stephen J. Turnovsky, a. a. O., S. 10–35,
Horst Zimmermann, Klaus-Dirk Henke, a. a. O., S. 315–331

oder andere, in den allgemeinen Literaturhinweisen aufgeführte Lehrbücher. Instruktiv zu Fragen der Multiplikatortheorie sind immer noch

Herbert Giersch, Einige kontroverse Fragen der Multiplikatortheorie, in: Schriften des Vereins für Socialpolitik, N. F., Bd. 9, Berlin 1954, S. 9–36,
Rudolf Richter, Über die Grenzen der Multiplikatortheorie, ebenda, S. 37–45.

b.2. Die Wirkungen der „fiscal policy" bei gewinnabhängigen Investitionen analysiert

Leif Johansen, a. a. O., S. 63–75,

und, weitergehend,

Axel Siedenberg, Investitionsorientierte Fiskalpolitik. Eine Effizienzanalyse mit Hilfe investitionstheoretischer Ansätze, Berlin 1976.

b.3. Zur Wirksamkeit der „fiscal policy" bei alternativen Konsumfunktionen vgl. einführend

Emil-Maria Claassen, Grundlagen der makroökonomischen Theorie, München 1980, S. 35–54,
Rüdiger Dornbusch, Stanley Fischer, a. a. O., S. 359–393.

Eine präzise Darstellung der Konsumfunktionen gibt

Heinz König, Konsumfunktionen, in: Handwörterbuch der Wirtschaftswissenschaft, Bd. 4, Stuttgart usw. 1978, S. 513–528.

In die Erwartungsbildungshypothesen führt ein

Rolf Caspers, Grundlagen der Preiserwartungstheorie, „WiSt", Heft 11 (1978), S. 510–517.

Einen Überblick zur Diskussion des „Ex-ante-Crowding-out" gibt

Willem H. Buiter, James Tobin, Debt Neutrality: A Review of Doctrine and Evidence, in: *G. M. von Furstenberg* (ed.), Social Security versus Private Savings, Cambridge 1979, S. 39–63.

Eine anwendungsorientierte Darlegung von „crowding out"-Effekten am Beispiel der Vereinigten Staaten findet sich in:

Richard J. Cebula, John Killingsworth, Willie J. Belton Jr., Federal Budget Deficits and the Crowding Out of Private Investment in the United States, „Public Finance", Vol. 49 (1994), S. 168–178.

Versierten Studenten sei die Lektüre von

Robert Barro, Are Government Bonds Net Wealth? „Journal of Political Economy", Vol. 82 (1974), S. 1095–1117,

und die kritischen, theoretisch bzw. empirisch fundierten Analysen empfohlen bei

Geoffrey Brennan, James M. Buchanan, The Logic of the Ricardian Equivalence Theorem, „Finanzarchiv", N. F., Bd. 38 (1980), S. 4–16,
Martin Feldstein, Government Deficits and Aggregate Demand, „Journal of Monetary Economics", Vol. 9 (1982), S. 1–20.

G. Karras, Employment and Output Effects of Government Spending: Is Government Size Important? „Economic Enquiry", Vol. 31(3), 1993, S. 354–369.

Zu Wirkungen, die in den in diesem Buch abgeleiteten widersprechen (z. B. „crowding in" statt „crowding out") kommt eine formal schwierige Analyse, die ein allgemeines neoklassisches Wachstumsmodell verwendet:

Michael Dotsey, Ching Sheng Mao, The Effects of Fiscal Policy in a Neoclassical Growth Model, Federal Reserve Bank of Richmond, Working Paper 97-8, Richmond 1997.

b.4. Zur Berücksichtigung der Vermögenseffekte der „fiscal policy" siehe

Jürgen Siebke, Die Berücksichtigung der Budgetbeschränkung des Staates in dem Keynesianischen Makrosystem, Teil I, „Wisu", Heft 10/1975, S. 490–493,
Jürgen Heubes, Beschäftigungswirkungen der Fiskalpolitik, „WiSt", Heft 2/1981, S. 56–59.

Weiterführende Überlegungen stellt an

Manfred J. M. Neumann, Inflation und Staatsverschuldung, „Zeitschrift für Wirtschafts- und Sozialwissenschaften", Bd. 101 (1981), S. 113–126.

Kapitel 4:

„Fiscal policy“ bei flexiblen Preisen: Berücksichtigung der Angebotsverhältnisse

Lehrziele

Das Lehrziel, dem dieses Lehrbuch verpflichtet ist (vgl. S. 1), stellt zugleich das oberste Ziel dar, auf welches das 4. Kapitel ausgerichtet ist: Studenten sollen zu modelltheoretischer Analyse der „fiscal policy“ befähigt werden und Aspekte, die bei dieser Analyse regelmäßig zu berücksichtigen sind, kennenlernen.

Im vorliegenden Kapitel geht es vor allem darum zu erkennen, in welcher Weise die Angebotsseite der Volkswirtschaft in die Analyse einzubeziehen ist. Insbesondere sollten drei Schwierigkeiten deutlich werden, auf die die „fiscal policy“ stoßen könnte (aber nicht unbedingt stößt).

(a) Die Produktionsbedingungen im privaten Sektor können derart beschaffen sein, daß eine „fiscal policy“, die sich auf die Steuerung der gesamtwirtschaftlichen Nachfrage beschränkt, unwirksam bleibt.

(b) „Fiscal policy“ veranlaßt möglicherweise die an der Produktion Beteiligten zu einer Änderung ihrer Verhaltensweisen, die es der „fiscal policy“ erschwert, ihr Ziel zu erreichen.

(c) Abweichungen von den Zielen, deren Erreichung der „fiscal policy“ anvertraut ist, können durch Veränderungen der Angebotsverhältnisse in der Volkswirtschaft bewirkt werden, denen die „fiscal policy“ schwerlich begegnen kann.

Nach Durcharbeitung dieses Kapitels sollten Sie in der Lage sein,

- die gesamtwirtschaftliche Angebotsfunktion aufzustellen, zu begründen und in das Modell mit staatlicher Aktivität einzufügen;
- die sog. gesamtwirtschaftliche Nachfragefunktion abzuleiten und anzugeben, wie sie sich verschiebt, wenn der Staat seine (realen) Ausgaben erhöht;
- verbal zu begründen, weshalb zusätzliche Staatsausgaben bei flexiblen Preisen eine geringere Wirkung auf das reale Sozialprodukt und die Beschäftigung haben als bei konstanten Preisen;
- abzuleiten, daß eine Erhöhung der Steuern das Verhalten der an der Produktion Beteiligten beeinflussen kann und dies durch Verschieben der Angebotskurve angezeigt werden muß;
- zu begründen, weshalb „rationale“ Preiserwartungen der Tarifpartner die „fiscal policy“ unwirksam machen können;

- darzulegen, weshalb die „fiscal policy" bei einer durch Angebotsstörungen verursachten „Stagflation" anders eingesetzt werden sollte als bei einer durch unzureichende gesamtwirtschaftliche Nachfrage ausgelösten Rezession.

4.1. Die gesamtwirtschaftliche Nachfragekurve

Die Vorgehensweise im 3. Kapitel dieses Lehrbuchs bestand darin, die gesamtwirtschaftliche Nachfrage bei einem vorgegebenen, konstanten Preisniveau zu bestimmen. Ausgehend von der Hypothese, daß sich die Unternehmer mit ihrer Produktionsmenge an diese Nachfrage anpassen und dabei nicht an Kapazitätsgrenzen stoßen, konnte dann das Sozialprodukt angegeben werden.

Es soll nun überlegt werden, welche gesamtwirtschaftliche Nachfrage bei einem anderen als dem bisher vorgegebenen, konstanten Preisniveau entfaltet wird. Damit wird nach der gesamtwirtschaftlichen Nachfragefunktion gefragt, welche die Höhe der gesamtwirtschaftlichen Nachfrage in Abhängigkeit vom Preisniveau angibt. Die graphische Darstellung dieser Funktion führt zur gesamtwirtschaftlichen Nachfragekurve.

Um die gesamtwirtschaftliche Nachfragekurve ableiten zu können, muß zuvor überprüft werden, ob die bisher formulierten Verhaltenshypothesen auch dann als plausibel angesehen werden können, wenn das Preisniveau nicht mehr konstant ist.

4.1.1. Hypothesen über das Verhalten der Nachfrager bei flexiblen Preisen

Die im Kapitel 3 aufgestellten Verhaltenshypothesen wurden mit Hilfe von Realgrößen (allen Variablen war das Suffix R angefügt) formuliert. Das bedeutet, daß allen bisherigen Überlegungen die Annahme zugrunde gelegt wurde, daß die Käufer von Gütern und die Kassenhalter real planen. *Realplanung* stellt eine ganz bestimmte Verhaltensweise dar, über deren Natur Klarheit bestehen muß. Am Beispiel der Konsumgüternachfrage der Haushalte sei dies verdeutlicht. Realplanung bedeutet, daß die Haushalte festlegen, welche *Menge* C_R von Konsumgütern sie kaufen. Die Hypothese

$$C_R = a + b \cdot Y_{R,v} \qquad (4.1)$$

beinhaltet die Ansicht, die Haushalte würden die Konsumgütermenge a unabhängig vom Preisniveau und unabhängig vom verfügbaren Realeinkommen kaufen und darüber hinaus einen durch b angegebenen Teil des verfügbaren Realeinkommens für den Kauf von Konsumgütern ausgeben. Ein steigender Konsumgüterpreis ändert nichts an der Absicht, die Menge a zu kaufen; gleichwohl werden die Haushalte bei gegebenem verfügbaren Nominaleinkommen Y_v eine insgesamt geringere Konsumgütermenge nachfragen, da ihr Realeinkommen $Y_{R,v} = Y_v/p$ gesunken ist. Würde das verfügbare Nominaleinkommen prozentual genau so viel steigen wie der Preis (z.B. weil die Lohnsteigerungsrate der Inflationsrate entspricht), so würde das Realeinkommen unverändert bleiben und die Haushalte würden gemäß der aufgestellten Hypothese ihre mengenmäßige Nachfrage nicht ändern. Man sagt dann, sie seien „frei von Geldillusion"⁺. Mit diesem Begriff will man zum Ausdruck bringen, daß für die

Haushalte bei der Festlegung der Menge von Konsumgütern der Preis keine eigenständige Rolle spielt, ausschließlich das Realeinkommen ist für die Konsumplanung bestimmend.

Eine von der Realplanung zu unterscheidende Verhaltensweise ist die Nominalplanung. Hierbei legen die Haushalte den *Geldbetrag* C fest, den sie für Konsumgüter ausgeben wollen. Dies kann so geschehen, daß ein Teilbetrag unabhängig von Preis und Einkommen, ein anderer Teilbetrag einkommensabhängig angesetzt wird. Die Konsumfunktion, aus Nominalgrößen bestehend (es fehlt das Suffix R), lautet dann

$$C = a_n + bY_v. \tag{4.2}$$

Steigen in diesem Fall Preis und Einkommen im gleichen prozentualen Ausmaß, so geht der Realkonsum zurück (was deutlich wird, wenn die ganze Gleichung durch p dividiert wird); denn dem Geldbetrag a_n entspricht dann eine geringere Gütermenge. Man sagt in diesem Fall, die Haushalte hätten Geldillusion.

Was hier beispielhaft für die Haushalte gesagt worden ist, läßt sich auf die Investoren und auf den Staat übertragen. Man erhält somit folgende **alternative Hypothesen:**

	Realplanung	Nominalplanung
Private Haushalte	$C_R = a + bY_{R,v}$	$C = a_n + bY_v$
Private Investoren	$I_R = I_R(i)$ bzw. $I_R = \bar{I}_R$	$I = I(i)$ bzw. $I = \bar{I}$
Staat	$A_{stR} = \bar{A}_{stR}$	$A_{st} = \bar{A}_{st}$

Die Wirksamkeit der „fiscal policy" hängt entscheidend davon ab, ob die Gruppen frei von Geldillusion sind oder nicht. Empirische Untersuchungen zeigen, daß immer dann, wenn die Preise über eine Reihe von Jahren hin gestiegen sind, Geldillusion nahezu völlig abgebaut wird. So zeigen beispielsweise ökonometrische Berechnungen von Konsumfunktionen, daß die Schätzwerte von Funktionen, die auf der Annahme einer Realplanung beruhen, statistisch signifikanter sind als von Funktionen, die der Nominalplanung entsprechen.

Wenn man annehmen muß, daß Menschen ihr Verhalten auf dem Gütermarkt am realen und nicht am nominalen Sozialprodukt ausrichten, so wird man davon ausgehen dürfen, daß sie auch ihre gewünschte Kassenhaltung „illusionslos" planen. Das würde beispielsweise bedeuten, daß sie mit einem Kassenbetrag immer zugleich eine bestimmte Gütermenge verbinden, deren Kauf mit diesem Betrag ermöglicht wird. Realplanung der Kassenhaltung bedeutet dann, daß bei Preissteigerungen von X% auch die gewünschte Kasse um X% erhöht wird. Die Kassenhalter wissen, daß sie den doppelten Geldbetrag zur Finanzierung ein- und derselben Transaktion benötigen. Entsprechend sehen sie dann auch die gesamte Geldmenge „real". Die „reale" Geldmenge ergibt sich aus der nominalen, indem man durch den Preisindex dividiert.

Aus diesen Gründen wird an den Hypothesen über das Verhalten der Nachfrager nach Konsum- und nach Investitionsgütern und über das Verhalten des Staates und der Kassenhalter festgehalten, die im 3. Kapitel aufgestellt und begründet worden sind.

4.1.2. Ableitung der gesamtwirtschaftlichen Nachfragekurve

Zur Ableitung der gesamtwirtschaftlichen Nachfragefunktion wird auf das *Ausgangsmodell A* zurückgegriffen. Die gesamtwirtschaftliche Nachfrage, die sich im Gleichgewicht[1] einstellt, wird dort durch Gleichung (3.26) angegeben:

$$Y_R^N \overset{!}{=} a + b\,(1-t)\,Y_R^N + I\,(i) + \overline{A}_{st} \tag{4.3}$$

Da die Investitionsgüternachfrage zinsabhängig ist, kann die gesamtwirtschaftliche Nachfrage erst angegeben werden, wenn die Höhe des Zinssatzes bekannt ist. Die Zinshöhe läßt sich mit Hilfe der Gleichgewichtsbedingung für den Geldmarkt unter Beachtung der Hypothesen über das Verhalten der Kassenhalter und der Zentralbank ermitteln:

$$\frac{\overline{M}}{p} \overset{!}{=} k \cdot Y_R^N + L^S\,(i) \tag{4.4}$$

Aus (4.3) und (4.4) läßt sich die gesamtwirtschaftliche Nachfragekurve dann sehr einfach ableiten, wenn man die Hypothesen $I_R = I\,(i)$ und $L_R^S = L^S\,(i)$ spezifiziert. Zur Vereinfachung seien im folgenden lineare Funktionen unterstellt:

$$I_R = n \cdot i + \overline{I}, \quad \text{mit } n < 0 \quad \text{und} \tag{4.5}$$

$$L_R^S = m \cdot i + \overline{L}, \quad \text{mit } m < 0. \tag{4.6}$$

Die Zinshöhe läßt sich unter Berücksichtigung von (4.6) mit Hilfe von (4.4) angeben:

$$i = -\frac{1}{m}\left(k \cdot Y_R^N + \overline{L} - \frac{\overline{M}}{p}\right). \tag{4.7}$$

Setzt man diesen Ausdruck in (4.3) ein, erhält man die *gesamtwirtschaftliche Nachfragefunktion*

$$Y_R^N = \frac{1}{1-b\,(1-t) + \frac{n}{m} \cdot k} \cdot \left(a + \overline{I} - \frac{n}{m} \cdot \overline{L} + \frac{n}{m} \cdot \frac{\overline{M}}{p} + \overline{A}_{st}\right). \tag{4.8}$$

Gleichung (4.8) gibt demnach alle Kombinationen von Sozialprodukt und Preisniveau an, bei denen Gleichgewicht auf dem Geldmarkt herrscht und bei denen die notwendige Bedingung für ein Gleichgewicht auf dem Gütermarkt erfüllt ist, daß die angebotene und die nachgefragte Menge einander entsprechen. Bei konstanten Preisen ist diese Gleichgewichtsbedingung für den Gütermarkt auch hinreichend. Bei flexiblen Preisen muß darüber hinaus das tatsächliche Preisniveau demjenigen entsprechen, das die Produzenten bei ihren Produktionsplanungen erwartet haben. Hierauf ist im folgenden noch näher einzugehen.

---

[1] Beachte: Die Gleichgewichtsbedingungen des Ausgangsmodells lauten:
(1) Private Haushalte und Parlamente erleben hinsichtlich ihrer Einkommenserwartungen keine Überraschungen.
(2) Produzenten erleben hinsichtlich ihrer (mengenmäßigen) Absatzerwartungen keine Überraschungen. Deshalb entspricht die nachgefragte der produzierten Gütermenge.

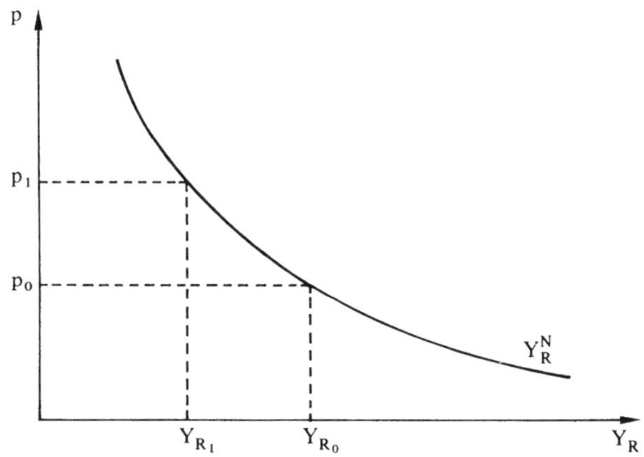

Abbildung 6: Die gesamtwirtschaftliche Nachfragekurve

Die graphische Darstellung von (4.8) ergibt die *gesamtwirtschaftliche Nachfragekurve (Abbildung 6).* Ihre Steigung läßt sich ermitteln, wenn man (4.8) nach p differenziert:

$$\frac{dY_R^N}{dp} = \frac{1}{1-b\,(1-t) + \frac{n}{m} \cdot k} (-) \frac{n}{m} \cdot \frac{\overline{M}}{p^2} < 0 \qquad (4.8)'$$

Wie die Kurve zeigt, entspricht einem höheren Preis ($p_1 > p_0$) eine geringere gesamtwirtschaftliche Nachfrage ($Y_{R_1} < Y_{R_0}$). Gleichung (4.8)' deckt die Ursachen für diesen Sachverhalt auf: Eine Preissteigerung um dp verringert die reale Geldmenge um ($\overline{M}/p^2$) dp. Geldmarktgleichgewicht kann nur dann herrschen, wenn die spekulative Kassenhaltung um diesen Betrag zurückgeht. Die hierzu notwendige Zinssteigerung ist (1/m) · ($\overline{M}/p^2$) · dp. Eine solche Zinserhöhung löst einen Rückgang der Investitionsgüternachfrage um (n/m) · ($\overline{M}/p^2$) · dp aus. Der Rückgang der gesamtwirtschaftlichen Nachfrage und – im Gleichgewicht – der Produktionsmenge ergibt sich, wenn man (n/m) · ($\overline{M}/p^2$) · dp mit dem Multiplikator des Modells multipliziert.

Die Ableitung der gesamtwirtschaftlichen Nachfragekurve ist noch auf eine andere Weise möglich. Zu diesem Zweck greift man auf *Abbildung 3* zurück, mit der das Ausgangsmodell A graphisch dargestellt worden ist (siehe S. 34). Diese Abbildung wird hier noch einmal wiedergegeben. Dabei wird jedoch die L=M-Kurve nicht übernommen. Sie gilt nämlich nur für das im Ausgangsmodell angenommene Preisniveau. Da bei einem höheren Preisniveau die reale Geldmenge kleiner ist, muß der Zins i bei jedem vorgegebenen Sozialprodukt Y_R höher sein, als es der in *Abbildung 3* eingezeichneten L=M-Kurve entspricht. Es gibt somit zu jedem Preisniveau eine andere L=M-Kurve.

Ausgangspunkt der Überlegungen sei der Punkt A_0 der I=S-Kurve in *Abbildung 7.* Er besagt, daß bei einem Sozialprodukt Y_{R_0} Gleichgewicht auf dem Gütermarkt nur herrschen kann, wenn der Zins i_0 ist. Dieser Zinssatz kann sich aber bei gegebener (nominaler) Geldmenge $\overline{M}$ im Geldmarktgleichgewicht nur einstellen, wenn ein bestimmtes Preisniveau vorliegt (und damit eine bestimmte Kassenhaltung zur Finanzierung von Transaktionen gewünscht wird). Dieser zu Y_{R_0} im Gleichgewicht gehörende Preis wird wie folgt konstruiert.

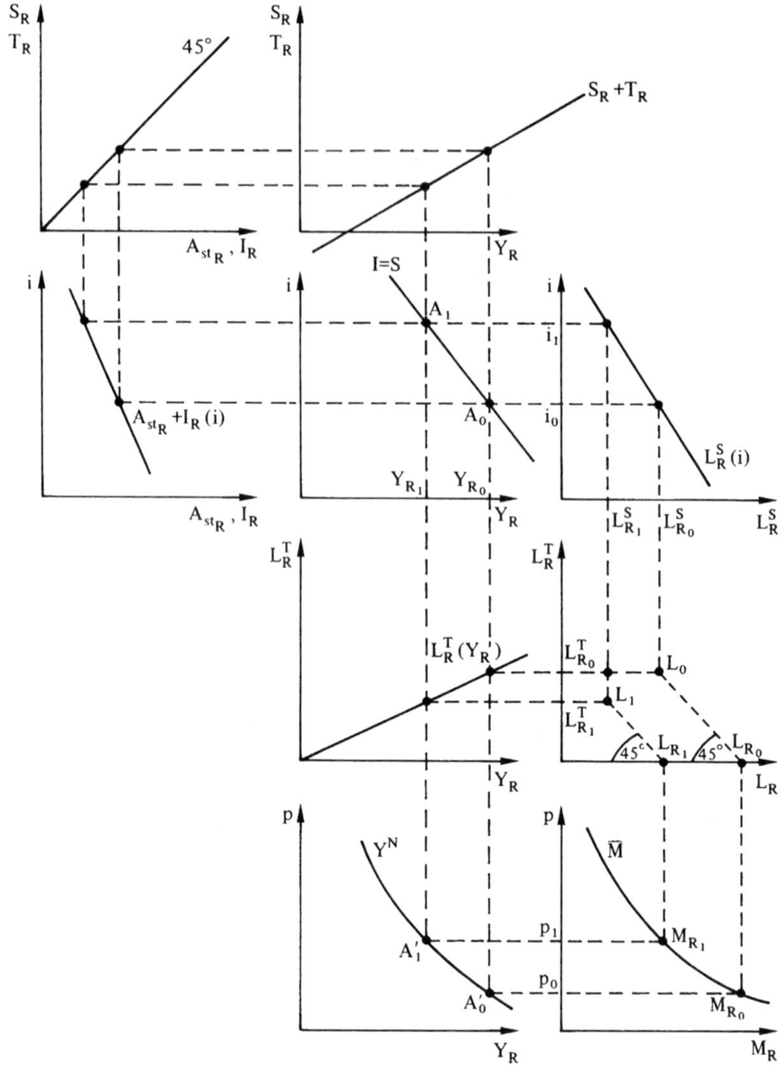

Abbildung 7: Die Ableitung der gesamtwirtschaftlichen Nachfragekurve

Bei einem Sozialprodukt Y_{R_0} wird eine reale Transaktionskasse in Höhe von $L^T_{R_0}$ gehalten; entsprechend wird beim Zins i_0 eine reale spekulative Kasse in Höhe von $L^S_{R_0}$ verwirklicht. Addiert man $L^T_{R_0}$ und $L^S_{R_0}$ (d.h. die Koordinatenwerte des Punktes L_0), so erhält man die reale Kasse, welche die Wirtschaftssubjekte in der durch den Ausgangspunkt A_0 gekennzeichneten Situation insgesamt zu halten wünschen. Diese gewünschte Kassenhaltung ist L_{R_0}. Gleichgewicht auf dem Geldmarkt kann nur herrschen, wenn $\overline{M}_R = \overline{M}/p = L_{R_0}$. Das ist aber nur der Fall, wenn $p = p_0$. Überträgt man diesen Preis p_0 zusammen mit dem Ausgangswert Y_{R_0} des Sozialprodukts in ein neues Diagramm (unten links), so erhält man den Punkt A_0. Dieser Punkt gibt an, welche Gütermenge im Gleichgewicht von Güter- und Geldmarkt nachgefragt wird, wenn das Preisniveau die Höhe p_0 hat.

Geht man nicht vom Punkt A_0 der I=S-Kurve, sondern vom Punkt A_1 aus, so gelangt man entsprechend zu A_1 (verfolge in *Abbildung 6* die gestrichelten Linien!). Man kann weitere solcher Punkte konstruieren. Verbindet man sie, erhält man die gesamtwirtschaftliche Nachfragekurve Y^N.

Diese Kurve gilt nur für gegebene Verhaltensfunktionen und gegebene Werte der Instrumentvariablen M, t, A_{st_R} der Wirtschaftspolitik. Verändern sich die Verhaltensweisen oder werden die Staatsausgaben (bzw. die Steuern oder die Geldmenge) geändert, so verschiebt sich die Y^N-Kurve. Aus *Abbildung 4* (siehe S. 35) geht beispielsweise hervor, daß bei einer Erhöhung der realen Staatsausgaben die I= S-Kurve und mit ihr die Y^N-Kurve nach rechts verrückt werden. Entsprechend verschiebt sich die Y^N-Kurve nach rechts, wenn die Geldmenge steigt, die Investitionsmenge zunimmt, die Liquiditätspräferenz geringer wird oder die Steuern gesenkt werden.

Wenn man ermittelt hat, wie sich die gesamtwirtschaftliche Nachfragekurve als Folge veränderter Staatsausgaben oder veränderter Steuern verschiebt, läßt sich die Wirksamkeit der „fiscal policy“ bei konstanten Preisen einfach ermitteln. Das sei mit Hilfe von *Abbildung 8* erläutert.

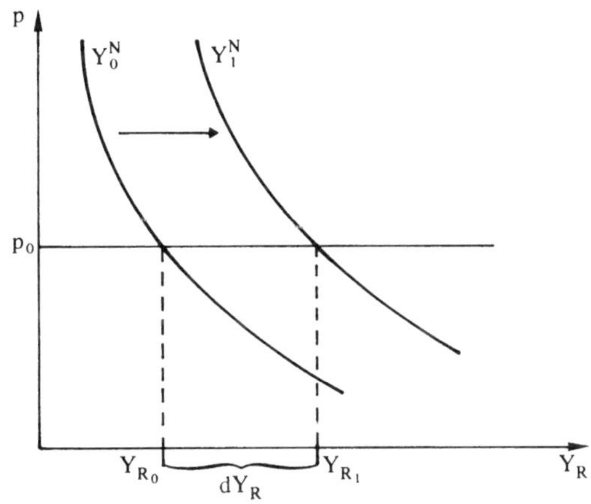

Abbildung 8: Die Wirksamkeit der „fiscal policy“ bei konstanten Preisen

In der Abbildung ist angenommen, daß der Staat seine realen Ausgaben erhöht (die Steuern gesenkt) habe und sich demzufolge die gesamtwirtschaftliche Nachfragekurve von Y_0^N nach Y_1^N verschoben hat. Dann steigt das Sozialprodukt um $(Y_{R_1} - Y_{R_0}) = dY_R$. Diese Steigerung entspricht genau der mit Formel (3.28) (siehe S. 25) bzw. der mit Formel (3.31) (siehe S. 29) errechneten Sozialprodukterhöhung. Dieses Ergebnis ist streng an die Voraussetzung konstanter Preise gebunden. Ob bei einer mit dY_R angegebenen Sozialproduktsteigerung die Preise tatsächlich konstant bleiben, hängt entscheidend von den Angebotsverhältnissen der Volkswirtschaft ab. Ihrer Erörterung dient das folgende Kapitel 4.2.

4.2. Die gesamtwirtschaftlichen Angebotsverhältnisse

Die Produktion von Gütern erfordert den Einsatz von Arbeit und Kapital. Eine Analyse der Angebotsverhältnisse in einer Volkswirtschaft muß deshalb auf die Bestimmungsgründe der kurzfristig begrenzten maschinellen und baulichen Kapazitäten eingehen und klären, ob mit dem vorhandenen Arbeitskräftepotential eine Produktionsausdehnung möglich ist.

4.2.1. Zur Kapazitätsplanung der Produzenten

Die in einer Volkswirtschaft vorhandenen maschinellen und baulichen Kapazitäten, die kurzfristig das gesamtwirtschaftliche Angebot begrenzen können, sind in der Regel das Ergebnis von Entscheidungen, die Unternehmer im Rahmen einer oft viele Jahre umfassenden Kapazitäts- und Produktionsplanung getroffen haben. Die für dieses Kapitel zentrale Hypothese knüpft hieran an. Sie lautet: Unternehmer richten ihre Produktionskapazitäten so ein, daß sie bei normaler Auslastung dieser Kapazitäten gerade die Nachfrage befriedigen können, die sie mittelfristig (d.h. für die ökonomische Lebensdauer der Investitionsgüter) bei den von ihnen gesetzten oder bei den sich am Markt bildenden Preisen erwarten. Bei dieser mehrere Jahre umfassenden *simultanen* Planung von Kapazitäten, Produktionsmengen und Güterpreisen werden auch die Preise der Kostengüter berücksichtigt, die für diese Periode erwartet werden. Insbesondere geht der erwartete Lohnsatz in diese Planungen ein.

(1) Das der normalen Auslastung dieser Kapazitäten entsprechende Sozialprodukt kann *Vollbeschäftigung* implizieren. Das wird sogar der Fall sein, wenn die Preise die ihnen in einer Marktwirtschaft übertragenen Funktionen mittelfristig verläßlich erfüllen. Dann bildet sich während der Planungsperiode ein Reallohn, bei dem Arbeitsangebot und -nachfrage einander gleich sind; und es stellt sich eine Lohn-Zins-Relation ein, die dem Knappheitsverhältnis von Arbeit und Kapital entspricht. Die Unternehmer entscheiden sich dann bei ihren langfristigen Planungen unter dem Einfluß des von ihnen erwarteten Reallohns und des von ihnen erwarteten Realzinses für eine Technologie (und das heißt: für eine bestimmte Kapitalausstattung pro Arbeitsplatz), die es erlaubt, mit dem Kapitalstock alle Personen zu beschäftigen, die bei diesem Reallohn Arbeitsplätze suchen. Das entsprechende Sozialprodukt beinhaltet dann Vollbeschäftigung und darf mit $Y_{R_{voll}}$ bezeichnet werden. Der Preis, den die Unternehmer gemäß ihrer Planungen setzen oder erwarten, stellt bei funktionierenden Märkten sicher, daß dieses Sozialprodukt auch abgesetzt wird. Die hier skizzierte Situation läßt sich graphisch wie folgt verdeutlichen *(Abbildung 9)*.

Die Produzenten erwarten für die Lebensdauer der Investitionsgüter eine (mittlere) jährliche gesamtwirtschaftliche Nachfrage, die durch die mit Y^{N^*} bezeichnete Kurve angegeben wird. Bei den von ihnen erwarteten Preisen der Kostengüter planen sie eine Produktion von Y_R^+ und einen Preis von $p^+ = p^*$. Bei funktionierenden Märkten darf angenommen werden, daß $Y_R^+ = Y_{R_{voll}}$.

Das Sozialprodukt eines Jahres kann $Y_{R_{voll}}$ aus zwei Gründen übersteigen. Einmal lassen sich die maschinellen und baulichen Kapazitäten stärker als normal nützen. An unerwartet veränderte Ausbringungsanforderungen kann sich jeder Betrieb leistungsmäßig und zeitlich anpassen. So können Montagebänder schneller als bisher laufen

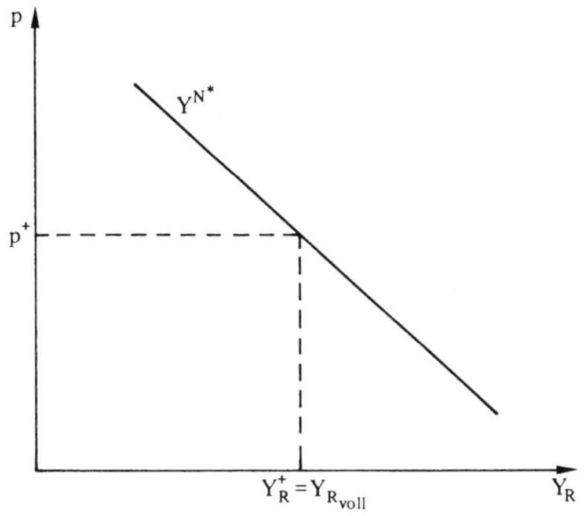

Abbildung 9: Zur simultanen Planung von Kapazitäten, Produktionsmengen und Preisen

und auch länger (Überstunden). Zum andern bedeutet Vollbeschäftigung nicht, daß jeder Arbeitswillige auch stets einen Arbeitsplatz innehat. Neben unfreiwilliger Arbeitslosigkeit gibt es nämlich „freiwillige“. Sie ist dadurch bedingt, daß ein Arbeitnehmer, der seinen bisherigen Arbeitsplatz aufgegeben oder verloren hat, nicht gleich den ersten ihm angebotenen Arbeitsplatz annimmt, sondern lange nach einem Arbeitsplatz sucht, der seinen Neigungen und Fähigkeiten entspricht und der ihm neben einem akzeptablen Lohn günstige Aufstiegschancen bietet. Während dieser Suchzeit kann er als Arbeitsloser registriert sein und auch Arbeitslosenunterstützung erhalten. Bei steigender gesamtwirtschaftlicher Nachfrage nimmt auch die Nachfrage der Unternehmer nach Arbeitskräften zu. Es steigt dann die Wahrscheinlichkeit, schon nach kurzer Suchzeit einen neuen Arbeitsplatz zu finden. Deshalb ist die „freiwillige“ Sucharbeitslosigkeit keine fixe Größe, und deshalb läßt sich das Sozialprodukt über seinen Vollbeschäftigungswert hinaus steigern.

(2) Das der normalen Auslastung der maschinellen oder baulichen Kapazitäten entsprechende Sozialprodukt *impliziert nicht* notwendigerweise *Vollbeschäftigung.* Es ist beispielsweise[2] vorstellbar, daß auf Grund institutioneller Gegebenheiten und bestehender Machtverhältnisse ein Lohn von den Tarifparteien ausgehandelt wird, der in zweifacher Weise als zu hoch bezeichnet werden kann. Er kann einmal im Vergleich zum herrschenden Zinsniveau zu hoch sein, und zwar in dem Sinne, daß die Lohn-Zins-Relation nicht der Knappheitsrelation von Arbeit und Kapital entspricht. Das Lohn-Zins-Verhältnis veranlaßt dann die Unternehmer zur Wahl einer Technologie, die durch eine zu hohe Kapitalausstattung pro Arbeitsplatz gekennzeichnet ist – zu hoch in der Weise, daß das vorhandene Realkapital nicht ausreicht, für jeden Arbeitswilligen einen Arbeitsplatz mit dieser Kapitalausstattung zu schaffen.

Der Lohn kann zweitens im Verhältnis zum Güterpreis zu hoch sein. Dann sind die Arbeitskosten vergleichsweise hoch, und die Gewinnquote ist relativ niedrig. Diese

[2] Ein anderes Beispiel liefert die „strukturelle“ Arbeitslosigkeit. Sie tritt ein, wenn auf Grund weltwirtschaftlicher, technologischer oder anderer Strukturwandlungen die Nachfrage nach Arbeitsleistungen einer genau bestimmten Art unter das Angebot an solchen Arbeitsleistungen fällt, und wenn die regionale, fachliche oder berufliche Mobilität der freigesetzten Arbeitskräfte eingeschränkt ist oder aus anderen Gründen die vollständige Wiedereingliederung der freigesetzten Arbeitskräfte an anderer Stelle nicht gelingt.

relativ niedrige Gewinnquote mag einerseits einen zu geringen Anreiz zu investieren bedeuten und andrerseits die Ersparnisse der Unternehmen so beeinträchtigen, daß diejenige Kapitalbildung unterbleibt, die zur Schaffung von genügend Arbeitsplätzen für alle beim herrschenden Lohnsatz ihre Arbeitskraft anbietenden Menschen notwendig wäre. Die dadurch verursachte Arbeitslosigkeit wird hochlohnbedingte oder *Kapitalmangelarbeitslosigkeit*⁺ genannt. Das Sozialprodukt bei normaler Auslastung der maschinellen und baulichen Kapazitäten bleibt dann hinter dem sich bei Vollbeschäftigung ergebenden Sozialprodukt zurück:

$$Y_{R_{normal}} < Y_{R_{voll}}$$

Dieser Gesichtspunkt bleibt im folgenden jedoch – wenn er nicht ausdrücklich angesprochen wird – außerhalb der Betrachtung. Das wird im wesentlichen damit begründet, daß die Bekämpfung von Kapitalmangelarbeitslosigkeit (wie auch der strukturellen Arbeitslosigkeit) keine Sache der „fiscal policy" ist. Da nämlich „fiscal policy" als Politik der *Nachfragesteuerung* („demand management") definiert worden ist, ist ihr lediglich die Beseitigung von *Nachfragemangelarbeitslosigkeit* anvertraut.

4.2.2. Eine notwendige Erweiterung der bisherigen Gleichgewichtsvorstellung

Die tatsächliche gesamtwirtschaftliche Nachfrage kann von derjenigen Nachfrage, mit der die Unternehmer bei den von ihnen gesetzten oder von ihnen erwarteten Preisen mittelfristig gerechnet haben, abweichen. Die Produzenten erleben dann Überraschungen. In *Abbildung 10* sind zwei Situationen dargestellt, in denen dies der Fall ist. In der durch die gesamtwirtschaftliche Nachfragekurve Y_a^N gekennzeichneten Situation sehen sich die Produzenten im Vergleich mit ihren Plänen einer Überschußnachfrage im Umfange von $\overline{AB}$ gegenüber. In der mit Y_b^N charakterisierten Situation läßt sich von einem Überschußangebot im Ausmaß von $\overline{AC}$ sprechen. In beiden Situationen erleben die Unternehmer *Überraschungen;* jeweils herrscht also ein *Ungleichgewicht.*

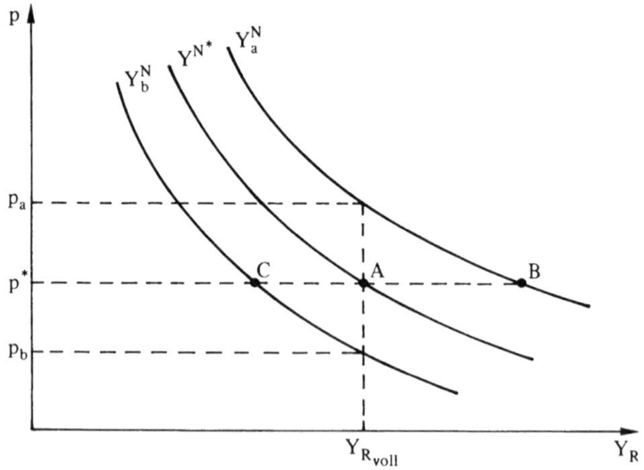

Abbildung 10: Überschußnachfrage und Überschußangebot auf dem Gütermarkt

Die Überschußnachfrage könnte durch eine Erhöhung des Preises auf p_a, das Überschußangebot durch eine Preissenkung auf p_b beseitigt werden. Dadurch würde jedoch ein Gleichgewicht nicht erreicht. Den Kapazitäts- und Produktionsplänen wurde nämlich das Preisniveau p^* zugrunde gelegt. Die bei der Aufstellung des Grundmodells A formulierte Gleichgewichtsbedingung (3.15) $N^*_{R,t} \stackrel{!}{=} N_{R,t}$ (siehe S. 22) ist somit nur eine notwendige, nicht aber eine hinreichende Bedingung. Hinzukommen muß

$$p^*_t \stackrel{!}{=} p_t .$$

Hiermit können die Erörterungen der Bedingungen für ein Gleichgewicht auf dem Gütermarkt nicht abgeschlossen werden. Es ist nämlich zu beachten, daß der Güterpreis, den die Produzenten ihren Planungen von Kapazitäten und Produktion zugrunde legten, in Erwartung eines bestimmten Lohnsatzes gesetzt worden ist. Gleichgewicht kann somit nur herrschen, wenn auch diese Erwartungen in Erfüllung gehen: $l^*_R \stackrel{!}{=} l_R$. Es ist deshalb notwendig, den Arbeitsmarkt, auf dem sich der Lohnsatz bildet, in die Analyse einzubeziehen.

Die Notwendigkeit, auf den Arbeitsmarkt einzugehen, soll mit Hilfe eines Beispiels dargelegt werden. Da die Aufgabe der „fiscal policy" in der Bekämpfung von Nachfragemangelarbeitslosigkeit bzw. von nachfrageinduzierter Inflation besteht, werden in den Mittelpunkt des Beispiels Abweichungen der tatsächlichen von der erwarteten gesamtwirtschaftlichen Nachfrage gerückt. Dazu wird auf *Abbildung 10* zurückgegriffen. Dort entspricht der Punkt A dem Gleichgewicht auf dem Gütermarkt. Unterstellt ist dabei, daß Vollbeschäftigung herrscht. Das impliziert, daß der Reallohn eine Höhe hat, bei der das Arbeitsangebot A^A der Arbeitsnachfrage A^N entspricht *(Abbildung 11)*: Zu p^* gehört somit $l^*_R = l_{R_0}$.

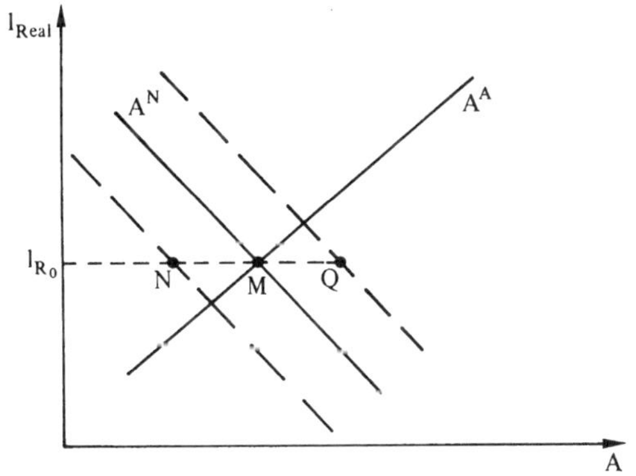

Abbildung 11: Arbeitsangebot und Arbeitsnachfrage

Wenn die Produzenten Überraschungen in der Weise erleben, daß beim Preis p^* die Menge AC unverkäuflich ist *(Abbildung 10)*, sind verschiedene **Reaktionen** denkbar.

(a) Der Nachfrageausfall wird *als* ein *vorübergehendes Phänomen* angesehen. Produktion und Beschäftigung werden aufrechterhalten. Die nicht verkaufte Menge AC wird auf *Lager* genommen.

(b) Die *Produktion* wird vermindert, die Kapazitäten werden nicht voll genutzt. Es werden Arbeitskräfte im Umfang von MN *(Abbildung 11)* entlassen. Dem Ungleichgewicht auf dem Gütermarkt entspricht dann beim Lohn l_{R_0} ein Ungleichgewicht auf dem Arbeitsmarkt; so wie bei $p = p^*$ Überschußangebot auf dem Gütermarkt vorliegt, ist auch auf dem Arbeitsmarkt beim Lohn l_{R_0} ein Überangebot festzustellen. Wenn auf Grund dieses Ungleichgewichts der Lohn sinken sollte, hat das Rückwirkungen auf den Gütermarkt; denn kosteninduzierte Preissenkungen könnten eintreten und zum Abbau des Überangebots beitragen.

Erleben die Produzenten Überraschungen dagegen derart, daß beim Preis p^* die Menge AB *(Abbildung 10)* mehr nachgefragt wird, als die Produzenten erwartet haben, können sie wie folgt reagieren:

(c) Sie sehen in der Mehrnachfrage eine vorübergehende Angelegenheit. Sie befriedigen die Mehrnachfrage durch *Lagerabbau* oder nehmen Produktionsaufträge mit der Zusage einer späteren Lieferung entgegen. Arbeitskräfte werden nicht zusätzlich eingestellt, zumal sie bei dem erwarteten späteren Rückgang der Güternachfrage Arbeitskräfte nicht wieder entsprechend entlassen werden können (Arbeitsschutzgesetze).

(d) Die Unternehmer erhöhen ihre *Produktion* und stellen mehr Arbeitskräfte ein, und zwar im Ausmaß von MQ. Beim Lohnsatz l_{R_0} tritt somit eine „Überbeschäftigung" ein. Der Überschußnachfrage auf dem Gütermarkt entspricht dann eine Überschußnachfrage auf dem Arbeitsmarkt, die zu Lohnerhöhungen führen kann. Dann ist auch der Preis p^*, den die Unternehmer ihren Kapazitäts- und Produktionsplanungen zugrunde gelegt haben, nicht zu verwirklichen.

Das Beispiel, dessen Besprechung hiermit abgeschlossen werden kann, hat nicht nur die Notwendigkeit belegt, in die Analysen des Gütermarkts den *Arbeitsmarkt* einzubeziehen. Es hat auch das für die „fiscal policy" entscheidende Problem aufgedeckt. Um dieses Problem recht deutlich werden zu lassen, hat man zu bedenken, daß keine „fiscal policy" notwendig ist, wenn Gleichgewicht sowohl auf dem Güter- als auch auf dem Arbeitsmarkt herrscht. (Punkt A in *Abbildung 10,* Punkt M in *Abbildung 11*). Fiskalpolitische Maßnahmen müßten nur ergriffen werden, wenn (1) auf Grund von Veränderungen der gesamtwirtschaftlichen Nachfrage Überschußnachfrage oder Überschußangebot auf Güter- und Arbeitsmarkt auftreten und wenn (2) darauf Unternehmer und die ihre Arbeitskraft anbietenden privaten Haushalte nicht in einer Weise reagieren, die eine sofortige Wiederherstellung der Vollbeschäftigung und eine wieder normale Auslastung der Kapazitäten sicherstellt. Würden sich Preis und Lohn derart anpassen, daß sich das Gleichgewicht auf dem Güter- wie auf dem Arbeitsmarkt sofort wieder einstellen würde, wäre die „fiscal policy" entbehrlich. Deshalb muß in den folgenden Kapiteln 4.2.3 bis 4.2.5 auf diese Anpassungsprozesse nach Eintritt eines nachfragebedingten Ungleichgewichts näher eingegangen werden.

4.2.3. Die gesamtwirtschaftliche Angebotskurve aus der Sicht der „Neuen Keynesianischen Makroökonomik" (NKM)

Vertreter der sogenannten *„Neuen Keynesianischen Makroökonomik"* (NKM) halten eine Anpassung der Güterpreise an Veränderungen der gesamtwirtschaftlichen Nachfrage und der Löhne an veränderte Nachfragebedingungen auf dem Arbeitsmarkt zumindest kurzfristig für sehr unwahrscheinlich. Bei Eintritt eines Ungleichgewichts wird es ihrer Meinung nach weder zu Preis- noch zu Lohnänderungen kommen; demzufolge könne nach einer Störung das allgemeine Gleichgewicht kurzfristig nicht wieder erreicht werden.

Zur **Begründung** wird unter anderem darauf hingewiesen, daß die meisten Unternehmer „Preissetzer" seien, die sich in monopolistischer oder oligopolistischer Konkurrenz befänden. Sie bildeten ihre Angebotspreise durch einen Zuschlag zu denjenigen durchschnittlichen Kosten, die sich im Fall der normalen Auslastung der Kapazitäten ergäben. Dieser Preis werde im Laufe der Planungsperiode deshalb nicht geändert, weil Preisänderungen Kosten verursachen (z.B. müßten neue Preislisten gedruckt und versandt werden) und die Kunden verärgern. Hinzu komme, daß häufig Informationen über Reaktionen von Konkurrenten fehlen. Auch sei man sich vielfach nicht sicher, ob Nachfrageänderungen dauerhafter Natur seien. Lediglich bei größeren Kostenänderungen (Rohstoffverteuerung, Lohnanstieg etc.) würden die Preise auch während einer Planungsperiode erhöht.

Bei träger oder ausbleibender Preis- bzw. Lohnanpassung kommt es dazu, daß eine Marktseite die andere *„rationiert"*. Haben sich beispielsweise die Produzenten mit ihren Kapazitäten und ihren Produktionsplänen auf einen Preis von p^* und eine Nachfrage in Höhe von $Y_{R_{voll}}$ (s. *Abbildung 10*) eingestellt und fällt die gesamtwirtschaftliche Nachfrage bei diesem Preis um $\overline{AC}$ geringer aus, so sagt man: Die Produzenten werden durch die Nachfrager „rationiert". Entsprechend (vgl. *Abbildung 11*) werden dann diejenigen, die Arbeitsplätze suchen, durch die Produzenten „rationiert".

Je nach der Art der Ungleichgewichte auf Güter- und Arbeitsmarkt befindet sich die Volkswirtschaft in unterschiedlichen Situationen; man spricht von unterschiedlichen *„Regimen"*. Der folgenden Übersicht über diese „Regime" liegt als Vergleichszustand bzw. als Referenzsituation ein allgemeines Gleichgewicht zugrunde, wie es in den *Abbildungen 10* (Punkt A) und *11* (Punkt M) mit $Y_{R_{voll}}$, p^* und l_{R_0} dargestellt ist.

Gütermarkt / Arbeitsmarkt	Überschußangebot (Angebotsrationierung)	Überschußnachfrage (Nachfragerationierung)
Überschußangebot (Angebotsrationierung)	Keynesianische Unterbeschäftigung	Klassische Unterbeschäftigung
Überschußnachfrage (Nachfragerationierung)		Zurückgestaute Inflation

Von diesen „Regimen" sind lediglich die *keynesianische Unterbeschäftigung* und die *zurückgestaute Inflation* für die „fiscal policy" relevant. Beide Situationen sind in *Abbildung 10* und *11* bereits dargestellt worden. Beide Ungleichgewichte lassen sich durch die „fiscal policy", das heißt durch die Steuerung der gesamtwirtschaftlichen Nachfrage beseitigen.

Klassische Arbeitslosigkeit dagegen, in der Regel entstanden durch Festsetzung des Lohns über dem Gleichgewichtsniveau, läßt sich mit Hilfe nachfragesteuernder Maßnahmen nicht oder kaum abbauen. Darauf ist bereits im Kapitel 4.2.1 (Absatz (2)) bei Darstellung der hochlohnbedingten bzw. Kapitalmangelarbeitslosigkeit eingegangen worden. Die Beseitigung dieser Arbeitslosigkeit erfordert den Einsatz der Einkommenspolitik sowie ordnungs-, struktur- und wettbewerbspolitische Maßnahmen.

Die Annahme der Preis- und Lohnrigidität und das damit verbundene Konzept der Rationierung beinhalten die Aussage, daß kurzfristig auf Nachfrageänderungen keine Preis- und Lohnanpassungen und damit ausschließlich Mengeneffekte folgen, und dies auch nur solange, wie die Kapazitäten noch nicht voll ausgelastet sind. Dies gilt unabhängig davon, welches der „Regime" in einer Volkswirtschaft verherrscht. Man kann diesen Sachverhalt auch dadurch ausdrücken, daß man von einer *horizontal* verlaufenden gesamtwirtschaftlichen Angebotskurve bis zur Vollauslastungsgrenze spricht. Die in den Kapiteln 3 und 4.1 abgeleiteten Ergebnisse über die Wirkungen fiskalpolitischer Maßnahmen gelten dann – solange Vollbeschäftigung noch nicht erreicht ist – ohne jede Abstriche. Unter den Annahmen der Neuen Keynesianischen Makroökonomik ist „fiscal policy" somit in der Regel sehr wirkungsvoll; und ihr Einsatz ist bei keynesianischer Arbeitslosigkeit und zurückgestauter Inflation auch notwendig: „fiscal policy" ist einzusetzen, weil die Märkte nicht flexibel sind; „fiscal policy" ist der unverzichtbare Ersatz für die auf Güter- und Arbeitsmärkten ausbleibenden Anpassungsprozesse, die schnell zum allgemeinen Gleichgewicht zurückführen würden.

4.2.4. Die gesamtwirtschaftliche Angebotskurve aus der Sicht der „Neuen Klassischen Makroökonomik" (NCM)

Vertreter der *„Neuen Klassischen Makroökonomik"* (NCM) bestreiten, daß bei Veränderungen der gesamtwirtschaftlichen Nachfrage Preise und Löhne starr bleiben. Sie sind davon überzeugt, daß der Marktmechanismus funktionsfähig ist, und lassen sich von der Vorstellung leiten, daß am Markt alle Informationen in Preise einfließen und alle Märkte zu jedem Zeitpunkt geräumt sind.[3] Eine Überschußnachfrage oder ein Überschußangebot löst bei diesen Voraussetzungen Anpassungsprozesse in der Volkswirtschaft aus: Preisänderungen stellen die Wiedererlangung von Vollbeschäftigung und Normalauslastung der Kapazitäten ohne Verzögerung sicher. Die gesamtwirtschaftliche Angebotskurve verläuft dann *vertikal.* Das sei mit Hilfe von *Abbildung 12* beispielhaft erläutert.

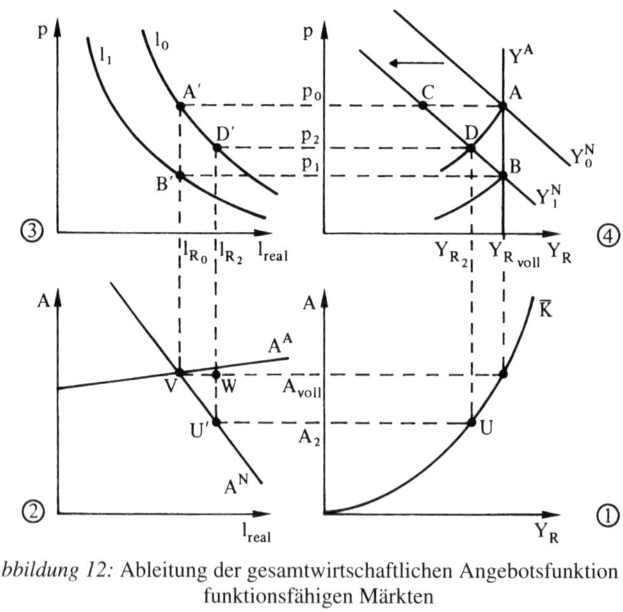

Abbildung 12: Ableitung der gesamtwirtschaftlichen Angebotsfunktion bei funktionsfähigen Märkten

[3] Kennzeichnend für die Vertreter der NCM ist ferner die Überzeugung, daß die Wirtschaftssubjekte ihre Erwartungen im Hinblick auf Preise und andere ökonomische Variable „rational" bilden.

Im Teildiagramm ① sind die technologischen und organisatorischen Gegebenheiten der Volkswirtschaft modellhaft wiedergegeben (Produktionsfunktion): Jedem Sozialprodukt ist derjenige Arbeitseinsatz zugeordnet, der bei dem vorhandenen Kapitalstock $\overline{K}$ mindestens vorgenommen werden muß. Die zunehmende Anstiegsrate der Kurve beinhaltet die Hypothese, daß bei einer Erhöhung der Produktion innerhalb der bestehenden maschinellen und baulichen Kapazitäten der erforderliche zusätzliche Arbeitseinsatz pro Produktionseinheit zunimmt. Mit anderen Worten: Es werden steigende Grenzkosten der Produktion unterstellt. Im Teildiagramm ② ist die Arbeitsnachfrage A^N der Unternehmen angegeben. Für den Verlauf der Kurve sind die in Teildiagramm ① angegebenen technologischen Bedingungen sowie die Marktform und das Unternehmensziel entscheidend. Bei vollständiger Konkurrenz und bei Gewinnmaximierung beispielsweise werden die Unternehmen so lange zusätzliche Arbeitskräfte einstellen, wie der Wert der in einer zusätzlichen Arbeitsstunde erzeugten Nettoproduktion noch über dem Lohnsatz liegt. Im Gewinnmaximum gilt $l = p \cdot (\partial X/\partial A)$ oder $l/p = l_{real} \equiv \partial X/\partial A$. Da die Produktionskurve mit zunehmender Rate ansteigt, sinkt die Grenzproduktivität $\partial X/ \partial A$ mit zunehmendem Arbeitseinsatz. Somit hat die Arbeitsnachfrage eine negative Steigung.[4]

In Teildiagramm ② ist außerdem die Hypothese $A^A = A^A\ (l_{real})$ über das Arbeitsangebot der privaten Haushalte graphisch verdeutlicht. Gleichgewicht auf dem Arbeitsmarkt herrscht, wenn $A^N = A^A$. Das ist in *Abbildung 12* bei einem Reallohn von l_{R_0} der Fall. Das zugehörige Güterangebot ist $Y_{R_{voll}}$. Würde der Arbeitsmarkt ständig im Gleichgewicht sein, müßte die gesamtwirtschaftliche Angebotskurve bei der Menge $Y_{R_{voll}}$ vertikal verlaufen.

Gleichgewicht auf dem Gütermarkt herrscht bei einem Preis, bei dem $Y_{R_{voll}} = Y^A = Y^N$. Wie Teildiagramm ④ zeigt, beträgt dieser Preis bei einer durch Y_0^N gekennzeichneten Nachfragesituation p_0. Aus Güterpreis und Reallohn läßt sich der im allgemeinen Gleichgewicht herrschende Nominallohn ermitteln. Das ist in Teildiagramm ③ geschehen. Man gelangt für das durch die Punkte A und V dargestellte Gleichgewicht zu einem Nominallohn von l_0. Die mit l_0 bezeichnete Linie stellt eine gleichseitige Hyperbel dar; das Produkt ihrer Koordinatenwerte (Preis und Reallohn) ist in jedem Punkt der Kurve gleich dem Nominallohn l_0. Um die Beurteilung der „fiscal policy“ durch Vertreter der Neuen Klassischen Makroökonomik verständlich machen zu können, sei im folgenden eine Störung des gesamtwirtschaftlichen Gleichgewichts durch einen Rückgang der gesamtwirtschaftlichen Nachfrage von Y_0^N auf Y_1^N (siehe *Abbildung 12)* behandelt. Sowohl auf dem Güter- als auch auf dem Arbeitsmarkt tritt ein Überschußangebot auf und löst Anpassungsprozesse aus. Bei ihrer Analyse soll zunächst – und unrealistischerweise – angenommen werden, daß der Nominallohn l_0 konstant bleibt. Produzenten passen sich an die verringerte Nachfrage durch Produktionseinschränkungen und Entlassungen von Arbeitskräften an. Dies bedeutet, daß sie mit geringeren Grenzkosten als bisher produzieren. Preissenkungen auf p_2 werden da-

[4] Zum gleichen Ergebnis wäre man gelangt, wenn die Unternehmer einen Zuschlag κ zu den variablen Kosten erheben, um ihre fixen Kosten abdecken und einen bestimmten Stückgewinn erzielen zu können. Dann würde gelten $p = (A \cdot l/Y_R)\ (1 + \kappa)$ oder $l_{real} = (Y_R/A) \cdot 1/(1 + \kappa)$. Wegen des Verlaufs der Produktionsfunktion sinkt die durchschnittliche Arbeitsproduktivität Y_R/A mit steigendem Arbeitseinsatz. Das impliziert eine A^N-Kurve mit negativer Steigung. Beachte: Der Zuschlag wird hier anders als in der Neuen Keynesianischen Makroökonomik zu den jeweiligen variablen Kosten, nicht zu denen bei normaler Auslastung der Kapazitäten erhoben.

durch möglich. Auf der neuen gesamtwirtschaftlichen Nachfragekurve wird der Punkt D realisiert.[5]

Ein Anpassungsprozeß auf dem Arbeitsmarkt setzt ein, weil mit der Verwirklichung einer Produktion im Umfang von Y_{R_2} Arbeitslosigkeit im Ausmaß von U'W verbunden ist (Teildiagramm ②). Dieses Überangebot an Arbeitskräften führt bei funktionierendem Arbeitsmarkt solange zu Nominallohnsenkungen, bis wieder Vollbeschäftigung erreicht ist. Auf Grund der Nominallohnsenkungen (= Kostensenkung) verschiebt sich auch die kurzfristige Angebotskurve DA nach unten, und zwar so lange, bis sie durch den Punkt B verläuft. Der Nominallohn ist im neuen Gleichgewicht auf l_1 gefallen; der Reallohn ist dagegen unverändert geblieben.

Nach Ansicht der Vertreter der Neuen Klassischen Makroökonomik vollziehen sich die skizzierten Anpassungsprozesse *ohne Verzögerung*. Ja, das Ergebnis solcher Prozesse wird bei rationaler Erwartungsbildung sogar vorausgesehen, und man stellt sich direkt darauf ein. Dies bedeutet, daß eine Nachfragesenkung nicht zu unfreiwilliger Arbeitslosigkeit führt. Damit ist eine Nachfragesteuerung durch die „fiscal policy" nicht nötig. „Fiscal policy" verliert ihre Aufgabe. Die Neue Klassische Makroökonomik läßt somit der „fiscal policy" keinen Raum.

4.2.5. Eine kurzfristige gesamtwirtschaftliche Angebotsfunktion

Die Hypothesen, die von Vertretern der „Neuen Klassischen Makroökonomik" aufgestellt worden sind, erscheinen wenig plausibel.

Der Ansicht, die Angebotskurve verlaufe auch kurzfristig **vertikal,** läßt sich mit vier Hinweisen widersprechen:

(a) Die Erfahrung lehrt, daß Preise und Löhne kurzfristig keineswegs sehr flexibel auf Marktänderungen reagieren. Vor allem Preissenkungen lassen sich selten beobachten. Dies läßt sich zum großen Teil damit erklären, daß Unternehmungen vielfach Lieferverträge mit festen Preisabsprachen abschließen und daß Produzenten auf Nachfrageschwankungen mit Lagerabbau bzw. Lageraufstockung oder mit Verkürzung bzw. Verlängerung der Lieferfristen reagieren. Die Erfahrung lehrt gleichfalls, daß es immer wieder unfreiwillige und lang anhaltende Arbeitslosigkeit gibt.

(b) Der mit Hilfe von *Abbildung 12* beschriebene Anpassungsprozeß auf dem Gütermarkt, in dem die Produzenten bei Nachfrageänderungen Punkte auf ihrer Produktions- und Arbeitsnachfragekurve (z. B. U und U' in den Teildiagrammen ① und ②) verwirklichen, steht nicht im Einklang mit der Tatsache, daß sich die Arbeitsproduktivität prozyklisch verändert.[6] Empirische Studien zeigen, daß die Arbeits-

---

[5] Der Punkt D liegt auf einer kurzfristigen gesamtwirtschaftlichen Angebotskurve, die sich bei festem Nominallohn l_0 ergäbe. Diese Kurve wird wie folgt konstruiert: Man geht von einem beliebigen Sozialprodukt, z. B. Y_{R_2} aus und bestimmt mit Hilfe von Teildiagramm ① den dazu erforderlichen Arbeitseinsatz (A_2). Die entsprechende Arbeitsnachfrage wird nur entfaltet, wenn der Reallohn l_{R_2} ist. Bei festem Nominallohn l_0 setzt das einen Preis von p_2 voraus. Der Punkt D wird also auf dem Weg über U, U' und D' konstruiert.

[6] Auch aus der empirischen Analyse der Beziehung zwischen Beschäftigung und Reallohn kann gefolgert werden, daß Punkte auf den in Diagramm 12 eingezeichneten Produktions- und Arbeitsnachfragekurven nicht verwirklicht werden. Siehe z. B. *Patrick T. Geary, John Kennan,* The Employment-Real Wage Relationship: An International Study, „Journal of Political Economy", Vol. 90 (1982), S. 854–871.

produktivität zurückgeht, wenn die gesamtwirtschaftliche Nachfrage sinkt, und daß sie bei einem konjunkturellen Aufschwung steigt. In *Abbildung 12* dagegen ist der Rückgang der Produktion von $Y_{R_{voll}}$ auf Y_{R_2} (Teildiagramm ④) von einer Erhöhung sowohl der durchschnittlichen als auch der marginalen Arbeitsproduktivität begleitet.

(c) Die geschilderten Anpassungsprozesse beruhen nach Meinung der Vertreter der „Neuen Klassischen Makroökonomik" weitgehend auf der „Informativität der Preise". Preisänderungen vermitteln die Informationen, die von Anbietern und Nachfragern benötigt werden, um eine Markträumung sicherzustellen. Gegen diese Ansicht ist einzuwenden, daß – wie vielfach in der Literatur belegt – Preise, die sich in Ungleichgewichtssituationen bilden, fehlinformieren und konjunkturelle Schwankungen auslösen können und daß nicht-einheitliche Preise nicht notwendig Informationen vermitteln, welche die Erreichung eines Gleichgewichts sicherstellen. Nicht-einheitliche Preise sind verbreitet. Sie beruhen auf Transaktionskosten, Informationsmängeln und preisstrategischem Verhalten von Unternehmern gegenüber in unterschiedlichem Maße uninformierten Kunden auf unvollkommenen Märkten.

(d) Kennzeichnend für die Vertreter der „Neuen Klassischen Makroökonomik" ist es unter anderem, daß sie bei ihren Analysen von Marktteilnehmern ausgehen, die „rationale Erwartungen" haben, d. h., die volkswirtschaftlichen Mechanismen (das Modell) kennen und das Ergebnis der Anpassungsprozesse an veränderte Marktbedingungen richtig vorausschätzen können. Solche Marktteilnehmer dürfte es jedoch nur in geringer Zahl geben. Da schon erfahrene Ökonometriker unterschiedliche Modelle aufstellen und mit ihrer Hilfe unterschiedliche Vorhersagen über Sozialprodukt und Beschäftigung ableiten, ist es schwer vorstellbar, daß weniger geschulte Wirtschaftssubjekte die Gesamtwirtschaft modellmäßig korrekt erfassen. Hinzu kommt, daß die gesamtwirtschaftlich relevanten Funktionen in der Zeit nicht stabil sind, weil sich die Welt laufend ändert.

Auf Grund dieser Argumente kann die Ansicht, die gesamtwirtschaftliche Angebotskurve verlaufe auch kurzfristig vertikal, nicht akzeptiert werden. Damit wird nicht geleugnet, daß marktwirtschaftliche Anpassungsprozesse – von Preisänderungen gelenkt – stattfinden und tendenziell auf allgemeine Gleichgewichte hinwirken, die durch Punkte auf einer vertikal verlaufenden gesamtwirtschaftlichen Angebotskurve angezeigt werden. Doch dürften solche Punkte nur mittel- bis langfristig erreicht werden. Kurz- und mittelfristig dürften die Anpassungsprozesse jedoch nur zu Produktionsmengen und Preisen führen, die mit Hilfe einer ansteigenden, aber nicht allzu steilen Angebotskurve angegeben werden können. Punkte auf dieser Kurve stellen keine Gleichgewichtssituationen, sondern lediglich „Zwischenstationen" längerfristiger Anpassungsprozesse dar.

Auch die Ansicht der Vertreter der „Neuen Keynesianischen Makroökonomik", die gesamtwirtschaftliche Angebotskurve verlaufe **horizontal,** ist zurückzuweisen, und zwar aus folgenden Gründen:

(a) Es gibt eine Reihe von Produkten, deren Preise häufig geändert werden. Selbst die Preise von Gütern, deren Märkte von einigen wenigen Großunternehmungen beherrscht werden, schwanken im Jahresverlauf mit der Änderung der Nachfrage. Benzin bildet in den vergangenen Jahren dafür ein Beispiel.

(b) Auch die Löhne erweisen sich innerhalb der Periode, in der finanzpolitische Maßnahmen ihre Wirkungen nahezu vollständig entfalten, als beweglich. Zum einen laufen innerhalb dieser Periode (z. B. innerhalb eines Jahres) die bestehenden Tarifverträge zu unterschiedlichen Zeitpunkten aus. Bei den Neuabschlüssen wird immer auch der jeweils aktuellen Situation auf den Arbeitsmärkten Rechnung getragen; auch wird dabei berücksichtigt, ob mit einer durch „fiscal policy“ bewirkten Änderung der Nachfrageverhältnisse zu rechnen ist oder nicht. Zum andern verändern sich die allein maßgeblichen Effektivlöhne selbst bei unveränderten Tariflöhnen. Die Bruttodrift nämlich, das ist die Differenz zwischen der prozentualen Zuwachsrate der Effektivlöhne und der Zuwachsrate der Tariflöhne, ist – wie empirische Studien belegen – in hohem Maße negativ mit der Arbeitslosenquote korreliert.

Insgesamt dürfte deshalb die gesamtwirtschaftliche Angebotskurve *horizontal nur sehr kurzfristig* und *vertikal nur sehr langfristig* verlaufen. Bei Analysen, die sich mit den Wirkungen der „fiscal policy“ auf Sozialprodukt, Beschäftigung und Preisniveau innerhalb einiger Quartale (oder innerhalb von ein bis zwei Jahren) befassen, muß demgemäß von einer gesamtwirtschaftlichen Angebotskurve ausgegangen werden, die eine positive, aber keine unendlich große Steigung aufweist.

Im folgenden soll eine Möglichkeit dafür, wie eine solche kurzfristige gesamtwirtschaftliche Angebotskurve abgeleitet und begründet werden kann, erörtert werden. Dabei wird von **zwei Hypothesen** ausgegangen, die sich aus der Kritik an den Überzeugungen der Vertreter der Neuen Klassischen wie auch der Neuen Keynesianischen Makroökonomik ergeben:

- Preise und Löhne reagieren innerhalb eines Zeitraums von ein bis zwei Jahren, d. h. innerhalb der Betrachtungsperiode auf Überschußangebot und -nachfrage;
- Der Marktmechanismus funktioniert jedoch so träge, daß ein allgemeines Gleichgewicht nach Eintritt einer Störung nicht innerhalb dieses Zeitraums wieder erreicht wird.

Die gesamtwirtschaftliche Angebotskurve kann unter diesen Voraussetzungen in drei Schritten ermittelt werden. Im ersten Schritt werden Hypothesen aufgestellt und begründet, wie sich der durchschnittliche Nominallohnsatz in der Volkswirtschaft bildet (Abschnitt a). Im zweiten wird geprüft, wie die Unternehmen ihre „Angebotspreise“ bilden (Abschnitt b). Im dritten Schritt können dann aus den Hypothesen über Lohn- und Preisbildung Schlußfolgerungen für die gesamtwirtschaftliche Angebotsfunktion gezogen werden (Abschnitt c).

(a) Lohnbildung

Es sei zunächst angenommen, daß das effektive Arbeitsangebot innerhalb der Betrachtungsperiode unabhängig von der Höhe des Reallohns ist und deshalb als eine vorgegebene Variable betrachtet werden darf:

$$A^A = \overline{A}^A \tag{4.9}$$

Dieses Angebot umfaßt nicht die Arbeitskraft der Personen, die freiwillig in dem Sinne arbeitslos sind, daß sie den für sie geeigneten Arbeitsplatz noch nicht gefunden haben und ihn weiterhin suchen.

Somit wird bereits dann von Vollbeschäftigung gesprochen, wenn das Arbeitsangebot A^A der Arbeitsnachfrage A^N der Unternehmen entspricht. Entsprechend wird die Unterbeschäftigungsrate u ohne Berücksichtigung der friktionellen Arbeitslosigkeit definiert:

$$u = \frac{\bar{A}^A - A}{\bar{A}^A} \tag{4.10}$$

Die entscheidende Hypothese lautet nun, daß die Tarifparteien bzw. die Arbeitgeber und die Arbeitnehmer in Einzelverträgen Nominallohnsätze vereinbaren, die von dem Durchschnittslohn der jeweiligen Vorperiode um so mehr abweichen, je verbreiteter (unfreiwillige) Arbeitslosigkeit ist:

$$l = l_{-1}(1 - \alpha \cdot u) + d\bar{l}. \qquad \text{mit} \quad \alpha \geqq 0 \tag{4.11}$$

Dabei gibt l_{-1} den Lohn der Vorperiode an. Der Koeffizient α zeigt an, wie stark die Lohnbildung von der jeweils herrschenden Arbeitslosigkeit beeinflußt wird. Ist beispielsweise $\alpha = 0$, so werden selbst bei hoher Arbeitslosigkeit keine „Lohnzugeständnisse“ von den Gewerkschaften gemacht. Der Term $d\bar{l}$ gibt die absolute Lohnsteigerung von der Periode −1 bis zur laufenden Periode an, die aus anderen Gründen – unabhängig von der herrschenden Arbeitslosigkeit – vereinbart wird.

(b) „Angebotspreisbildung“

In Übereinstimmung mit den Ergebnissen einer Reihe von empirischen Untersuchungen soll im folgenden davon ausgegangen werden, daß die Unternehmen im Rahmen ihrer kurzfristigen simultanen Planung von Produktionsmengen und Preisen eine Zuschlagskalkulation durchführen: Sie ermitteln ihre durchschnittlichen variablen Kosten und bilden ihre „Angebotspreise“ p mittels eines prozentualen Kostenzuschlags κ (mark-up-pricing). Dieser Zuschlag dient der Abdeckung der festen Kosten und der Erzielung eines als „angemessen“ oder „branchenüblich“ angesehenen Gewinns.

Als **variable Kosten** werden angesehen:

- die gezahlten Löhne und Gehälter: $l \cdot A$;
- die Ausgaben für importierte Rohstoffe oder Zwischenprodukte: $p_{Im} \cdot R$ (dabei bezeichnen R die Menge der importierten Vorleistungen und p_{Im} den bereits in Inlandswährung umgerechneten Preis dieser Produkte).

Den variablen Kosten werden nicht die Ausgaben für solche Vorleistungen zugerechnet, die inländische Produzenten erbringen. Dieses Vorgehen wird dadurch gerechtfertigt, daß diese Vorleistungen bei der Ermittlung des Sozialprodukts Y_R unberücksichtigt bleiben. Als Sozialprodukt wird nur die Summe jener Güter bezeichnet, die während einer Periode im Inland erzeugt werden und der Gesellschaft (netto) neu zufließen; die Lieferungen der Produzenten von Vorleistungsgütern und die Einkäufe der diese Güter weiter verarbeitenden Unternehmen heben sich gegenseitig auf.

Unberücksichtigt bleibt ferner der Zins als Indikator der Kapitalkosten. Dies kann damit begründet werden, daß der Kapitalstock kurzfristig vorgegeben ist und die mit ihm verbundenen Kosten vielfach deshalb fix sind, weil die Zinssätze für die entsprechenden Kredite während der Laufzeit unverändert bleiben.

Bei der Preiskalkulation werden neben den variablen Kosten auch die indirekten Steuern berücksichtigt. Diese Steuern sollen nämlich nach dem Willen des Steuergesetzgebers nicht von den Unternehmen getragen werden. Diese sollen die Steuern nur stellvertretend für die Käufer der Güter zahlen, die letztlich die Steuerlast tragen sollen. Aus diesem Grund bezeichnet man indirekte Steuern vielfach als „Kostensteuern“.

Insgesamt läßt sich die Hypothese über die Bildung der „*Angebotspreise*" wie folgt formulieren:

$$p\,(1-t_i) = (1+\kappa)\left(\frac{1 \cdot A}{Y_R} + \frac{P_{Im} \cdot R}{Y_R}\right). \qquad (4.12)$$

Hierbei bezeichnet t_i den Satz der indirekten Steuer[7].

Zwei Varianten dieser zentralen Hypothese sind möglich:

(1) Der Preiskalkulation werden nicht die tatsächlichen durchschnittlichen variablen Kosten zugrunde gelegt, sondern diejenigen, die bei *Normalauslastung* der Kapazitäten anfallen:

$$p\,(1-t_i) = (1+\kappa)\left(\frac{1 \cdot A_{voll}}{Y_{R_{voll}}} + \frac{P_{Im} \cdot R}{Y_R}\right), \qquad (4.12\,a)$$

wobei unterstellt wird, daß sich die Rohstoffquote R/Y_R im Zuge einer stärkeren Auslastung der Kapazitäten nicht ändert. Dieser Hypothese zufolge bleiben die Angebotspreise von Änderungen der durchschnittlichen Arbeitsproduktivität infolge unterschiedlicher Kapazitätsauslastungen unberührt.

Man kann diese Variante auch wie folgt beschreiben. Die Unternehmer planen, wie in Abschnitt 4.2.1 beschrieben, die Produktionskapazitäten so, daß sie die erwartete Nachfrage bei dem von ihnen geplanten Preis absetzen können. An dem in dieser Planung festgelegten Preis halten sie auch dann fest, wenn sie weniger oder mehr Güter verkaufen können.

(2) Der prozentuale Aufschlagssatz κ ist nicht konstant, sondern wird von den Unternehmen je nach den herrschenden Nachfrageverhältnissen festgelegt:

$$p\,(1-t_i) = \left[1 + \kappa\left(\frac{Y_{R_{voll}} - Y_R}{Y_{R_{voll}}}\right)\right]\left(\frac{1 \cdot A}{Y_R} + \frac{P_{Im} \cdot R}{Y_R}\right) \qquad (4.12\,b)$$

$$\text{mit } \frac{\partial \kappa}{\partial \left(\frac{Y_{R_{voll}} - Y_R}{Y_{R_{voll}}}\right)} < 0.$$

(c) Gesamtwirtschaftliche Angebotsfunktion

Setzt man die Hypothese (4.11) über die Lohnbildung in die Hypothese (4.12) über die Bildung der Angebotspreise ein und berücksichtigt man dabei die Definition (4.10) der Arbeitslosenquote, so erhält man einen Ausdruck, der zu einer gesamtwirtschaftlichen Angebotsfunktion umgeformt werden kann. Bei dieser Umformung wird auf das „Gesetz" von *Okun* zurückgegriffen. Der amerikanische Nationalökonom *Okun* stellte bei seinen empirischen Arbeiten fest, daß Steigerungen der Arbeitslosenquote von jeweils 1 Prozent kurzfristig mit einer zusätzlichen Minderauslastung des Produktionspotentials von h Prozent einhergingen:

---

[7] Um zu verdeutlichen, daß die indirekten Steuern **nicht** von den Unternehmen getragen werden sollen, wird der am Markt erzielte Preis p im folgenden mit dem Faktor $(1-t_i)$ multipliziert. Mathematisch korrekt wäre es, den von den Unternehmen erzielten Preis als $p/(1+t_i)$ zu berechnen. Für geringe Steuersätze gilt aber: $p/(1+t_i) \approx p \cdot (1-t_i)$.

$$\frac{A^A - A}{A^A} = h\,\frac{Y_{R_{voll}} - Y_R}{Y_{R_{voll}}}. \tag{4.13}$$

Dieser Ausdruck impliziert kurzfristig einen linearen Zusammenhang zwischen dem tatsächlichen Arbeitseinsatz A und dem Sozialprodukt Y_R (vgl. *Abbildung 13*).

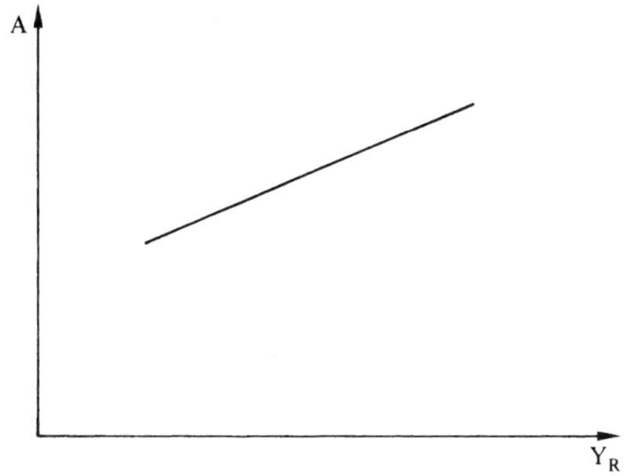

Abbildung 13: „Okun's Gesetz"

Als *gesamtwirtschaftliche Angebotsfunktion* ergibt sich

$$p\,(1-t_i) = 1 + \kappa\left[l_{-1}\left(1-\alpha\cdot h\,\frac{Y_{R_{voll}} - Y_R}{Y_{R_{voll}}}\right) + d\bar{l}\,\right]\frac{A}{Y_R} + (1+\kappa)\,\frac{P_{Im}\cdot R}{Y_R} \tag{4.14}$$

Der Zusammenhang zwischen dem „Angebotspreis" p einerseits und dem Sozialprodukt Y_R andrerseits wird deutlich, wenn man die Gleichung (4.14) total differenziert. Bei konstanter Rohstoffquote und unter der Annahme, daß $d\bar{l} = 0$, erhält man

$$(1-t_i)\,dp = p\cdot dt_i \tag{4.14'}$$

$$+\ (1+\kappa)\,l_{-1}\cdot\alpha\cdot h\cdot\frac{A}{Y_R}\cdot\frac{1}{Y_{R_{voll}}}\cdot dY_R \qquad ①$$

$$+\ (1+\kappa)\,l_{-1}\cdot\left(1-\alpha\cdot h\cdot\frac{Y_{R_{voll}} - Y_R}{Y_{R_{voll}}}\right)\frac{\partial\left(\frac{A}{Y_R}\right)}{\partial Y_R}\cdot dY_R \qquad ②$$

$$+\ (1+\kappa)\,\frac{R}{Y_R}\cdot dp_{Im}$$

Wenn die mit ① und ② bezeichneten Ausdrücke positiv sind, weist die gesamtwirtschaftliche Angebotskurve eine positive Steigung auf:

$$\left(\frac{dp}{dY_R} > 0\right).$$

① Das Vorzeichen des ersten Ausdrucks ist positiv. Wenn das Sozialprodukt steigt ($dY_R > 0$), nimmt nach *Okun*'s Gesetz der Arbeitseinsatz zu, und die Arbeitslosenquote wird kleiner. Das bedingt im Vergleich mit einer Situation, in der das Sozialprodukt nicht gestiegen wäre, *höhere Löhne* und dadurch höhere „Angebotspreise".

② Das Vorzeichen des zweiten Ausdrucks läßt sich nicht eindeutig bestimmen. Es hängt davon ab, wie sich die *durchschnittliche Arbeitsproduktivität* bei einer Erhöhung des Sozialprodukts ändert. Vier Möglichkeiten sind denkbar:

(i) Die Unternehmen beschäftigen stets nur diejenigen Arbeitskräfte, die zur Produktion der geplanten Gütermenge gerade erforderlich sind. Sie reagieren somit auf Nachfrageschwankungen stets mit Neueinstellungen bzw. mit Entlassungen. Hat die Produktionsfunktion den in *Abbildung 12* (Teildiagramm ①) eingezeichneten Verlauf, so weisen neu eingestellte Arbeitskräfte bei Produktionssteigerungen eine geringere Arbeitsproduktivität als die langjährigen Betriebsangehörigen auf. Die Durchschnittskosten steigen dann, und die Angebotspreise werden erhöht.

(ii) Empirische Untersuchungen zeigen und theoretische Erörterungen lassen plausibel erscheinen, daß Unternehmen, die Nachfrageveränderungen als vorübergehend ansehen, nicht mit einer Änderung der Zahl ihrer Beschäftigten reagieren. Bei einem Nachfragerückgang „horten" sie Arbeitskräfte, weil Entlassungen und spätere Wiedereinstellungen Kosten verursachen; und bei Nachfragesteigerungen werden diese „gehorteten" Arbeitskräfte wieder voll genutzt und darüber hinaus „Sonderschichten" eingelegt oder Überstunden gemacht. Es werden keine Punkte auf der Produktionsfunktion realisiert. Bei Produktionsrückgängen sinkt dann die durchschnittliche Arbeitsproduktivität (unter Einschluß der „gehorteten" Arbeitskräfte), bei Produktionssteigerungen nimmt sie wieder zu. In diesem Fall wäre dp/dY_R negativ. Zu beachten ist jedoch, daß dies nur bei Nachfrageschwankungen gilt, die als vorübergehend angesehen werden. Bei langanhaltenden rezessiven bzw. expansiven Tendenzen ist eher damit zu rechnen, daß die in (i) skizzierte Entwicklung eintritt. Auch dann, wenn die „fiscal policy" glaubhaft, kontinuierlich und konsistent betrieben wird, dürften die Unternehmen mit anhaltend hoher Nachfrage rechnen, wenn expansive Maßnahmen zur Ankurbelung der Wirtschaft ergriffen werden.

(iii) Wenn die Alternativhypothese (4.12a) zutrifft und die Unternehmen ihre „Angebotspreise" auf der Grundlage der Durchschnittskosten bei Normalauslastung der Kapazitäten kalkulieren, ist der Term ② gleich Null. Ein preissenkender Effekt bei steigender Produktion kann sich dann nicht ergeben.

(iv) Trifft die Alternativhypothese (4.12b) zu, so erhöhen die Unternehmer bei steigender Nachfrage ihren Kostenzuschlag; die gesamtwirtschaftliche Angebotskurve weist entsprechend eine größere Steigung auf.

Faßt man die Überlegungen zu den Ausdrücken ① und ② zusammen, so ergibt sich die plausible Hypothese, daß die *kurzfristige* gesamtwirtschaftliche Angebotskurve eine *positive Steigung* aufweist ($dp/dY_R > 0$). Nur dann, wenn die Unternehmen bei zunehmender Nachfrage Produktionssteigerungen mit Hilfe „gehorteter" Arbeitskräfte verwirklichen, muß die Kurve horizontal oder gar mit negativer Steigung gezeichnet werden.

Während die Ausdrücke ① und ② einen ansteigenden Verlauf der gesamtwirtschaftlichen Angebotskurve begründen, sind die übrigen Ausdrücke auf der rechten Seite von (4.14)' als Verschiebung der Angebotskurve zu interpretieren. Bei einer Erhöhung des Satzes der indirekten Steuer oder der Preise der importierten Vorprodukte verschiebt sich die gesamtwirtschaftliche Angebotskurve nach oben. Dies ist auch dann der Fall, wenn der Lohnsatz aus Gründen, die mit der Arbeitslosenquote nicht in Verbindung zu bringen sind, erhöht wird ($d\bar{l} > 0$).

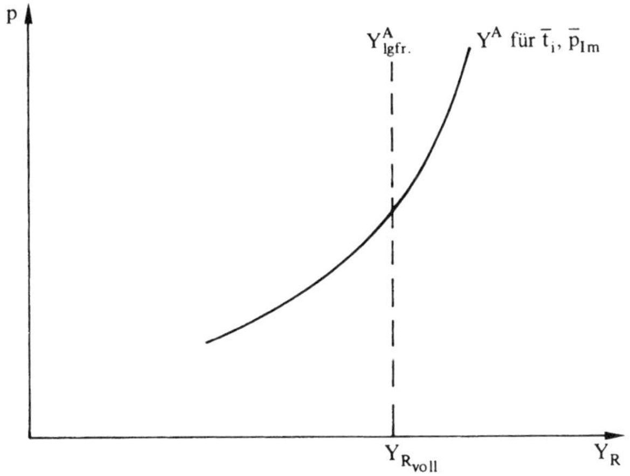

Abbildung 14: Die gesamtwirtschaftliche Angebotskurve

Die gesamtwirtschaftliche Angebotsfunktion (4.14) erscheint relativ kompliziert, weil sie aus explizit formulierten Hypothesen über die Anpassung von Arbeitskräften und Produzenten an veränderte Nachfrageverhältnisse abgeleitet worden ist und diese Hypothesen ihren Niederschlag in (4.14) finden. Man kann die Funktion jedoch einfacher schreiben, wenn man sich auf die Wiedergabe der Hauptergebnisse der vorangegangenen Erörterungen beschränkt, nämlich darauf, daß die Angebotskurve steigt und sich bei Erhöhung des Satzes der indirekten Steuer und der Preise importierter Rohstoffe nach oben verschiebt. Es gilt dann

$$p = p(Y_R, p_{Im}, t_i) \text{ mit } \frac{\partial p}{\partial Y_R}, \frac{\partial p}{\partial p_{Im}}, \frac{\partial p}{\partial t_i} > 0 \qquad (4.15)$$

In *Abbildung 14* ist diese Funktion Y^A für gegebene Werte von p_{Im} und t_i abgebildet worden.

Zu beachten ist, daß diese Funktion nur für einen *bestimmten Zeitraum* – beispielsweise für ein Jahr – gilt. Punkte auf dieser Kurve signalisieren keine Gleichgewichte, in ihnen sind die Anpassungsprozesse noch nicht abgeschlossen, die durch Nachfrageveränderungen ausgelöst worden sind. Sie halten vielmehr so lange an, wie die maschinellen und baulichen Kapazitäten noch nicht wieder normal ausgelastet werden und Vollbeschäftigung noch nicht wieder erreicht ist. Die *langfristige* Angebotskurve $Y^A_{lgfr.}$, die sich nach Vollzug aller Anpassungsprozesse ergibt, verläuft vertikal beim Sozialprodukt $Y_{R_{voll}}$.

4.3. „Fiscal policy" angesichts eines von der Höhe des Sozialprodukts abhängigen Preisniveaus

Im folgenden soll die Wirksamkeit der „fiscal policy" in einer Situation verbreiteter Arbeitslosigkeit untersucht werden. Es wird von einer kurzfristigen gesamtwirtschaftlichen Angebotskurve ausgegangen, wie sie in *Abbildung 14* dargestellt worden ist. Dabei wird unterstellt, daß die Vorschriften zur indirekten Besteuerung nicht geändert werden und die Maßnahmen des Staates zu keiner Veränderung des Preisindex importierter Vorprodukte führen.

4.3.1. Das Modell

Aus den im Kapitel 4.1.1 dargelegten Gründen lassen sich mit einer Ausnahme sämtliche Verhaltenshypothesen, die im Kapitel 3 aufgestellt worden sind, übernehmen. Die Ausnahme wird von der *Steuerfunktion* gebildet; denn im folgenden müssen direkte von indirekten Steuern getrennt werden. Hinsichtlich der direkten Steuern soll von der Hypothese ausgegangen werden, daß der Steuergesetzgeber Steuertarife und -bemessungsgrundlagen so festlegt, daß die entsprechenden staatlichen Einnahmen einen konstanten Teil t_d des realen Volkseinkommens⁺ VE_R, also der Summe der realen im Zuge des allgemeinen Produktions- und Austauschprozesses erworbenen Leistungseinkommen, ergeben. Das Volkseinkommen wird deshalb als Argument der direkten Steuerfunktion gewählt, weil direkte Steuern, insbesondere die Lohn-, Einkommen- und Körperschaftsteuer von Leistungseinkommen erhoben werden. Die Hypothese lautet somit:

$$T_{d_R} = t_d \cdot VE_R \tag{4.16}$$

Entsprechend wird angenommen, daß Steuersätze und -bemessungsgrundlagen bei der indirekten Besteuerung so festgelegt werden, daß dem Staat der konstante Teil t_i des realen Nettosozialprodukts zu Marktpreisen⁺ Y_R als Einnahme zufließt. Das Argument Y_R der indirekten Steuerfunktion unterscheidet sich also von dem Argument VE_R der direkten Steuerfunktion. Das hat seinen Grund darin, daß wichtige indirekte Steuern direkt auf Teile der gesamtwirtschaftlichen Nachfrage (die dem Nettosozialprodukt zu Marktpreisen Y_R entspricht) bezogen sind. Das ist beispielsweise bei der Mehrwertsteuer der Fall. Es möge also gelten:

$$T_{i_R} = t_i \cdot Y_R . \tag{4.17}$$

Da sich das Volkseinkommen aus dem Nettosozialprodukt zu Marktpreisen durch Abzug der indirekten Steuer ergibt (zuzüglich der Subventionen, die hier aber als negative indirekte Steuern gedeutet und der Variablen T_i zugeschlagen werden), belaufen sich sämtliche Steuereinnahmen des Staates auf

$$\begin{aligned} T_R &\equiv T_{d_R} + T_{i_R} = t_d\,(Y_R - T_{i_R}) + t_i Y_R \\ &= t_d\,(1-t_i)\,Y_R + t_i Y_R = Y_R\,[t_i + t_d\,(1-t_i)] \end{aligned} \tag{4.18}$$

Ersetzt man die bisher verwendete Steuerfunktion durch die hier abgeleitete, so erhält man das folgende **Modell D:**

$$Y_R \overset{!}{=} C_R + I_R + A_{st_R} \qquad \text{(D 1)}$$

$$C_R = a + bY_{R,v}\,;\; 0 < b < 1 \qquad \text{(D 2)}$$

$$Y_{R,v} \equiv Y_R - T_R \qquad \text{(D 3)}$$

$$T_R = [\bar{t}_i + \bar{t}_d\,(1-\bar{t}_i)]\; Y_R;\; 0 < \bar{t}_i < 1;\; 0 < \bar{t}_d < 1 \qquad \text{(D 4)}$$

$$I_R = I\,(i);\; \frac{\partial I}{\partial i} < 0 \qquad \text{(D 5)}$$

$$A_{st_R} = \overline{A}_{st} \qquad \text{(D 6)}$$

$$L_R^T = k \cdot Y_R;\; k > 0 \qquad \text{(D 7)}$$

$$L_R^S = L^S\,(i);\; \frac{\partial L^S}{\partial i} < 0 \qquad \text{(D 8)}$$

$$L_R \equiv L_R^T + L_R^S \qquad \text{(D 9)}$$

$$L_R \overset{!}{=} M_R \qquad \text{(D 10)}$$

$$M = \overline{M} \qquad \text{(D 11)}$$

$$M_R \equiv \frac{M}{p} \qquad \text{(D 12)}$$

$$p = p\,(Y_R, \bar{t}_i, \bar{p}_{Im});\; \frac{\partial p}{\partial Y_R} > 0,\; \frac{\partial p}{\partial \bar{t}_i} > 0,\; \frac{\partial p}{\partial \bar{p}_{Im}} > 0 \qquad \text{(D 13)}$$

Das Modell enthält 13 Gleichungen und die folgenden 13 Variablen: Y_R, C_R, I_R, A_{st_R}, $Y_{R,v}$, T_R, i, L_R^T, L_R^S, L_R, M_R, M und p. Die Steuersätze t_i und t_d sind hier ebenso konstant vorgegeben (der Steuergesetzgeber ändert annahmegemäß die Steuersätze nicht!) wie die Importpreise p_{Im} . Dieser Sachverhalt wird wiederum durch den Querstrich über den Parametern bzw. Variablen gekennzeichnet.

4.3.2. Die Wirkungen zusätzlicher (realer) Staatsausgaben

4.3.2.1. Algebraische Auswertung des Modells

Das Modell läßt sich auf die gleiche Weise auswerten, wie es zu Beginn des Kapitels 3.1.2 beschrieben worden ist. Dabei ist jedoch zu beachten, daß die mit seiner Hilfe errechnete Änderung des Sozialprodukts nicht mehr als Differenz zweier Gleichgewichtswerte interpretiert werden kann. Gleichgewicht herrscht nämlich nur – wie in Kapitel 4.2.2 dargelegt worden ist – bei normaler Auslastung der Kapazitäten und Vollbeschäftigung. Solange noch Arbeitslosigkeit herrscht und solange die maschinellen und baulichen Kapazitäten noch nicht wieder normal ausgelastet werden, halten Anpassungsprozesse an, die durch Verschiebung der Angebotskurve nach unten dargestellt werden. Dabei ändern sich Sozialprodukt und Preisniveau. Die mit Hilfe des Modells errechnete Änderung des Sozialprodukts darf dagegen – wie bisher – als Ergebnis fiskalpolitischer Maßnahmen angesehen werden; denn es wird von der Voraussetzung ausgegangen, daß der Multiplikatorprozeß in der Periode, die der Konstruktion der kurzfristigen Angebotskurve zugrunde gelegt worden ist, nahezu vollständig abläuft.

Zunächst werden die Modellgleichungen soweit wie möglich zusammengefaßt. Zuerst setzt man Gleichung (D 4) in Gleichung (D 3) ein und den so erhaltenen Ausdruck für das verfügbare Einkommen in Gleichung (D 2). Die neu erhaltene Gleichung wird zusammen mit (D 5) und (D 6) in die Gleichgewichtsbedingung (D 1) für den Gütermarkt eingesetzt.

Dann setzt man (D 7), (D 8) und (D 9) einerseits und (D 11) und (D 12) andererseits in die Gleichgewichtsbedingung (D 10) des Geldmarkts ein.

Die Gleichgewichtsbedingungen für Güter- und Geldmarkt bilden zusammen mit der Angebotsfunktion (D 13) die *zusammengefaßte Form des Modells:*

$$Y_R = a + b\,(1-\bar{t}_d)\;(1-\bar{t}_i)\;Y_R + I\,(i) + \bar{A}_{st} \tag{4.19}$$

$$\bar{M} = p\,[k \cdot Y_R + L^S\,(i)] \tag{4.20}$$

$$p = p\,(Y_R, \bar{t}_i, \bar{p}_{Im}) \tag{4.21}$$

Gleichung (4.19) besagt, daß *Gleichgewicht auf dem Gütermarkt* nur herrschen kann, wenn die reale Nachfrage seitens der privaten Haushalte, der privaten Investoren und des Staates bei den privaten Produzenten gerade der von diesen geplanten und erzeugten Gütermenge entspricht. Ihre geometrische Darstellung ergibt – wie in Kapitel 3.1.2.2 auf Seite 34 gezeigt worden ist – im *Hicks'*schen Diagramm die $I_R = S_R$-Kurve.

Gleichung (4.20) gibt die Bedingung für das *Gleichgewicht auf dem Geldmarkt* an. Ihre geometrische Darstellung ergäbe die $L_R = M_R$-Kurve, wenn das Preisniveau konstant wäre. Bei Zusammenfassung von (4.19) und (4.20) erhält man die *gesamtwirtschaftliche Nachfragefunktion* (vgl. dazu Formel (4.8) auf S. 76).

Wenn man berücksichtigt, daß die Steuersätze und die Importpreise konstant sind, erhält man:

$$dY_R\,[1-b\,(1-\bar{t}_d)\,(1-\bar{t}_i)] - \frac{\partial I}{\partial i}\,di - d\bar{A}_{st} = 0 \tag{4.19'}$$

$$d\bar{M} - p \cdot \left(k \cdot dY_R + \frac{\partial L^S}{\partial i}\,di\right) - \left(k \cdot Y_R + L_R^S\right) \cdot dp = 0 \tag{4.20'}$$

$$dp - \frac{\partial p}{\partial Y_R} \cdot dY_R = 0 \tag{4.21'}$$

Mit Hilfe dieser Gleichungen läßt sich untersuchen, wie *Veränderungen der realen Staatsausgaben* das reale Sozialprodukt beeinflussen. Zuerst wird mit Hilfe von (4.21)' die Preisänderung bestimmt: $dp = (\partial p/\partial Y_R) \cdot dY_R$. Dieser Ausdruck wird in (4.20)' eingesetzt. Mit Hilfe der sich dabei ergebenden Gleichung wird die Zinsänderung ermittelt, die sich unter der Voraussetzung ergibt, daß die Zentralbank die Geldmenge konstant hält ($d\overline{M} = 0$).

Es ergibt sich:

$$di = -\frac{\left(k \cdot Y_R + L_R^S\right) \cdot \frac{\partial p}{\partial Y_R} \cdot dY_R + p \cdot k \cdot dY_R}{p \cdot \frac{\partial L^S}{\partial i}} . \qquad (4.22)$$

Betrachtet man die Klammer im Zähler des Bruchs näher, stellt man fest, daß sie gleich $M_R = \overline{M}/p$ ist. Der erste Summand in der Klammer ist nämlich gemäß der Verhaltenshypothese (D 7) des Modells gleich der zu Transaktionszwecken gewünschten Kassenhaltung L_R^T. Der zweite Summand ist nach (D 8) gleich der zu Spekulationszwecken gehaltenen Kasse L_R^S. Die Summe von L_R^T und L_R^S ergibt nach (D 9) die gesamte Kassenhaltung, die im Gleichgewicht (vgl. D 10) der realen Geldmenge M_R entspricht. Diese wiederum ist nach (D 11) und (D 12) gleich dem Quotienten aus Geldmenge $\overline{M}$ und Preisindex p.

Setzt man den für di gewonnenen Ausdruck unter Berücksichtigung dieser Zusammenhänge in (4.19)' ein und isoliert man dann dY_R, erhält man:

$$dY_R = \frac{1}{1-b\left[(1-\bar{t}_d)(1-\bar{t}_i)\right] + \frac{\frac{\partial I}{\partial i}}{\frac{\partial L^S}{\partial i}} \cdot k + \frac{\frac{\partial I}{\partial i}}{\frac{\partial L^S}{\partial i}} \cdot \frac{\partial p}{\partial Y_R} \cdot \frac{\overline{M}}{p^2}} \, d\overline{A}_{st} \qquad (4.23)$$

Der **Multiplikator** unterscheidet sich von demjenigen, der bei konstanten Preisen ermittelt worden ist (vgl. Kapitel 3.1.2.1, Gleichung (3.28) auf S. 25) in zweierlei Weise. Einmal werden die durch Steuern bedingten Sickerverluste nicht durch die Proportionalitätskonstante t, sondern durch den in eckige Klammern gesetzten Ausdruck $(1-\bar{t}_d)\,(1-\bar{t}_i)$ angezeigt. Dieser Unterschied geht darauf zurück, daß die Steuerfunktion (D 4) explizit zwischen direkter und indirekter Steuer trennt. Was bisher in dem Parameter t zusammengefaßt wurde, wird nun disaggregiert erfaßt; der gesamte Sickerverlust läßt sich auf den der direkten und den der indirekten Steuer aufteilen. Insofern verändert dieser erste Unterschied nicht die Stärke des Multiplikators. Dies läßt sich durch einen Blick auf die folgende „Wirkungskette" verdeutlichen. Darin sind die beiden ersten Multiplikatorrunden des nach einer Staatsausgabenerhöhung einsetzenden Multiplikatorprozesses dargestellt.

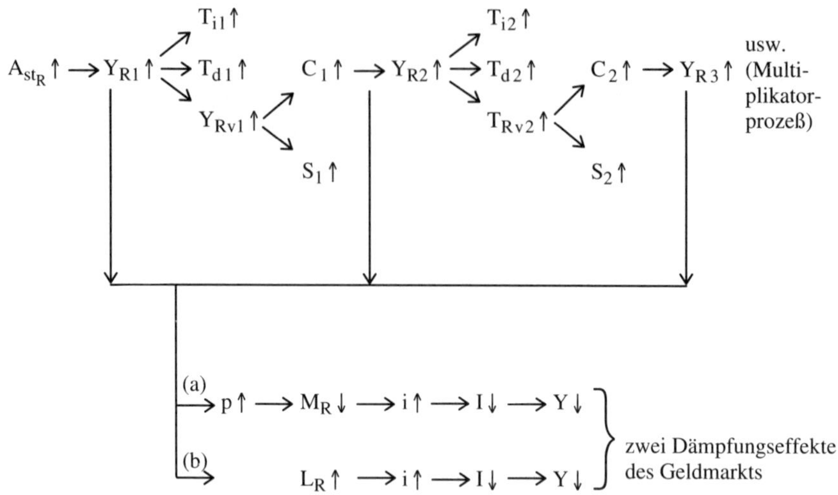

Wie man sieht, bewirkt sowohl die direkte als auch die indirekte Steuer in jeder Multiplikatorrunde Sickerverluste ($T_i\uparrow$ und $T_d\uparrow$). Entsprechend geringer ist der Anstieg des verfügbaren Einkommens ($Y_v\uparrow$). Würde man beide Steuern zusammenfassen, erschiene in der Abbildung nur noch $Y_R\uparrow \rightarrow T\uparrow$.

Zum andern unterscheiden sich beide Multiplikatoren durch den Ausdruck

$$\frac{\frac{\partial I}{\partial i}}{\frac{\partial L^S}{\partial i}} \cdot \frac{\partial p}{\partial Y_R} \cdot \frac{\overline{M}}{p^2} \qquad (4.24)$$

Dieser Ausdruck ist positiv: Die Geldmenge $\overline{M}$, der Preisindex p und die Preissteigerung als Folge einer Sozialprodukterhöhung um eine Einheit, also $\partial p/\partial Y_R$, sind positiv, die beiden übrigen Parameter sind negativ; denn Zinssteigerungen führen zu einem Rückgang sowohl der Investitionen als auch einer aus Spekulationsgründen gehaltenen Kasse. Somit zeigt der Ausdruck eine Abschwächung der Multiplikatorwirkung an. Diese dämpfende Wirkung, die in der „Wirkungskette" durch (a) angegeben wird, hat ihren Grund in der Preisniveausteigerung, welche durch die Zunahme des realen Sozialprodukts bewirkt wird:

$$dp = \frac{\partial p}{\partial Y_R} \cdot dY_R \qquad (4.25)$$

Diese *Preissteigerung* ergibt sich aus der Angebotsfunktion (D 13) des Modells. Da (D 13) nur eine vereinfachte Schreibweise der gesamtwirtschaftlichen Angebotsfunktion (4.14) ist, kann die Preissteigerung anhand jener Gleichung (vgl. S. 93) erklärt werden. Bei steigender Produktion werden neue Arbeitskräfte eingestellt; die Unterbeschäftigung geht zurück. Dies führt zu Lohnsteigerungen. Die hierdurch ausgelöste Steigerung der Lohnstückkosten wird von den Unternehmen den Preisen zugeschlagen. Kalkulieren diese ihre Preise auf Basis der tatsächlichen durchschnittlichen variablen Kosten und nicht derjenigen bei „Normalauslastung", so steigen die Preise auch aus einem zweiten Grund: Die durchschnittliche Produktivität sinkt mit zunehmender Produktion, wenn die Unternehmer mehr Arbeiter einstellen, beispielsweise, weil diese weniger gut ausgebildet sind und geringere Fähigkeiten aufweisen als diejenigen Arbeitskräfte, die bereits beschäftigt sind.

Eine Preissteigerung führt zu einem höheren Bedarf an Transaktionskasse: Die gleichen realen Transaktionen erfordern mehr Finanzierungsmittel. Eine Preissteigerung führt zu Reaktionen bei denjenigen, die Kasse halten, sei es zu Transaktionszwecken, sei es aus spekulativen Gründen. Aus den Hypothesen (D 7) und (D 8) folgt, daß beide Gruppen ihre nominelle Kasse um so viel Prozent erhöhen möchten, wie der Preisindex gestiegen ist: $dL^T + dL^S = dL = L \cdot (dp/p)$. Da in der Ausgangslage annahmegemäß Gleichgewicht herrschte, entsprach die nominelle Kasse L gerade der (nominellen) Geldmenge $\overline{M}$. Die auf Grund der eingetretenen Preissteigerung von dp/p Prozent gewünschte zusätzliche Kasse ist somit $dL = \overline{M} \cdot (dp/p)$. Dividiert man diese Gleichung durch den Preisindex p, erhält man statt der gewünschten zusätzlichen nominellen Kasse die gewünschte Steigerung der realen Kasse und statt der nominellen die reale Geldmenge

$$\frac{dL}{p} = dL_R = \frac{\overline{M}}{p} \cdot \frac{dp}{p}$$

Dieser Sachverhalt kann anders formuliert werden. Da im Gleichgewicht $L_R \stackrel{!}{=} M_R$ gilt, macht es keinen Unterschied, ob das Gleichgewicht durch einen Anstieg um dL_R gestört wird oder durch eine Reduzierung der realen Geldmenge um $dM_R = dL_R$. In jedem Fall wird spürbar, daß Geld knapper geworden ist. So darf man die Aussage: „Preissteigerungen führen zu einer höheren nominalen, gewünschten Kassenhaltung“ umformulieren in „Preissteigerungen lassen die *reale Geldmenge* sinken“. Diese zweite Formulierung wird von den Autoren der gängigen makroökonomischen Lehrbücher gewählt und deshalb hier übernommen:

$$dM_R = -\frac{\overline{M}}{p^2} \cdot dp \tag{4.26}$$

[Anmerkung: Dieses Ergebnis erhält man auch dann, wenn man die Definitionsgleichung $M_R \equiv \overline{M}/p$ total differenziert und dabei berücksichtigt, daß $d\overline{M} = 0$ ist.]

Die mit (4.26) angezeigte (reale) Geldverknappung veranlaßt die Kassenhalter dazu, sich über den Verkauf von Wertpapieren die gewünschte Geldmenge zu beschaffen. Das muß auf dem Wertpapiermarkt zu Kursrückgängen bzw. zu einem Anstieg der effektiven Verzinsung (des Zinssatzes i) führen. Auf solche Kursrückgänge haben die Spekulanten gewartet; deshalb hielten sie ja ihre Kasse. So lange hält die Kurssenkung an (= so lange steigt der Zins), bis die Spekulanten sich gerade von der bisher gehaltenen Kasse um den (realen) Betrag trennen, der zusätzlich wegen der Preissteigerung gehalten werden soll $-dL_R^S = -dM_R$. Nach der Hypothese (D 8) ist

$-dL_R^S = -\frac{\partial L^S}{\partial i} \cdot di$, so daß die sich ergebende Zinssteigerung gleich ist

$$di = \frac{dM_R}{\frac{\partial L^S}{\partial i}} \tag{4.27}$$

(Vgl. hierzu Kapitel 3.1.2.1, S. 27. Dort ist dargelegt worden, wie diese Zinserhöhung zustande kommt.)

Die Zinserhöhung bewirkt gemäß Hypothese (D 5) des Modells, daß die (reale) Investitionsgüternachfrage zurückgeht um

$$dI_R = \frac{\partial I}{\partial i} \cdot di \tag{4. 28}$$

Setzt man (4.25) in (4.26) ein, das Ergebnis in (4.27) und den dann gewonnenen Ausdruck in (4.28), erhält man für *jede Multiplikatorrunde t*

$$dI_{R_t} = -\frac{\frac{\partial I}{\partial i}}{\frac{\partial L^S}{\partial i}} \cdot \frac{\partial p}{\partial Y_R} \cdot \frac{\overline{M}}{p^2} \cdot dY_{R_t} \tag{4.29}$$

bzw. $dI_{R_t} = Z \cdot dY_{R_t}$

Die Investitionen gehen somit in jeder Multiplikatorrunde zurück und bremsen den von zusätzlichen Staatsausgaben ausgelösten Expansionsprozeß ab. Man kann diesen Sachverhalt auch wie folgt formulieren: Zusätzliche Staatsausgaben verdrängen (= to crowd out) private Investitionen; und dies schwächt den Aufschwung ab. Staatliche Zusatzausgaben haben also über Preissteigerungen und eine dadurch bewirkte Zinserhöhung (bei unveränderter Geldmenge: $dM = 0$) einen Crowding-Out-Effekt.[8]

Lehrsatz 14:
Steigende Staatsausgaben bewirken Preissteigerungen und verdrängen bei konstanter Geldmenge private Investitionen.

Bei flexiblen Preisen ist die Wirksamkeit der „fiscal policy" somit geringer als bei konstanten Preisen. Je größer $(\partial p/\partial Y_R)$ ist, desto geringer ist die Zunahme des realen Sozialprodukts und damit der Beschäftigung, die sich der Staat von einer Steigerung der Staatsausgaben erhoffen darf. Insbesondere bei einer Annäherung der Volkswirtschaft an Vollbeschäftigung und Vollauslastung der Kapazitäten wird $(\partial p/\partial Y_R)$ hoch sein, und zwar, weil die Kosten mit der Annäherung an die Kapazitätsgrenzen vergleichsweise stark anzusteigen pflegen.

Es ist wichtig zu erkennen, daß die gewonnenen Ergebnisse entscheidend davon abhängen, wie sich die Zentralbank verhält. Dieser Sachverhalt wird deutlich, wenn der Staatsausgabenmultiplikator für den Fall berechnet wird, daß die Zentralbank statt der Geldmenge den **Zinssatz konstant** hält ($di = 0$, $d\overline{M} > 0$). Aus (4.19)' folgt dann unmittelbar

$$dY_R = \frac{1}{1-b\left(1-\bar{t}_d\right)\left(1-\bar{t}_i\right)} \, d\overline{A}_{st} \tag{4.30}$$

---

[8] Bei der Interpretation des Ergebnisses sollten zwei Aspekte beachtet werden:

- Im Nenner der Multiplikatorformel erscheint ausschließlich der Term Z und nicht das Produkt $Z \cdot dY_{R_t}$: Bei der späteren Zusammenfassung der Wirkungen aller Multiplikatorrunden t geht die Summe aller dY_{R_t} in das Gesamtergebnis dY_R ein.
- Der Term $\left(\frac{\partial I}{\partial i} \Big/ \frac{\partial L^S}{\partial i}\right) \cdot k$ im Nenner des Multiplikators ist in früheren Multiplikatoranalysen bereits ausführlich behandelt worden. Es handelt sich um den bekannten „Dämpfungseffekt des Geldmarkts". Er wird in der „Wirkungskette" durch (b) angezeigt.

Der Multiplikator entspricht dem bei konstanten Preisen gefundenen (s. Kapitel 3.1.2.1, Formel (3.30) auf Seite 28): Der auf Preissteigerungen zurückgehende Crowding-Out-Effekt tritt nicht auf; denn die Zentralbank finanziert den Mehrbedarf an Transaktionskasse. Der Anstieg des Zinssatzes und der Rückgang der Investition werden so vermieden. Diesem Vorteil steht jedoch ein bedeutsamer Nachteil gegenüber; denn die in diesem Fall auftretende Preissteigerung $dp = (\partial p/\partial Y_R) \cdot dY_R$ ist wegen des stärkeren Multiplikators deutlich größer. Da im Organisationsgefüge der Volkswirtschaft der Zentralbank die Rolle zugewiesen ist, für Preisniveaukonstanz zu sorgen [in § 3 des Gesetzes über die Deutsche Bundesbank ist dieses wirtschaftspolitische Ziel vorgegeben], wird man nicht ohne weiteres erwarten dürfen, daß die Zentralbank die Preissteigerung zuläßt. Entsprechend der ihr zugeteilten Aufgabe muß sie in diesem Fall eher $d\overline{M} = 0$ als $di = 0$ verwirklichen.

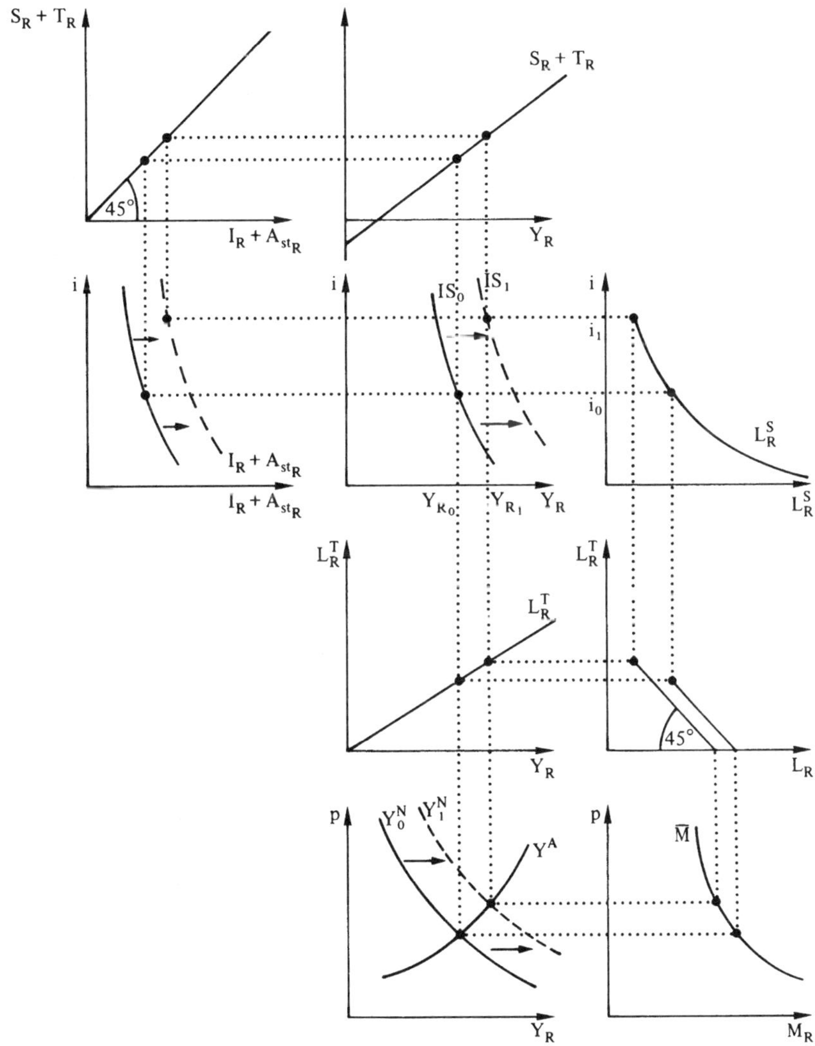

Abbildung 15: Geometrische Darstellung des Modells D

4.3.2.2. Geometrische Auswertung des Modells

Die im Kapitel 4.3.2.1 auf algebraischem Weg abgeleiteten Ergebnisse lassen sich auch geometrisch gewinnen. Hierzu wird auf *Abbildung 7* in Kapitel 4.1.2 zurückgegriffen.[9] Die dort ermittelte gesamtwirtschaftliche Nachfragekurve wird zusammen mit der gesamtwirtschaftlichen Angebotskurve in ein Diagramm eingezeichnet.

Bei einer Erhöhung der realen Staatsausgaben sind drei Kurven zu verschieben. Die Wirkungen zusätzlicher Staatsausgaben lassen sich dann unmittelbar ablesen.

4.3.3. Die Wirkungen von Steueränderungen bei Vernachlässigung steuerlicher Anreizeffekte

Bisher wurden die Einflüsse einer Veränderung der staatlichen Ausgaben auf Sozialprodukt, Beschäftigung und Preisniveau untersucht. Dabei wurde von konstanten Steuersätzen und konstanten Bemessungsgrundlagen ($dt_i = dt_d = 0$) ausgegangen. Nunmehr soll untersucht werden, wie sich *Steuersenkungen* auf Sozialprodukt und Beschäftigung auswirken. Dabei wird davon abgesehen, daß steuerliche Maßnahmen Anreizeffekte haben können, indem sie private Haushalte zu einer Veränderung ihres Sparverhaltens und ihres Arbeitsangebots und Unternehmer zu einer Veränderung ihres Investitionsverhaltens veranlassen. Den Überlegungen wird somit das Modell zugrunde gelegt, dessen zusammengefaßte Form zu Beginn des Kapitels 4.3.2.1 (S. 98) ermittelt worden ist. Errechnet man für die drei Gleichungen (4.19), (4.20) und (4.21) des zusammengefaßten Modells die totalen Differentiale und setzt man aus den oben erwähnten didaktischen Gründen $dp_{Im} = 0$, so erhält man gerade in der Weise, wie es bei der Ermittlung der Gleichungen (4.19)', (4.20)' und (4.21)' angegeben worden ist:

$$dY_R\,[1-b\,(1-t_d)(1-t_i)] + bY_R\,(1-t_d)\,dt_i + bY_R\,(1-t_i)\,dt_d - \frac{\partial I}{\partial i}\,di - d\overline{A}_{st} = 0 \qquad (4.19)''$$

$$d\overline{M} - p\cdot\left(k\cdot dY_R + \frac{\partial L^S}{\partial i}\,di\right) - \left(k\cdot Y_R + L_R^S\right)dp = 0 \qquad (4.20)''$$

$$dp - \frac{\partial p}{\partial Y_R}\,dY_R - \frac{\partial p}{\partial t_i}\,dt_i = 0 \qquad (4.21)''$$

Zunächst sei untersucht, wie sich eine Veränderung der **direkten Steuer** auf das reale Sozialprodukt auswirkt, wenn die realen Staatsausgaben, die Geldmenge und die Vorschriften hinsichtlich der indirekten Steuer unverändert bleiben ($d\overline{A}_{st} = d\overline{M} = dt_i = 0$). Aus (4.21)" erhält man dann einen Ausdruck, der die sich einstellende Preiserhöhung angibt:

---

[9] Bei der Ermittlung der Kurve wurde von einer Steuerfunktion $T = t \cdot Y_R$ ausgegangen. Die Steuerfunktion des Modells D lautet dagegen $T = [t_i + t_d\,(1-t_i)]\,Y_R$. Man kann jedoch $t = [t_i + t_d\,(1-t_i)]$ schreiben und dann die Steuerfunktion wie gewohnt abbilden.

$$dp = \frac{\partial p}{\partial Y_R} \cdot dY_R \tag{4.31}$$

Dieser Ausdruck wird in Gleichung (4.20)" eingesetzt; danach wird mit Hilfe von (4.20)" die sich ergebende Zinsänderung ermittelt:

$$di = -\frac{k}{\frac{\partial L^S}{\partial i}} \cdot dY_R - (k \cdot Y_R + L_R^S) \frac{\frac{\partial p}{\partial Y_R}}{p \cdot \frac{\partial L^S}{\partial i}} \cdot dY_R \tag{4.32}$$

Dieser Ausdruck wird in (4.19)" eingesetzt, danach wird dY_R isoliert. Wenn man berücksichtigt, daß im Gleichgewicht $\overline{M}/p = M_R \stackrel{!}{=} L_R = k \cdot Y_R + L_R^S$ gilt, erhält man

$$dY_R = -\frac{1}{1-b\left(1-t_d\right) \cdot (1-t_i) + \frac{\frac{\partial I}{\partial i} \cdot k}{\frac{\partial L^S}{\partial i}} + \frac{\frac{\partial I}{\partial i}}{\frac{\partial L^S}{\partial i}} \cdot \frac{\partial p}{\partial Y_R} \cdot \frac{\overline{M}}{p^2}} \cdot b\,(1-t_i)\, Y_R \cdot dt_d \tag{4.33}$$

Dieses **Ergebnis** zeigt dreierlei:

Erstens: Der gewonnene Ausdruck ist negativ. Das bedeutet, daß Steuersenkungen ($dt_d < 0$) eine expansive Wirkung haben. Insofern gilt der Lehrsatz 4 bei konstanten wie bei flexiblen Preisen.

Zweitens: Der Multiplikator (der Bruch) ist der gleiche, der auch im Kapitel 4.3.2.1 (vgl. S. 99) für Staatsausgaben ermittelt worden ist. Das ist ein selbstverständliches Ergebnis; denn das Modell, das den Überlegungen zugrunde gelegt worden ist, ist in beiden Fällen dasselbe. Wie bereits bei der Interpretation des Lehrsatzes 14 gezeigt worden ist (s. S. 102), wird die Multiplikatorstärke von den Sickerverlusten und Dämpfungseffekten bestimmt. Deren Ausmaß wird durch die Verhaltensweisen der einzelnen kreislaufmäßig verbundenen Gruppen festgelegt. Diese Verhaltensweisen sind in beiden Fällen als gleich angenommen worden. Damit gilt das hinsichtlich der Staatsausgaben gewonnene Ergebnis analog bei der direkten Steuer: sind die Preise flexibel, schwächt sich die Multiplikatorwirkung gegenüber der bei konstanten Preisen ermittelten ab.

Drittens: Das einen Multiplikatorprozeß auslösende Moment (das ist die erste reale Nachfrageänderung, die nach der Änderung der steuerlichen Vorschriften auftritt) entspricht dem bei der Auswertung des Ausgangsmodells (vgl. S. 28) gefundenen Ergebnis: Die Steuersatzänderung um dt_d führt zu einer ersten Änderung des verfügbaren Einkommens um $dY_{R,v} = -(1-t_i)\, Y_R dt_d$. (Beachte: Bei Steuersenkungen ist dt_d negativ.) Man kann sich diesen Sachverhalt verdeutlichen, indem man die Gleichung (D 4) des Modells in die Gleichung (D 3) einsetzt, und zwar einmal vor der Steueränderung, zum anderen nachher.

Vorher gilt:	$Y_{R,v}^{vorher} = Y_R\left[1-t_i - t_d\left(1-t_i\right)\right]$
Nachher gilt:	$Y_{R,v}^{nachher} = Y_R\left[1-t_i - \left(t_d + dt_d\right)\left(1-t_i\right)\right]$
Die Differenz beträgt:	$dY_{R,v} = -Y_R\left(1-t_i\right) dt_d$

Wenn sich das reale verfügbare Einkommen ändert, dann reagieren die privaten Haushalte gemäß Hypothese (D 2) mit einer Veränderung der realen Konsumgüternachfrage um $- b \cdot Y_R \cdot (1-t_i)\, dt_d$. Bei einer Steuersenkung steigt der Konsum. Diese Erhöhung löst den Multiplikatorprozeß aus.

Um die steuerlichen Auswirkungen einer **Senkung der indirekten Steuer** ($dt_i < 0$) zu ermitteln, werden in den Gleichungen (4.19)", (4.20)" und (4.21)" die Veränderungsgrößen der realen Staatsausgaben, der Geldmenge und des Anteils der direkten Steuereinnahmen am Volkseinkommen gleich Null gesetzt: $d\overline{A}_{st} = d\overline{M} = dt_d = 0$. Die Vorgehensweise gleicht der bei der Ableitung des direkten Steuermultiplikators beschriebenen. Der mit Hilfe von (4.21)" gewonnene Ausdruck für dp wird in (4.20)" eingesetzt, und di wird isoliert. Die so ermittelte Zinsänderung wird in (4.19)" eingesetzt; danach wird dY_R errechnet. Man erhält:

$$dY_R = - \frac{1 \cdot \left[bY_R\,(1-t_d) + \frac{\partial I/\partial i}{\partial L^S/\partial i} \cdot \frac{\partial p}{\partial t_i} \cdot \frac{\overline{M}}{p^2} \right] dt_i}{1-b\,(1-t_d)\,(1-t_i) + \frac{\partial I/\partial i}{\partial L^S/\partial i} \cdot k + \frac{\partial I/\partial i}{\partial L^S/\partial i} \cdot \frac{\partial p}{\partial Y_R} \cdot \frac{\overline{M}}{p^2}} \tag{4.34}$$

Vergleicht man diesen für die **indirekte Steuer** ermittelten Ausdruck mit dem für die **direkte Steuer** gefundenen, so stellt man folgendes fest:

Erstens: Senkungen der indirekten wie der direkten Steuer (dt_i ist negativ) wirken sich expansiv auf den Wirtschaftskreislauf aus: vor dem Multiplikatorbruch steht hier wie dort ein Minuszeichen.

Zweitens: Der Multiplikator ist in beiden Fällen der gleiche.

Drittens: Dagegen unterscheiden sich die Multiplikanden: die Anstoßwirkung, die zu Reaktionen im Kreislauf führt, ist unterschiedlich. Bei der indirekten Steuer ändert sich die reale Güternachfrage aus zwei Gründen. (Der eckige Klammerausdruck hat zwei Summanden!) Das zeigt die folgende Wirkungskette:

(a) $\nearrow Y_v \uparrow \longrightarrow C \uparrow$

$t_i \downarrow$ — Ein Multiplikatorprozeß beginnt

(b) $\searrow p \downarrow \longrightarrow M_R \uparrow \longrightarrow L^S \uparrow \longrightarrow i \downarrow \longrightarrow I \uparrow$

Der erste Grund (in der Wirkungskette mit (a) bezeichnet) ist darin zu sehen, daß die Senkung der indirekten wie die der direkten Steuer das reale *verfügbare Einkommen* erhöht, und zwar um

$$dY_{R,v} = - Y_R\,(1-t_d)\,dt_i.$$

Hierauf reagieren – ganz wie bei der direkten Steuer – die privaten Haushalte mit einer Erhöhung ihrer realen Konsumgüternachfrage um

$$dC_R = - b \cdot Y_R\,(1-t_d)\,dt_i.$$

Der zweite Grund – in der Wirkungskette mit (b) angezeigt – besteht darin, daß das *Preisniveau* gleich mit der Steuersenkung niedriger wird, und zwar um

$$dp = \frac{\partial p}{\partial t_i}\,dt_i$$

Diese Preissenkung läßt den Bedarf an Transaktionskasse zurückgehen; m. a. W. diese Preissenkung bedeutet (man differenziere $M_R \equiv \overline{M}/p$ total!) eine Erhöhung der realen Geldmenge um

$$dM_R = -\frac{\overline{M}}{p^2} \cdot dp = -\frac{\overline{M}}{p^2} \cdot \frac{\partial p}{\partial t_i} \cdot dt_i.$$

(Vgl. hierzu und zum folgenden die ausführliche Beschreibung des durch Preiserhöhungen ausgelösten Dämpfungseffektes des Geldmarkts, die im Kapitel 4.3.2.1 bei der Interpretation des Staatsausgabenmultiplikators auf S. 99ff. gegeben worden ist!)

Wenn die Zentralbank die nominale Geldmenge konstant hält ($d\overline{M} = 0$), muß die höhere reale Geldmenge von den Spekulanten aufgenommen werden. Diese sind jedoch nur bereit, mehr Kasse zu halten und Wertpapiere zu verkaufen, wenn der Zins um so viel gesunken ist, daß

$$dL_R^S = \frac{\partial L^S}{\partial i} di = -\frac{\overline{M}}{p^2} \cdot \frac{\partial p}{\partial t_i} \cdot dt_i.$$

Auf diese Zinssenkung reagieren die Investoren mit einer Erhöhung der (realen) Investitionsgüternachfrage um

$$dI_R = \frac{\partial I}{\partial i} di = -\frac{\partial I/\partial i}{\partial L^S/\partial i} \cdot \frac{\overline{M}}{p^2} \cdot \frac{\partial p}{\partial t_i} \cdot dt_i.$$

Wegen dieser Erhöhung der Investitionsgüternachfrage ist die Anstoßwirkung bei der indirekten Steuer größer als bei der direkten.

Lehrsatz 15:
Eine Senkung der indirekten Steuer übt wegen ihres direkten Preiseinflusses eine größere Expansionswirkung auf das reale Sozialprodukt aus als eine Senkung der direkten Steuer.

Viertens: Da sich die Veränderung der indirekten Steuer unmittelbar selbst auf das Preisniveau auswirkt, übt sie einen stärkeren Einfluß auf das Preisniveau aus als diejenige der direkten Steuer. Das genaue Ausmaß läßt sich jeweils mit Hilfe von (4.21)" bestimmen, wobei für dY_R der jeweilige Multiplikatorausdruck einzusetzen ist.

Alle die in diesem Abschnitt gefundenen Ergebnisse sind streng an die Voraussetzung gebunden, daß die Zentralbank die Geldmenge konstant hält. Wenn sie statt dessen den **Zins stabilisiert,** folgt aus (4.19)" direkt

$$dY_R = -\frac{1}{1-b(1-t_d)(1-t_i)} b(1-t_i) Y_R dt_d \tag{4.35}$$

und

$$dY_R = -\frac{1}{1-b(1-t_d)(1-t_i)} b(1-t_d) Y_R dt_i \tag{4.36}$$

Beide Steueränderungen haben ähnliche Wirkungen auf das Sozialprodukt. Der Grund liegt darin, daß die über das Preisniveau wirksam werdenden Zinseffekte nicht auftreten können. Die Preiswirkungen sind jedoch unterschiedlich. Im Vergleich zur Senkung der direkten Steuer ist das Preisniveau bei Senkung der indirekten auf jeden Fall niedriger.

Übungsaufgabe 11

Wann ist die „fiscal policy" im Hinblick auf das Beschäftigungsziel erfolgreicher: bei weit verbreiteter oder bei relativ geringer und im wesentlichen auf nur einige Wirtschaftsbereiche beschränkter Arbeitslosigkeit?

Übungsaufgabe 12

Ermitteln Sie geometrisch diejenige Sozialproduktänderung, die sich auf Grund erhöhter realer Staatsausgaben bei flexiblen Preisen ergibt!

Übungsaufgabe 13

Hat eine Veränderung (Erhöhung oder Senkung) der direkten Steuer eine andere Wirkung auf Sozialprodukt und Preisniveau als eine gleichgerichtete Veränderung der indirekten Steuer? Ist die Antwort auf diese Frage davon abhängig, wie sich die Zentralbank verhält?
(Es sei angenommen, daß gelte: $t_i = t_d$).

4.4. Die Wirkungen von Steueränderungen bei Berücksichtigung steuerlicher Anreizeffekte

4.4.1. Mögliche Anreizeffekte von Steueränderungen

Nach den bisher gewonnenen Erkenntnissen wirkt sich eine Änderung des Satzes der direkten Steuer nur auf einem einzigen Weg auf Sozialprodukt und Beschäftigung aus: Sie verändert das verfügbare Einkommen der Haushalte, und diese reagieren mit einer Änderung ihrer Konsumgüternachfrage. So zeigt die Formel (4.33) auf Seite 105 für eine Steuersatzerhöhung lediglich einen einzigen Anstoßeffekt an, nämlich:

$dC = -\,b\,(1-t_i)\,Y_R \cdot dt_d.$

Bei der Ableitung dieses Ergebnisses sind Überlegungen unberücksichtigt geblieben, die im Rahmen der Steuerwirkungslehre angestellt werden und die zum Standardprogramm der finanzwissenschaftlichen Lehrveranstaltungen gehören. Diesen (hier als bekannt vorausgesetzten[10]) Überlegungen zufolge hängen von der Höhe des Satzes der direkten Steuer

(a) die *Risikobereitschaft* der Investoren,
(b) das Ausmaß der *Ersparnisse* der privaten Haushalte bei gegebenem verfügbaren Einkommen und
(c) das *Arbeitsangebot* der Haushalte ab.

[10] Beispielhaft sei auf das ausgezeichnete Lehrbuch von *A. B. Atkinson* and *J. E. Stiglitz* verwiesen: Lectures on Public Economics, London et al., 1980, Kapitel 2–4.

Zu (a): Die Entscheidung eines Kapitalanlegers zwischen verschiedenen Vermögensformen hängt ab von dem Risiko, das mit den einzelnen Kapitalanlagen verbunden ist, und dem Einkommen, das jeweils daraus erzielt werden kann. Die Vermögensstruktur, die sich auf Grund dieser Entscheidung ergibt, ist von der Höhe des Einkommensteuersatzes dann abhängig, wenn die Verluste, die bei einer Kapitalanlage auftreten, nicht oder nicht ganz durch Gewinne aus einer anderen Kapitalanlage ausgeglichen werden können. In diesem Fall nämlich beteiligt sich der Fiskus an den Gewinnen des Investors, nicht aber an seinen Verlusten.

Die Besteuerung des Kapitalanlegers hat einen Einkommens- und einen Substitutionseffekt. Der *Einkommenseffekt* der Steuer veranlaßt den Investor, ein höheres Risiko auf sich zu nehmen, um sein (Netto-)Einkommen zu erhalten. Hierbei wird davon ausgegangen, daß die effektive Verzinsung, die risikoreiche Sachinvestitionen bieten, höher als diejenige vergleichsweise risikoloser Finanzanlagen (z.B. Spareinlagen bei einer Bank) ist. Der *Substitutionseffekt* veranlaßt ihn dagegen, weniger zu riskieren, da die Belohnung für die Risikobereitschaft bei Einführung oder Erhöhung einer Steuer sinkt. Somit kann das Nettoergebnis sowohl in einer Erhöhung als auch in einer Verminderung des Risikos bestehen, das der Kapitalanleger auf sich zu nehmen bereit ist.

Was hier im Hinblick auf einen Kapitalanleger gesagt worden ist, gilt auch für die Gesamtheit aller Investoren. Da diese sich in ihren Präferenzen unterscheiden, kann nicht à priori vorhergesagt werden, wie eine Einkommensteuer die Risikobereitschaft der Investoren insgesamt und mit ihr die gesamtwirtschaftliche Nachfrage nach Investitionsgütern beeinflußt. Auch die empirische Forschung über die Steuerabhängigkeit der Risikobereitschaft hat zu keinem eindeutigen, für alle Länder und für alle Untersuchungsperioden gleichartigen Ergebnis geführt.

Gleichwohl vertreten einige derjenigen Nationalökonomen, die den Regierungen der westlichen Industrieländer seit Beginn der 80er Jahre angebotsorientierte Strategien zur Beschleunigung des wirtschaftlichen Wachstums und zur Wiedererlangung von Vollbeschäftigung empfehlen, die Auffassung, der oben erwähnte Substitutionseffekt sei stärker als der Einkommenseffekt. Deshalb könnten Risikobereitschaft und Investitionsneigung durch eine Senkung des Einkommensteuersatzes (und durch die Erlaubnis eines vollen Verlustausgleichs) erhöht werden. Würde man dieser Argumentation folgen, so könnte man bei Aufstellung eines Kreislaufmodells zur Analyse der „fiscal policy" nicht mehr länger auf die Hypothese $I_R = I\,(i)$ über das Verhalten der *Investoren* zurückgreifen, sondern hätte sie zu ersetzen, beispielsweise durch

$$I_R = I\,(i, t_d) \text{ mit } \frac{\partial I}{\partial t_d} < 0. \tag{4.37}$$

Zu (b): Die Erhöhung des Satzes der allgemeinen Einkommensteuer (der sowohl das Arbeits- als auch das Zinseinkommen eines Haushalts unterworfen wird), übt auf den laufenden Konsum und die laufende Ersparnis eines Haushalts einen doppelten Einfluß aus. Der höhere Steuersatz reduziert zunächst sein verfügbares Einkommen und veranlaßt ihn zu einer Minderung seiner Konsumausgaben wie auch seiner Ersparnis. Dieser Effekt ist bereits in den bisherigen Analysen berücksichtigt worden (vgl. dazu Abschnitt 4.3.2). Zum anderen bewirkt die Steuererhöhung, daß der Haushalt aus seinem Vermögen, auch aus dem durch laufende Ersparnisse neu gebildeten Vermögen, ein geringeres Netto-Zinseinkommen erzielt. Diese Minderung des für kommende Perioden zu erwartenden verfügbaren Zinseinkommens mag den Haushalt bei seiner Entscheidung über die Aufteilung seines gegenwärtigen verfügbaren Einkommens auf

Ersparnis und Konsum beeinflussen. In der Steuerwirkungslehre wird dieser Einfluß in zwei Effekte unterteilt. Einmal versucht der Haushalt sein durch erhöhte Steuern verringertes zukünftiges Netto-Zinseinkommen durch vermehrte Vermögensbildung, d.h. durch verstärktes Sparen in der Gegenwart wieder zu erhöhen. Diesen Effekt nennt man *Einkommenseffekt.* Er geht zu Lasten des Gegenwartskonsums. Zum andern reagiert der Haushalt auf die Tatsache, daß die Steuererhöhung den gegenwärtigen gegenüber dem zukünftigen, durch Sparen ermöglichten Konsum bzw. gegenüber einer Kapitalansammlung begünstigt. Dieser Sachverhalt kann einen *Substitutionseffekt* auslösen; der Haushalt spart dann bei gegebenem Bruttoeinkommen weniger und konsumiert mehr. Je ausgeprägter die Progression ist, desto größer sind diese möglichen Substitutionswirkungen.

Dieses für einen Haushalt abgeleitete Ergebnis gilt analog für die Gruppe aller Haushalte. Einkommens- und Substitutionseffekte sind einander entgegengerichtet. Nach Auffassung der sog. angebotsorientierten Ökonomen (auf die bereits im Abschnitt a bei der Analyse der Steuerwirkungen auf die Risikobereitschaft eingegangen worden ist) überwiegt jedoch der Substitutionseffekt, so daß die Steuererhöhung die Spartätigkeit der privaten Haushalte insgesamt stärker beeinträchtigt, als es bisher angenommen und mit $dS = -(1-b)\,dT$ angezeigt worden ist. Für angebotsorientierte Ökonomen ist es geradezu kennzeichnend, daß sie immer dann, wenn sich Preisrelationen – wie im vorliegenden Fall zwischen gegenwärtigem und zukünftigem Konsum – ändern, mit starken Substitutionseffekten rechnen.

Angebotsorientierte Ökonomen werden somit die bisher über das *Konsumverhalten* der Haushalte aufgestellte Hypothese $C_R = a + bY_{R,\,v}$ zurückweisen und beispielsweise die Hypothese

$$C_{R,\,t} = a + bY_{R,\,v,\,t} + f\,[i\,(1-t_d)] \tag{4.38}$$

mit $\partial f/\partial\,[i\,(1-t_d)]<0$ als korrekt betrachten. Obwohl die bisher vorliegenden empirischen Studien diese Ansicht weder eindeutig stützen noch sicher widerlegen, soll die Hypothese (4.38) den weiteren Überlegungen im Kapitel 4.4. zugrunde gelegt werden.

Zu (c): Bei der Festlegung seines Arbeitsangebots hat ein Haushalt zwischen dem Nutzen, den er aus seiner Freizeit zieht, und dem Nutzen der Güter zu entscheiden, die er mit Hilfe des ihm nach Versteuerung verbleibenden Arbeitseinkommens kaufen kann. Eine Erhöhung des Satzes der allgemeinen Einkommensteuer und damit der Lohnsteuer, einer Gliedsteuer im Rahmen der allgemeinen Einkommensteuer, beeinflußt diese Entscheidung. Die Steuererhöhung führt zu einer Verminderung des verfügbaren Einkommens, und dies veranlaßt den Haushalt – vorausgesetzt, Freizeit ist für ihn ein „normales Gut",[11] – auch zu einer Verminderung der Freizeit, mithin zu einer Erhöhung des Arbeitsangebots (Einkommenseffekt). Gleichzeitig verändert die Steuererhöhung die Preisrelation zwischen Freizeit einerseits und den Gütern andererseits, die mit Hilfe des Arbeitseinkommens erworben werden: Der Preis der Freizeit wird vermindert. Diese Verminderung veranlaßt die Haushalte zu einer Verringerung des Arbeitsangebots (Substitutionseffekt). Zu welcher Veränderung der Arbeitsleistung eine Steuererhöhung die Haushalte insgesamt veranlaßt, läßt sich à priori somit nicht sagen: Einkommens- und Substitutionseffekt sind einander entgegengerichtet. Welcher Effekt überwiegt, ist deshalb von der empirischen Forschung zu ermitteln. Diese hat bisher jedoch kein eindeutiges Ergebnis erbracht. Je nach der untersuchten

---

[11] Ein Gut wird dann als „normal" bezeichnet, wenn ein Haushalt bei einer Einkommenssteigerung eine größere Menge davon erwirbt.

Gruppe von Haushalten, je nach der Untersuchungsperiode und je nach der Ausgestaltung der Steuer auf das Arbeitseinkommen sind unterschiedliche Resultate gefunden worden. Deshalb läßt sich auch die Ansicht der sog. angebotsorientierten Ökonomen nicht eindeutig widerlegen, bei Steuererhöhungen sei auf Grund starker Substitutionseffekte mit einer Verringerung des Arbeitsangebots der Haushalte zu rechnen, entsprechend bei Steuersenkungen mit einem erhöhten Arbeitsangebot.

Veränderungen des Arbeitsangebots beeinflussen die mit Hilfe der gesamtwirtschaftlichen Angebotsfunktion modellierten Produktionsverhältnisse auf zweifache Weise. Einmal führt ein höheres Arbeitsangebot zu einem Anstieg des „Vollbeschäftigungssozialprodukts" $Y_{R_{voll}}$. Die langfristige, vertikal verlaufende Angebotskurve, die das Sozialprodukt im allgemeinen Gleichgewicht anzeigt, ist entsprechend nach rechts zu verschieben. Zum andern bewirkt ein höheres Arbeitsangebot tendenziell Lohnsenkungen, die zu einem Rückgang der Preise und damit zu einer Verschiebung der kurzfristigen Angebotskurve nach unten führen. Diesen zweiten Effekt kann man dadurch berücksichtigen, daß man den Satz der direkten Steuer als Argument in die *kurzfristige Angebotsfunktion* aufnimmt:

$$p = p\,(Y_R, p_{Im}, t_i, t_d) \text{ mit } \frac{\partial p}{\partial t_d} > 0 \qquad (4.39)$$

Der Einfluß $\partial p/\partial t_d$ der Steuersatzänderung auf das Preisniveau dürfte allerdings sehr gering sein.

Bei der Begründung der gesamtwirtschaftlichen Angebotsfunktion ist unberücksichtigt geblieben, daß steuerliche Änderungen auch Anreizeffekte anderer Art haben können. So ist es denkbar, daß Arbeitnehmer mit veränderter Leistungsbereitschaft reagieren. Nach Ansicht der angebotsorientierten Ökonomen ist mit diesem Effekt sogar sicher zu rechnen. Steuersenkungen würden dann eine Steigerung der Arbeitsproduktivität bewirken. Die gesamtwirtschaftliche Angebotskurve würde sich auf Grund dieses Sachverhalts nach unten verschieben.

4.4.2. „Fiscal policy" bei Berücksichtigung von steuerlichen Anreizeffekten: kurzfristige Analyse

Ersetzt man die in den bisherigen Modellen verwendeten Investitions-, Konsum- und Angebotsfunktionen durch die Hypothesen (4.37), (4.38) und (4.39), so erhält man das folgende Modell:

Modell E:

$$Y_R \overset{!}{=} C_R + I_R + A_{st_R} \qquad (E\ 1)$$

$$C_R = a + bY_{R,v} + f\,[i\,(1-\bar{t}_d)] \qquad (E\ 2)$$

$$Y_{R,v} \equiv Y_R - T_R \qquad (E\ 3)$$

$$T_R = [\bar{t}_i + \bar{t}_d\,(1-\bar{t}_i)]\;Y_R \qquad (E\ 4)$$

$$I_R = I\,(i, \bar{t}_d) \qquad (E\ 5)$$

$$A_{st_R} = \overline{A}_{st} \tag{E 6}$$

$$L_R^T = k \cdot Y_R \tag{E 7}$$

$$L_R^S = L^S(i) \tag{E 8}$$

$$L_R \equiv L_R^T + L_R^S \tag{E 9}$$

$$L_R \overset{!}{=} M_R \tag{E 10}$$

$$M = \overline{M} \tag{E 11}$$

$$M_R \equiv \frac{M}{p} \tag{E 12}$$

$$p = p\left(Y_R, \overline{p}_{Im}, \overline{t}_i, \overline{t}_d\right) \tag{E 13}$$

Das Modell hat 13 Gleichungen und 13 Variable, nämlich Y_R, C_R, I_R, A_{st_R}, $Y_{R,v}$, i, T_R, L_R^T, L_R^S, L_R, M_R, M und p. Es soll im folgenden für Situationen, in denen Arbeitslosigkeit verbreitet ist und die Angebotsmenge der Unternehmen nicht auf eine durch Arbeitskräftemangel bewirkte Grenze stößt, ausgewertet werden. Nur in solchen Situationen wird die „fiscal policy" Steuersenkungen, um die es in diesem Kapitel allein geht, zur Erreichung eines höheren Beschäftigungsgrads ergreifen.

Bei Zusammenfassung der Gleichungen des Geld- bzw. des Gütermarkts erhält man die folgende *zusammengefaßte Form* des Modells:

$$Y_R = a + b\left(1-\overline{t}_d\right)\left(1-\overline{t}_i\right) Y_R + f\left[i\left(1-\overline{t}_d\right)\right] + I\left(i, \overline{t}_d\right) + \overline{A}_{st} \tag{4.40}$$

$$\overline{M} = p\left[k \cdot Y_R + L^S(i)\right] \tag{4.41}$$

$$p = p\left(Y_R, \overline{p}_{Im}, \overline{t}_i, \overline{t}_d\right) \tag{4.42}$$

Zur Bestimmung der Auswirkungen einer Änderung der direkten Steuern werden diese Gleichungen total differenziert. Alle anderen exogenen Größen werden als konstant angenommen:

$d\overline{A}_{st} = d\overline{t}_i = d\overline{M} = d\overline{p}_{Im} = 0.$

Das totale Differential lautet:

$$dY_R = b\left(1-\overline{t}_d\right)\left(1-\overline{t}_i\right) dY_R - b\left(1-\overline{t}_i\right) Y_R\, d\overline{t}_d + \frac{\partial f}{\partial i}\left(1-\overline{t}_d\right) di - \frac{\partial f}{\partial t_d}\, i\, d\overline{t}_d + \frac{\partial I}{\partial i}\, di + \frac{\partial I}{\partial \overline{t}_d}\, d\overline{t}_d \tag{4.40'}$$

$$0 = dp\left[k \cdot Y_R + L_R^S\right] + p \cdot k \cdot dY_R + p \cdot \frac{\partial L^S}{\partial i}\, di \tag{4.41'}$$

$$dp = \frac{\partial p}{\partial Y_R}\, dY_R + \frac{\partial p}{\partial \overline{t}_d}\, d\overline{t}_d \tag{4.42'}$$

Faßt man (4.41)' und (4.42)' zusammen und setzt man den dadurch gewonnenen Ausdruck für di in (4.40)' ein, so erhält man die *Änderung des Sozialprodukts,* die durch eine Senkung des Steueranteils am Volkseinkommen um $d\bar{t}_d$ bewirkt wird (beachte: $d\bar{t}_d$ ist negativ):

$$dY_R = Mu \cdot d\bar{t}_d \left[-b\,(1-\bar{t}_i)\,Y_R - \underbrace{\frac{\partial f}{\partial \bar{t}_d} \cdot i}_{①} + \underbrace{\frac{\partial I}{\partial \bar{t}_d}}_{②} \underbrace{- \frac{\frac{\partial f}{\partial i}(1-\bar{t}_d) + \frac{\partial I}{\partial i}}{\frac{\partial L^S}{\partial i}} \cdot \frac{\overline{M}}{p^2} \cdot \frac{\partial p}{\partial \bar{t}_d}}_{③} \right] \tag{4.43}$$

Der Multiplikator Mu ist:

$$\frac{1}{1-b\,(1-\bar{t}_d)\,(1-\bar{t}_i) + \left[\underbrace{\frac{\frac{\partial f}{\partial i}(1-\bar{t}_d)}{\frac{\partial L^S}{\partial i}}}_{④} + \frac{\frac{\partial I}{\partial i}}{\frac{\partial L^S}{\partial i}} \right] \cdot \left[\frac{\overline{M}}{p^2} \cdot \frac{\partial p}{\partial Y_R} + k \right]}$$

Um die Bedeutung der steuerlichen Anreizeffekte auf Konsum und Investition für die Durchschlagskraft der „fiscal policy" zu erkennen, wird (4.43) mit der Multiplikatorformel (4.33) (S. 105) verglichen, die mit Hilfe des Modells D gewonnen worden ist. Im Modell D bleiben die steuerlichen Anreizeffekte unberücksichtigt; hinsichtlich aller anderen Annahmen unterscheidet es sich von Modell E nicht.

Der **Vergleich** zeigt zunächst, daß eine Steuersenkung mit – wie unterstellt – starken Substitutionseffekten, **drei zusätzliche,** einen Multiplikatorprozeß auslösende **Anstoßeffekte** hat:

Zusätzlicher (negativer) Anstoßeffekt ①: Eine Steuersenkung begünstigt den zukünftigen gegenüber dem gegenwärtigen Konsum der Haushalte. Diese reagieren mit erhöhtem Sparen. Die Konsumgüternachfrage fällt somit unter dem Einfluß steuerbedingter Substitutionseffekte geringer aus, als es sonst geschehen wäre.

Zusätzlicher (positiver) Anstoßeffekt ②: Die Kapitalanleger reagieren auf die Steuersenkung mit größerer Risikobereitschaft. Bei starken Substitutionseffekten nimmt die Investitionsgüternachfrage zu.

Zusätzlicher (positiver) Anstoßeffekt ③: Der gestiegene Nettolohn veranlaßt die privaten Haushalte, mehr Arbeit zum herrschenden Bruttoreallohn anzubieten: die Arbeitsangebotskurve verschiebt sich nach rechts. Dadurch werden Lohn- und in deren Folge Preissenkungen bewirkt. Niedrigere Preise bedeuten eine höhere reale Geldmenge. Somit sinkt der Zins; dies veranlaßt Investoren wie Konsumenten zur Erhöhung ihrer Nachfrage. Die gesamtwirtschaftliche Nachfrage nimmt somit zu.

Die Anstoßeffekte sind einander entgegengerichtet. Deshalb läßt sich nicht à priori sagen, ob steuerliche Anreizeffekte die gesamtwirtschaftliche Nachfrage bei einer Steuersenkung beleben oder dämpfen.

Der Vergleich zeigt ferner, daß der **Multiplikator** des Modells E sich von dem des Modells D um den Ausdruck ④ unterscheidet. Dieser Term zeigt an, daß in jeder Multiplikatorrunde folgender, den Multiplikatorprozeß *dämpfender Effekt* auftritt:

$$Y_R\uparrow \rightarrow p\uparrow \rightarrow M_R\downarrow \rightarrow i\uparrow \rightarrow C_R\downarrow$$

Die im Zuge des Expansionsprozesses eintretende Zinssteigerung begünstigt wegen des Substitutionseffekts die Ersparnis. Der entsprechende Rückgang der Konsumgüternachfrage bremst den steuerbedingten Aufschwungsprozeß. Der Multiplikator ist bei Berücksichtigung steuerlicher Anreizeffekte somit kleiner; die gesamtwirtschaftliche Nachfragekurve des Modells E verläuft also flacher als die des Modells D.

Faßt man die bei dem Vergleich der Anstoßeffekte und der Multiplikatoren gewonnenen Ergebnisse zusammen, so zeigt sich, daß steuerliche Anreizeffekte die Durchschlagskraft der „fiscal policy" nicht oder kaum erhöhen. Hinzu kommt, daß Substitutionseffekte auf das Arbeitsangebot eintreten. Trotz steuerbedingter Erhöhung des Sozialprodukts kann auf Grund dieses Effekts die Zahl der Arbeitslosen (definiert als Differenz zwischen Arbeitsangebot und Arbeitsnachfrage) kurzfristig zunehmen.

4.4.3. Längerfristige Auswirkungen von Steuersenkungen

Dieses Ergebnis bildet kein Argument gegen angebotsorientierte Ökonomen, die Steuersenkungen zur Bekämpfung von Arbeitslosigkeit empfehlen. Ihnen geht es nämlich nicht um die kurzfristigen Auswirkungen auf Sozialprodukt und Beschäftigung. Vielmehr wollen sie durch Auslösung der oben geschilderten Substitutionseffekte die Spartätigkeit anregen, die Investitionsneigung stärken und die Arbeitsleistung erhöhen. Davon erhoffen sie in kommenden Perioden, also *mittelfristig,* eine Verlagerung der gesamtwirtschaftlichen Angebotskurve nach rechts, d.h. eine Beschleunigung des *Wachstums.* Diese Vorstellung soll im folgenden graphisch verdeutlicht werden. Wenn eine Steuersenkung wirklich starke Substitutionseffekte hat, wird durch erhöhtes Sparen und Investieren der Kapitalstock, der in der laufenden Periode $\overline{K}$ beträgt, deutlich erhöht und in der kommenden Periode $\overline{K} + \Delta K$ betragen. Da technischer Fortschritt zum großen Teil kapitalgebunden ist, können sich teilweise starke Produktivitätsverbesserungen einstellen. Die Produktionsfunktion selbst verändert sich (vgl. *Abbildung 16b*); es gilt in der kommenden Periode nicht mehr $Y_R = Y_0 (A, \overline{K})$, sondern $Y_R = Y_1 (A, \overline{K} + \Delta K)$, wobei Y_0 eine andere Funktion als Y_1 ist. Die hiermit zum Ausdruck gebrachten Veränderungen der Produktionsverhältnisse bedingen eine andere Arbeitsnachfragefunktion. Da Kapitalintensivierung und technischer Fortschritt die (marginale wie durchschnittliche) Arbeitsproduktivität erhöhen und dadurch die Kosten sinken, liegt die Arbeitsnachfragefunktion A_1^N in der kommenden Periode oberhalb von der in der laufenden Periode A_0^N (vgl. *Abbildung 16a*).

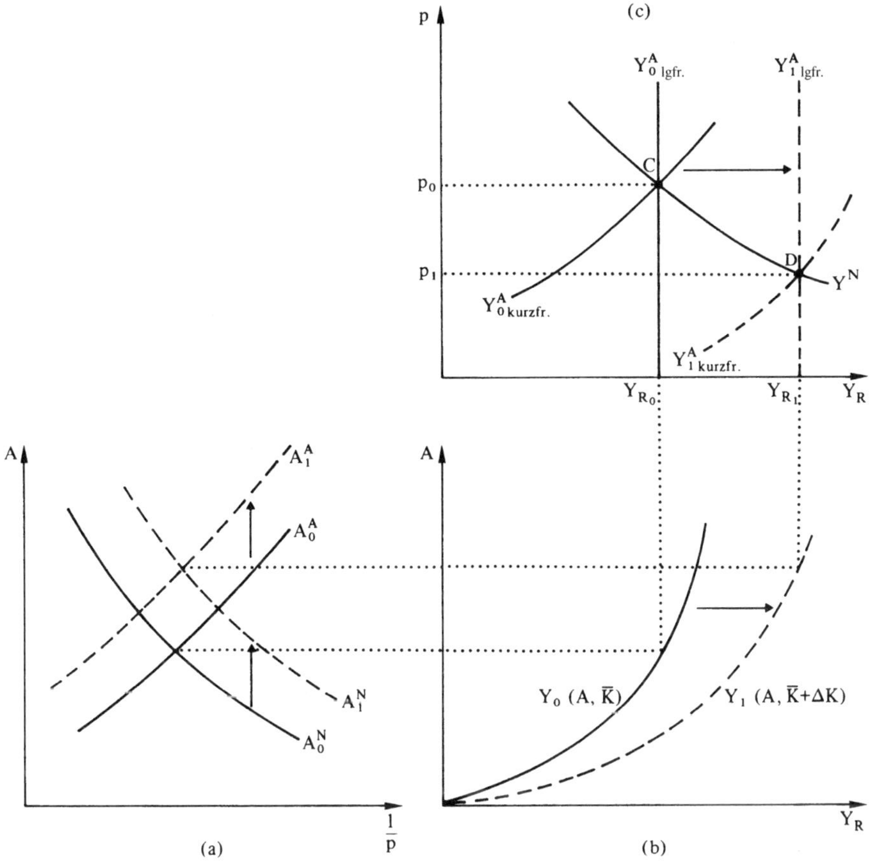

Abbildung 16: Längerfristige Auswirkungen von Steuersenkungen

Annahmegemäß beeinflußt eine Steuersenkung auch das Arbeitsangebot; so ist die Arbeitsangebotskurve ebenfalls nach oben zu verschieben (in *Abbildung 16a* von A^A_0 nach A^A_1).

Als Konsequenz der Verschiebungen der Kurven des Arbeitsangebots, der Arbeitsnachfrage und der Produktion verlagert sich die langfristige gesamtwirtschaftliche Angebotskurve nach rechts: Das Sozialprodukt, das im allgemeinen Gleichgewicht erzeugt wird, beträgt nicht mehr Y_{R_0}, sondern Y_{R_1}. Langfristig führt eine Steuersenkung auf Grund von Anreizwirkungen zu einem höheren Sozialprodukt. Blieben die Nachfrageverhältnisse unverändert, würde sich auch eine Verminderung des Preisniveaus einstellen (z.B. von p_0 auf p_1; *Abbildung 16c*).

Gleichzeitig mit der Verschiebung der langfristigen gesamtwirtschaftlichen Angebotskurve verlagert sich die kurzfristig geltende gesamtwirtschaftliche Angebotskurve nach rechts (beispielsweise in die mit Y^A_1 kurzfristig gekennzeichnete Lage).

Die im Kapitel 4.4 vorgetragenen Überlegungen können zusammengefaßt werden zu dem

Lehrsatz 16:
Zwar erhöhen steuerliche Anreizwirkungen kurzfristig die Durchschlagskraft der „fiscal policy" nicht oder nur unerheblich; doch können sie mittelfristig die Angebotsverhältnisse verbessern und dadurch ein höheres Sozialprodukt und eine Verringerung des Preisanstiegs bewirken.

Übungsaufgabe 14

Analysieren Sie die kurzfristigen Auswirkungen einer Senkung der direkten Steuern in einer durch Unterbeschäftigung gekennzeichneten Volkswirtschaft.

Übungsaufgabe 15

In einer Volkswirtschaft herrsche Kapitalmangelarbeitslosigkeit. Die Regierung erwägt, ob sie ein „Beschäftigungsprogramm", das eine Steigerung der Staatsausgaben vorsieht, oder eine Senkung der direkten Steuern durchführen soll. Welche Maßnahme würden Sie vorziehen?

4.5. Fiskalpolitische Wirkungen bei Reaktionen der Wirtschaftssubjekte auf die für kommende Perioden zu erwartenden Preise

4.5.1. Die Aufstellung eines Modells

Bei den bisherigen Erörterungen wurde von der Hypothese ausgegangen, daß die Lohnbildung allein von der Lage auf dem Arbeitsmarkt beeinflußt wird.[12] Damit wurde implizit unterstellt, daß sich die Tarifparteien bei den Verhandlungen über neue Tariflöhne und Arbeitgeber und -nehmer beim Abschluß individueller Arbeitsverträge nicht von ihren Erwartungen über die weitere Preisentwicklung leiten lassen und demgemäß nicht höhere Lohnsteigerungen vereinbaren, wenn sie einen stärkeren Preisanstieg befürchten müssen.

In Zeiten hoher und fluktuierender Inflationsraten ist diese Unterstellung unrealistisch. Gewerkschaften beispielsweise haben ihre Lohnforderungen immer auch mit den zu erwartenden Preissteigerungen begründet und den Versuch unternommen, ihren Mitgliedern wenigstens den bisher erreichten Reallohn zu sichern. Deshalb ist es geboten, die bisher gewonnenen Lehrsätze daraufhin zu überprüfen, ob sie auch dann Gültigkeit besitzen, wenn die Lohnbildung von den Erwartungen künftiger Preissteigerungen beeinflußt wird. Diese Überprüfung soll exemplarisch mit Hilfe des Modells F erfolgen. Zu diesem Zweck ist das Modell D in vierfacher Weise zu verändern bzw. zu ergänzen.

---

[12] Zwar lautet die Hypothese (4.11) $l = l_{-1} (1 - \alpha u) + \bar{l}$, aber bei allen Überlegungen wurde $d\bar{l} = 0$ gesetzt.

Auf der **Angebotsseite des Modells** sind drei Korrekturen vorzunehmen:

(a) Inflationserwartungen sind als Bestimmungsgrund der Lohnbildung in die Hypothese (4.11) aufzunehmen;

(b) es ist eine Hypothese darüber aufzustellen, wie die Inflationserwartungen gebildet werden,

(c) die Hypothese über die Festsetzung der „Angebotspreise" ist umzuformulieren.

Auf der **Nachfrageseite des Modells** ist zu beachten, daß

(d) Preiserwartungen das Verhalten besonders der Investoren nachhaltig beeinflussen.

Zu (a): Um die Bedeutung von Inflationserwartungen für die *Lohnbildung* aufzeigen zu können, wird die Lohnbildungshypothese in Abweichung vom bisherigen Vorgehen so formuliert, daß als zu erklärende Variable die Lohnsteigerungsrate statt des Lohnsatzes selbst gewählt wird. Formuliert man die Hypothese (4.11), die den bisherigen Erörterungen zugrunde gelegt wurde,[13] entsprechend um, so erhält man

$$\dot{l} \equiv \frac{l - l_{-1}}{l_{-1}} = -\alpha u.$$

Bei früheren Überlegungen wurde somit davon ausgegangen, daß Lohnsteigerungsrate und Arbeitslosenquote in einem (umgekehrt) proportionalen Verhältnis zueinander stehen. Wenn die Tarifparteien eine Inflationsrate von $\dot{p}^* \equiv (p^* - p_{-1})/p_{-1}$ erwarten und diese Preissteigerung in ihrer Wirkung auf das Realeinkommen der unselbständig Beschäftigten ganz oder teilweise durch höhere Lohnabschlüsse auffangen wollen, so geht diese Proportionalität verloren. Die Lohnbildungshypothese ist dann wie folgt zu formulieren:

$$\dot{l} \equiv -\alpha \cdot u + \beta \cdot \dot{p}^*, \tag{4.44}$$

wobei der Verhaltensparameter β angibt, um welchen Prozentsatz die erwartete Inflationsrate in erhöhten Lohnsteigerungen vorweggenommen werden soll.

Zu (b): Mit dem Erwartungswert $\dot{p}^*$ wird eine neue Variable in das Modell zur Analyse der Budgetwirkungen eingeführt. Das erweiterte Modell läßt sich nur lösen, wenn eine Annahme darüber gemacht wird, wie die *Preiserwartungen* gebildet werden.

Die wichtigsten in der Literatur diskutierten Hypothesen darüber, wie Wirtschaftssubjekte ihre Erwartungen hinsichtlich wichtiger Variablen des Wirtschaftskreislaufs bilden, sind bereits im Kapitel 3.3 (S. 48ff.) dargestellt worden. An diese Darstellung kann hier angeknüpft werden.

Wenn die Tarifparteien ihre Preiserwartungen *autoregressiv* bilden, gilt

$$\dot{p}_t^* = \sum_{i-1}^{n} \beta_i \, \dot{p}_{t-i} \quad \text{mit} \quad \sum \beta_i = 1 \tag{4.45}$$

In diesem Fall ist die Preissteigerungsrate, die zu Beginn der Periode t für diese Periode t erwartet wird, allein von den Preissteigerungen abhängig, die in vergangenen Perioden festgestellt wurden.

---

[13] Weiterhin wird $d\bar{l} = 0$ gesetzt.

Gleiches gilt, wenn die Preiserwartungen *adaptiv* gebildet werden und die Hypothese über die Erwartungsbildung

$$\dot{p}^*_t = \dot{p}^*_{t-1} + \overline{\beta}\,(\dot{p}_{t-1} - \dot{p}^*_{t-1}) \tag{4.46}$$

lautet.

In beiden Fällen darf die erwartete Preissteigerung $\dot{p}^*_t$, im Modell als *exogene Größe* behandelt werden:

$$\dot{p}^*_t = \overline{\dot{p}}^* . \tag{4.47}$$

Diese erwartete Inflationsrate ist insbesondere unabhängig von der in der Periode t betriebenen „fiscal policy". Ob der Staat seine Ausgaben relativ stark oder nur wenig erhöht und ob er eine drastische Änderung der indirekten Steuer plant oder nicht, wirkt sich nicht auf die Preiserwartungen für die Periode t aus. Insofern kann von der „fiscal policy" nicht ein Mechanismus ausgelöst werden, der zu Änderungen von $\dot{p}^*_t$, damit zu Änderungen von $\dot{l}$ und $\dot{p}$ führt und auf diesem Wege die Wirksamkeit der „fiscal policy" in Frage stellt. Diese Aussage gilt allerdings nur bei ausschließlicher Betrachtung der Periode t. Da die in den Vorperioden t–i eingetretenen Preissteigerungen durchaus unter dem Einfluß von Staatsausgaben und Steuern zustande gekommen sein können, mag $\dot{p}^*_t$ auch der „fiscal policy" zuzuschreiben sein. Sie hat sich die Inflationsrate, mit der sie in der Periode t leben muß, in der Vergangenheit teilweise selbst geschaffen.

Mit der *Hypothese „rationaler" Erwartungsbildung* wird unterstellt, daß sich die Wirtschaftssubjekte auf der Basis aller zugänglichen Informationen über zukünftiges wirtschaftliches Geschehen, insbesondere auch auf Grund der Verlautbarungen und Absichtserklärungen von Regierung und Parlament, eine Vorstellung über das Handeln des Staates in der Zukunft machen und die Wirkungen dieses Handelns auf die Preise in der kommenden Periode abschätzen. Die Hypothese besagt somit

$$\dot{p}^*_t = E\,(\dot{p}_t, Inf_{t-1}),$$

wobei Inf_{t-1} der konkrete Inhalt der Informationsmenge am Ende der Periode t–1 ist. Bei vollständigen Informationen gilt im Rahmen deterministischer Modelle

$$\dot{p}^*_t = \dot{p}_t. \tag{4.48}$$

Die Preissteigerung wird in der Höhe erwartet, in der sie tatsächlich eintritt.

Rationale Erwartungen setzen voraus, daß die Wirtschaftssubjekte vorhersehen, welche fiskalischen Maßnahmen der Staat in der Periode t ergreift und wie sich diese Maßnahmen auf das Preisniveau auswirken. Kommende Preissteigerungen werden dann richtig antizipiert und, soweit sie Bestimmungsgrund für wirtschaftliches Handeln sind, bereits vorweggenommen. Man stellt sich bereits heute auf das ein, was morgen erfolgt. Das muß die Wirksamkeit der „fiscal policy" beeinflussen.

Zu (c): Die Hypothese darüber, wie die Produzenten ihre „Angebotspreise" festlegen, soll analog zur Lohnbildungshypothese so umformuliert werden, daß die Preissteigerungs*rate* und nicht das Preisniveau selbst als zu erklärende Variable erscheint. Zur Vereinfachung der Analyse sei im folgenden angenommen, daß bei der Produktion importierte Rohstoffe oder Halbfabrikate nicht eingesetzt werden und daß die „Angebotspreise" durch einen prozentualen Zuschlag zu den durchschnittlichen variablen Kosten ermittelt werden, die sich bei normaler Auslastung der Kapazitäten ergeben. Man erhält somit $p = (1 + \kappa)\,(l \cdot A_{voll}/Y_{R_{voll}})$ bzw. für die Vorperiode $p_{-1} = (1+\kappa)\,(l_{-1} \cdot A_{voll}/Y_{R_{voll}})$. Subtrahiert man die zweite Gleichung von der ersten und dividiert man dann durch die zweite, erhält man

$$\frac{p-p_{-1}}{p_{-1}} \equiv \dot{p} = \frac{l-l_{-1}}{l_{-1}} \equiv \dot{l}. \tag{4.49}$$

Damit ist die Hypothese über die Festsetzung der „Angebotspreise" umformuliert: Die „Angebotspreise" werden unter den gemachten Annahmen um den Prozentsatz erhöht, um den die Löhne gestiegen sind.

Zu (d): Inflationserwartungen können auch auf der Nachfrageseite Wirtschaftssubjekte zur Änderung ihrer Verhaltensweise veranlassen. Besonders für Investoren ist es wichtig, die Preisentwicklung ihrer Produkte während der ökonomischen Lebensdauer der Investitionsgüter abzuschätzen und in ihre Entscheidungen einzubeziehen. Können Unternehmer beispielsweise Investitionskredite zu einem über die ganze Laufzeit des Kredits festen Nominalzins aufnehmen, bedeuten höhere im Vergleich zu niedrigeren Inflationsraten einen Vorteil; denn der Realwert der Zinszahlungen sinkt. Die Investitionstätigkeit wird dadurch angeregt. Man kann diesen Sachverhalt bei der Aufstellung einer Hypothese über das Verhalten der Investoren berücksichtigen, indem man nicht den Nominal-, sondern den erwarteten Realzins $r^* = i - \dot{p}^*$ als Argument der *Investitionsfunktion* wählt:

$$I_R = I(r^*) = I(i-\dot{p}^*) \tag{4.50}$$

mit $\partial I/\partial r^* < 0$. Nach dieser Hypothese fragen die Unternehmen mehr Investitionsgüter nach, wenn sie glauben, davon ausgehen zu dürfen, daß die Inflationsrate stärker als der Nominalzins steigt; und sie verringern ihre Investitionstätigkeit, wenn sie ceteris paribus einen Rückgang der Inflationsrate erwarten.

Mit den unter (a) bis (d) genannten Veränderungen bzw. Ergänzungen kann das Modell aufgestellt werden, mit dessen Hilfe exemplarisch untersucht werden soll, in welcher Weise die kurzfristige Wirksamkeit der „fiscal policy" beeinflußt wird, wenn die Wirtschaftssubjekte steigende Preise erwarten. Dabei ist ein wichtiger Unterschied danach zu machen, ob die „fiscal policy" kurzfristig selbst veränderte Preiserwartungen bewirkt oder nicht. Bei adaptiver Erwartungsbildung geschieht dies nicht, wohl aber ist damit bei rationaler Erwartungsbildung zu rechnen. So sollen in das Modell zwei alternative Erwartungsbildungshypothesen aufgenommen werden.

Bei der Formulierung des folgenden Modells wird das Preisniveau stets so angegeben, daß dabei die Inflationsrate $\dot{p}$ erkennbar bleibt. Deshalb wird die Definitionsgleichung

$$\dot{p} \equiv \frac{p-p_{-1}}{p_{-1}} \quad \text{umformuliert zu}$$

$$p \equiv p_{-1}\,(1+\dot{p}). \tag{4.51}$$

Modell F:

$$Y \overset{!}{=} C + I + A_{st_R} \tag{F 1}$$

$$C_R = a + bY_{R,v} \quad ; 0 < b < 1 \tag{F 2}$$

$$Y_{R,v} \equiv Y_R - T_R \qquad \text{(F 3)}$$

$$T_R = \bar{t} \cdot Y_R \qquad ; 0 < \bar{t} < 1 \qquad \text{(F 4)}$$

Man darf, wie im Kapitel 4.3. gezeigt worden ist, $\bar{t}$ als aggregierten Parameter bezeichnen: $\bar{t} = \bar{t}_i + \bar{t}_d\,(1-\bar{t}_i)$

$$A_{st_R} = \overline{A}_{st} \qquad \text{(F 5)}$$

$$I_R = I(r^*) \qquad ; \frac{\partial I}{\partial r^*} < 0 \qquad \text{(F 6)}$$

$$r^* = i - \dot{p}^* \qquad \text{(F 7)}$$

$$L_R^T = k \cdot Y_R \qquad ; k > 0 \qquad \text{(F 8)}$$

$$L_R^S = L^S(i) \qquad ; \frac{\partial L^S}{\partial i} < 0 \qquad \text{(F 9)}$$

$$L_R \equiv L_R^T + L_R^S \qquad \text{(F 10)}$$

$$L_R \stackrel{!}{=} M_R \qquad \text{(F 11)}$$

$$M = \overline{M} \qquad \text{(F 12)}$$

$$M_R \equiv \frac{M}{p_{-1}\,(1+\dot{p})} \qquad \text{(F 13)}$$

$$\dot{l} = -\alpha u + \beta \cdot \dot{p}^* \qquad \text{(F 14)}$$

$$\dot{p}^* = \bar{\dot{p}}^* \qquad \text{(adaptive oder autoregressive Erwartensbildung)} \qquad \text{(F 15a)}$$

oder

$$\dot{p}^* = \dot{p} \qquad \text{(rationale Erwartensbildung)} \qquad \text{(F 15b)}$$

$$\dot{p} = \dot{l} \qquad \text{(F 16)}$$

$$u = h\,\frac{Y_{R_{voll}} - Y_R}{Y_{R_{voll}}} \qquad \text{(F 17)}$$

Das Modell besteht aus 17 Gleichungen und umfaßt 17 Variable: Y_R, C_R, I_R, A_{st_R}, $Y_{R,v}$, T_R, r^*, i, $\dot{p}^*$, L_R^T, L_R^S, L_R, M_R, M, $\dot{p}$, $\dot{l}$ und u. Es soll im folgenden geometrisch abgebildet und ausgewertet werden. Dabei werden zunächst die gesamtwirtschaftliche Angebots- und die gesamtwirtschaftliche Nachfragefunktion ermittelt. Diese Funktionen unterscheiden sich von den entsprechenden, bisher verwendeten Funktionen dadurch, daß als erklärende Variable nicht mehr das Preisniveau, sondern die Inflationsrate verwendet wird. Mit Hilfe des Modells F werden somit durch Zusammenfassung von Gleichungen die Funktionen $Y_R^A = f_1(\dot{p})$ und $Y_R^N = g_1(\dot{p})$ und nicht mehr – wie bisbisher – die Funktionen $Y_R^A = f_0(p)$ und $Y_R^N = g_0(p)$ spezifiziert.

4.5.2. Die gesamtwirtschaftliche Angebotskurve

Die (neue) gesamtwirtschaftliche *Angebotsfunktion* ergibt sich aus den Gleichungen (F 14), (F 16) und (F 17). Man erhält

$$\dot{p} = -\alpha \cdot h \frac{Y_{R_{voll}} - Y_R}{Y_{R_{voll}}} + \beta \cdot \dot{p}^*.$$

Daraus ergibt sich nach weiterer Umformung

(a) *bei adaptiver oder autoregressiver Erwartungsbildung*

$$Y_R^A = \left(1 + \frac{\dot{p} - \beta\bar{\dot{p}}^*}{\alpha \cdot h}\right) Y_{R_{voll}} \tag{4.52a}$$

(b) *bei rationaler Erwartungsbildung*

$$Y_R^A = \left(1 + \frac{1-\beta}{\alpha \cdot h} \cdot \dot{p}\right) Y_{R_{voll}} \tag{4.52b}$$

Zu (a): Die Beziehung (4.52a) ergibt sich auf Grund von drei Sachverhalten, die bereits ausführlich erörtert worden sind. Sie beruht *erstens* auf der Annahme, daß die Unternehmer im Rahmen einer langfristigen Planung ihre Kapazitäten so festgelegt haben, daß sie bei einem Preis p_0 die Produktionsmenge $Y_{R_{voll}}$ verwirklichen. Solange sie diesen Preis erzielen können und sich die Kosten nicht ändern ($\dot{p} = 0$; $\beta \cdot \bar{\dot{p}}^* = 0$), bieten sie die Menge $Y_{R_{voll}}$ unverändert an.

Zweitens ist früher begründet worden, daß die Unternehmer dann, wenn die Nachfrage beim Preis p_0 höher als erwartet ausfällt, kurzfristig mit Produktionserhöhungen reagieren und dazu zusätzliche Arbeitskräfte einstellen. Wegen der eintretenden Überbeschäftigung steigen die Löhne und mit ihnen die Kosten. Die Produzenten werden somit nur dann mehr anbieten, wenn sie eine entsprechende Preissteigerung realisieren können.

Drittens ist oben gezeigt worden, daß bei autonomen Lohnerhöhungen die gleiche Produktionsmenge nur bei einem entsprechend erhöhten Preis angeboten wird, d.h. nur, wenn eine entsprechende Preissteigerung durchgesetzt werden kann. Dabei ist gleichgültig, aus welchen Gründen die Löhne erhöht wurden. Zur Aufrechterhaltung der Produktion $Y_{R_{voll}}$ ist auch dann eine Preissteigerung notwendig, wenn höhere Löhne in Erwartung von Preissteigerungen vereinbart werden.

Insgesamt ergibt sich somit aus Gründen, die bereits erörtert worden sind, folgende *kurzfristige* (neue) gesamtwirtschaftliche Angebotskurve.

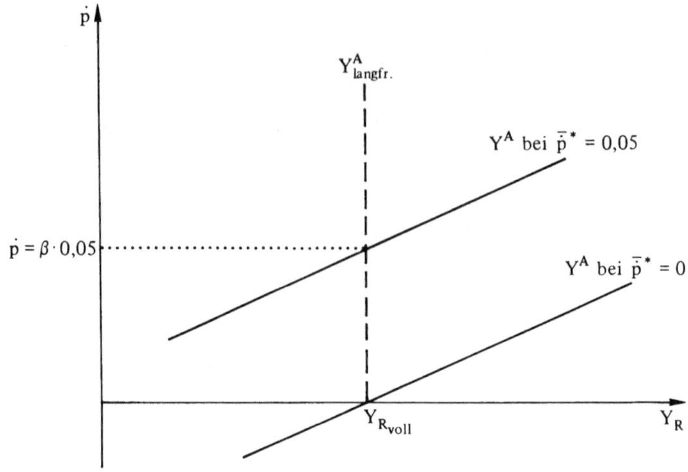

Abbildung 17: Das kurzfristige gesamtwirtschaftliche Angebot in Abhängigkeit von der Inflationsrate bei adaptiven Preiserwartungen

Zu (b): Wenn die Tarifparteien künftige Preissteigerungen exakt vorhersehen ($\dot{p}^* = \dot{p}$) und in den Lohnerhöhungen voll vorwegnehmen ($\beta = 1$), dann kann das gesamtwirtschaftliche Angebot Y^A_R das Vollbeschäftigungssozialprodukt $Y_{R_{voll}}$ nicht übersteigen; die gesamtwirtschaftliche (neue) *Angebotskurve* würde auch *kurzfristig vertikal* verlaufen. Man kann diesen Tatbestand mit Hilfe von *Abbildung 18* verdeutlichen, wenn man zunächst davon ausgeht, daß Preissteigerungen nicht erwartet werden. Ein Angebot in Höhe von Y_{R_1} würde sich dann nur einstellen, wenn eine Preissteigerung in Höhe von $\dot{p}_1$ verwirklicht werden kann. Bei rationaler Erwartungsbildung wird diese Preissteigerung jedoch vorhergesehen. Werden im gleichen prozentualen Ausmaß die Löhne erhöht ($\beta = 1$), so würde die Preissteigerung im Ausmaß von $\dot{p}_1$ geringer sein als die gesamte Lohnsteigerung, die sich aus Gründen der Überbeschäftigung und der Vorwegnahme künftiger Preissteigerungen in erhöhten Löhnen ergibt. Es ist deshalb unrealistisch anzunehmen, die Produzenten würden die Menge Y_{R_1} bei einer Preissteigerungsrate von $\dot{p}_1$ anbieten. Man kann auch nicht argumentieren, dieses Produktionsvolumen würde bei einer Inflationsrate von $\dot{p}_2$ verwirklicht; denn auch diese Inflationsrate würde vorhergesehen und entsprechende Lohnsteigerungen auslösen. Insgesamt ergibt sich somit, daß bei rationalen Preiserwartungen und voller Vorwegnahme der künftigen Preissteigerungen in den Lohnvereinbarungen die gesamtwirtschaftliche Angebotskurve auch kurzfristig vertikal im Abstand $Y_{R_{voll}}$ vom Koordinatenursprung verläuft.

Wenn die Tarifparteien künftige Preissteigerungen nicht vollständig in den Lohnerhöhungen vorwegnehmen ($\beta < 1$), sind dagegen Produktionssteigerungen über $Y_{R_{voll}}$ hinaus kurzfristig möglich. Die kurzfristige gesamtwirtschaftliche Angebotskurve ist umso steiler, je größer β ist.

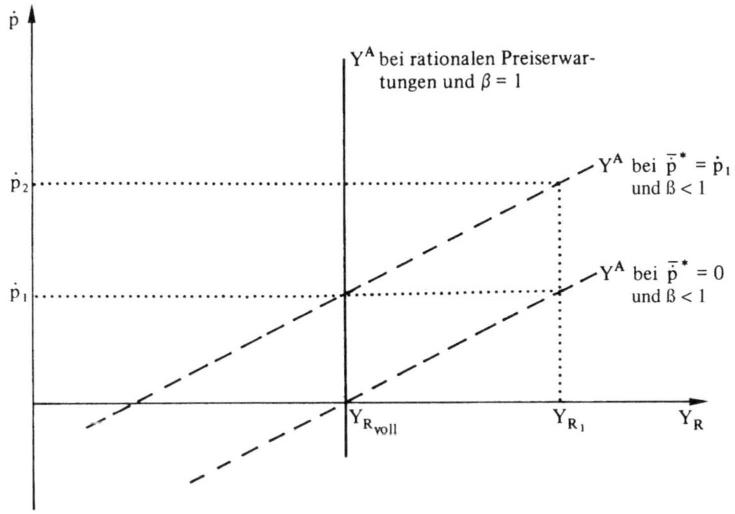

Abbildung 18: Die Abhängigkeit des gesamtwirtschaftlichen Angebots von der Inflationsrate bei rationalen Preiserwartungen

4.5.3. Die gesamtwirtschaftliche Nachfragekurve

Um die Abhängigkeit der gesamtwirtschaftlichen Nachfrage von der Inflationsrate in einer dem Kapitel 4.1 vergleichbaren Weise darstellen zu können, wird im folgenden davon ausgegangen, daß die ersten Ableitungen der Funktionen (F 6) und (F 9) konstante Parameter ergeben: $I = n \cdot r^* + \bar{I}$ und $L_R^S = m \cdot i + \bar{I}$ mit n, m < 0. Die gesamtwirtschaftliche Nachfragefunktion, die sich aus der Zusammenfassung der Gleichungen (F 1) bis (F 13) ergibt, läßt sich dann wie folgt schreiben:

$$Y_R^N = \frac{1}{1 - b \cdot (1-t) + \frac{n}{m} \cdot k} \cdot \left[(a + \bar{I} - \frac{n}{m} \cdot \bar{L}) - n \cdot \dot{p}^* + \frac{n}{m} \cdot \frac{\bar{M}}{p_{-1} \cdot (1 + \dot{p})} + \bar{A}_{st} \right] \quad (4.53)$$

Dabei sind die Hypothesen über die Erwartungsbildung unberücksichtigt geblieben. *Bei adaptiven Erwartungen* gilt (F 15a) $\dot{p}^* = \bar{\dot{p}}^*$. Setzt man das in die gesamtwirtschaftliche Nachfragefunktion (4.53) ein, erhält man auf der rechten Seite einen Ausdruck, der um so geringer ist, je höher die Inflationsrate $\dot{p}$ ist. Man erhält somit eine (neue) gesamtwirtschaftliche Nachfragekurve mit negativer Steigung *(Abbildung 19)*.

Die Kurve **verlagert** sich nach rechts, wenn

- der Staat zusätzliche Ausgaben tätigt (der letzte Summand in der eckigen Klammer von (4.53) größer wird),
- die nominale Geldmenge erhöht wird (der zweitletzte Summand wird größer) und
- eine höhere Inflationsrate erwartet wird (der drittletzte Summand ist dann größer).

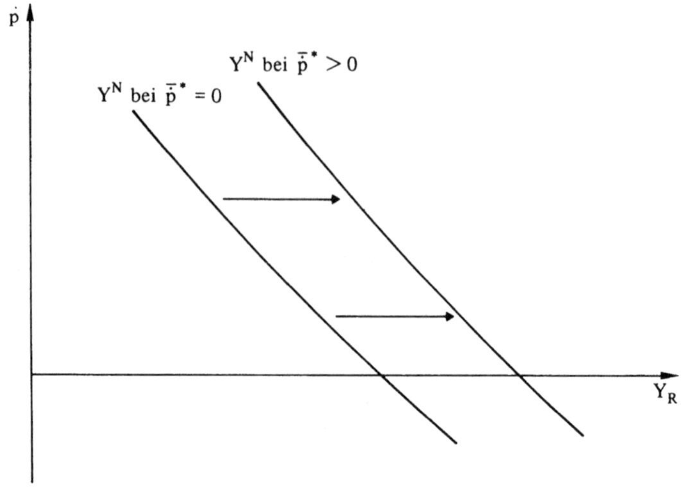

Abbildung 19: Die Abhängigkeit der gesamtwirtschaftlichen Nachfrage von der Inflationsrate bei adaptiver Erwartungsbildung

Die beiden ersten dieser drei Effekte sind bereits ausführlich erörtert worden. So ist nur noch der dritte zu erläutern. Er ergibt sich aus der Hypothese (F 6) über das Verhalten der Investoren. Höhere, von den Investoren erwartete Inflationsraten bedeuten *für sich betrachtet* einen Rückgang des realen Zinssatzes (siehe F 7) und bedingen deshalb tendenziell größere Investitionen.

Bei rationaler Erwartungsbildung ($\dot{p}^* = \dot{p}$) ist die (neue) gesamtwirtschaftliche Nachfragekurve nicht unbedingt in der gewohnten Weise mit negativer Steigung zu zeichnen. Steigende Inflationsraten üben nämlich einen dämpfenden und zugleich einen stimulierenden Effekt auf die Nachfrage aus.

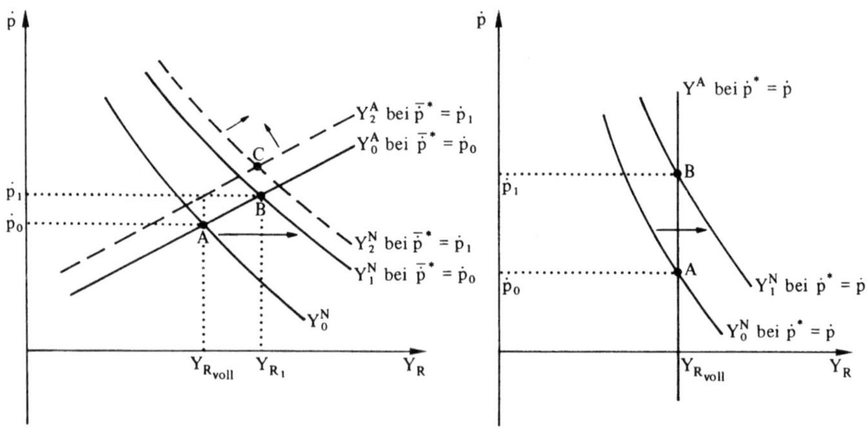

(a) . . . bei adaptiven Erwartungen *(b)* . . . bei rationalen Erwartungen

Abbildung 20: Die Auswirkungen einer expansiven „fiscal policy“

Der dämpfende Effekt, der durch den zweitletzten Summanden in der eckigen Klammer von (4.53) erfaßt wird, ergibt sich aus der folgenden, bereits früher erläuterten Wirkungskette:

$p\uparrow \rightarrow M_R\downarrow \rightarrow i\uparrow \rightarrow r^*\uparrow \rightarrow I_R\downarrow$

Der stimulierende Effekt, angezeigt durch den drittletzten Summanden in der eckigen Klammer von (4.53), läßt sich direkt mit der Hypothese (F 6) erklären:

$p\uparrow \rightarrow p^*\uparrow \rightarrow r^*\downarrow \rightarrow I_R\uparrow$

Beim Vergleich der beiden Wirkungsketten wird deutlich, daß die Investitionsgüternachfrage mit steigender Inflationsrate zurückgeht und somit die (neue) gesamtwirtschaftliche Nachfragekurve die übliche negative Steigung ausweist, wenn der Nominalzins i stärker steigt als das Preisniveau p und demzufolge der Realzins r größer wird. Umgekehrt nimmt die gesamtwirtschaftliche Nachfrage zu (= die gesamtwirtschaftliche Nachfragekurve hat eine positive Steigung), wenn das Preisniveau mehr als der Nominalzins steigt und somit der Realzins sinkt.[14]

[14] Die Steigung der gesamtwirtschaftlichen Nachfragekurve läßt sich rechnerisch ermitteln, indem man (4.53) nach $\dot p$ differenziert. Berücksichtigt man, daß $p \equiv p_{-1}(1 + p)$ und $M_R \equiv \overline{M}/p$, so erhält man

$$\frac{dY_R}{d\dot p} = \frac{1}{N}\left[\frac{n}{m}\cdot\frac{dM_R}{d\dot p} - n\right]$$, wobei N der Faktor vor der eckigen Klammer in (4.53) ist.

Die Steigung der gesamtwirtschaftlichen Nachfragekurve ist negativ

$$\left(\frac{dY_R^N}{dp} < 0\right), \text{ wenn } \frac{n}{m}\cdot\frac{dM_R}{d\dot p} - n < 0.$$

Dividiert man diese Ungleichung durch n und berücksichtigt man, daß n negativ ist, erhält man als Bedingung für eine negative Steigung

$$(^*)\quad -\frac{1}{m}\;\frac{dM_R}{d\dot p} + 1 < 0.$$

Der bei steigenden Preisen eintretende Mehrbedarf an realer Transaktionskasse kann bei gegebener nominaler Geldmenge nur aus der Spekulationskasse gedeckt werden. So muß gelten $dL^S = dM_R$. Ein solcher Abbau der Spekulationskasse ergibt sich jedoch nur bei einer Zinserhöhung von di, denn $dL_R^S = (\partial L^S/\partial ti)\, di$. Setzt man die rechte Seite dieser letzten Gleichung in (*) ein, so erhält man als Bedingung für eine negative Steigung (beachte: $m = \partial L^S/\partial i$)

$$-\frac{di}{d\dot p} + 1 < 0 \text{ bzw.}$$

$$(di - d\dot p) = dr > 0$$

Die gesamtwirtschaftliche Nachfrage geht somit bei steigender Inflationsrate dann zurück, wenn die Preissteigerungen zu einer überproportionalen Erhöhung des Nominalzinssatzes führen.

4.5.4. Die Wirkungen der „fiscal policy"

Mit Hilfe der gesamtwirtschaftlichen Angebots- und Nachfragekurven lassen sich die Wirkungen der „fiscal policy" ermitteln. Dabei soll zwischen (a) expansiven Maßnahmen zur Erhöhung von Sozialprodukt und Beschäftigung und (b) kontraktiven Maßnahmen zur Bekämpfung einer Inflation unterschieden werden.

(a) Expansive Maßnahmen

Zur Analyse der Auswirkungen expansiver Maßnahmen sei von einem Gleichgewichtszustand ausgegangen, der in der *Abbildung 20* durch den Punkt A angezeigt wird.

Tätigt der Staat zusätzliche Ausgaben oder senkt er die Steuern, so erhöht sich die gesamtwirtschaftliche Nachfrage. In den *Abbildungen 20a* und *b* wird dieser Sachverhalt durch Verschiebung der Nachfragekurve aus der mit Y_0^N in die mit Y_1^N bezeichneten Lage angegeben. Bei *adaptiver oder autoregressiver Erwartungsbildung (Abbildung 20 a)* ergibt sich eine Sozialprodukterhöhung auf Y_{R_1}; auch die Inflationsrate steigt (von $\dot{p}_0$ auf $\dot{p}_1$); diese Situation wird durch den Punkt B verdeutlicht.

Zu beachten ist, daß hiermit nur die kurzfristigen Wirkungen der „fiscal policy" ermittelt worden sind. Der Anstieg der Inflationsrate von $\dot{p}_0$ auf $\dot{p}_1$ beeinflußt nämlich die Preiserwartungen. So verschieben sich in der Folgeperiode sowohl die gesamtwirtschaftliche Angebots- als auch die gesamtwirtschaftliche Nachfragekurve[15] nach oben, und es ergibt sich ein neuer Schnittpunkt C. Die Inflationsrate erhöht sich weiter. Dies wiederum beeinflußt die Preiserwartungen für die sich dann anschließenden Perioden. Es setzt somit ein Prozeß ein, der durch immer weitere Kurvenverschiebungen dargestellt werden kann. Es läßt sich zeigen, daß am Ende dieses Prozesses ein neues Gleichgewicht erreicht wird, in dem das Sozialprodukt gegenüber dem Ausgangsgleichgewicht unverändert ist, die Inflationsrate dagegen deutlich höher liegt. Die „fiscal policy" muß somit kurzfristige Erfolge in Form von Sozialproduktsteigerungen durch Inkaufnahme einer langanhaltenden höheren Inflationsrate „bezahlen".

Bei *rationaler Erwartungsbildung* und voller Vorwegnahme der erwarteten Preissteigerungsraten in höheren Löhnen ($\beta = 1$) (Punkt B in *Abbildung 20b*)[16] ergeben sich nicht einmal die kurzfristigen Erhöhungen des Sozialprodukts. Der Staat bewirkt mit seinen Maßnahmen lediglich eine Erhöhung der Inflationsrate.

Die im Abschnitt (a) vorgetragenen Überlegungen lassen sich zusammenfassen zu dem

Lehrsatz 17:
Haben die Tarifparteien rationale Erwartungen und nehmen sie in den Lohnerhöhungen künftige Preissteigerungen vollständig vorweg, so kann die „fiscal policy" ein größeres Sozialprodukt nicht bewirken. Bei adaptiver Erwartungsbildung ist eine Sozialproduktsteigerung möglich, aber nur kurzfristig und nur bei Inkaufnahme stärkerer Inflation.

---

[15] Es ist unterstellt worden, daß $\dot{p}^* = \dot{p}_1$.

[16] In der Abbildung ist unterstellt worden, daß steigende Preise zu einer überproportionalen Erhöhung des nominalen Zinssatzes führen. Deshalb darf die gesamtwirtschaftliche Nachfragekurve mit negativer Steigung gezeichnet werden.

Bei der Bewertung dieses Lehrsatzes sind **zwei Aspekte** wichtig: *Erstens* kann man nicht davon ausgehen, daß die korrekt erwarteten Preissteigerungen vollständig in erhöhten Löhnen vorweggenommen werden (daß also $\beta = 1$); Löhne werden nämlich vielfach für längere Perioden vertraglich festgelegt. So beträgt beispielsweise die Laufzeit der meisten Tarifverträge ein Jahr. Die kurzfristige Angebotskurve verläuft dann keineswegs vertikal. So bleibt der „fiscal policy" bei rationaler ähnlich wie bei adaptiver Erwartungsbildung kurzfristig Spielraum zur Erhöhung des Sozialprodukts.

Zweitens ist zu beachten, daß rationale Erwartungen nicht durchweg vorherrschen. Entgegen der von vielen sog. Monetaristen vertretenen Ansicht, daß die Wirtschaftssubjekte ihre Erwartungen rational bilden, stützt nämlich die empirische Literatur die Hypothese, daß Erwartungen häufig adaptiv gebildet werden. Gleichwohl sollte sich die „fiscal policy" auf die mit dem Lehrsatz angezeigten Gefahren einstellen. Dazu ist es u.a. erforderlich, nicht jede Maßnahme lange vorher anzukündigen, sondern dafür Sorge zu tragen, daß bestimmte Maßnahmen ohne große Verzögerungen ergriffen werden können.

(b) Inflationsbekämpfung

Um die Möglichkeiten aufzuzeigen, welche die „fiscal policy" bei der Bekämpfung einer Inflation hat, soll die *Abbildung 21* ausgewertet werden. In der durch den Punkt A dargestellten Situation beträgt die Inflationsrate $\dot{p}_0$. Sie werde von der Bevölkerung als zu hoch erachtet. Deshalb wolle die Regierung die Rate auf $\dot{p}_1$ senken. Sie kann dies auf zwei Wegen zu erreichen suchen.

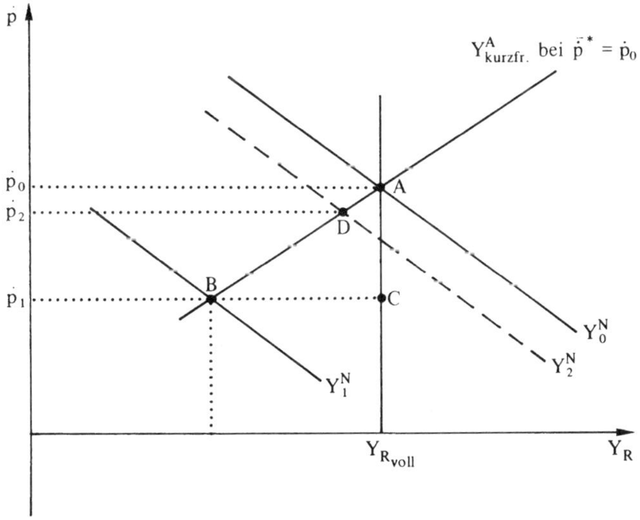

Abbildung 21: Inflationsbekämpfung durch „fiscal policy"

Einmal kann sie Ausgaben derart senken und Steuern derart erhöhen, daß die gesamtwirtschaftliche Nachfrage plötzlich und drastisch sinkt *(Schocktherapie)*. Das ist in der *Abbildung 21* durch Verschiebung der Nachfragekurve in die durch Y^N_1 gekennzeichnete Lage verdeutlicht worden. Bei adaptiver oder autoregressiver Erwartungsbildung ergibt sich dann die durch den Punkt B charakterisierte Situation: Die Maßnahmen haben nicht nur zu dem angestrebten Rückgang der Inflationsrate, sondern auch des

Sozialprodukts und der Beschäftigung geführt. Zwar wird die Arbeitslosigkeit wieder abgebaut, wenn auf Grund der gesunkenen Inflationsrate sich auch die Inflationserwartungen ändern;[17] aber sie mag als ein zu hoher Preis für die erfolgreiche Inflationsbekämpfung angesehen werden.

Zum anderen kann sich die Regierung für eine Therapie des *Gradualismus* entscheiden. Dann werden die realen Ausgaben über einen längeren Zeitraum hinweg von Jahr zu Jahr nur geringfügig gesenkt. In *Abbildung 21* ist das dargestellt worden, indem die gesamtwirtschaftliche Nachfragekurve zunächst nur in die Lage Y_2^N verschoben worden ist. Zwar stellt sich eine nur geringfügige Senkung der Inflationsrate ein (von $\dot{p}_0$ auf $\dot{p}_2$), aber auch die eintretende Arbeitslosigkeit hält sich in Grenzen.

In den Folgeperioden verschiebt sich die Nachfragekurve weiter nach unten, wenn der Staat an seinem Programm der langsamen Ausgabenkürzung festhält und weil geringere Inflationsraten erwartet werden (nicht eingezeichnet); aber auch die kurzfristige gesamtwirtschaftliche Angebotskurve verlagert sich wegen der Erwartung einer Inflationsverlangsamung nach unten. So können die Schnittpunkte zwischen den jeweiligen Periodenkurven des Angebots und der Nachfrage nie weit von der vertikalen langfristigen Angebotskurve entfernt sein.

Übungsaufgabe 16

Vor welchen Problemen steht die „fiscal policy", wenn die Bürger Inflationserwartungen haben?
Wie können diese Probleme überwunden werden?

4.6. „Fiscal policy" bei Angebotsschocks und nachfolgender Trägheitsinflation

„Fiscal policy" ist eine Politik der Steuerung der gesamtwirtschaftlichen Nachfrage („demand management")[18]; es wird ihr die Fähigkeit zugeschrieben, die gesamtwirtschaftliche Nachfrage zu beeinflussen und dadurch einen Beitrag zur Erreichung von Vollbeschäftigung und Preisniveaustabilität zu leisten. Ihr werden demzufolge hohe Erfolgschancen zugemessen, wenn Arbeitslosigkeit oder hohe Preissteigerungsraten nachfragebedingt sind, d.h. auf zu geringer bzw. zu hoher gesamtwirtschaftlicher Nachfrage beruhen. Dabei wird nicht geleugnet, daß die Wirksamkeit der „fiscal policy" auch von den jeweils gegebenen Angebotsverhältnissen abhängig ist (wie in Kapitel 4.3 dargelegt worden ist) und diese sogar im Hinblick auf die ihr gesetzten Ziele positiv (Kapitel 4.4) oder negativ (Kapitel 4.5) beeinflussen kann.

Abweichungen vom Vollbeschäftigungs- und vom Stabilitätsziel müssen nicht nachfragebedingt sein. Sie können ihre Ursache auch in veränderten Angebotsverhältnissen

[17] Es verschieben sich dann die Y^A- und Y^N-Kurven nach unten. Die jeweiligen Schnittpunkte sind Zwischenstationen eines Anpassungsprozesses. Wenn er ausgelaufen ist, wird wieder ein Sozialprodukt in Höhe von $Y_{R_{voll}}$ produziert.

[18] „Demand management" ist ein wichtiges Element der Globalsteuerung. Dieser werden auch die Wechselkurspolitik, die Geldpolitik und die „konzertierte Aktion" zugerechnet.

haben, die durch Verschiebungen der gesamtwirtschaftlichen Angebotskurve angezeigt werden. Es ist deshalb zu prüfen, ob die „fiscal policy" in diesem Fall zur Wiedergewinnung von Vollbeschäftigung oder Preisniveaustabilität beitragen kann.

Veränderungen der Angebotsverhältnisse können unterschiedliche Ursachen haben. Das soll im folgenden anhand von zwei Beispielen verdeutlicht werden. Dabei wird auf die *kurzfristige* gesamtwirtschaftliche Angebotskurve zurückgegriffen, die oben (vgl. S. 88ff.) abgeleitet und erörtert worden ist:

$$p(1-t_i) = (1+\kappa)\left[\frac{l \cdot A}{Y_R} + \frac{p_{Im} \cdot R}{Y_R}\right] \quad (4.12)$$

Für die folgenden Überlegungen ist es ohne Belang, ob die Unternehmer die Preiskalkulation auf Basis der tatsächlichen Durchschnittskosten – dies wird in (4.12) unterstellt oder derjenigen bei Normalauslastung der Kapazitäten durchführen. In der Angebotsfunktion (4.12) wäre dann $(l \cdot A)/Y_R$ durch $(l \cdot A_{voll})/Y_{R_{voll}}$ zu ersetzen.

(1) Im ersten Beispiel wird angenommen, daß sich die *Produktionsbedingungen* verschlechtern. Man kann dabei an eine geringere Leistungsbereitschaft der Beschäftigten, an schlechtere Wetterverhältnisse oder an die Erschöpfung von Lagerstätten nicht regenerierbarer Rohstoffe denken. Infolge dieser Ereignisse geht die Durchschnittsproduktivität der Arbeit zurück: $A/Y_R\uparrow$. Bei Kalkulation auf Grundlage der Durchschnittskosten bei Normalauslastung erhält man den gleichen Effekt: die Durchschnittsproduktivität bei Normalauslastung der Kapazitäten geht zurück $A_{voll}/Y_{R_{voll}}\uparrow$.

Die Unternehmer reagieren auf die hierdurch ausgelöste Steigerung der durchschnittlichen variablen Kosten mit Preiserhöhungen; die gesamtwirtschaftliche Angebotskurve wird in *Abbildung 22* nach oben verschoben.

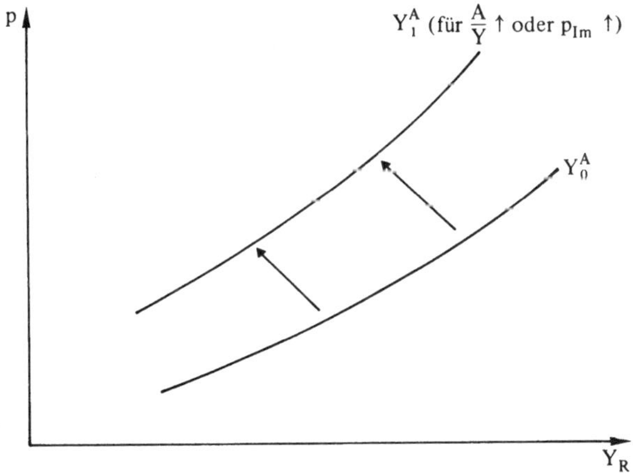

Abbildung 22: Veränderungen der Angebotsverhältnisse: Verschlechterung der Produktionsbedingungen, höhere Preise importierter Rohstoffe

Die Verschlechterung der Produktionsbedingungen kann erheblich sein und unerwartet auftreten, so bei wetterbedingten Ernteausfällen (man denke an die Getreidemißernten in der Welt Anfang der 70er Jahre) oder einen nicht vorhersehbaren längeren Generalstreik. Man spricht in diesen Fällen von (negativen) *„Angebotsschocks"*⁺: Die gesamtwirtschaftliche Angebotskurve verschiebt sich dann ruckartig nach links.

(2) Das zweite Beispiel behandelt die *Erhöhungen der Preise importierter Rohstoffe* und ruft die beiden Energiekrisen von 1973 und 1979 in Erinnerung. Da die Unternehmer kurzfristig nicht mit einer Verringerung der Rohstoffquote R/Y_R um den Prozentsatz, um den p_{Im} gestiegen ist, reagieren können, steigen die durchschnittlichen Rohstoffkosten. Diese Kostensteigerung bedingt Preiserhöhungen. Als Konsequenz ergibt sich wie im ersten Beispiel eine Verschiebung der gesamtwirtschaftlichen Angebotskurve nach oben. Bei der Anfertigung der *Abbildung 22* ist unterstellt worden, daß die Angebotskurve nach beiden Schocks die gleiche, mit Y_1^A gekennzeichnete Lage einnimmt.

Wenn die Verschlechterung der Angebotsverhältnisse keine einmalige und vorübergehende Erscheinung ist, muß auch die langfristige (vertikale) gesamtwirtschaftliche Angebotsfunktion verschoben werden. Das sei mit Hilfe der folgenden Abbildung beispielhaft gezeigt. Im Teildiagramm ① ist die Produktionsfunktion der Volkswirtschaft eingezeichnet (vgl. dazu *Abbildung 12* auf Seite 86 und die dazu gegebenen Erläuterungen). Bei einer Verschlechterung der Produktionsbedingungen (z.B. bei einer Abnahme der Leistungsbereitschaft der im Produktionsbereich tätigen Personen) muß die Kurve nach links (oben) verschoben werden. Das hat Konsequenzen für die Nachfrage der Unternehmen nach Arbeit: Die A^N-Kurve im Teildiagramm ② verlagert sich nach links. Das neue Gleichgewicht auf dem Arbeitsmarkt wird durch den Punkt N angegeben. Ihm entspricht ein neues Vollbeschäftigungssozialprodukt ($Y_{R_{voll_1}}$ in Teildiagramm ③).

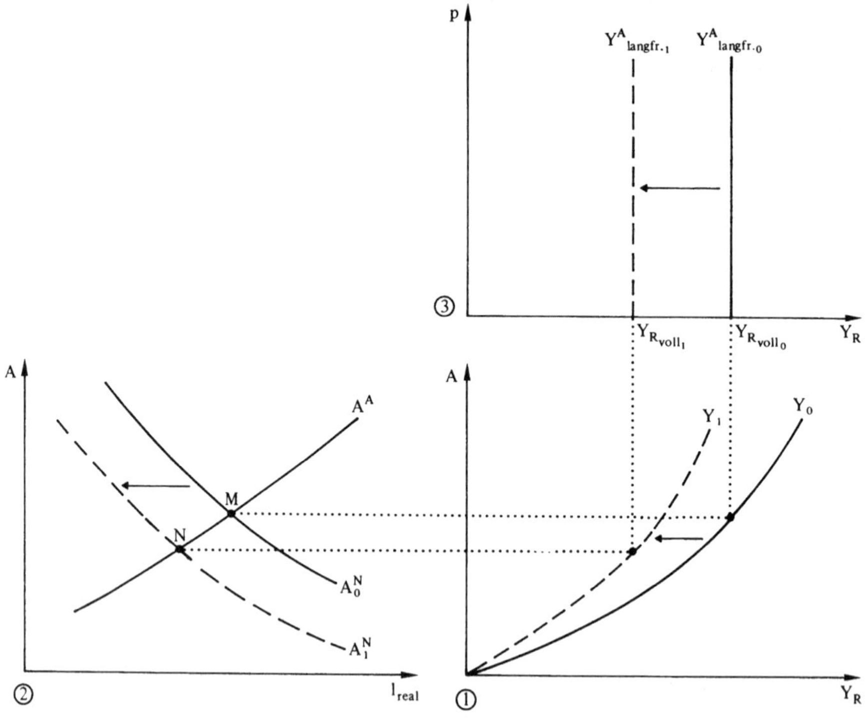

Abbildung 23: Langfristig anhaltende Verschlechterung der Angebotsverhältnisse in einer Volkswirtschaft

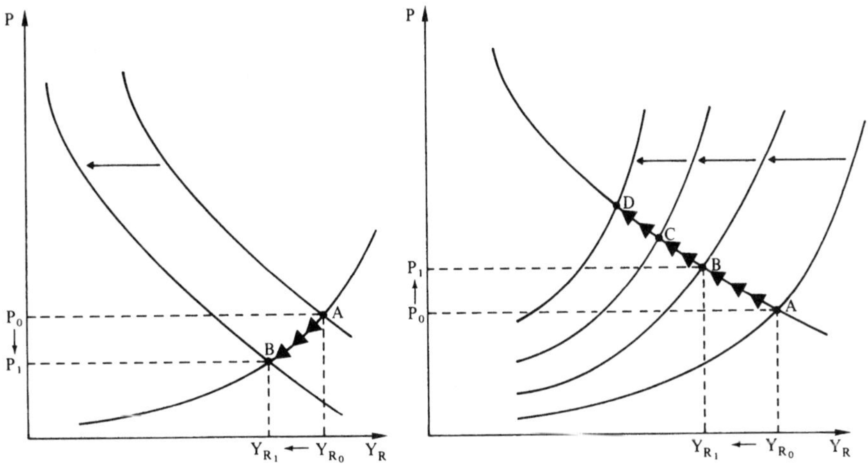

(a) Nachfragebedingte Zielabweichungen

(b) Angebotsbedingte Zielabweichungen

Abbildung 24: Nachfrage- und angebotsbedingte Abweichungen von den Zielen der „fiscal policy“ im Vergleich.

Im Vergleich mit einem Rückgang der gesamtwirtschaftlichen Nachfrage bedeutet ein (negativer) Angebotsschock eine **doppelte Erschwernis für die „fiscal policy“.** Sie soll mit Hilfe der *Abbildung 24* erörtert werden.

Bei konjunkturellen Nachfrageänderungen sieht sich der Staat im Hinblick auf die Erreichung eines der beiden Hauptziele der „fiscal policy“, Vollbeschäftigung und Preisniveaustabilität, stets entlastet, wenn die Volkswirtschaft weiter von dem anderen Ziel abrückt. So führt beispielsweise eine Verminderung der gesamtwirtschaftlichen Nachfrage zwar zu einem Beschäftigungseinbruch, gleichzeitig ergeben sich aber tendenziell Preissenkungen (vgl. *Abbildung 24a).* Bei einem Angebotsschock dagegen treten Abweichungen von beiden Zielen *gleichzeitig* auf. Es entsteht *Arbeitslosigkeit,* und zugleich *erhöht sich das Preisniveau* (vgl. dazu den Übergang von Punkt A nach Punkt B in *Abbildung 24b).*

Es ist oben (im Kapitel 4.2 auf den Seiten 90ff.) erläutert worden, daß bei Eintritt von Arbeitslosigkeit Anpassungsprozesse auf dem Arbeitsmarkt einsetzen, die zwar langsam verlaufen, aber durch den sie kennzeichnenden Rückgang von Löhnen und Preisen Vollbeschäftigung schließlich wieder herbeiführen. Entsteht Arbeitslosigkeit als Folge von Angebotsschocks, laufen diese Anpassungsprozesse erfahrungsgemäß nicht oder nur mit großen Verzögerungen ab. Dies hat seinen Grund darin, daß die mit dem Angebotsschock einhergehende Preissteigerung einen *Prozeß weiterer Preiserhöhungen auszulösen pflegt.* Dieser Prozeß entsteht deshalb, weil sich die verschiedenen am Wirtschaftskreislauf beteiligten Gruppen mit ihren Vorstellungen über eine angemessene, gerechte Einkommensverteilung nicht sofort auf veränderte Knappheiten einstellen, vielmehr träge an diesen Vorstellungen festhalten. So nehmen die verschiedenen Gruppen in der Regel nicht tatenlos hin, daß sich knapper gewordene Produkte relativ stark verteuern und diese Verteuerung über damit verbundene Mehrausgaben zu einer Minderung ihres Lebensstandards führt. Sie suchen vielmehr ihren Realeinkommensverlust durch eine entsprechende Erhöhung der Nominallöhne bzw. der Preise eigener Produkte auszugleichen. Es entsteht ein inflationärer Prozeß, der *Träg-*

heitsinflation⁺ genannt wird. Die kurzfristige, gesamtwirtschaftliche Angebotskurve verschiebt sich nach oben (vgl. *Abbildung 24b,* Übergang von B nach C, von C nach D usw.). Mit den Preissteigerungen erhöht sich auch die Arbeitslosigkeit: *Stagflation*⁺ (*Stag*nation und In*flation*) breitet sich aus.[19]

Wenn die „fiscal policy" auf die Angebotsstörung und ihre Folgeerscheinungen mit Maßnahmen zur Belebung der gesamtwirtschaftlichen Nachfrage ($\Delta A_{st_R} > 0$, $\Delta t < 0$) reagiert, um dadurch die eingetretene Arbeitslosigkeit wieder zu beseitigen, wird sie *weitere Preissteigerungen* auslösen. In *Abbildung 24b* würden diese sichtbar werden, wenn die gesamtwirtschaftliche Nachfragekurve nach rechts verschoben würde, bis sie die in der jeweiligen Situation geltende Angebotskurve beim Sozialprodukt Y_{R_0} schneiden würde (um die *Abbildung 24b* übersichtlich zu halten, ist diese gesamtwirtschaftliche Nachfragekurve nicht eingezeichnet worden). Solche Preissteigerungen können unannehmbar sein, zumal dann, wenn die Tarifpartner ihre Erwartungen „rational" bilden und auf das Beschäftigungsprogramm des Staates mit Lohnerhöhungen reagieren; die Arbeitslosigkeit kann dann nicht beseitigt werden (vgl. Kapitel 4.5).

Würde die „fiscal policy" umgekehrt zur Dämpfung des Preisauftriebs die gesamtwirtschaftliche Nachfrage zu verringern suchen, würde dadurch die Arbeitslosigkeit noch vergrößert werden. Auch dies mag von der Gesellschaft als nicht hinnehmbar betrachtet werden.

Angebotsschocks können die „fiscal policy" somit in ein *Dilemma* versetzen: Maßnahmen zur Belebung wie auch solche zur Verringerung der gesamtwirtschaftlichen Nachfrage könnten wegen unerwünschter Konsequenzen hinsichtlich des Stabilitäts- oder aber des Beschäftigungsziels von der Gesellschaft abgelehnt werden. Dieses Ergebnis bedeutet nicht, daß die „fiscal policy" zur Bekämpfung von Arbeitslosigkeit und Inflation ausfallen und untätig bleiben muß. Sie hat vielmehr eine Doppelaufgabe zu erfüllen. Einmal hat sie sich harmonisch in eine Wirtschaftspolitik einzufügen, die sich die Verbesserung der Angebotsverhältnisse (die Verschiebung der gesamtwirtschaftlichen Angebotskurve nach rechts) zum Ziel setzt. Einer solchen angebotsorientierten Politik geht es um die Verbesserung des Anreizsystems einer Volkswirtschaft, das heißt um eine Verstärkung von Anreizen zu höherer Leistungsbereitschaft der Arbeitsbevölkerung, zu größerer Risikobereitschaft, zu vermehrtem Sparen, zu stärkerer Investitionstätigkeit, zur Beschleunigung des technischen Fortschritts, zur Auslösung von Substitutionsprozessen (z. B. Energieeinsparungen) usw. Eine solche Politik greift somit weit über die „fiscal policy" hinaus; sie umfaßt die Ordnungspolitik ebenso wie die Forschungspolitik, die Wettbewerbs- ebenso wie die Einkommenspolitik, die Energie- ebenso wie Sozialpolitik. Bei der „fiscal policy" kommt es darauf an, im Rahmen eines abgestimmten Konzepts steuerliche Maßnahmen zu ergreifen, die starke Substitutionseffekte haben und – wie im Kapitel 4.4 (S. 108ff.) dargelegt worden ist – nicht nur die gesamtwirtschaftliche Nachfragekurve, sondern auch (wenigstens mittelfristig) die gesamtwirtschaftliche Angebotskurve nach rechts verschieben.

Zum andern hat die „fiscal policy" dann, wenn die im Rahmen der angebotsorientierten Wirtschaftspolitik insgesamt geschaffenen Anreize Wirkung zeigen, dafür Sorge

---

[19] Die Schwierigkeiten, vor die sich in dieser Situation die „fiscal policy" gestellt sieht, mögen durch die Gefahr des Eintritts einer „Kapitalmangelarbeitslosigkeit" noch größer werden. Wenn beispielsweise auf Grund starker ausländischer Konkurrenz Lohnerhöhungen, die in diesem Prozeß entstehen, nicht auf die Preise überwälzt werden können, mögen sich jene Verzerrungen in den Preisrelationen einstellen, die Kapitalmangelarbeitslosigkeit verursachen (vgl. Kapitel 4.2.1, S. 80).

zu tragen, daß nicht aus Mangel an entsprechender gesamtwirtschaftlicher Nachfrage die Verbesserung der Angebotsverhältnisse ohne Einfluß auf den Beschäftigungsgrad bleibt. Die Notwendigkeit der Nachfragesteuerung durch „fiscal policy" bleibt bestehen, auch wenn „Angebotsschocks" es – wenigstens vorübergehend – erforderlich machen, der Angebotsseite der Volkswirtschaft besondere Aufmerksamkeit zu widmen.

Übungsaufgabe 17

Vor welche Schwierigkeiten sieht sich die „fiscal policy" bei Eintreten von Angebotsschocks gestellt?

Literaturhinweise zum 4. Kapitel

a. Grundlegende Literatur zu diesem Kapitel sind jene makroökonomischen Lehrbücher, die den Angebotsverhältnissen der Volkswirtschaft besondere Aufmerksamkeit widmen, beispielsweise:

Rüdiger Dornbusch, Stanley Fischer, a. a. O., S. 223–314,
Helge Majer, Gesamtwirtschaftliche Angebots-Nachfrageanalyse, Tübingen 1982,

sowie der Überblick über die Probleme der „fiscal policy" in den 70er Jahren bei

James Tobin, Stabilization Policy Ten Years After, „Brookings Papers on Economic Activity", Heft 1/1980, S. 19–71,
und in den neunziger Jahren bei
H. J. Grossman, American Fiscal Policy in the 1990's, „Economic Notes", 24 (2), 1995, S. 231–238.

b. Literaturhinweise zu den Unterabschnitten:

b.1. Zur gesamtwirtschaftlichen Nachfragekurve siehe
Rüdiger Dornbusch, Stanley Fischer, a. a. O., S. 227–238.

b.2. Einen Überblick über die Grundannahmen der unterschiedlichen makroökonomischen Theorien gibt
Hans J. Ramser, Stand und Entwicklungsperspektiven der Konjunkturtheorie, in: M. Timmermann (Hrsg.), Nationalökonomie morgen, Stuttgart usw. 1981, S. 27–58,

und, weiterführend,

Oliver Landmann, Die Stabilisierungspolitik im Spannungsfeld von Gleichgewichts- und Ungleichgewichtstheorie, „Kyklos", Vol. 35 (1982), S. 3–38.

Eine kurze vergleichende Darstellung der Implikationen der konkurrierenden makroökonomischen Theorien und eine empirische Überprüfung siehe bei

Jerome L. Stein, Monetarist, Keynesian, and the New Classical Macroeconomics, „American Economic Review", Vol. 71 (1981), Papers and Proceedings, S. 139–144.

Eine Einführung in die „Neue Keynesianische Makroökonomik" bieten

Harald Gerfin, Joachim Möller, Neue Makroökonomische Theorie, „WiSt", 4/1980, S. 153–160.
dieselben, Neue Makroökonomik, Wirtschaftspolitische Schlußfolgerungen und kritische Einschätzung, „WiSt", 5/1980, S. 201–206,

Gerhard Schmitt-Rink, Rationierung und Rationierungsgleichgewicht. Der Beitrag der neuen Makroökonomik, „Wisu", 1/1981, S. 33–38.

Die neuere Entwicklung stellen dar

N. G. Mankiw et al., Keynesian Economics Today, „Journal of Economic Perspectives“, Vol. 7, 1993.

Als grundlegende Literatur wird für das weitere Studium empfohlen

Robert J. Barro, Herschel I. Grossmann, Money, Employment and Inflation, Cambridge 1976, insbes. Kap. 2,
Edmond Malinvaud, The Theory of Unemployment Reconsidered, Oxford 1977,
Volker Böhm, Preise, Löhne und Beschäftigung, Tübingen 1980.

Einen Überblick über die „Neue Klassische Makroökonomik“ gibt

Bennett T. Mc Callum, Rational Expectations and Macroeconomic Stabilization Policy, „Journal of Money, Credit, and Banking“, Vol. 12 (1980), S. 716–746.

Grundlegend ist

Thomas J. Sargent, Neil Wallace, Rational Expectations and the Theory of Economic Policy, „Journal of Monetary Economics“, Vol. 2 (1976), S. 169–183.

Zu anderen monetaristischen Argumenten gegen die „fiscal policy“ siehe

Dieter Cansier, Einwände gegen die Wirksamkeit der Fiskalpolitik. Ein Beitrag zur Kontroverse zwischen Keynesianern und Monetaristen, „Kredit und Kapital“, Bd. 10 (1977), S. 45–64.

Zur Kapitalmangelarbeitslosigkeit siehe

Herbert Giersch (Hrsg.), Capital Shortage and Unemployment in the World Economy, Tübingen 1978,
Edmond Malinvaud, Profitability and Unemployment, Cambridge 1980,
Edmond Malinvaud, Wages and Unemployment, „Economic Journal“, Vol. 92 (1982), S. 1–12.

b.3. Der Abschnitt 4.3 kann mit Hilfe der oben unter a. sowie der zu Kapitel 3 genannten Lehrbücher nachgearbeitet werden. Eine weiterführende Analyse der Auswirkungen von Umsatzsteuererhöhungen unternehmen

Joachim Fronia, Auswirkungen von Umsatzsteuererhöhungen auf Preise, Produktion und Beschäftigung, Tübingen 1982.
J. Madsen, D. Damania, The Macroeoconomic Effects of a Switch from Direct to Indirect Taxes. An Empirical Assessment, „Scottish Journal of Political Economy, Vol. 43 (5), 1996, S. 566–578.

b.4. Die mikroökonomische Analyse der Anreizeffekte kann anhand der Lehrbücher, die am Schluß dieses Lehrbuchs aufgeführt werden, nachgearbeitet werden. Dem Studenten, der mit der mikroökonomischen Analysetechnik vertraut ist, sei zusätzlich empfohlen, die Ausführungen zu den Anreizeffekten nachzulesen bei

Anthony B. Atkinson, Joseph E. Stiglitz, Lectures on Public Economics, Maidenhead usw. 1980, S. 23–127.

Eine Einordnung der Anreizeffekte von Steueränderungen in makroökonomische Zusammenhänge nehmen bereits vor

Walter Wittmann, Staatliche Aktivität, Wirtschaftliche Entwicklung und Preisniveau, Zürich 1965,
Manfred Rose, a. a. O., S. 174–188.

Wie verschiedene Möglichkeiten einer Senkung der Einkommensteuerbelastung auf das Arbeitsangebot und die Beschäftigung (in den Niederlanden) wirken, untersucht

G. M. M. Gelauff, Taxation and Employment, „Public Finance“, Vol 48 (1993), S. 378–405.

Mit dem Einfluß von Steuern auf das Sparverhalten und die Bereitschaft, Risiken einzugehen, beschäftigt sich speziell:

Agnar Sandmo, The Effects of Taxation on Savings and Risk Taking, in: Alan J. Auerbach, *Martin Feldstein* (Eds.), Handbook of Public Economics, Vol. I, Amsterdam, New York, Oxford, 1985, S. 265–311.

Zum Problem eines Wettbewerbs der Steuersysteme in einer weiterentwickelten Europäischen Union gibt eine leicht verständliche Übersicht:

Hans-Werner Sinn, Implikationen der vier Grundfreiheiten für eine nationale Fiscalpolitik, „Wirtschaftsdienst", 75. Jg. (1995), S. 240–249.

Eine knapp gefaßte Ableitung des Einflusses der Preiselastizität der gesamtwirtschafltichen Nachfrage auf die Wirkungen der „fiscal policy" im Rahmen steuerlicher Anreize findet sich bei:

Ben L. Kyer, Gary E. Maggs, Supply Side Economics and the Price Level Elasticity of Aggregate Demand. „Public Finance Quarterly", Vol 24 (1996), S. 88–98.

Sogenannte „Angebotsorientierte Makro-Modelle" können studiert werden bei

Arthur B. Laffer, Marc A. Miles, International Economics in an Integrated World, Glenview, Ill., 1982, S. 151–182,
Victor A. Canto, Douglas H. Joines, Arthur B. Laffer, Tax Rates, Factor Employment, and Market Production, in: L.H. Meyer (Ed.), The Supply-Side Effects of Economic Policy, St. Louis 1981, S. 3–32.

Einen Überblick gibt

Willi Semmler, Von der Nachfrage- zur Supply-Side-Orientierung, „WSI Mitteilungen", Bd. 10 (1981), S. 585–596.

Den speziellen Fall eines zinsabhängigen gesamtwirtschaftlichen Angebots untersucht

Hiroya Akiba, Fiscal Policy and Interest-Sensitive Aggregate Supply Price with Price and Exchange Rate Expectations, „Public Finance", Vol. 48 (1993), S. 171–187.

b.5. Zur Nacharbeitung der Probleme, vor die rationale Erwartungen der Arbeitmarktparteien die „fiscal policy" stellen, eignen sich besonders

Manfred J.M. Neumann, Stabilisierungspolitik bei rationalen Erwartungen, „WiSt", Heft 3/1981, S. 111–115,
Hans J. Ramser, Rationale Erwartungen und Wirtschaftspolitik, „Zeitschrift für die gesamte Staatswissenschaft", Bd. 134 (1978), S. 57–71.

Abhängig von den Preiserwartungen der Wirtschaftssubjekte erläutern unterschiedliche Wirkungen von Maßnahmen der „fiscal policy":

Ulrich Fehl, Geld- und Fiskalpolitik bei unterschiedlichen Erwartungen. Einige Modellüberlegungen zur Erklärung der Interaktion zwischen Güter- und Faktormarkt, „WiSt", 23. Jg. (1994), S. 276–284.
Christopher Schneider, Jürgen Siebke, Ankündigungseffekte der Geld- und Fiskalpolitik, „WiSt", 22. Jg. (1993), S. 560–563.

Studenten, die sich mit der „Ineffizienzhypothese" des „demand management" näher beschäftigen wollen, sei empfohlen

Rodney Maddock, Michael Carter, A Child's Guide to Rational Expectations, „Journal of Economic Literature", Vol. 20 (1982), S. 39–51,
William H. Buiter, The Macroeconomics of Dr. Pangloss, A Critical Survey of the New Classical Macroeconomics, „Economic Journal", Vol. 90 (1980), S. 34–50.

b.6. Grundlegend ist die theoretische und empirische Analyse der „fiscal policy" bei Angebotsschocks von

Rüdiger Dornbusch, Stanley Fischer, a.a.O., S. 275–281.

Weiterführend sind die theoretischen und empirischen Untersuchungen von

Alan S. Blinder, Economic Policy and the Great Stagflation, New York usw. 1979,
Edward M. Gramlich, Macro Policy Responses to Price Shocks, „Brookings Papers on Economic Activity", Heft 1/1979, S. 125–166,
Michael Bruno, Adjustment and Structural Change under Supply Shocks, „Scandinavian Journal of Economics", Vol. 84 (1982), S. 199–221.

Die Reaktionen westlicher Industrieländer werden beschrieben im
European Economic Review, Vol. 18 (1982), S. 223–266 mit mehreren Beiträgen.

Eine Übersicht der Auswirkungen der „Ölpreiskrisen“ gibt
Horst Herberg, Gesamtwirtschaftliche Auswirkungen der Ölpreiskrisen, „WiSt“, Heft 8/1981, S. 359–366.

Kapitel 5: „Fiscal policy“ in offenen Volkswirtschaften

Lehrziele

Im Vordergrund des Kapitels 5 steht die Frage, ob die Verflechtung der heimischen Volkswirtschaft mit der Weltwirtschaft die „fiscal policy“ erschwert oder nicht. Deshalb ist ein besonderes Lehrziel darin zu erblicken, den grenzüberschreitenden Güterverkehr und die internationalen Kapitalbewegungen in das Modell einbeziehen und ihre Bedeutung für die Wirksamkeit der „fiscal policy” herausarbeiten zu können.

Nach Durcharbeitung dieses Kapitels sollten Sie unter anderem in der Lage sein

- anzugeben, warum Modelle mit grenzüberschreitendem Güterverkehr (wenigstens) Zwei-Güter-Modelle sein müssen;
- ein Modell zur Analyse der makroökonomischen Budgetwirkungen auf eine offene Volkswirtschaft sowohl bei festem als auch bei flexiblem Wechselkurs aufzustellen;
- zu zeigen, unter welchen Bedingungen die „fiscal policy“ in einer offenen Volkswirtschaft keine anderen Wirkungen als in einer geschlossenen hat;
- zu erläutern, warum die Zinselastizität der Kapitalimporte für die Wirksamkeit der „fiscal policy” bei flexiblen Wechselkursen von ausschlaggebender Bedeutung ist;
- zu erkennen, daß große Länder mehr Spielraum für eine nationale „fiscal policy“ als kleine Länder haben;
- zu entscheiden, ob der „fiscal policy“ die Vollbeschäftigung oder das außenwirtschaftliche Gleichgewicht als Ziel zugeordnet werden sollte.

5.1. Erweiterung des Diskussionsrahmens um außenwirtschaftliche Beziehungen

Aus didaktischen Gründen wurde bei allen bisherigen Überlegungen von wirtschaftlichen Beziehungen des Inlands mit dem Ausland abgesehen. Die dabei gefundenen Lehrsätze gelten somit uneingeschränkt nur für geschlossene Volkswirtschaften. Ob und inwieweit sie auf Länder übertragen werden dürfen, die durch grenzüberschreitenden Güterverkehr und durch Kapitalbewegungen mit dem Ausland verknüpft sind, soll in diesem Kapitel untersucht werden. Dabei ist zu prüfen, ob Änderungen der staatlichen Ausgaben, der Steuersätze und der Bemessungsgrundlagen von Steuern den internationalen Waren- und Dienstleistungsverkehr des Landes und seinen Kapitalverkehr mit dem Ausland beeinflussen und dadurch Mechanismen auslösen, welche die in den vorhergehenden Kapiteln analysierten Einflüsse auf Sozialprodukt, Beschäftigung und Preisniveau verstärken oder aber abschwächen.

Eine Analyse der Budgetwirkungen auf eine mit dem Ausland verflochtene Volkswirtschaft setzt voraus, daß die Modelle, die bisher zur Organisation der Denkprozesse aufgestellt worden sind, **in siebenfacher Hinsicht** ergänzt, verändert oder spezifiziert werden.

(a) Der erste dieser sieben Aspekte bereitet dem Lernenden erfahrungsgemäß die größten Schwierigkeiten. Man hat nämlich deutlich zwischen dem im Inland erzeugten Produkt (Waren- und Dienstleistungsbündel) und dem im Ausland hergestellten Gut (Waren- und Dienstleistungsbündel) zu unterscheiden. Statt des bisher verwendeten Ein-Gut-Modells ist deshalb ein *Zwei-Güter-Modell* aufzustellen. Dabei ist jedoch zu beachten, daß Aussagen über den Erfolg der „fiscal policy" nur möglich sind, wenn man die Mengen des einen Guts mit denen des anderen Guts vergleichen kann. So sind die Mengen des Auslandsprodukts durch Multiplikation mit den „net barter terms of trade"⁺ $(p)_a \cdot w/p)$ in Mengeneinheiten des inländischen Guts umzurechnen. Hierbei bezeichnen p_a den Preis des Auslandsguts in Auslandswährung, w den Wechselkurs und p den Preis des Inlandsguts in Inlandswährung.

(b) Man muß sich darüber klar werden, welche *Beziehung* zwischen dem Inlandsgut und dem Auslandsgut besteht. Vielfach ist das ausländische Produkt ein (unvollständiges) Substitut zum Inlandsgut. Konsumenten, Investoren und die in der öffentlichen Verwaltung für Käufe von Gütern verantwortlichen Personen können dann zwischen dem Inlands- und dem Auslandsprodukt wählen.

Wenn das Inlands- und das Auslandsgut Substitute sind, ist damit zu rechnen, daß inländische Käufer beide Güter erwerben. Der Durchschnittspreis π, den sie zahlen, ist dann

$$\pi \equiv \alpha \rho + (1 - \alpha)\, p_a \cdot w, \tag{5.1}$$

wobei α das Gewicht darstellt, das dem inländischen Preis bei der Durchschnittsberechnung zugeordnet wird, und $(1 - \alpha)$ das Gewicht des in Inlandswährung mit Hilfe des Wechselkurses w umgerechneten Auslandspreises angibt. Wenn die privaten Haushalte beide Güter erwerben, ist ihr *Realeinkommen* nicht mehr gleich dem inländischen Sozialprodukt. Der Begriff Realeinkommen zielt nämlich auf die mit dem Nominaleinkommen $(Y_R \cdot p)$ erwerbbaren Güter; und diese Güter sind inländische wie ausländische. So muß man, um das Realeinkommen EI_R zu ermitteln, das Nominaleinkommen durch den Durchschnittspreis π dividieren, nicht durch den Preis p des inländischen Produkts:

$$EI_R \equiv \frac{Y_R \cdot p}{\pi} \tag{5.2}$$

Die Unterscheidung zwischen (realem) Sozialprodukt und Realeinkommen, die bei außenwirtschaftlichen Beziehungen notwendig wird, hat weitreichende Konsequenzen. Für die Haushalte nämlich bildet das (verfügbare) Realeinkommen den entscheidenden Bestimmungsgrund für den Realkonsum, nicht das Sozialprodukt. Somit müßte die Hypothese über das Konsumverhalten der Haushalte umformuliert werden in

$$C_R = C\,(EI_R). \tag{5.3}$$

Modelle mit der Hypothese (5.3) und den Definitionsgleichungen (5.1) und (5.2) sind kompliziert; ihre Analyse stellt den Lernenden oft vor nur schwer überwindbare Probleme. Die Vorhersagen über Sozialprodukt und Beschäftigung freilich, zu denen man mit Hilfe solcher Modelle gelangt, weichen – empirischen Studien zufolge – nicht merklich von denjenigen Vorhersagen ab, die man mit Hilfe von Modellen erlangt, in denen das Konsumverhalten von $Y_{R,v}$ abhängig gemacht wird und in denen demzufolge die Definitionsgleichungen (5.1) und (5.2) nicht erscheinen. Aus diesem Grund ist es in diesem der „fiscal policy“ (und nicht der Außenwirtschaft) gewidmeten Lehrbuch vertretbar, die mit (5.1) bis (5.3) genannten Aspekte unberücksichtigt zu lassen.

(c) Die Klärung der Beziehung zwischen Inlands- und Auslandsprodukt ist auch deshalb wichtig, weil davon die Hypothese über die *Inlandsnachfrage nach dem ausländischen Gut* entscheidend abhängt. Eine solche Hypothese aufzustellen, ist unverzichtbar. Um Aussagen über die Wirkungen der „fiscal policy“ zu machen, sind nur nicht nur Annahmen über die Reaktionen von Konsumenten, Investoren, Zentralbank etc. erforderlich, sondern auch Ausnahmen über das Verhalten der Personen, die das Auslandsprodukt kaufen.

Im folgenden wird unterstellt, das Auslandsprodukt sei ein (unvollständiges) Substitut zum Inlandsgut. Darum darf man davon ausgehen, daß sich inländische Käufer, die zwischen dem Inlands- und dem Auslandsprodukt zu wählen haben, vielfach für das Gut mit dem niedrigeren Preis entscheiden. In ihre Überlegungen gehen somit der Preis p des inländischen Guts und der Preis p_a des Auslandsprodukts ein, der durch Multiplikation mit dem Wechselkurs w in die inländische Währung umgerechnet wird. Außerdem erscheint es realistisch anzunehmen, daß die Nachfrage nach beiden Gütern und somit auch nach dem Auslandsprodukt mit steigendem Realeinkommen zunimmt: $\partial Im_R/\partial EI_R > 0$ (wobei Im_R die Menge des von Inländern nachgefragten Auslandsgutes ist). Da die Unterscheidung zwischen Realeinkommen und Sozialprodukt hier unberücksichtigt bleibt, gilt für die marginale Importquote: $\partial Im_R/\partial Y_R > 0$.

Mit steigendem Inlandspreis wird ceteris paribus das Auslandsprodukt relativ billiger, so daß $\partial Im_R/\partial p > 0$ ist. Entsprechend wird die Nachfrage nach dem Auslandsgut abnehmen, wenn sein Preis steigt: $\partial Im_R/\partial p_a < 0$. Wenn die heimische Währung abgewertet wird (der Wechselkurs w steigt dann), müssen die Inländer bei gegebenem Auslandspreis p_a mehr für das Importprodukt zahlen. Deshalb gilt $\partial Im_R/\partial w < 0$.

Diese Überlegungen lassen sich zu folgender Hypothese zusammenfassen[1]:

$$Im_R = Im(p, p_a, w, Y_R). \qquad (5.4)$$

(d) Sind Inlands- und Auslandsprodukt Substitute, so stehen auch im Ausland die Käufer vor der Wahl zwischen beiden Gütern. Deshalb können die unter (c) vorgetragenen Überlegungen analog auf die mengenmäßigen *Ausfuhren des Inlands* übertragen werden. Man gelangt zu der Hypothese $Ex_R = Ex(p, p_a, w, EI_{a_R})$ bzw., wenn wieder die Unterscheidung in Realeinkommen und Sozialprodukt unberücksichtigt bleibt,

$$Ex_R = Ex(p, p_a, w, Y_{a_R}) \qquad (5.5)$$

Dabei stellt Ex_R die mengenmäßige Nachfrage des Auslands nach dem Inlandsgut dar. Sie ist u.a. vom realen (in Einheiten des ausländischen Gutes angegebenen) Volkseinkommen des Auslands abhängig:

[1] Diese Hypothese wird normalerweise in Modellen offener Volkswirtschaften zugrunde gelegt. Berücksichtigt man, daß auch Investitionsgüter importiert und diese zinsabhängig geplant werden, so wäre eigentlich der inländische Zinssatz i als zusätzliches Argument aufzunehmen. Vgl. eine solche Spezifikation bei *H. Herberg, H. Hesse, A. Schuseil*, 1982, S. 114f.

$$\frac{\partial Ex}{\partial Y_{a_R}} > 0.$$

Außerdem sind

$$\frac{\partial Ex}{\partial p} < 0, \quad \frac{\partial Ex}{\partial p_a} > 0 \text{ und } \frac{\partial Ex}{\partial w} > 0.$$

(e) Modelle für geschlossene Volkswirtschaften umfassen drei verschiedene Märkte: den Güter-, den Geld- und den Arbeitsmarkt. In Modelle für offene Volkswirtschaften ist ein vierter Markt, der *Devisenmarkt*, einzufügen. Er ist eng mit dem Gütermarkt einerseits und dem Geldmarkt andererseits verknüpft.

- Die *Verbindungen zum Gütermarkt* ergeben sich daraus, daß die Inlandsnachfrage nach dem Auslandsprodukt eine Nachfrage nach Devisen bedingt. Umgekehrt wird das Angebot an ausländischen Zahlungsmitteln aus dem Verkauf des Inlandsguts an das Ausland gespeist. Der Saldo zwischen den Exporterlösen aus Waren- und Dienstleistungsverkäufen an das Ausland und den Importausgaben für solche Leistungen wird als Außenbeitrag⁺ bezeichnet. Er kann positiv, gleich null oder negativ sein. Bei einem positiven Außenbeitrag fließen dem Inland aus realwirtschaftlichen Geschäften netto Devisen zu; es käme – würden autonome Kapitalbewegungen dies nicht wieder ausgleichen – zu einem Überschußangebot auf dem Devisenmarkt. Ein negativer Saldo ist – ceteris paribus – gleichbedeutend mit einer Überschußnachfrage nach Devisen.
- *Vorgänge auf dem Geldmarkt* wirken sich deshalb auf den Devisenmarkt aus, weil sie internationale Kapitalbewegungen auslösen können. Dadurch verursachte Kapitalimporte⁺ verstärken das Devisenangebot, Kapitalexporte⁺ die Devisennachfrage. Umgekehrt können autonome (hier: vom außenwirtschaftlichen Güterverkehr unabhängige) Kapitalbewegungen auf den Geldmarkt ausstrahlen.

Der Wechselkurs ist der in inländischer Währung ausgedrückte Preis der Devisen. Kann sich dieser Preis auf dem Devisenmarkt frei im Zusammenspiel von Angebot und Nachfrage bilden, spricht man von einem flexiblen Wechselkurs⁺. Der Wechselkurs spielt sich dann so ein, daß Devisenangebot und Devisennachfrage einander gleich sind. Werden dagegen der Devisenpreis von der Regierung des Landes fixiert und die Zentralbank angewiesen, zu diesem Preis jeden ihr angebotenen Devisenbetrag zu kaufen und jeden gewünschten Betrag zu verkaufen, so ist die Volkswirtschaft an einen festen Wechselkurs⁺ gebunden.

So wie das Auslandsgut in Mengeneinheiten des Inlandsprodukts umgerechnet werden muß, um vergleichende Aussagen machen zu können, so sind die auf dem Devisenmarkt angebotenen und nachgefragten Geldbeträge in heimische Währung zu übertragen, damit alle Geldgrößen des Modells in einer einheitlichen Währung angegeben sind und miteinander verglichen werden können. Stellt man die so ermittelten Werte einander gegenüber, erhält man für den in heimische Währung umgerechneten Saldo Z von Devisenangebot und Devisennachfrage

$$Z = (Ex_R \cdot p - Im_R \cdot p_a \cdot w) + K. \tag{5.6}$$

Der in Klammern gesetzte Ausdruck ist der (in inländischer Währung ausgedrückte) nominale Außenbeitrag. K gibt die Nettokapitalimporte an (bzw. – wenn K negativ ist – die Nettokapitalexporte). Z wird häufig auch als Saldo der Devisenbilanz⁺ des Landes bezeichnet. Bei flexiblem Wechselkurs ist Z = 0.

(f) Bei festem Wechselkurs ($w = \overline{w}$ können sich in der Devisenbilanz Überschüsse wie Defizite bilden, d.h. Z kann positiv oder negativ sein (Z kann auch gerade gleich null sein). Die Überschüsse bzw. Defizite zeigen an, wie sich die *Nettoauslandsforderungen bzw. -verbindlichkeiten der Zentralbank* geändert haben. Diese ist nämlich verpflichtet, ein Überschußangebot an Devisen zu dem von der Regierung fixierten Wechselkurs aufzukaufen und mit selbst geschaffenem (Zentralbank-)Geld zu bezahlen. Entsprechend muß sie eine Überschußnachfrage aus ihren Beständen befriedigen und sich mit Zentralbankgeld bezahlen lassen. Devisenbilanzüberschüsse und -defizite beeinflussen demzufolge die inländische Geldmenge. Wenn trotzdem die Hypothese $M = \overline{M}$ aufgestellt wird, impliziert dies die Annahme, daß die Zentralbank Geldzuflüsse oder -abflüsse dieser Art neutralisiert. Diese Annahme wird sich nicht immer als realistisch erweisen. Deshalb kann es notwendig werden, die Hypothese $M = M$ unter Beachtung des genannten Aspekts umzuformulieren. Darauf soll in diesem Buch aber verzichtet werden.

(g) Autonome *internationale Kapitalbewegungen*, die mit der Variablen K erfaßt werden, können wesentlichen Einfluß auf den Wechselkurs und damit auf reale Ein- und Ausfuhren und über diese auf das heimische Sozialprodukt haben. Es ist deshalb erforderlich, ihre Bestimmungsgründe anzugeben. Ohne eine Hypothese über das Verhalten der Kapitalexporteure und -importeure lassen sich schwerlich Aussagen über die Wirksamkeit der „fiscal policy" machen. Vielfach geht man davon aus, daß die Kapitalbewegungen von der *Zinsdifferenz* zwischen Inland und Ausland und von den *Wechselkurserwartungen* der Wirtschaftsubjekte abhängen:

$$K = f\left(i - i_a, \frac{w^*_{+1} - w}{w}\right) \tag{5.7}$$

Hierbei bezeichnet w^*_{+1} den für denjenigen Zeitpunkt erwarteten Wechselkurs, an dem die zinstragenden Kapitalanlagen zurückgezahlt werden. Das Sternzeichen soll verdeutlichen, daß es sich um eine Erwartungsgröße handelt, die sich nicht wirklich einstellen muß. Der gegenwärtig herrschende Wechselkurs wird mit w bezeichnet.

Die Hypothese läßt sich im einzelnen wie folgt begründen. Wenn sich das Zinsniveau im Inland im Vergleich zu dem des Auslands erhöht, wird es für Kapitalanleger bei konstantem Wechselkurs ($w^*_{+1} - w = 0$) zunehmend lohnender, inländische statt ausländische Vermögenstitel zu erwerben. Somit wird der Kapitalexport ab-, der Kapitalimport zunehmen. Erwarten die Kapitalanleger dagegen eine Abwertung der heimischen Währung (z.B. deshalb, weil im Inland die Inflationsrate höher als im Ausland ist), so kann es trotz höheren Zinsniveaus im Inland lohnend sein, Geld im Ausland anzulegen. Dies sei an einem **Beispiel** verdeutlicht. Darin sei von einem Wechselkurs der Auslandswährung von 2 (für eine ausländische Währungseinheit, aWE, sind zwei inländische Währungseinheiten, hier: D-Mark, zu zahlen) ausgegangen. Außerdem seien für Titel mit einjähriger Laufzeit die Zinssätze im Inland $i = 0{,}10$ und im Ausland $i_a = 0{,}05$. Erwarten alle Kapitalanleger, daß der Wechselkurs nach einem Jahr (also nach Beendigung der Laufzeit der Papiere) unverändert 2,00 D-Mark beträgt, so ist es für In- wie Ausländer lohnend, inländische Wertpapiere zu erwerben. Wird dagegen erwartet, daß sich die Inlandswährung im Verlauf des Jahres um 10% abwertet (dann würde nach einem Jahr 0,9 aWE = 2,00 D-Mark bzw. 1 aWE = $2{,}\overline{2}22$ D-Mark gelten), so ist es für Inländer wie Ausländer lohnend, die Kapitalanlage zum niedrigeren Zinssatz im Ausland vorzunehmen. Ausländer würden nämlich bei einer Inlandsanlage von z.B. 500 aWE = 1000 D-Mark Verluste erleiden: Zwar erhalten sie nach einem Jahr wegen der Verzinsung 1100 D-Mark zurück; dafür können sie aber nur $100/2{,}22\overline{2} = 495$ aWE einlösen. Sie werden deshalb vorziehen, ihr Geld zinstragend im Ausland anzulegen. Dies werden auch Inländer tun. Bei einer Anlage von z.B. 1000 D-Mark = 500 aWE im Ausland erhalten sie nämlich nach Jahresfrist wegen der Verzinsung 525 aWE zurück und können diese in $525 \cdot 2{,}22\overline{2} - 1166{,}67$ D-Mark zurücktauschen. Abwertungserwartungen lösen somit tendenziell Kapitalexporte aus und lassen die Kapitalimporte zurückgehen.

Veranlassen Maßnahmen der „fiscal policy" Wirtschaftssubjekte dazu, Änderungen des Wechselkurses zu erwarten, so kann dies Auswirkungen auf den internationalen Kapitalverkehr und damit den herrschenden Wechselkurs und – infolge der Abhängigkeit der realen Ein- und Ausfuhren vom Wechselkurs – auf das Sozialprodukt haben.

Die Einbeziehung von Wechselkurserwartungen in Kreislaufmodelle ist schwierig, weil schon die Ankündigung von Maßnahmen der „fiscal policy" zu veränderten Wechselkurserwartungen führen und somit wechselkursbedingte Änderungen des Gütermarktes auslösen kann, noch ehe die Maßnahmen der „fiscal policy" ergriffen worden sind. Der Schwierigkeitsgrad der Analyse solcher Vorgänge übersteigt das für Einführungslehrbücher angemessene Niveau. Deshalb bleiben im folgenden Modell Wechselkurserwartungen unberücksichtigt, obwohl sie ein wichtiges Momentum von Anpassungsprozessen im volkswirtschaftlichen Kreislauf geworden sind. Es wird also unterstellt, daß die Kapitalanleger – in den hier allein untersuchten Gleichgewichtssituationen – keine Änderungen des Wechselkurses erwarten. Weiter wird angenommen, daß Kapitalexport und -import allein von Unterschieden zwischen den Zinsniveaus im In- und Ausland bestimmt werden. Dann läßt sich die Hypothese (5.7) umformulieren zu

$$K = K(i, i_a), \quad \text{wobei} \quad \frac{\partial K}{\partial i} > 0 \text{ und } \frac{\partial K}{\partial i_a} < 0 \text{ sind.} \tag{5.8}$$

Hiermit kann die Erörterung der sieben Aspekte zur Ergänzung der bisher aufgestellten Modelle abgeschlossen werden. Unter Berücksichtigung der gewonnenen Ergebnisse und der aus didaktischen Gründen gemachten Vereinfachungen lassen sich jetzt Modelle zur Analyse von Budgetwirkungen auf offene Volkswirtschaften erstellen.

5.2. Aufstellung und Auswertung des Grundmodells für eine kleine offene Volkswirtschaft

Zunächst wird eine Volkswirtschaft untersucht, die im Vergleich zum Ausland so klein ist, daß Sozialprodukt, Preisniveau und Zinssatz im Ausland durch Vorgänge im Inland unberührt (oder doch nahezu unberührt) bleiben. Man erhält dann das **Modell G**:

5.2.1. Aufstellung des Modells

$$Y_R = C_R + I_R + A_{st_R} + \left(Ex_R - \frac{p_a \cdot w}{p} \cdot Im_R\right) \tag{G 1}$$

Dies ist die Gleichgewichtsbedingung für den inländischen Gütermarkt. Das Sozialprodukt und die Nachfragevariablen werden in Einheiten des Inlandsguts gemessen. Die in Einheiten des Auslandsprodukts angegebene Importnachfrage Im_R ist in Einheiten des heimischen Erzeugnisses umgerechnet worden. Die beiden letzten, in Klammern gesetzten Summanden geben den in Einheiten des inländischen Produkts gemessenen realen Außenbeitrag des Landes an.

$$Z = (p \cdot Ex_R - p_a \cdot w \cdot Im_R) + K \qquad \text{(G 2)}$$

Devisenangebot und -nachfrage sind in Inlandswährung ausgedrückt. Das Gesamtangebot auf dem Devisenmarkt ergibt sich aus dem nominalen Außenbeitrag und dem Kapitalimport K.

$$Ex_R = Ex\,(p, p_a, w, Y_{a_R}) \qquad \text{(G 3)}$$

Die mengenmäßige Auslandsnachfrage nach dem Inlandsgut wird als vom Inlandspreis, vom Auslandspreis, vom Wechselkurs und vom ausländischen Sozialprodukt abhängig angesehen.

$$Im_R = Im\,(p, p_a, w, Y_R) \qquad \text{(G 4)}$$

Die mengenmäßige, in Einheiten des Auslandsprodukts gemessene Importnachfrage des Inlands wird als von den beiden Preisen, vom Wechselkurs und vom inländischen Sozialprodukt abhängig betrachtet.

$$K = K\,(i, i_a) \qquad \text{(G 5)}$$

Der in inländischer Währung angegebene Nettokapitalimport sei eine Funktion (nur) der Zinssätze im In- und Ausland. Veränderungen des Wechselkurses werden (in diesem Modell) von den Wirtschaftssubjekten nicht erwartet.

$$C_R = C\,(Y_{R,v}) \qquad \text{(G 6)}$$

Die reale Konsumgüternachfrage sei vom realen verfügbaren Einkommen (in Einheiten des inländischen Produkts) abhängig.

$$Y_{R,v} \equiv Y_R - T_R \qquad \text{(G 7)}$$

Definitionsgleichung für das verfügbare Einkommen.

$$T_R = t \cdot Y_R \qquad \text{(G 8)}$$

Die (realen) Steuereinnahmen des Staats verändern sich proportional mit dem (realen) Sozialprodukt.

$$t = \bar{t} \qquad \text{(G 9)}$$

Das Parlament legt die Steuerbemessungsgrundlagen und -tarife so fest, daß der Teil $\bar{t}$ des realen Sozialprodukts dem Staat als Steuereinnahme zufließt.

$$I_R = I\,(i) \qquad \text{(G 10)}$$

Die geplanten realen (Netto-)Investitionen werden als vom Zinssatz abhängig angesehen.

$$A_{st_R} = \overline{A}_{st} \qquad \text{(G 11)}$$

Der Staat plane seine (realen) Ausgaben in bestimmter Höhe und kann den Plan auch realisieren.

$$p = p\,(Y_R) \qquad \text{(G 12)}$$

Der Preis des im Inland produzierten Guts sei bei gegebenen Sätzen der indirekten Steuer eine Funktion des realen Sozialprodukts.

$$L_R = L(Y_R, i) \qquad \text{(G 13)}$$

Die gewünschte reale Kassenhaltung sei abhängig vom realen Sozialprodukt und vom Zinssatz. Dabei ist die Kasse, die Wirtschaftssubjekte zur Finanzierung der sich aus dem allgemeinen Produktions- und Tauschprozeß ergebenden Transaktionen zu halten wünschen, bereits mit der von Spekulanten gewünschten Kasse zusammengefaßt.

$$M = \overline{M} \qquad \text{(G 14)}$$

Die Zentralbank strebe eine bestimmte (nominale) Geldmenge an und könne das Geldmengenziel auch bei außenwirtschaftlichen Störungen erreichen.

$$M_R = L_R \qquad \text{(G 15)}$$

Gleichgewichtsbedingung für den Geldmarkt.

$$M_R \equiv \frac{M}{p} \qquad \text{(G 16)}$$

Definitionsgleichung für die reale Geldmenge.

$$Y_{a_R} = \overline{Y}_a \qquad \text{(G 17)}$$

$$p_a = \overline{p}_a \qquad \text{(G 18)}$$

$$i_a = \overline{i}_a \qquad \text{(G 19)}$$

Das Inland sei im Vergleich zum Ausland so klein, daß Sozialprodukt, Preisniveau und Zinssatz im Ausland durch Vorgänge im Inland unberührt bleiben.

Das Modell hat 20 Variablen (Y_R, C_R, I_R, A_{st_R}, Ex_R, p_a, w, p, Im_R, Z, K, Y_{a_R}, i, i_a, $Y_{R,v}$, T_R, t, L_R, M, M_R) und 19 Gleichungen[2]. Somit besitzt es noch einen Freiheitsgrad. Ihm wird durch Wahl des Wechselkurssystems Rechnung getragen. Entscheidet sich das Land für feste Wechselkurse, gilt

$$w = \overline{w}. \qquad \text{(G 20a)}$$

Entscheidet es sich dagegen für flexible Wechselkurse, gilt statt dessen

$$Z = 0. \qquad \text{(G 20b)}$$

5.2.2. Die zusammengefaßte Form des Modells

Die Lösung des Modells wird hier wie in den vorangegangenen Kapiteln in drei Schritten erreicht. Diese sind auf S. 23 beschrieben worden. Der *erste Schritt* besteht darin, die Verhaltensfunktionen und Definitionsgleichungen in die Gleichgewichtsbedingungen einzusetzen. Setzt man (G 3), (G 4), (G 6), (G 7), (G 8), (G 9), (G 10), (G 11), (G 12), (G 17), (G 18) und (G 19) in die Gleichgewichtsbedingung (G 1) ein, erhält man für den inländischen Gütermarkt:

---

[2] Man könnte Gleichung (5.1) zur Bestimmung des inländischen (Kauf-)Preisniveaus anfügen. Dann hätte das Modell eine Variable, nämlich π, und eine Gleichung mehr.

$$Y_R = C\left[Y_R \cdot (1-\bar{t})\right] + I(i) + \bar{A}_{st}$$

$$+ \ Ex\left[p(Y_R), \bar{p}_a, w, \bar{Y}_a\right) - \frac{\bar{p}_a \cdot w}{p(Y_R)} \cdot Im\left[p(Y_R), \bar{p}_a, w, Y_R\right] \tag{5.9}$$

Unter Berücksichtigung von (G 3), (G 4), (G 5), (G 12), (G 17), (G 18) und (G 19) erhält man aus (G 2) für den Devisenmarkt:

$$Z = p(Y_R) \cdot Ex\left[p(Y_R), \bar{p}_a, w, \bar{Y}_a\right] - \bar{p}_a \cdot w \cdot Im\left[p(Y_R), \bar{p}_a, w, Y_R\right] + K\left(i, \bar{i}_a\right). \tag{5.10}$$

Man beachte, daß der Außenbeitrag in Gleichung (5.10) in nominalen Größen erscheint, während er in (5.9) real erfaßt ist. Diese Unterschiedlichkeit ist bei der Interpretation der Endergebnisse zu bedenken.

Schließlich ergibt sich unter Beachtung von (G 12), (G 13), (G 14), (G 15) und (G 16):

$$\frac{\bar{M}}{p(Y_R)} = L(Y_R, i) \tag{5.11}$$

Je nach Wahl des Wechselkurssystems erhält man entweder die Gleichung (G 20 a) oder die Gleichung (G 20b) als eine weitere Gleichung, die in die drei genannten eingesetzt werden kann.

Die Gleichungen (5.9), (5.10), (5.11) stellen zusammen mit (G 20a) bzw. (G 20b) die *zusammengefaßte Form des Modells* dar. Es enthält nur noch Y_R, i, sowie w oder Z als zu bestimmende (endogene) Variablen. Die exogenen Variablen sind $\bar{Y}_a$, $\bar{p}_a$, $\bar{i}_a$, $\bar{M}$, $\bar{A}_{st}$, $\bar{t}$ und gegebenenfalls $\bar{w}$. Davon sind die vier zuletzt genannten Instrumentvariablen, also direkt von der Wirtschaftspolitik beeinflußbar: $\bar{M}$ durch die Geldpolitik, $\bar{A}_{st}$ und $\bar{t}$ durch die „fiscal policy" und $\bar{w}$ durch die Währungspolitik.

Das Modell gestattet es anzugeben, wie sich die endogenen Variablen verändern, wenn wirtschaftspolitische Maßnahmen ergriffen werden oder wenn sich die Gegebenheiten im Ausland ändern. Zu diesem Zweck werden die Gleichungen des zusammengefaßten Modells in einem *zweiten Schritt* total differenziert. Diese Rechenoperation selbst wirft keine ökonomischen Probleme auf; sie verlangt jedoch Kenntnisse der entsprechenden Regeln der Differentialrechnung.

Bevor die Rechnung durchgeführt wird, ist hier – wie auch sonst immer – zu überlegen, ob man sie vereinfachen kann. Die Vereinfachung darf allerdings an der ökonomischen Sache nichts ändern. Das geschieht dann nicht, wenn man auf andere Maß- oder Skalierungseinheiten übergeht. Beispielsweise gilt: 1 Tonne = 20 Zentner = 1000 kg = 2204,622 britische pounds. Statt in Tonnen kann man das Gewicht einer Ware auch in pounds angeben. Das hat jedoch Auswirkungen auf die absoluten Preise der Ware, denn diese sind als Geldbetrag pro Mengeneinheit definiert. Wenn der Preis eines Erzeugnisses 6800 DM pro Tonne wäre, würde eine Umskalierung der Mengen von Tonnen in pounds den Preis auf 6800 / 2204,622 ≈ 3,08 DM pro pound ändern.

Ökonomisch spricht nichts dagegen, die Mengeneinheiten für verschiedene Güter so zu wählen, daß die Güter jeweils einen Preis von 1 DM pro neuer Mengeneinheit haben. Es ist vorteilhaft, auch im makroökonomischen Modell G einige Umskalierungen vorzunehmen, weil damit die Preise der in neuen Mengeneinheiten gemessenen Variablen im Ausgangszeitpunkt den Zahlenwert von 1 haben. Multiplikationen mit und Divisionen durch 1 machen keine Schwierigkeiten.

Zwei Variablen des Modells G sollen in dieser Weise umskaliert werden:

- das inländische Sozialprodukt (das Inlandsgut),
- das ausländische Sozialprodukt (das Auslandsgut).

Damit gilt für den Ausgangszeitpunkt: $p = p_a = 1$.

In gleicher Weise, wenn auch gedanklich schwerer nachzuvollziehen, kann man auch eine Umbenennung der ausländischen Währung vornehmen mit dem Ziel, auch den Preis einer ausländischen (neuen) Währungseinheit auf Eins zu normieren. Man stelle sich vor, ein US-$ koste 1,50 DM. Dann definiere man einen „Neudollar“ als zwei Drittel (1/1,5) der bisher verwendeten (offiziellen) Währungseinheit. Die prozentualen Änderungen des „Neudollars“, auf die es später bei der Interpretation der Endformeln ankommt, sind den prozentualen Änderungen der offiziellen Währungseinheit gleich. Niveaufragen werden in diesem Lehrbuch nicht gestellt; es geht lediglich darum, um wieviel sich die endogenen Variablen ändern, wenn der Staat Maßnahmen der „fiscal policy“ ergreift. Diese Änderungen werden exakt angezeigt. Damit gilt *für den Ausgangszeitpunkt*: $p = w = p_a = 1$.

Bei der totalen Differenzierung der zusammengefaßten Form des Gleichungssystems (5.9) bis (5.11) werden die Differentialquotienten (ökonomisch: die Verhaltensparameter) in der üblichen, verkürzten Form geschrieben: Der zu differenzierenden Variablen wird als tiefgestellter Index diejenige Variable angefügt, nach der zu differenzieren ist. So bedeutet $I_i = \partial I/\partial i$ und sagt aus, in welcher Weise die Investoren ihre geplanten mengenmäßigen Investitionen verändern, wenn der Zinssatz um eine Einheit steigt. Ferner wird bei der Differenzierung der ökonomische Sachverhalt berücksichtigt, daß lediglich die Wirkungen zusätzlicher Staatsausgaben $(d\overline{A}_{st})$ auf den Wirtschaftskreislauf analysiert werden sollen, nicht jedoch die Wirkungen von Steueränderungen. Mit anderen Worten: es gilt $d\bar{t} = 0$.

Schließlich werden bei der Niederschrift der Ergebnisse der Differenzierung zur Vereinfachung der Schreibweise folgende **Zusammenfassungen** vorgenommen:

$$\alpha_1 = 1 - C_{Y_{R,v}} \cdot (1 - \bar{t}) > 0.$$

Hiermit werden die Sickerverluste durch Sparen und Steuerzahlungen erfaßt.

$$\alpha_2 = -Ex_p + Im_p > 0.$$

Wie in Kapitel 4 dargelegt wurde, steigt mit zunehmender inländischer Produktion das Preisniveau. Multipliziert man den Ausdruck α_2 mit der Erhöhung des Inlandspreisniveaus $dp = p_{Y_R} \cdot dY_R$, so erhält man (mit negativem Vorzeichen) den Rückgang des realen Außenbeitrags, der sich aus einer verschlechterten preislichen Wettbewerbsfähigkeit der heimischen Anbieter ergibt: Die realen Exporte sinken preisbedingt, und die realen Importe nehmen zu. Der Parameter α_2 erfaßt den Dämpfungseffekt des inländischen Preisniveaus auf den realen Außenbeitrag und damit das Sozialprodukt.

$$\alpha_{2_a} = -Ex_{p_a} + Im_{p_a} < 0.$$

Mit der Änderung des Auslandspreisniveaus dp_a multipiziert zeigt der Ausdruck α_{2_a} (mit negativem Vorzeichen) an, wie sich eine isolierte Änderung des Preises für das Auslandsgut auf die Exportmenge und Importmenge des Inlands auswirkt. Bei einer

Preiserhöhung im Ausland nimmt die inländische Ausfuhr zu, und die Einfuhr geht zurück.

$\alpha_3 = -\ Ex_w + Im_w < 0.$[3]

Eine Multiplikation des Parameters α_3 mit der Wechselkursänderung dw ergibt (mit negativem Vorzeichen) die Veränderung des Außenbeitrags, die aus einer wechselkursbedingten Veränderung der Wettbewerbsverhältnisse zwischen inländischen und ausländischen Anbietern resultiert. Bei einer Abwertung (dw < 0) verbessert sich normalerweise der Außenbeitrag[3], so daß $\alpha_3 < 0$.

$\alpha_4 = L_{Y_R} + \overline{M} \cdot p_{Y_R} > 0.$

Mit dY_R multipliziert zeigt der Koeffizient α_4 an, wie sich die gewünschte Kassenhaltung ändert, wenn sich das reale Sozialprodukt und mit ihm der Preis des heimischen Produkts erhöhen. Die Liquiditätspräferenz nimmt sowohl mit steigendem Sozialprodukt als auch mit steigendem Preisniveau zu. Durch α_4 wird der bekannte Dämpfungseffekt des Geldmarkts erfaßt.

Mit Hilfe der beschriebenen Umskalierungen und der neuen Symbole läßt sich Modell G verhältnismäßig leicht auswerten. Das totale Differenzieren der Gleichungen des zusammengefaßten Modells führt zu den folgenden Ergebnissen:

Aus Gleichung (5.9) ergibt sich

$$\alpha_1 \cdot dY_R + \left[Im_{Y_R} + \alpha_2 \cdot p_{Y_R} - Im_R \cdot p_{Y_R}\right] \cdot dY_R + \left[- Ex_{Y_{a_R}} \cdot d\overline{Y}_{a_R} + (\alpha_{2_a} + Im_R) \cdot d\overline{p}_a\right] + \left[\alpha_3 + Im_R\right] \cdot dw - I_i \cdot di - d\overline{A}_{st} = 0 \qquad (5.9)'$$

Das Ergebnis der Differentiation von (5.10) lautet

$$\left[Im_{Y_R} + \alpha_2 \cdot p_{Y_R} - Ex_R \cdot p_{Y_R}\right] \cdot dY_R + \left[- Ex_{Y_{a_R}} \cdot d\overline{Y}_{a_R} + (\alpha_{2_a} + Im_R) \cdot d\overline{p}_a\right] + \left[\alpha_3 + Im_R\right] \cdot dw - K_i \cdot di - K_{i_a} \cdot d\overline{i}_a + dZ = 0 \qquad (5.10)'$$

In (5.9)' und (5.10)' geben die durch eckige Klammern gekennzeichneten Ausdrücke jeweils an, um wieviel sich der Außenbeitrag, in (5.9)' der reale und in (5.10)' der nominale, ändert bei

- einer Zunahme des inländischen Sozialprodukts und dadurch induzierten Preissteigerungen des Inlandsguts (erster Klammerausdruck),
- Änderungen des ausländischen Sozialprodukts und des ausländischen Preisniveaus (zweite Klammer) und
- Wechselkursänderungen (dritter Klammerausdruck).

Die in beiden Gleichungen angezeigten Außenbeitragsänderungen unterscheiden sich in einem Summanden. In der Gleichung (5.9)' für den inländischen Gütermarkt, in der die Veränderung des **realen** Außenbeitrags steht, findet sich der Summand $-Im_R \cdot p_{Y_R}$; in der Gleichung (5.10)' für den Devisenmarkt, die die Änderung des **nominalen** Außenbeitrags enthält, dagegen der Summand $-Ex_R \cdot p_{Y_R}$. Diesen Unterschied zu beachten, ist für die Interpretation der späteren Rechenergebnisse notwendig.

---

[3] Im hier als normal unterstellten Fall ist die als Marshall-Lerner-Bedingung in die volkswirtschaftliche Außenwirtschaftsliteratur eingegangene Elastizitätsbedingung erfüllt.

Für die Gleichgewichtsbedingung des Geldmarkts erhält man aus Gleichung (5.11)

$$d\overline{M} = \alpha_4 \cdot dY_R + L_i \cdot di \qquad (5.11)'$$

Hat sich die Regierung für feste Wechselkurse entschieden, tritt zu diesen drei Gleichungen hinzu

$$d\overline{w} = 0 \qquad (5.12a)'$$

Bei flexiblen Wechselkursen dagegen sind die Gleichungen zu ergänzen durch

$$dZ = 0 \qquad (5.12b)'$$

Die Differentiale dY_R, di, dw und dZ stellen die (in den neuen Maßeinheiten gemessenen) Änderungen von Sozialprodukt, Zins, Wechselkurs und Devisenbilanzsaldo dar, die sich innerhalb der (kurzen) Analyseperiode, beispielsweise innerhalb eines Jahres, ergeben. Ein neues langfristiges gesamtwirtschaftliches Gleichgewicht, bei dem sich auch der Arbeitsmarkt im Gleichgewicht befindet, wird dabei nicht erreicht. Die Anpassungsprozesse auf dem Arbeitsmarkt und in deren Folge dann auch auf dem Gütermarkt sind, wenn sich das Sozialprodukt um dY_R geändert hat, noch nicht abgeschlossen (vgl. dazu S. 95).

5.2.3. Die Wirkungen zusätzlicher Staatsausgaben auf eine kleine offene Volkswirtschaft

Der *dritte Schritt* der Lösungstechnik besteht in der Isolierung von dY_R, der gesuchten Änderung des realen Sozialprodukts. Wird das Modell zunächst nur für eine **kleine** Volkswirtschaft ausgewertet, die ex definitione keinen spürbaren Einfluß auf das Ausland (d. h. die übrige Weltwirtschaft) hat, können die Auslandsvariablen $\overline{Y}_{a_R}$, $\overline{p}_a$ und $d\overline{i}_a$ als exogen betrachtet werden. Wenn das Interesse ausschließlich den Auswirkungen zusätzlicher Ausgaben des inländischen Staats gilt ($d\overline{A}_{st} > 0$) und mögliche Folgen von exogenen Änderungen der Auslandsvariablen unberücksichtigt bleiben, gilt darüber hinaus $d\overline{Y}_{a_R} = d\overline{p}_a = d\overline{i}_a = 0$.

Außerdem wird unterstellt, daß die steuerlichen Vorschriften nicht verändert werden ($d\overline{t} = 0$) und die Geldpolitik sich neutral verhält. Da es zwei verschiedene Definitionen für die Neutralität der Geldpolitik gibt (vgl. S. 5), wird das Modell in zweifacher Weise ausgewertet, einmal unter der Annahme, daß die Zentralbank den Zins stabilisiert ($di = 0$), zum andern, daß sie die Geldmenge konstant hält ($d\overline{M} = 0$).

5.2.3.1. Neutrale Geldpolitik ist definiert durch di = 0

Bei der Isolierung von dY_R aus den Gleichungen (5.9)' bis (5.12)' gelangt man zu unterschiedlichen Ergebnissen, je nachdem ob man von festen oder flexiblen Wechselkursen ausgeht.

5.2.3.1.1. Der Wechselkurs ist fest ($d\overline{w} = 0$)

Bei festen Wechselkursen ergibt sich aus der Gleichung (5.9)' unmittelbar, daß

$$\alpha_1 \cdot dY_R + \left(Im_{Y_R} + \alpha_2 \cdot p_{Y_R} - Im_R \cdot p_{Y_R}\right) \cdot dY_R - d\overline{A}_{st} = 0.$$

Ohne die anderen Gleichungen weiter auswerten zu müssen, läßt sich mit Hilfe dieses Ergebnisses bereits die *Erhöhung des (realen) Sozialprodukts* als Folge einer Steigerung der Staatsausgaben ermitteln. Sie beträgt:

$$dY_R = \frac{1}{\alpha_1 + (Im_{Y_R} + \alpha_2 \cdot p_{Y_R} - Im_R \cdot p_{Y_R})} \cdot d\overline{A}_{st} \qquad (5.13)$$

Im Nenner des Multiplikators in (5.13) steht der Summand α_1 für die Sickerverluste durch Sparen und Steuerzahlungen im Inland, wie sie auch in den Modellen für die geschlossene Volkswirtschaft auftreten. Hinzu kommen außenwirtschaftliche Effekte. Im untersuchten Fall einer Geldpolitik, die sich neutral im Sinne von $di = 0$ verhält, kann es nicht zu einer Veränderung der Kapitalimporte kommen, da diese gemäß Modellgleichung (G 5) nur vom inländischen und vom ausländischen Zinssatz abhängen. Beide Zinssätze bleiben im betrachteten Fall unverändert. Außerdem gibt es keine Wechselkurseffekte auf den Außenbeitrag, da die Zentralbank Wechselkursänderungen dadurch unterbindet, daß sie jeden entstehenden Angebotsüberschuß bzw. Nachfrageüberschuß auf dem Devisenmarkt sofort durch eigene Gegengeschäfte beseitigt.[4]

Mit dY_R multipliziert gibt die Klammer im Nenner von Gleichung (5.13) (mit negativem Vorzeichen) drei Wirkungen einer Staatsausgabenerhöhung auf den realen Außenbeitrag an. Die marginale Importquote Im_{Y_R} erfaßt die direkten Effekte eines zunehmenden Sozialprodukts auf die Einfuhr des Inlands. Die Importquote ist positiv und führt im Multiplikatorprozeß zu einer Dämpfung der Expansion. Man kann von einem Versickern der durch die Staatsausgabenerhöhung verursachten Mehrnachfrage sprechen. Diese wird teilweise im Ausland produktionswirksam. Dieser rein realwirtschaftlich wirksame Effekt tritt in jedem Fall auf – auch dann, wenn es zu keinerlei Preisreaktionen im Inland kommt. Der Sickerverlust ist um so größer, je mehr die Inländer zusätzliche Realeinkommen zum Kauf ausländischer Produkte verwenden. Er ist somit in einer Zeit mit globalen Gütermärkten größer als in einer Zeit des Protektionismus.

Die Expansivkraft zusätzlicher Staatsausgaben auf die inländische Wirtschaftsaktivität wird zusätzlich dadurch verringert, daß sich die preisliche Wettbewerbsfähigkeit des Inlands verschlechtert und inländische wie ausländische Nachfrager auf das Auslandsgut auszuweichen beginnen ($\alpha_2 \cdot p_{Y_R} > 0$). Je höher der Wert von α_2 ist, desto starker fallen die preisinduzierte Verlagerung der Käufe auf das Importgut und der Rückgang des heimischen Exports aus.

Den beiden über die Export- und Importmengen wirkenden Dämpfungseffekten steht der expansiv wirkende Umbewertungseffekt $- Im_R \cdot p_{Y_R}$ gegenüber. Bleiben nämlich – wie im vorliegenden Fall unterstellt – das ausländische Preisniveau und der Wechselkurs unverändert, so verbessert jede Erhöhung des inländischen Preisniveaus die Terms of Trade des Inlands. Durch das günstigere Austauschverhältnis zwischen Inlands- und Auslandsgut wird der ursprüngliche **reale** Außenbeitrag umbewertet; er steigt um $Im_R \cdot dp = (Im_R \cdot p_{Y_R}) \cdot dY_R$. Das bedeutet, daß das bisherige Importvolumen Im_R mit einer geringeren Exportmenge, also einer geringeren Menge des heimischen Sozialprodukts eingetauscht werden kann. Das ist gleichbedeutend mit einer Realeinkommenssteigerung. Diese zusätzliche reale Kaufkraft geht als Expansionseffekt in den Multiplikatorprozeß ein.

[4] Dadurch entstehende Geldmengeneffekte kann sie – entsprechend Modellgleichung (G 14) – durch andere Inlandsgeschäfte neutralisieren.

Was überwiegt nun: die beiden Dämpfungseffekte oder der expansive Umbewertungseffekt? In den Lehrbüchern zur monetären Außenwirtschaftstheorie wird dargestellt, daß im Normalfall die Dämpfungseffekte überwiegen. Der Außenbeitrag verschlechtert sich als Folge einer Zunahme des inländischen Sozialprodukts und einer dadurch ausgelösten Preissteigerung im Inland. Das entstehende außenwirtschaftliche Defizit wird bei konstantem Wechselkurs aus den Devisenreserven der Zentralbank gedeckt. Die drei Summanden in der runden Klammer des Nenners von (5.13) weisen nach diesen Erkenntnissen zusammengenommen ein positives Vorzeichen auf. Für die „fiscal policy" läßt sich deshalb der folgende Lehrsatz formulieren:

Lehrsatz 18:
In kleinen[5] offenen Volkswirtschaften mit festen Wechselkursen lösen Maßnahmen im Rahmen der „fiscal policy" außenwirtschaftliche Mechanismen aus, die die Wirksamkeit der „fiscal policy" (im Vergleich mit dem Fall einer geschlossenen Wirtschaft) mindern.

5.2.3.1.2. Der Wechselkurs ist flexibel (dZ = 0)

Aus (5.9)' und (5.10)' ergibt sich unter den gemachten Annahmen ($di = dZ = d\bar{p}_a = d\bar{Y}_{a_R} = d\bar{i}_a = 0$):

$$\alpha_1 \cdot dY_R + \left(Im_{Y_R} + \alpha_2 \cdot p_{Y_R} - Im_R \cdot p_{Y_R}\right) \cdot dY_R + \left(\alpha_3 + Im_R\right) \cdot dw = d\bar{A}_{st} \qquad (5.9)''$$

$$\left(Im_{Y_R} + \alpha_2 \cdot p_{Y_R} - Ex_R \cdot p_{Y_R}\right) \cdot dY_R + \left(\alpha_3 + Im_R\right) \cdot dw = 0 \qquad (5.10)''$$

Subtrahiert man Gleichung (5.10)" von (5.9)" und löst nach der gesuchten *Änderung des Sozialprodukts* auf, so erhält man

$$dY_R = \frac{1}{\alpha_1 + \left(Ex_R - Im_R\right) \cdot p_{Y_R}} \cdot d\bar{A}_{st} \qquad (5.14)$$

Diese Ergebnisformel vermittelt drei Einsichten, die jedoch nur für eine neutrale Geldpolitik im Sinne von di = 0 gelten:

Erstens: Vermehrte Staatsausgaben führen bei flexiblen Wechselkursen zu einer Erhöhung des realen Sozialprodukts.

Zweitens: Bei einem anfänglichen Außenbeitrag von Null ist der Multiplikator demjenigen gleich, den man für eine geschlossene Volkswirtschaft bei sonst gleichbleibenden Verhaltenshypothesen erhält (vgl. Formel 33 auf Seite 30). Die Wirksamkeit der „fiscal policy" wird dann durch die Verflochtenheit der Volkswirtschaft mit der Weltwirtschaft nicht berührt. Bei einem im Ausgangszeitpunkt negativen Außenbeitrag wird der Multiplikator etwas größer als im Fall einer geschlossenen Volkswirtschaft, bei einem anfänglich positiven Außenbeitrag etwas geringer. Somit gilt:

Lehrsatz 19:
In kleinen[5] offenen Volkswirtschaften mit flexiblen Wechselkursen hat die „fiscal policy" bei einem anfänglichen Außenbeitrag von Null die gleiche Wirksamkeit wie in geschlossenen Volkswirtschaften, wenn nur die Geldpolitik den Zins stabilisiert. War der Außenbeitrag im Ausgangszeitpunkt negativ, ist die „fiscal policy" sogar wirksamer.

---

[5] Wie später zu zeigen sein wird, auch in großen.

Drittens: Der Vergleich der Formeln (5.13) und (5.14) zeigt, daß der Übergang von festen zu flexiblen Wechselkursen die „fiscal policy" wirksamer werden läßt. Der Beweis ist formal relativ einfach zu führen, wenn man die Formel (5.13) umformuliert, indem man im Nenner den Ausdruck $(-Ex_R \cdot p_{Y_R} + Ex_R \cdot p_{Y_R}) = 0$ hinzufügt. Die neue Schreibweise von (5.13) ist dann

$$dY_R = \frac{1}{\alpha_1 + (Im_{Y_R} + \alpha_2 \cdot p_{Y_R} - Ex_R \cdot p_{Y_R}) + (Ex_R - Im_R) \cdot p_{Y_R}} \cdot d\overline{A}_{st} \quad (5.13\,a)$$

Der Vergleich mit (5.14) ergibt als Unterschied den Klammerausdruck $(Im_{Y_R} + \alpha_2 \cdot p_{Y_R} - Ex_R \cdot p_{Y_R})$, der in (5.13a) enthalten ist, nicht aber in (5.14). Der Ausdruck ist positiv; somit ist der Multiplikator von (5.13a) und damit von (5.13) kleiner als der von (5.14).

Ein formaler Beweis vermittelt nicht schon gleich Einsicht in die Wirkungsmechanismen, die zu dem errechneten Ergebnis führen. Um diese aufzudecken, ist zunächst zu beachten, daß sich – annahmegemäß – die Zentralbank neutral im Sinne von di = 0 verhält. Das bedeutet, daß sich die (Netto-)Kapitalimporte nicht ändern. Darüber hinaus enthält sich die Zentralbank – das ist die Implikation flexibler Wechselkurse – jeglicher Aktivität auf dem Devisenmarkt, so daß ihre Nettoauslandsaktiva konstant bleiben (dZ = 0). Wenn es somit zu keiner Veränderung der Kapitalverkehrsbilanz⁺ und zu keiner Veränderung der Nettoauslandsaktiva der Zentralbank kommt, müssen Wirkungskräfte vorhanden sein, die auch den Außenbeitrag konstant halten. Zwar führt der durch erhöhte Staatsausgaben ausgelöste Expansionsprozeß im Inland – wie bei festen Wechselkursen – tendenziell zu einer Verschlechterung des nominalen Außenbeitrags. Da aber die Zentralbank nicht bereit ist, ein entstehendes außenwirtschaftliches Defizit aus ihren Devisenreserven zu finanzieren, treten Verknappungserscheinungen am Devisenmarkt auf, die zu einer Abwertung der heimischen Währung führen (dw > 0), und zwar um genau so viel, daß die anfängliche Tendenz zur Verschlechterung des nominalen Außenbeitrags voll kompensiert wird.

Lehrsatz 20:
Der Übergang von festen zu flexiblen Wechselkursen erhöht die Wirksamkeit der „fiscal policy", wenn die Geldpolitik neutral im Sinne von di = 0 ist.

5.2.3.2. Neutrale Geldpolitik ist definiert durch $d\overline{M} = 0$

5.2.3.2.1. Algebraische Analyse

Verhält sich die Zentralbank in dem Sinn neutral, daß sie statt des Zinssatzes das Geldvolumen konstant hält, führt ein durch die „fiscal policy" ausgelöster Expansionsprozeß zu Zinssteigerungen im Inland. Diese dämpfen den Aufschwung und mindern somit die Wirksamkeit der „fiscal policy". **Bei festen Wechselkursen** ($d\overline{w} = 0$) entspricht dieser zusätzliche inländische Dämpfungseffekt gänzlich demjenigen, der für geschlossene Volkswirtschaften ermittelt worden ist. Das läßt sich nachweisen, indem man die eintretende Zinsänderung aus (5.11)' errechnet und den erhaltenen Term in (5.9)' einsetzt (und dabei berücksichtigt, daß $d\overline{w} = d\overline{p}_a = d\overline{Y}_{a_R} = d\overline{M} = 0$).

$$dY_R = \frac{1}{\alpha_1 + I_i \cdot \dfrac{\alpha_4}{L_i} + \left(Im_{Y_R} + \alpha_2 \cdot p_{Y_R} - Im_R \cdot p_{Y_R}\right)} \cdot d\overline{A}_{st} \qquad (5.15)$$

Vergleicht man (5.15) mit dem entsprechenden Multiplikator bei konstantem Inlandszinssatz, also mit (5.13), so stellt man als einzigen Unterschied den Term $I_i \cdot (\alpha_4/L_i)$ fest. Dieser Ausdruck ist positiv; er läßt den Multiplikator kleiner werden. Die ökonomische Bedeutung des Terms ist bekannt; sie ist im Zusammenhang mit Lehrsatz 2 erläutert worden (vgl. S. 27). Der Ausdruck mißt den Dämpfungseffekt des inländischen Geldmarkts.

Die Ergebnisformel (5.15) gilt bei festen Wechselkursen. **Bei flexiblen Wechselkursen** ($dZ = 0$) erhält man die *Änderung des Sozialprodukts* als Folge einer Staatsausgabenerhöhung, indem man den Ausdruck (5.10)' von (5.9)' abzieht und in die gewonnene Gleichung den mit Hilfe von (5.11)' gefundenen Ausdruck $di = -(\alpha_4/L_i) \cdot dY_R$ einsetzt. Unter Beachtung von $dZ = d\overline{p}_a = d\overline{Y}_{a_R} = di_a = 0$ führt das zu:

$$dY_R = \frac{1}{\alpha_1 + I_i \cdot \dfrac{\alpha_4}{L_i} - \left(K_i \cdot \dfrac{\alpha_4}{L_i}\right) + (Ex_R - Im_R) \cdot p_{Y_R}} \cdot d\overline{A}_{st} \qquad (5.16)$$

Der Ausdruck ist zunächst mit dem Multiplikator (5.14) zu vergleichen, der den Fall eines konstanten Inlandszinses erfaßt. Von diesem unterscheidet er sich durch den zweiten und dritten Summanden im Nenner. In diesen Summanden sind der Dämpfungseffekt des heimischen Geldmarkts und der Dämpfungseffekt der Kapitalimporte erfaßt. Sie sind beide positiv und vermindern den Multiplikator, einmal über abnehmende zinsabhängige Inlandsinvestitionen, zum anderen über einen rückläufigen Außenbeitrag infolge zinsinduzierter Kapitalzuflüsse und einer damit verbundenen Aufwertung der Inlandswährung. Da der Multiplikator um so kleiner ist, je zinsreagibler die Kapitalimporte sind, darf man den folgenden Lehrsatz formulieren.

Lehrsatz 21:
Bei flexiblen Wechselkursen gefährden zinselastische Kapitalimporte die Wirksamkeit der „fiscal policy", wenn die Zentralbank die inländische Geldmenge konstant hält. Bei vollständig zinselastischem internationalen Kapitalverkehr ($K_i = \infty$) ist die „fiscal policy" *gänzlich unwirksam*.

Dieser Lehrsatz impliziert eine weitere Erkenntnis, die durch den Vergleich mit Lehrsatz 20 direkt ins Auge springt: Der Übergang von festen zu flexiblen Wechselkursen ist nicht immer mit einer höheren Wirksamkeit der „fiscal policy" verbunden. Verhält sich nämlich die Geldpolitik neutral im Sinne von $d\overline{M} = 0$, hängt es entscheidend von der Zinselastizität der (Netto-)Kapitalimporte ab, welche Sozialproduktswirkung eine Staatsausgabenerhöhung erreicht. Der formale Beweis läßt sich führen, indem die für flexible Wechselkurse ermittelte Ergebnisformel (5.16) mit der für feste Wechselkurse berechneten Formel (5.15) verglichen wird. Dazu wird (5.15) entsprechend dem Vorgehen, das zur Gleichung (5.13a) geführt hat, umgeschrieben. Man erhält:

$$dY_R = \frac{1}{\alpha_1 + I_i \cdot \dfrac{\alpha_4}{L_i} + \left(Im_{Y_R} + \alpha_2 \cdot p_{Y_R} - Ex_R \cdot p_{Y_R}\right) + (Ex_R - Im_R) \cdot p_{Y_R}} \cdot d\overline{A}_{st} \qquad (5.15\,a)$$

Der Übergang von festen zu flexiblen Wechselkursen läßt die „fiscal policy“ auch für eine durch $d\overline{M} = 0$ gekennzeichnete Geldpolitik wirksamer werden, wenn der Nenner von (5.16) kleiner als der von (5.15 a) ist, wenn also gilt:

$$\alpha_1 + I_i \cdot \frac{\alpha_4}{L_i} - (K_i \cdot \frac{\alpha_4}{L_i}) + (Ex_R - Im_R) \cdot p_{Y_R}$$
$$< d_1 + I_i \frac{\alpha_4}{L_i} + (Im_{Y_R} + \alpha_2 \cdot p_{Y_R} - Ex_R \cdot p_{Y_R}) + (Ex_R - Im_R) \cdot p_{Y_R} \tag{5.17}$$

Eliminiert man die Ausdrücke, die auf beiden Seiten von (5.17) stehen, multipliziert beide Seiten der Gleichung mit dY_R und berücksichtigt auf der linken Seite den Zusammenhang der Geldmarktgleichung (5.11)' erhält man:

$$K_i \cdot di < (Im_{Y_R} + \alpha_2 \cdot p_{Y_R} - Ex_R \cdot p_{Y_R}) \cdot dY_R \tag{5.18}$$

Die linke Seite dieser Ungleichung gibt die Veränderung der Kapitalverkehrsbilanz als Folge der Zinserhöhung di an, die sich ihrerseits als Folge der Sozialproduktzunahme (endogen) ergeben hat. Die rechte Seite erfaßt die Änderung des nominalen Außenbeitrags, verursacht durch die Sozialproduktserhöhung. Bei relativ geringer Zinselastizität K_i des internationalen Kapitalverkehrs könnte die durch (5.18) angegebene Bedingung erfüllt sein. Das heißt: Nur bei *wenig zinselastischen Kapitalströmen erhöht sich die Wirksamkeit* der „fiscal policy“ durch einen Übergang von festen zu flexiblen Wechselkursen unabhängig davon, ob die Geldpolitik Zins- oder Geldmengenkonstanz gewährleistet.

Bei *relativ zinselastischem Kapitalverkehr* dagegen würde bei einer sich neutral im Sinne von $d\overline{M} = 0$ verhaltenden Zentralbank der Übergang von festen zu flexiblen Wechselkursen die *Wirksamkeit* der „fiscal policy“ *mindern*. Sind nämlich die Kapitalströme sehr zinselastisch, so verbessert sich nach einer Erhöhung der Staatsausgaben und dadurch bewirkter Zinssteigerung die Kapitalverkehrsbilanz (linke Seite von 5.18) mehr, als sich der Außenbeitrag verschlechtert (rechte Seite). Die inländische Währung wird dadurch höher bewertet; dies beeinflußt die internationale Wettbewerbsfähigkeit der Wirtschaft negativ und löst – für sich betrachtet – Kontraktionseffekte aus.

Dieses Ergebnis hat weitreichende Bedeutung. Die Globalisierung der Finanzmärkte, die insbesondere in den neunziger Jahren an Tempo gewonnen hat, hat zu einer hohen Zinselastizität des internationalen Kapitalverkehrs geführt. Gleichzeitig ist zu bedenken, daß seit dem Zusammenbruch des Festkurssystems von Bretton Woods die Kurse der wichtigsten Weltwährungen flexibel geworden sind. In einem solchen wirtschaftlichen Umfeld bedeutet die Ankündigung und Verfolgung von Geldmengenzielen eine Einschränkung des Handlungsspielraums der „fiscal policy“.

5.2.3.2.2. Geometrische Analyse

Der Lehrsatz 21 und die Erkenntnisse über den Übergang von festen zu flexiblen Wechselkursen lassen sich auch auf geometrischem Weg ableiten. Zu diesem Zweck werden die drei Gleichungen (5.9), (5.10) und (5.11) der zusammengefaßten Form des Modells in ein Diagramm gezeichnet, dessen Achsen das reale Sozialprodukt Y_R und den Zinssatz i bezeichnen. Da die Gleichungen (5.9) und (5.10) neben Y_R und i auch den Wechselkurs w als endogene Variable umfassen, können sie in das Y_R-i-Diagramm nur für vorgegebene Wechselkurse eingezeichnet werden: Für jeden Wechselkurs erhält man eine andere Lage der Kurven.

Gleichgewichtsbedingung für den Gütermarkt: Die Kurve, welche die Gleichung (5.9) abbildet, stellt bei dem jeweils unterstellten Wechselkurs den geometrischen Ort aller Kombinationen von realem Sozialprodukt und Zinssatz dar, bei dem Gleichgewicht auf dem Gütermarkt herrscht. Es ergibt sich ein Linienzug, welcher *der I=S-Kurve vergleichbar* ist, die bei der Entwicklung des *Hicks*'schen Diagramms konstruiert worden ist (vgl. dazu S. 33f.).

Von dieser I=S-Kurve unterscheidet sich die graphische Abbildung von Gleichung (5.9) jedoch in zweierlei Hinsicht. Einmal werden bei den Überlegungen, wann die von heimischen Produzenten hergestellte und angebotene Menge gerade am Markt abgesetzt werden kann, auch die Auslandsnachfrage nach Inlandserzeugnissen und die Nachfrage heimischer Wirtschaftssubjekte nach ausländischen Produkten berücksichtigt. Zum anderen spiegelt der Verlauf des neuen Linienzugs auch die Tatsache wider, daß eine Steigerung des Sozialprodukts eine Preiserhöhung bewirkt, die wiederum die (in Einheiten des Inlandsguts umgerechnete) Nachfrage nach dem Auslandsprodukt und die Exportmenge beeinflußt.

Die Überlegungen über den Unterschied zwischen der herkömmlichen I=S-Kurve und dem neuen, die Gleichung (5.9) widerspiegelnden Linienzug haben die Frage einzubeziehen, ob die Steigung der neuen Kurve größer oder kleiner als die der I=S-Kurve ist. Die herkömmliche I=S-Kurve weist deshalb eine negative Steigung auf, weil bei einem größeren Sozialprodukt mehr als bei einem kleineren gespart wird ($Y_R \uparrow \rightarrow S_R \uparrow$). Ein größeres Sozialprodukt kann deshalb nur dann vollständig am Markt abgesetzt werden, wenn die Nachfrage der Investoren entsprechend größer ist. Dies wird jedoch – bei der unterstellten Verhaltensweise – nur der Fall sein, wenn der Zinssatz niedriger ist. Gleichgewicht auf dem Gütermarkt kann sich bei einem größeren Sozialprodukt also nur bei einem geringeren Zinssatz einstellen.

Dieser Gesichtspunkt bleibt gültig, wenn die Steigung des die Gleichung (5.9) abbildenden Linienzugs überprüft wird. Es kommt jedoch ein weiterer Aspekt hinzu. Er wird deutlich, wenn man bedenkt, daß die Gleichgewichtsbedingung für den Gütermarkt in einer offenen Volkswirtschaft in der Gleichheit von Investition und Außenbeitrag einerseits und (privater und staatlicher) Ersparnis andererseits besteht und nicht mehr, wie in der geschlossenen Volkswirtschaft, I = S lautet. Somit ist zu klären, wie sich mit steigendem Sozialprodukt der Außenbeitrag ändert. Wenn zu einem höheren Sozialprodukt ein geringerer Außenbeitrag gehört, muß der Zinssatz, der bei diesem höheren Sozialprodukt das Gleichgewicht sichert, niedriger als in einer geschlossenen Volkswirtschaft sein. Dann nämlich muß die zusätzliche Investition nicht nur die größere Ersparnis, sondern auch noch den geringeren Außenbeitrag ausgleichen. Der Linienzug (5.9) muß dann steiler als die herkömmliche I = S-Kurve gezeichnet werden.

In der Regel darf man davon ausgehen, daß der *Außenbeitrag mit steigendem Sozialprodukt zurückgeht*. Erstens nämlich werden – ceteris paribus – mehr Importe getätigt, wenn das reale Sozialprodukt wächst: $Y_R \uparrow \rightarrow Im_R \uparrow$.

Zweitens ist die verstärkte inländische Wirtschaftsaktivität mit Preissteigerungen für das heimische Produkt verbunden. Diese führen zu einer teilweisen Verlagerung der Nachfrage auf das ausländische Produkt; das Importvolumen nimmt nochmals zu, und die Exportmenge sinkt:

$$\begin{array}{lllll} & & & & Im_R \uparrow \\ & & & \nearrow & \\ Y_R \uparrow & \rightarrow p \uparrow & & & \\ & & & \searrow & \\ & & & & Ex_R \downarrow \end{array}$$

Diesen beiden Einflüssen auf den Außenbeitrag steht allerdings drittens der oben beschriebene Umbewertungseffekt entgegen: Die terms of trade verbessern sich, so daß eine bestimmte Importmenge mit einem kleineren Teil des Sozialprodukts eingetauscht wird und somit ein größerer Teil der Realeinkommenssteigerung im Inland nachfragewirksam wird. Dieser dritte Effekt ist normalerweise jedoch geringer als die beiden ersten Effekte zusammengenommen. Somit ist die *neue Kurve* (Gleichung 5.9) *steiler als die herkömmliche I = S-Kurve* zu zeichnen.

Alle diese Überlegungen gelten für einen bestimmten *fest vorgegebenen Wechselkurs.* Bei einem anderen Wechselkurs ergibt sich ein anderer Linienzug. Da die *Normalreaktion des Außenbeitrags auf eine Abwertung* der heimischen Währung in einer *Verbesserung* besteht[6], wird mit einem höheren Wechselkurs w ein größerer Außenbeitrag verbunden sein. Das bedeutet, daß – um Gleichgewicht zu sichern – bei vorgegebenem Sozialprodukt die Investitionen geringer und somit der Zinssatz höher sein müssen. Der die Gleichung (5.9) angebende Linienzug ist nach oben zu verschieben. Der gleiche Sachverhalt läßt sich anders formulieren: Zur Sicherstellung des Gleichgewichts auf dem Gütermarkt muß dem größeren Außenbeitrag dann eine größere Ersparnis entsprechen, wenn Zinssatz und Investitionen unverändert bleiben. Das wird nur bei einem größeren Sozialprodukt der Fall sein. Der Linienzug (Gleichung 5.9) verschiebt sich bei einer Abwertung somit nach rechts.

Gleichgewichtsbedingung für den Devisenmarkt: Die Kurve, welche die Gleichung (5.10) abbildet, gibt bei dem jeweils unterstellten Wechselkurs den geometrischen Ort aller Kombinationen von realem Sozialprodukt und Zinssatz an, bei dem Gleichgewicht auf dem Devisenmarkt herrscht. Die Kurve wird als Z-Kurve bezeichnet. Wie sie bei vorgegebenem festen Wechselkurs verläuft, läßt sich durch Beantwortung von zwei Fragen ermitteln:

(1) Wie verändert sich ceteris paribus der Saldo Z der Devisenbilanz, wenn das reale Sozialprodukt (d. h. die entlang der Abszisse abgetragene Variable) steigt?

(2) Welche Zinsänderung ist notwendig, um den in (1) festgestellten Effekt auf die Devisenbilanz durch Kapitalimporte zu kompensieren, so daß insgesamt $dZ = 0$ ist?

Zu (1): Wie bei der Erörterung des die Gleichung (5.9) darstellenden Linienzugs müssen auch hier Mengenreaktionen und Umbewertungseffekte unterschieden werden. Die Mengenreaktionen entsprechen den oben abgeleiteten:

$$\begin{array}{lllll} & & Im_R \uparrow & & \\ & \nearrow & & & \\ Y_R \uparrow & & & & Im_R \uparrow \\ & \searrow & & \nearrow & \\ & & p \uparrow & & \\ & & & \searrow & \\ & & & & Ex_R \downarrow \end{array}$$

---

[6] Das vorliegende Modell ist zudem nur dann stabil, wenn diese Reaktion eintritt.

Im Unterschied zu der für den Verlauf der Kurve (5.9) maßgeblichen Umbewertung des realen Außenbeitrags mit seiner Wirkung auf die Inlandsnachfrage geht es hier, da der Devisenbilanzsaldo im Mittelpunkt der Betrachtung steht, allein um die Wirkung höherer Inlandspreise auf das Devisenangebot, also um die Umbewertung des **nominalen** Außenbeitrags. Die Exporte werden höher bewertet (relativ teurer): $Y_R \uparrow \rightarrow p \uparrow \rightarrow p \cdot \overline{Ex}_R \uparrow$. Dieser Umbewertungseffekt ist jedoch geringer zu veranschlagen als die Mengenreaktionen. Deshalb darf angenommen werden, daß die Devisenbilanz sich mit steigendem Sozialprodukt defizitär entwickelt.

Zu (2): Der Zinssatz muß, um die realwirtschaftlich bedingte Tendenz zu einem Devisenbilanzdefizit auszugleichen, einen kompensierenden Kapitalimport bewirken. Steigende Kapitalimporte ergeben sich nur bei steigendem Zinssatz. Somit ist der die Gleichung (5.10) darstellende *Linienzug mit positiver Steigung* zu zeichnen. Eine Ausnahme ergibt sich lediglich in dem wichtigen Grenzfall unendlicher Zinselastizität der Kapitalimporte; dann verläuft die Kurve parallel zur Y_R-Achse.

Ein anderer Wechselkurs ist mit einer anderen Lage der Z-Kurve verbunden. Bei einem höheren als dem bisher angenommenen Wechselkurs (Abwertung der heimischen Währung) muß die Kurve nach rechts verschoben werden. Unter normalen Bedingungen verbessert sich der Außenbeitrag nämlich als Folge einer Abwertung. Zum Ausgleich der Devisenbilanz muß dann ein geringerer (Netto-)Kapitalimport erfolgen: Der Zinssatz, der Gleichgewicht sichert, liegt niedriger als bisher.

Gleichgewichtsbedingung für den Geldmarkt: Die Kurve, welche die Gleichung (5.11) abbildet, stellt den geometrischen Ort aller Kombinationen von realem Sozialprodukt und Zinssatz dar, bei dem Gleichgewicht auf dem Geldmarkt herrscht. Es ergibt sich ein *Linienzug*, welcher *der L=M-Kurve vergleichbar* ist, die bei der Entwicklung des *Hicks*'schen Diagramms konstruiert worden ist (vgl. dazu S. 34).

Von dieser L=M-Kurve unterscheidet sich die graphische Abbildung von Gleichung (5.11) durch die Einbeziehung von Preiseffekten: $Y_R \uparrow \rightarrow p\uparrow \rightarrow M_R \downarrow \rightarrow i \uparrow$. Da sich mit einer Steigerung des Sozialprodukts das Preisniveau erhöht, wird die reale Geldmenge reduziert (bzw. es erhöht sich die gewünschte Kassenhaltung; vgl. dazu die Ausführungen auf S. 99f.). Somit kann ein Gleichgewicht auf dem Geldmarkt nur bei einem höheren Zins sichergestellt werden. Daraus folgt, daß der Linienzug (5.11) steiler als die herkömmliche L = M-Kurve zu zeichnen ist. Der Linienzug bleibt von Wechselkursänderungen unbeeinflußt.

Alle drei Gleichgewichtsbedingungen (5.9), (5.10) und (5.11) sind für unterschiedlich hohe Wechselkurse in *Abbildung 25* dargestellt worden. Wie man sieht, gibt es eine Kombination der Variablen Y_R, i und w, bei der gleichzeitig Gleichgewicht auf Güter-, Devisen- und Geldmarkt herrscht. Dieses Gleichgewicht wird als Ausgangspunkt der Analyse der „fiscal policy“ gewählt.

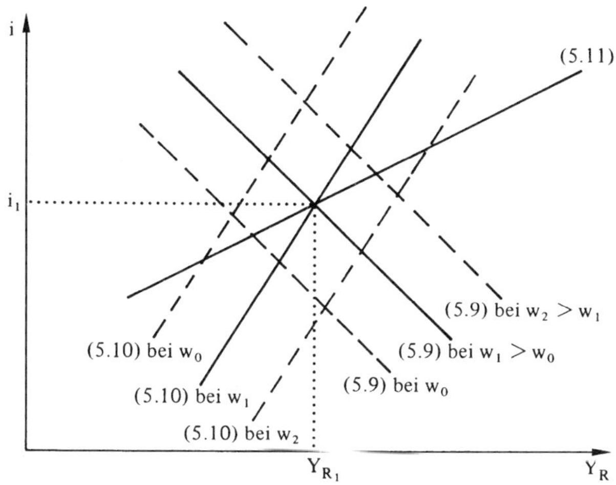

Abbildung 25: Die Wirkungen von Wechselkursänderungen auf die Gleichgewichtsbedingungen für Güter-, Devisen- und Geldmarkt („neue" I=S-Kurve, Z-Kurve und „neue" L=M-Kurve)

Steigen die realen Staatsausgaben ($d\overline{A}_{st} > 0$), so verschiebt sich die Kurve (5.9), d. h. die „neue" I=S-Kurve, im $Y_R - i$ – Diagramm nach rechts (siehe *Abbildung 26*). Bei festen Wechselkursen würde sich das Gleichgewicht 1 herausbilden. Vergleicht man die zu ihm gehörenden Werte von Y_R und i mit denen des Ausgangsgleichgewichts 0, so erhält man das schon bekannte Ergebnis (vgl. S. 152f.): Steigende Staatsausgaben führen zu einer Erhöhung von Sozialprodukt und Zinssatz. In der mit 1 gekennzeichneten Situation herrscht jedoch kein Gleichgewicht auf dem Devisenmarkt. Wie die *Abbildung 26* nämlich zeigt (vgl. die Situationen 1 und 1^*), ist ein Gleichgewicht auf dem Devisenmarkt bei einem Sozialprodukt in Höhe von Y_{R_1} nur möglich, wenn der Zins das in der *Abbildung 26* gekennzeichnete Niveau i_1^* erreicht hat. In der Situation 1 jedoch ist der Zins niedriger. Die gegenüber der Ausgangssituation eingetretene Zinssteigerung ist noch nicht groß genug, um einen Kapitalimport zu bewirken, der ausreicht, die auf Grund der Sozialproduktsteigerung entstandene Verschlechterung des Außenbeitrags in ihrer Wirkung auf den Devisenmarkt auszugleichen. Es ergibt sich in der Situation 1 somit eine Übernachfrage nach Devisen, die zu einer *Abwertung* führt. Die „neue" I=S-Kurve (5.9) und die Z-Kurve (5.10) sind deshalb nach rechts zu verschieben. In der *Abbildung 26* ist das neue, totale Gleichgewicht beim Wechselkurs w_2 dargestellt. Vergleicht man die Situationen 2 und 1 miteinander, wird deutlich, daß in dem dargestellten Fall die „fiscal policy" beim Übergang von festen zu flexiblen Wechselkurven effektiver wird ($Y_{R_2} > Y_{R_1}$). Wie bei der algebraischen Ableitung gilt dieses Ergebnis jedoch nur, wenn die **Zinselastizität des Kapitalimports relativ gering** ist. In *Abbildung 26* kommt dies darin zum Ausdruck, daß die Z-Kurve (5.10) steiler als die „neue" L=M-Kurve (5.11) verläuft.

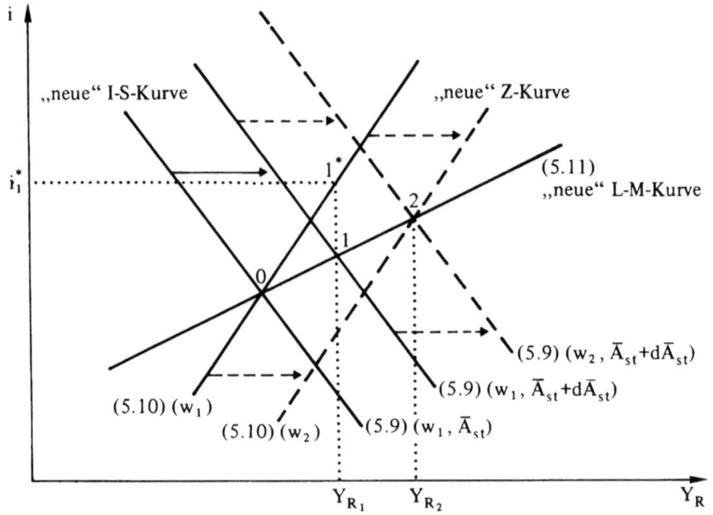

Abbildung 26: Die Wirkungen zusätzlicher Staatsausgaben auf Sozialprodukt und Zins bei relativ zinsunelastischen Kapitalimporten

Wenn dagegen die **Kapitalimporte sehr zinselastisch** reagieren, ist die Z-Kurve (5.10) relativ flach zu zeichnen (im Extremfall unendlich elastischer Kapitalimporte verläuft sie parallel zur Y_R-Achse). In diesem Fall liegt der Schnittpunkt der „neuen“, sich auf Grund erhöhter Staatsausgaben ergebenden I=S-Kurve (5.9) mit der „neuen“ L=M-Kurve (5.11) über der Z-Kurve (5.10) (siehe *Abbildung 27,* Situation 1). Der Zinssatz i_1^* der bei einem Sozialprodukt Y_{R_1} und einem Wechselkurs w_1 Gleichgewicht auf dem Devisenmarkt sichern würde, ist in der Situation 1 überschritten: Der Devisenzufluß aus Kapitalimporten übersteigt die Mehrnachfrage nach Devisen, die sich als Folge der Verschlechterung des Außenbeitrags ergibt. Das Überangebot an Devisen führt zu einer höheren Bewertung (*Aufwertung*) der heimischen Währung. Die Kurven (5.9) und (5.10) sind nach links zu verschieben. In der *Abbildung 27* ist das sich bei einem Wechselkurs w_2 neu ergebende totale Gleichgewicht (Situation 2) dargestellt. Da das Sozialprodukt in Situation 2 niedriger als in Situation 1 ist ($Y_{R_2} < Y_{R_1}$), ergibt sich der **Lehrsatz 21**: Bei flexiblen Wechselkursen gefährden zinselastische Kapitalimporte die Wirksamkeit der „fiscal policy“. Sind die Kapitalimporte vollkommen zinselastisch, so kann das Sozialprodukt der Ausgangssituation 0 nicht überschritten werden. Es ergibt sich nämlich bei jedem Wechselkurs ein und dieselbe Z-Kurve (5.10): Sie verläuft durch die mit Null gekennzeichnete Ausgangssituation parallel zur Y_R-Achse. Somit bleibt der Schnittpunkt mit der „neuen“ L=M-Kurve (5.11) unverändert. Unter dieser Bedingung ist die Aufwertung so stark, daß die „neue“ I=S-Kurve (5.9) jeweils wieder in ihre Ausgangslage zurückverschoben wird. „Fiscal policy“ ist gänzlich unwirksam.

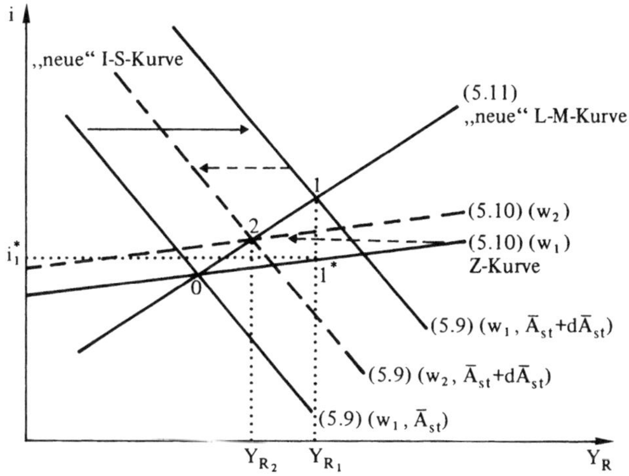

Abbildung 27: Die Wirkungen zusätzlicher Staatsausgaben auf Sozialprodukt und Zins bei relativ zinselastischen Kapitalimporten

Übungsaufgabe 18

Welche Modellergänzungen oder -veränderungen werden notwendig, wenn man Budgetwirkungen auf eine offene statt auf eine geschlossene Volkswirtschaft analysieren will? Mit anderen Worten: Worin unterscheidet sich die Grundstruktur dieses Modells von derjenigen, durch die sich die Modelle des 3. und des 4. Kapitels auszeichnen?

Übungsaufgabe 19

Die Regierung eines Landes entscheide sich, von festen zu flexiblen Wechselkursen überzugehen. Sie erhofft sich davon eine größere Chance, mit Hilfe der „fiscal policy" der im Land herrschenden Arbeitslosigkeit Herr zu werden. Ist diese Hoffnung berechtigt, wenn die Zentralbank erklärt hat, sie wolle den Zinssatz stabilisieren und in diesem Sinne die Politik der Regierung nicht durchkreuzen?

Übungsaufgabe 20

Zeigen Sie, welche Bedeutung die Zinselastizität der Kapitalimporte für die Wirksamkeit der „fiscal policy“ hat, wenn der Wechselkurs flexibel ist.

5.3. Ein Zwei-Länder-Modell für eine große offene Volkswirtschaft

Im Kapitel 5.2 wurde eine Volkswirtschaft untersucht, die im Vergleich zum Ausland als so klein angesehen wurde, daß Sozialprodukt, Preisniveau und Zinssatz im Ausland durch Vorgänge im Inland unberührt bleiben $\left(Y_{a_R} = \overline{Y}_a, p_a = \overline{p}_a \text{ und } i_a = \overline{i}_a\right)$. Solche Rückwirkungen sind jedoch zu erwarten, wenn das Land groß ist. Änderungen in der „fiscal policy" eines großen Landes lösen häufig Anpassungsvorgänge in den Volkswirtschaften aus, mit denen es durch Außenhandel und Kapitalverkehr eng verbunden ist. In diesen Fällen eignet sich das bisher verwendete Modell G nicht mehr als formale Grundlage zur Analyse der „fiscal policy". Deshalb soll mit Modell H eine geeignetere Grundlage geschaffen werden.

5.3.1. Aufstellung des Modells

Um internationale Rückwirkungen der „fiscal policy" erfassen zu können, ist neben der heimischen auch die ausländische Wirtschaft mit endogenen Variablen in das Modell zu integrieren (sogenanntes Zwei-Länder-Modell). Die Wirtschaft des Auslands soll dabei analog zu der des Inlands erfaßt werden. Um dies klar erkennbar zu machen, werden die Gleichungen für beide Regionen jeweils nebeneinander geschrieben. Die linke Seite des Modells H (einschließlich der für beide Länder gemeinsam gültigen Gleichungen) entspricht dem in Abschnitt 5.2 verwendeten Modell G für ein kleines Land.

Modell H

$$Y_R = C_R + I_R + A_{st_R} + Ex_R - \frac{p_a \cdot w}{p} \cdot Im_R \qquad \text{(H 1)}$$

In der Gleichgewichtsbedingung für den inländischen Gütermarkt werden das Sozialprodukt und die Nachfragevariablen in Einheiten des Inlandsguts angegeben. Die in Einheiten des Auslandsprodukts angegebene inländische Importnachfrage Im_R wird in heimische Mengengrößen umgerechnet.

$$Y_{a_R} = C_{a_R} + I_{a_R} + A_{st_{a_R}} + Ex_{a_R} - \frac{p}{p_a \cdot w} \cdot Im_{a_R} \qquad \text{(H 17)}$$

Spiegelbildlich wird bei der Gleichgewichtsbedingung für den Gütermarkt des Auslands vorgegangen. Die Messung erfolgt in Einheiten des ausländischen Sozialprodukts. Da jedoch Im_{a_R} in Einheiten des inländischen Sozialprodukts erfaßt ist, hat eine Umrechnung zu erfolgen. Die Multiplikation von Im_{a_R} mit p ergibt den Importwert in der inländischen Währung. Die Division durch w (Preis der ausländischen Währung in Inlandswährung) liefert den Importwert in Auslandswährung. Wird dieser Wert durch den Preis p_a dividiert, erhält man die Importmenge des Auslands in Einheiten seines eigenen Sozialprodukts.

$$Z = p \cdot Ex_R - p_a \cdot w \cdot Im_R + K \tag{H 2}$$

Es gibt nur einen Markt für Devisen, auf dem Auslands- gegen Inlandswährung getauscht wird. Angebot und Nachfrage werden in Inlandswährung ausgedrückt. Deshalb erhält man an dieser Stelle nur eine Gleichung.

$$Ex_R = Ex\left(p, p_a, w, Y_{a_R}\right) \tag{H 3}$$

Die mengenmäßige Auslandsnachfrage nach dem Inlandsgut wird als vom Inlandspreis, vom Auslandspreis, vom Wechselkurs und vom ausländischen Sozialprodukt abhängig angesehen.

$$Im_R = Im\left(p, p_a, w, Y_R\right) \tag{H 4}$$

Die mengenmäßige, in Einheiten des Auslandsprodukts gemessene Importnachfrage des Inlands wird als von den beiden Preisen, vom Wechselkurs und vom inländischen Sozialprodukt abhängig betrachtet.

$$Ex_{a_R} \equiv Im_R \tag{H 18}$$

Im Zwei-Länder-Fall ist die ausländische Exportmenge identisch mit der Importmenge des Inlands. Eine neue Verhaltensgleichung ist nicht nötig (Verweis auf (H 4)).

$$Im_{a_R} \equiv Ex_R \tag{H 19}$$

Die mengenmäßige Einfuhr des Auslands wird in Einheiten des Inlandsprodukts gemessen. Sie ist identisch mit der Ausfuhrmenge des Inlands (Verweis auf (H3)).

$$K = K\left(i, i_a\right) \tag{H 5}$$

Die in inländischer Währung angegebenen Nettokapitalimporte (die gleich den Nettokapitalexporten des Auslands sind) seien eine Funktion nur der Zinssätze im In- und Ausland. Veränderungen des Wechselkurses werden annahmegemäß (vgl. Gleichung (G 5) auf Seite 143) von den Wirtschaftssubjekten nicht erwartet.

$$C_R = C\left(Y_{R,v}\right) \tag{H 6}$$

Die reale Konsumgüternachfrage im Inland sei vom realen, verfügbaren Einkommen abhängig.

$$Y_{R,v} \equiv Y_R - T_R \tag{H 7}$$

Definitionsgleichung für das inländische verfügbare Einkommen.

$$T_R = t \cdot Y_R \tag{H 8}$$

Die (realen) Steuereinnahmen des inländischen Staats verändern sich proportional mit dem (realen) Sozialprodukt.

$$t = \bar{t} \tag{H 9}$$

Das Parlament legt die Steuerbemessungsgrundlagen und -tarife für das Inland so fest, daß der Teil $\bar{t}$ vom realen Sozialprodukt dem Staat als reale Steuereinnahme zufließt.

$$I_R = I(i) \tag{H 10}$$

Die Investitionen werden als vom Inlandszinssatz abhängig angesehen.

$$C_{a_R} = C_a\left(Y_{a_{R,v}}\right) \tag{H 20}$$

Die reale Konsumgüternachfrage im Ausland hänge vom dortigen verfügbaren Realeinkommen ab.

$$Y_{a_{R,v}} \equiv Y_{a_R} - T_{a_R} \tag{H 21}$$

Definitionsgleichung für das ausländische verfügbare Einkommen.

$$T_{a_R} = t_a \cdot Y_{a_R} \tag{H 22}$$

Die (realen) Steuereinnahmen des ausländischen Staats verändern sich proportional mit seinem (realen) Sozialprodukt.

$$t_a = \bar{t}_a \tag{H 23}$$

Das Parlament legt die Steuerbemessungsgrundlagen und -tarife für das Ausland so fest, daß der Teil $\bar{t}_a$ vom realen Sozialprodukt dem Staat als reale Steuereinnahme zufließt.

$$I_{a_R} = I_a\left(i_a\right) \tag{H 24}$$

Die Investitionen werden als vom Auslandszinssatz abhängig angesehen.

$A_{st_R} = \overline{A}_{st}$ (H 11)

Das Parlament des Inlands möge ein bestimmtes (reales) Staatsausgabenniveau anstreben und realisieren können.

$p = p(Y_R)$ (H 12)

Der Preis des im Inland produzierten Guts sei bei gegebenen Sätzen der indirekten Steuer eine Funktion des realen Sozialprodukts.

$L_R = L(Y_R, i)$ (H 13)

Die im Inland gewünschte reale Kassenhaltung sei abhängig vom realen Sozialprodukt und vom inländischen Zinssatz. Dabei ist die Kasse, die Wirtschaftssubjekte zur Finanzierung der sich aus dem allgemeinen Produktions- und Tauschprozeß ergebenden Transaktionen zu halten wünschen, bereits mit der von Spekulanten gewünschten Kasse zusammengefaßt.

$M = \overline{M}$ (H 14)

Die inländische Zentralbank möge eine bestimmte (nominale) Geldmenge anstreben und sie auch dann stabilisieren können, wenn es Kapitalbewegungen zwischen In- und Ausland gibt und/oder der inländische Außenbeitrag ungleich Null ist.

$M_R = L_R$ (H 15)

Gleichgewichtsbedingung für den inländischen Geldmarkt.

$M_R \equiv \frac{M}{p}$ (H 16)

Definitionsgleichung für die reale Geldmenge im Inland.

$A_{a_{st_R}} = \overline{A}_{a_{st}}$ (H 25)

Das Parlament des Auslands möge ein bestimmtes (reales) Staatsausgabenniveau anstreben und realisieren können.

$p_a = p_a(Y_{a_R})$ (H 26)

Der Preis des im Ausland produzierten Guts sei bei gegebenen Sätzen der indirekten Steuer eine Funktion des realen dortigen Sozialprodukts.

$L_{a_R} = L_a(Y_{a_R}, i_a)$ (H 27)

Die im Ausland gewünschte reale Kassenhaltung sei abhängig vom realen Sozialprodukt und vom ausländischen Zinssatz. Dabei ist die Kasse, die Wirtschaftssubjekte zur Finanzierung der sich aus dem allgemeinen Produktions- und Tauschprozeß ergebenden Transaktionen zu halten wünschen, bereits mit der von Spekulanten gewünschten Kasse zusammengefaßt.

$M_a = \overline{M}_a$ (H 28)

Die ausländische Zentralbank möge eine bestimmte (nominale) Geldmenge anstreben und sie auch dann stabilisieren können, wenn es Kapitalbewegungen zwischen In- und Ausland gibt und/oder der ausländische Außenbeitrag ungleich Null ist.

$M_{a_R} = L_{a_R}$ (H 29)

Gleichgewichtsbedingung für den ausländischen Geldmarkt.

$M_{a_R} \equiv \frac{M_a}{p_a}$ (H 30)

Definitionsgleichung für die reale Geldmenge im Ausland.

Das Modell hat 31 Variable (Y_R, C_R, I_R, A_{st_R}, Ex_R, p_a, w, p, Im_R, Z, K, i, i_a, $Y_{R,v}$, T_R, t, L_R, M, M_R, Y_{a_R}, C_{a_R}, I_{a_R}, $A_{st_{aR}}$, Ex_{a_R}, Im_{a_R}, $Y_{a_{R,v}}$, T_{a_R}, t_a, L_{a_R}, M_a, M_{a_R}) und 30 Gleichungen. Somit besitzt es noch einen Freiheitsgrad. Ihm wird durch Wahl des Wechselkurssystems Rechnung getragen. Sind zwischen In- und Ausland feste Wechselkurse vereinbart, gilt

$$w = \overline{w} \quad \text{(H 31 a)}$$

Entscheiden sich die beiden Länder jedoch für flexible Wechselkurse, gilt statt dessen

$$Z = 0. \quad \text{(H 31 b)}$$

5.3.2. Die zusammengefaßte Form des Modells

Die Lösung des Modells erfolgt wiederum in den üblichen drei Schritten. Im *ersten Schritt* werden die Verhaltensfunktionen und Definitionsgleichungen in die Gleichgewichtsbedingungen eingesetzt. Es ergibt sich ein System von fünf zusammengefaßten Gleichungen. Für den Gütermarkt des Inlands folgt aus der Gleichgewichtsbedingung (H 1) und aus (H 3), (H 4), (H 6), (H 7), (H 8), (H 9), (H 10), (H 11), (H 12), (H 26):

$$\begin{aligned} Y_R = {} & C\left[Y_R \cdot (1-\bar{t})\right] + I(i) + \overline{A}_{st} \\ & + Ex\left[p(Y_R), p_a(Y_{a_R}), w, Y_{a_R}\right] - \frac{p_a(Y_{a_R}) \cdot w}{p(Y_R)} \cdot Im\left[p(Y_R), p_a(Y_{a_R}), w, Y_R\right] \end{aligned} \tag{5.19}$$

Diese Gleichung entspricht der Gleichung (5.9) im zusammengefaßten Modell G. Der Unterschied besteht allein darin, daß im Modell G die Auslandsgrößen $\overline{Y}_a$ und $\overline{p}_a$ exogen vorgegeben und damit im Rahmen des Modells fix sind, während im Modell H sowohl das ausländische Sozialprodukt Y_{a_R} wie auch der Preis p_a endogene Variable darstellen.

Analog ergibt sich die zusammengefaßte Gleichgewichtsbedingung für den ausländischen Gütermarkt. Dabei sind die Exportnachfrage des Auslands nach Gleichung (H 18) und dessen Importnachfrage nach Gleichung (H 19) in die entsprechenden Inlandsgrößen umgeschrieben.

$$\begin{aligned} Y_{a_R} = {} & C_a\left[Y_{a_R} \cdot (1-\bar{t}_a)\right] + I_a(i_a) + \overline{A}_{st_a} \\ & + Im\left[p(Y_R), p_a(Y_{a_R}), w, Y_R\right] - \frac{p(Y_R)}{p_a(Y_{a_R}) \cdot w} \cdot Ex\left[p(Y_R), p_a(Y_{a_R}), w, Y_{a_R}\right] \end{aligned} \tag{5.20}$$

Wenn man alle benötigten Verhaltens- und Definitionsgleichungen in (H 2) einsetzt, erhält man für den Devisenmarkt

$$\begin{aligned} Z = {} & p(Y_R) \cdot Ex\left[p(Y_R), p_a(Y_{a_R}), w, Y_{a_R}\right] \\ & - p_a(Y_{a_R}) \cdot w \cdot Im\left[p(Y_R), p_a(Y_{a_R}), w, Y_R\right] + K(i, i_a) \end{aligned} \tag{5.21}$$

Schließlich ergibt sich nach Einsetzen von (H 12), (H 13), (H 14) und (H 16) in (H 15) für den heimischen Geldmarkt

$$\frac{\overline{M}}{p(Y_R)} = L(Y_R, i) \tag{5.22}$$

Analog folgt für das Geldmarktgleichgewicht des Auslands

$$\frac{\overline{M}_a}{p_a(Y_{a_R})} = L_a(Y_{a_R}, i_a) \tag{5.23}$$

Zu diesen fünf zusammengefaßten Gleichungen ist je nach Wahl des Wechselkurssystems die Gleichung (H 31 a) oder die Gleichung (H 31 b) hinzuzufügen.

Die sechs Gleichungen (5.19), (5.20), (5.21), (5.22), (5.23) und (H 31 a) bzw. (H 31 b) stellen die *zusammengefaßte Form des Modells* einer großen offenen Volkswirtschaft dar. Dieses Modell enthält als zu bestimmende endogene Variablen nur noch Y_R, i, Y_{a_R}, i_a sowie je nach Wechselkurssystem, w oder Z. Die exogenen Variablen sind $\overline{M}$, $\overline{A}_{st}$, $\bar{t}$, $\overline{M}_a$, $\overline{A}_{st_a}$, $\bar{t}_a$ und gegebenenfalls $\overline{w}$. Die ersten drei genannten exogenen Variablen werden von der Wirtschaftspolitik des Inlands, die nächsten drei von der Wirtschaftspolitik des Auslands festgelegt (Instrumentvariablen). In einem System fester Wechselkurse kann auch der Wechselkurs als eine Instrumentvariable betrachtet werden, wobei allerdings seine Veränderung häufig internationaler Absprachen bedarf. Das Modell gestattet es anzugeben, wie sich die endogenen Variablen verändern, wenn inländische oder ausländische wirtschaftspolitische Maßnahmen ergriffen werden.

Zu diesem Zweck werden die Gleichungen des zusammengefaßten Modells im *zweiten Schritt* total differenziert. Dabei sind die Differentialquotienten (ökonomisch: die Verhaltensparameter) wiederum in der üblichen verkürzten Form geschrieben worden: Der zu differenzierenden Variablen wird als tiefgestellter Index diejenige Variable angefügt, nach der zu differenzieren ist. So bedeutet $I_i = \partial I / \partial i$ und sagt aus, in welcher Weise die Unternehmen ihre mengenmäßigen Investitionen verändern, wenn der Zinssatz um eine Einheit steigt.

Wie schon bei der Auswertung des vorhergehenden Modells G werden zur Vereinfachung der Rechnungen der Index des Preises p des Inlandsguts, der Index des Preises p_a des Auslandsguts (in Auslandswährung) und der Wechselkurs w so normiert, daß sie im Ausgangsgleichgewicht (der für die Indexberechnung gewählten Basisperiode) jeweils den Wert Eins haben. Ferner wurde bei der Differenzierung der ökonomische Sachverhalt berücksichtigt, daß lediglich die Wirkungen zusätzlicher Staatsausgaben im Inland ($d\overline{A}_{st}$) auf den in- und ausländischen Wirtschaftskreislauf analysiert werden sollen, nicht jedoch die Wirkungen von inländischen Steueränderungen und von Maßnahmen der „fiscal policy" im Ausland. Mit anderen Worten: Es sind $d\bar{t} = d\overline{A}_{st_a} = d\bar{t}_a = 0$ gesetzt worden.

Ferner sind die Ergebnisformeln durch **Zusammenfassungen**, die ebenfalls schon bei der Auswertung von Modell G vorgenommen wurden (siehe dazu ausführlicher S. 146f.), verkürzt worden:

$$\alpha_1 = 1 - C_{Y_{R,v}} \cdot (1 - \bar{t}) > 0.$$

In α_1 schlagen sich die Sickerverluste durch Sparen und Steuerzahlungen im Inland nieder.

$$\alpha_2 = - Ex_p + Im_p > 0.$$

Der Parameter α_2 erfaßt (mit negativem Vorzeichen) die eintretende Verschlechterung des (realen) inländischen Außenbeitrags, die sich ceteris paribus aus einer Preiserhöhung im Inland ergibt.

$$\alpha_{2_a} = - Ex_{p_a} + Im_{p_a} < 0.$$

Der Parameter α_{2_a} gibt (mit negativem Vorzeichen) an, wie stark sich der (reale) inländische Außenbeitrag ceteris paribus mit steigendem Auslandspreis verbessert.

$$\alpha_3 = - Ex_w + Im_w < 0.$$

Der Parameter α_3 mißt (wiederum mit negativem Vorzeichen) die Verbesserung des (realen) inländischen Außenbeitrags, die eine Abwertung der Inlandswährung ceteris paribus bewirkt.

$$\alpha_4 = L_{Y_R} + \overline{M} \cdot p_{Y_R} > 0.$$

Die gewünschte Kassenhaltung im Inland nimmt sowohl mit steigendem Sozialprodukt als auch mit steigendem Preisniveau zu.

Im Zwei-Länder-Modell H werden nicht nur die Werte der inländischen Variablen Y_R und i sowie des Wechselkurses w beziehungsweise des Devisenbilanzsaldos Z endogen bestimmt; die Auslandsvariablen Y_{a_R} und i_a ändern sich ebenfalls als Folge einer Maßnahme der „fiscal policy" im Inland. Spiegelbildlich zu den Zusammenfassungen für das Inland werden folgende verkürzte Schreibweisen für das Ausland eingeführt. Sie erfassen die Sickerverluste durch Sparen und Steuerzahlungen sowie Veränderungen der gewünschten Kassenhaltung im Ausland:

$$\alpha_{1_a} = 1 - C_{Y_{a_{R,v}}} \cdot (1 - \bar{t}_a) > 0.$$

$$\alpha_{4_a} = L_{a_{Y_{aR}}} + \overline{M}_a \cdot p_{a_{Y_{aR}}} > 0.$$

Unter Verwendung dieser Parameter führt das totale Differenzieren der Gleichungen des zusammengefaßten Modells zu folgenden Ergebnissen. Aus Gleichung (5.19) ergibt sich für den inländischen Gütermarkt:

$$\alpha_1 \cdot dY_R + \left[Im_{Y_R} + \alpha_2 \cdot p_{Y_R} - Im_R \cdot p_{Y_R}\right] \cdot dY_R + \left[-Ex_{Y_{aR}} + \alpha_{2_a} \cdot p_{a_{Y_{aR}}} + Im_R \cdot p_{a_{Y_{aR}}}\right] \cdot dY_{a_R} + \left[\alpha_3 + Im_R\right] \cdot dw - I_i \cdot di - d\overline{A}_{st} = 0 \qquad (5.19)'$$

Gleichung (5.20) liefert für den ausländischen Gütermarkt:

$$-\left[Im_{Y_R} + \alpha_2 p_{Y_R} - Ex_R \cdot p_{Y_R}\right] \cdot dY_R + \alpha_{1_a} \cdot dY_{a_R} - \left[-Ex_{Y_{a_R}} + \alpha_{2_a} \cdot p_{a_{Y_{aR}}} + Ex_R \cdot p_{a_{Y_{aR}}}\right] \cdot dY_{a_R} - \left[\alpha_3 + Ex_R\right] \cdot dw \quad I_{a_{i_a}} \cdot di_a = 0 \qquad (5.20)'$$

Das Ergebnis der Differentiation von (5.21) lautet

$$\left[Im_{Y_R} + \alpha_2 \cdot p_{Y_R} - Ex_R \cdot p_{Y_R}\right] \cdot dY_R - \left[Ex_{Y_{a_R}} + \alpha_{2_a} \cdot p_{a_{Y_{aR}}} + Im_R \cdot p_{a_{Y_{aR}}}\right] \cdot dY_{a_R} + \left[\alpha_3 + Im_R\right] \cdot dw - K_i \cdot di - K_{i_a} \cdot di_a + dZ = 0 \qquad (5.21)'$$

Für die Gleichgewichtsbedingung des inländischen Geldmarkts erhält man:

$$d\overline{M} = \alpha_4 \cdot dY_R + L_i \cdot di \qquad (5.22)'$$

Für das ausländische Geldmarktgleichgewicht gilt:

$$d\overline{M}_a = \alpha_{4_a} \cdot dY_{a_R} + L_{a_{i_a}} \cdot di_a \qquad (5.23)'$$

Ist zwischen den beiden Staaten ein fester Wechselkurs vereinbart, tritt zu diesen fünf Gleichungen hinzu

$$d\overline{w} = 0 \qquad (5.24\,a)'$$

Bei flexiblen Wechselkursen dagegen sind die Gleichungen zu ergänzen durch

$$dZ = 0 \qquad (5.24\,b)'$$

Die Differentiale dY_R, dY_{a_R}, di, di_a, dw und dZ geben die kurzfristigen Änderungen von inländischem und ausländischem Sozialprodukt, der Zinsen sowie des Wechselkurses bzw. des Devisenbilanzsaldos wieder. Sie stellen noch kein totales Gleichgewicht, z. B. auch des langsam reagierenden Arbeitsmarkts dar, genügen aber zur Analyse der kurzfristigen Wirkungen der inländischen „fiscal policy".

5.3.3. Die Wirkungen zusätzlicher Staatsausgaben auf eine große offene Volkswirtschaft

Wie im Fall des kleinen Landes soll im *dritten Schritt* der Analyse vor allem die Veränderung des realen inländischen Sozialprodukts dY_R aus den Gleichungen (5.19)' bis (5.23)' ermittelt werden. Entsprechend der zwei möglichen Interpretationen der Neutralität der Geldpolitik wird das Modell in zweifacher Weise ausgewertet, einmal für den Fall, daß die inländische und die ausländische Zentralbank die Zinsen stabilisieren ($di = di_a = 0$), zum anderen, daß sie die Geldmengen konstant halten ($d\overline{M} = d\overline{M}_a = 0$).[7]

Die Rechnung durchzuführen, macht keine großen Schwierigkeiten. Allerdings werden die Ergebnisformeln recht unübersichtlich, wenn weiterhin der allgemeine Fall eines im Ausgangszeitpunkt positiven oder aber negativen Außenbeitrags behandelt wird. Deshalb soll die weitere Analyse auf den Fall beschränkt werden, in dem der Außenbeitrag vor dem Einsatz der „fiscal policy" den Wert Null hatte. Unter Berücksichtigung der für das Ausgangsgleichgewicht gewählten Preisnormierungen $p = p_a = 1$ gilt dann: $Ex_R = Im_R$. Die Beschränkung der Analyse auf diesen Fall bedeutet insofern keine Minderung der Aussagefähigkeit der Ergebnisse, als sie in ihren Vorzeichen (d. i. die Wirkungsrichtung der Maßnahmen der „fiscal policy") denjenigen gleich sind, die man einem in der Ausgangssituation positiven oder aber negativen Außenbeitrag erhält.

5.3.3.1. Neutrale Geldpolitik ist definiert durch $di = di_a = 0$

Bei der Isolierung von dY_R gelangt man zu unterschiedlichen Ergebnissen, je nachdem ob man von festen oder flexiblen Wechselkursen ausgeht.

5.3.3.1.1. Der Wechselkurs ist fest ($d\overline{w} = 0$)

Bei einer Addition von (5.19)' und (5.20)' fallen einige Summanden, die in (5.19)' und (5.20)' unterschiedliche Vorzeichen aufweisen, weg. Aus dem verbleibenden Sum-

[7] Andere Kombinationen von Verhaltensweisen der in- und ausländischen Zentralbanken (beispielsweise $di = 0$ und $d\overline{M}_a = 0$) sind möglich.

menausdruck isoliert man dY_{a_R} und setzt das Ergebnis in (5.19)' ein. Man erhält dann die Erhöhung des inländischen Sozialprodukts, die sich als Folge einer Steigerung der Staatsausgaben ergibt:

$$dY_R = \frac{1}{\alpha_1 + (Im_{Y_R} + \alpha_2 \cdot p_{Y_R} - Im_R \cdot p_{Y_R}) \cdot \frac{1}{1 + \frac{1}{\alpha_{1_a}} \cdot (Ex_{Y_{a_R}} - \alpha_{2_a} \cdot p_{a_{Y_{aR}}} - Im_R \cdot p_{a_{Y_{aR}}})}} \cdot d\bar{A}_{st} \qquad (5.25)$$

Die Auswertung der für den Fall des kleinen Landes gewonnenen Gleichung (5.13) hatte ergeben, daß der Ausdruck $(Im_{Y_R} + \alpha_2 \cdot p_{Y_R} - Im_R \cdot p_{Y_R})$ bei normaler Reaktion des Außenbeitrags positiv ist. Der Koeffizient α_{1_a}, der die im Ausland durch Sparen und Steuerzahlungen eintretenden Sickerverluste erfaßt, ist ebenfalls größer als Null.Zu untersuchen bleibt die Reaktion des (realen) inländischen Außenbeitrags auf Änderungen des ausländischen Sozialprodukts, die durch $(Ex_{Y_{aR}} - \alpha_{2_a} \cdot p_{a_{Y_{aR}}} - Im_R \cdot p_{a_{Y_{aR}}})$ erfaßt wird. Der erste Summand dieses Klammerausdrucks mißt Steigerungen des realen Inlandsexports, die direkt als Folge eines höheren Y_{a_R} eintreten. Er ist positiv. Der Parameter α_{2_a} spiegelt (mit negativem Vorzeichen) die Wirkung einer Erhöhung von Y_{a_R} auf p_a und damit auf die Wettbewerbsfähigkeit und den Außenbeitrag des Inlands wider. Das Produkt $(-\alpha_{2_a} \cdot p_{a_{Y_{aR}}})$ hat einen positiven Wert. Den beiden positiven Summanden steht der negative Umbewertungseffekt $(-Im_R \cdot p_{a_{Y_{aR}}})$ auf den (realen) Außenbeitrag im Ausgangszeitpunkt gegenüber. Bei normaler Reaktion des Außenbeitrags ist dieser Umbewertungseffekt aber immer kleiner als die Summe der beiden anderen Größen: Im Regelfall führt eine Zunahme des Sozialprodukts im Ausland für sich genommen zu einer Verbesserung des inländischen Außenbeitrags.

In der Konsequenz ergibt sich, daß eine Staatsausgabenerhöhung auch in einer großen offenen Volkswirtschaft expansiv auf das Sozialprodukt wirkt. Unklar ist aber noch, ob die expansiven Effekte stärker oder weniger stark sind als in einem kleinen Land. Dies läßt sich aus einem Vergleich der Multiplikatoren (5.25) und (5.13) ableiten. Der Multiplikator hat für ein großes Land dann einen höheren Wert, wenn der Quotient

$$\frac{1}{1 + \frac{1}{\alpha_{1_a}} \cdot (Ex_{Y_{aR}} - \alpha_{2_a} \cdot p_{a_{Y_{aR}}} - Im_R \cdot p_{a_{Y_{aR}}})} < 1$$

im Nenner von Gleichung (5.25) kleiner als Eins ist. Wie oben ausgeführt, ist diese Bedingung bei normaler Reaktion des heimischen Außenbeitrags erfüllt. Damit kann als Ergebnis ein weiterer Lehrsatz formuliert werden.

Lehrsatz 22[8]:
Die außenwirtschaftlichen Mechanismen, die eine durch Maßnahmen der „fiscal policy“ ausgelöste Expansion dämpfen, sind in einer großen offenen Volkswirtschaft schwächer als in einer kleinen.

[8] Dieser Lehrsatz ist zwar nur für den Fall $di = di_a = d\bar{w} = 0$ abgeleitet worden, er gilt aber – wie noch zu zeigen sein wird – auch in anderen Fällen.

Lehrsatz 22 impliziert im Vergleich mit Lehrsatz 18, daß mit einer Staatsausgabenerhöhung das inländische Sozialprodukt am stärksten in einer geschlossenen Volkswirtschaft angekurbelt wird. Eine schwächere Expansion hat man in einer großen offenen Volkswirtschaft zu erwarten; noch schwächer ist der Anschubeffekt in einer kleinen offenen Volkswirtschaft.

Der Expansionseffekt in einer großen offenen Wirtschaft ist um so größer und somit dem Effekt in einer geschlossenen Volkswirtschaft angenäherter, je

- stärker die internen Multiplikatorwirkungen im Ausland ausfallen (je kleiner also α_{1_a} ist),
- höher die marginale Importquote des Ausland ist (hier erfaßt als $Ex_{Y_{a_R}}$),
- elastischer die realen Ein- und Ausfuhren des Auslands auf Erhöhungen des ausländischen Preisniveaus reagieren (je größer α_{2_a}, das die spiegelbildlichen Inlandstransaktionen erfaßt),
- stärker sich das ausländische Preisniveau erhöht (je größer $p_{a_{Y_{aR}}}$).

5.3.3.1.2. Der Wechselkurs ist flexibel (dZ = 0)

Betreiben die inländische und die ausländische Zentralbank eine Geldpolitik, bei der das Inlands- sowie das Auslandszinsniveau konstant gehalten werden, gibt es keine internationalen Kapitalbewegungen (dK = 0). Ist darüber hinaus der Wechselkurs flexibel, greifen die Zentralbanken definitionsgemäß nicht in das Geschehen auf dem Devisenmarkt ein. Der Saldo der Devisenbilanz dZ bleibt Null. Dann müssen sich sämtliche Veränderungen der nominalen Außenwirtschaftstransaktionen untereinander ausgleichen. Dies geschieht dadurch, daß jede Tendenz zu einer Verschlechterung des inländischen Außenbeitrags infolge einer expansiven „fiscal policy" durch eine Abwertung der Inlandswährung kompensiert wird. Nach Ablauf der Anpassungsprozesse auf den Gütermärkten und auf dem Devisenmarkt ergibt sich – für den Fall eines im Ausgangszeitpunkt ausgeglichenen Außenbeitrags – für die große offene Volkswirtschaft des Inlands eine Situation, die genau der einer geschlossenen Wirtschaft entspricht. Formal erhält man dieses Ergebnis, wenn Gleichung (5.21)' von Gleichung (5.19)' subtrahiert wird:

$$dY_R = \frac{1}{\alpha_1} \cdot d\overline{A}_{st} \qquad (5.26)$$

Unter der Annahme eines Außenbeitrags von Null im Ausgangszeitpunkt gilt **Lehrsatz 19** nicht nur für kleine, sondern auch für große Länder: In offenen Volkswirtschaften mit flexiblen Wechselkursen hat die „fiscal policy" also die gleiche Wirksamkeit wie in geschlossenen Volkswirtschaften, wenn dort die Geldpolitik den Zins stabilisiert.

Wie der Vergleich der Multiplikatoren (5.26) und (5.25) zeigt, gilt der **Lehrsatz 20**, wonach der Übergang von festen zu flexiblen Wechselkursen die Wirksamkeit der „fiscal policy" erhöht, wenn die Geldpolitik neutral im Sinne von di = 0 ist, nicht nur für eine kleine, sondern auch für eine große Volkswirtschaft.

5.3.3.2. Neutrale Geldpolitik ist definiert durch $d\overline{M} = d\overline{M}_a = 0$

Verfolgen die inländische und die ausländische Zentralbank eine neutrale Geldpolitik im Sinne konstanter Geldmengen, so sind endogene Zinswirkungen auf den Geldmärkten zu berücksichtigen. Der als Folge höherer Staatsausgaben im Inland eintretende Aufschwung läßt den Transaktionskassenbedarf ansteigen und führt zu Zinssteigerungen. Wie im Fall einer geschlossenen Wirtschaft werden dadurch die Expansion gedämpft und die Wirksamkeit der „fiscal policy" gemindert. Bei einer großen offenen Volkswirtschaft kommt hinzu, daß die Expansion über die Außenwirtschaft auf das Ausland übertragen wird. In der Folge steigen auch dort die Zinsen. Auf die internationalen Kapitalbewegungen wirken sich somit zwei Zinsänderungen aus. Ohne numerische Annahmen über die Parameter α_4, α_{4_a}, L_i und $L_{a_{i_a}}$ (im Fall flexibler Wechselkurse auch K_i und K_{i_a}) kann allerdings nicht vorhergesagt werden, ob die Zinssteigerungen im Inland oder im Ausland höher ausfallen. Welche Wirkungen und Rückwirkungen insgesamt eintreten und über welche Kanäle sie vermittelt werden, hängt vom Wechselkursregime ab.

5.3.3.2.1. Der Wechselkurs ist fest ($d\overline{w} = 0$)

Die Vereinbarung eines festen Wechselkurses zwischen Inlandswährung und Auslandswährung bedeutet, daß die „fiscal policy" in ihrer Einflußnahme auf das inländische Sozialprodukt nicht durch Veränderungen des Wechselkurses beeinflußt wird. Feste Wechselkurse werden bei Zinsänderungen im Inland und Ausland und dadurch ausgelösten internationalen Kapitalbewegungen sichergestellt, wenn die Zentralbanken jedes Überschußangebot an Devisen aufnehmen oder jede Überschußnachfrage aus ihren eigenen Beständen befriedigen.

Wenn eine Zentralbank Devisen ankauft und mit dem Geld, das sie selbst schafft, bezahlt, erhöht sich die Geldmenge des Landes. Bei Devisenverkäufen sinkt die Geldmenge. Will die Zentralbank trotzdem ihr Geldmengenziel erreichen ($d\overline{M} = d\overline{M}_a = 0$), muß sie diese Liquiditätswirkungen neutralisieren, d. h. Gegengeschäfte im Rahmen ihrer Geldmengensteuerung durchführen. Damit wird sichergestellt, daß grenzüberschreitende Kapitalbewegungen keinen Einfluß auf die Zinsniveaus im Inland und im Ausland ausüben können. Der Inlandszins i wird allein durch Entwicklungen des inländischen Gütermarkts und des inländischen Geldmarkts bestimmt. Entsprechendes gilt für den Auslandszins i_a.

Die Formel, welche die Änderung des heimischen Sozialprodukts als Folge einer Staatsausgabenerhöhung angibt, läßt sich wie folgt ableiten. Werden die Zinsänderungen, die sich aus den Gleichungen (5.22)' und (5.23)' ergeben, in die Summe von (5.19)' und (5.20)' eingesetzt, so ergibt sich nach einigen Umrechnungen:

$$dY_R = \frac{d\overline{A}_{St}}{\alpha_1 + I_i \cdot \frac{\alpha_4}{L_i} + \left(Im_{Y_R} + \alpha_2 \cdot p_{Y_R} - Im_R \cdot p_{Y_R}\right) \cdot \frac{1}{1 + \frac{1}{\alpha_{1_a} + I_{a_{i_a}} \cdot \frac{\alpha_{4_a}}{L_{a_{i_a}}}} \cdot \left(Ex_{Y_{a_R}} - \alpha_{2_a} \cdot p_{a_{Y_{aR}}} - Im_R \cdot p_{a_{Y_{aR}}}\right)}} \tag{5.27}$$

Vergleicht man den Ausdruck (5.27) mit dem entsprechenden Wert bei konstantem Zins (5.25), so sind formal zwei Unterschiede festzustellen, die gleichartige Sachverhalte betreffen. Sowohl im Inland als auch im Ausland wird die wirtschaftliche Expansion durch eine zunehmende Kassenhaltung, dadurch steigende Zinsen und schließlich rückläufige Investitionen gedämpft. Der Ausdruck $I_i \cdot (\alpha_4 / L_i)$ erfaßt diesen Dämpfungseffekt für das Inland, der Ausdruck $I_{a_{i_a}} \cdot (\alpha_{4_a} / L_{a_{i_a}})$ für das Ausland. Der Übergang von einer zins- zu einer geldmengenorientierten Geldpolitik vermindert also die expansiven Effekte von Maßnahmen der „fiscal policy".

Eindeutig ist auch das Vergleichsergebnis zwischen dem Multiplikator für die große offene Volkswirtschaft (5.27) mit dem für das kleine offene Land (5.15). Die im Zuge der wirtschaftlichen Expansion im Inland über reale außenwirtschaftliche Beziehungen festzustellende Nachfrageverlagerung vom Inland in das Ausland wird im Fall des großen Landes durch dessen wirtschaftliche Expansion wieder gemindert. Somit gilt **Lehrsatz 22**, der für konstante Zinsniveaus gefunden worden war, auch für den Fall einer Geldpolitik im Sinne von $d\overline{M} = d\overline{M}_a = 0$ und eines festen Wechselkurses: Die außenwirtschaftlichen Mechanismen, die eine durch Maßnahmen der „fiscal policy" ausgelöste Expansion dämpfen, sind in einer großen offenen Volkswirtschaft schwächer als in einer kleinen.

5.3.3.2.2. Der Wechselkurs ist flexibel (dZ = 0)

Die Symmetrie der Ergebnisse gilt schließlich ebenso bei flexiblem Wechselkurs. Der oben für ein kleines offenes Land ermittelte Multiplikator (5.16) wird bei Verwendung des Modells H wiederum um endogene Rückwirkungen aus dem Ausland ergänzt. Man erhält für die Steigerung des inländischen Sozialprodukts:

$$dY_R = \frac{1}{\alpha_1 + I_i \cdot \frac{\alpha_4}{L_i} - (K_i \cdot \frac{\alpha_4}{L_i}) \cdot \frac{1}{1 + \frac{1}{\alpha_{1_a} + I_{a_{i_a}} \cdot \frac{\alpha_{4_a}}{L_{a_{i_a}}}} \cdot (K_{i_a} \cdot \frac{\alpha_{4_a}}{L_{a_{i_a}}})}} \cdot d\overline{A}_{st} \qquad (5.28)$$

Bei zinselastischen Kapitalimporten vermindert sich die Expansionswirkung zusätzlicher Staatsausgaben. Es gilt erneut: Bei flexiblen Wechselkursen gefährden zinselastische Kapitalimporte die Wirksamkeit der „fiscal policy".

Übungsaufgabe 21

Es wird behauptet, daß die Konjunktur in großen offenen Volkswirtschaften durch die „fiscal policy" wirksamer gesteuert werden könne als in kleinen. Stimmen Sie zu? Welches sind Ihre Argumente?

Übungsaufgabe 22

Welche Bedeutung messen Sie der Globalisierung der Finanzmärkte für die Wirksamkeit der „fiscal policy" in Deutschland bei?

5.4. Vergleich der Wirkungen der „fiscal policy" in geschlossenen und offenen Volkswirtschaften

Die Ergebnisse der vorangehenden Abschnitte 5.1 bis 5.3 sind in der folgenden Übersicht 2 zusammengestellt worden. Mit Hilfe dieser Übersicht lassen sich einige der oben formulierten Lehrsätze besser auswerten.

- Wenn man die vier Zeilen von links nach rechts liest und dabei die Quotienten, das sind die Multiplikatoren aus den mit ihren Numerierungen angegebenen Ergebnisformeln, miteinander vergleicht, erfährt man, daß

  ⇒ nur bei konstant gehaltenen Zinsen und flexiblem Wechselkurs die Öffnung der Volkswirtschaft zur Weltwirtschaft keinen Einfluß auf die Wirksamkeit der „fiscal policy" hat: Die Stärke der Multiplikatorkräfte ist unabhängig vom Gewicht, das dem Binnenmarkt für den gesamten Wirtschaftsverkehr zukommt;

  ⇒ in allen anderen Fällen die Effizienz der „fiscal policy" bei liberalisierten Güter- und Kapitalmärkten mit zunehmender Öffnung des Landes zur Weltwirtschaft abnimmt.

- Liest man die drei Spalten jeweils von oben nach unten und vergleicht wiederum die Multiplikatoren untereinander, erfährt man, daß die „fiscal policy" wirksamer ist, wenn die Notenbanken die Zinsen statt der Geldmengen konstant halten.

- Bei Geldmengenkonstanz gilt für offene Volkswirtschaften, daß bei relativ elastischen Kapitalbewegungen die „fiscal policy" bei festen Wechselkursen wirksamer als bei flexiblen ist.

Die in Übersicht 2 zusammengestellten Ergebnisse gelten unter den jeweils gemachten Annahmen. Als wirtschaftspolitische Maßnahme der „fiscal policy" wurde eine Staatsausgabenerhöhung untersucht, wobei die Steuersätze und Steuerbemessungsgrundlagen im Inland und Ausland unverändert blieben ($d\bar{t} = d\bar{t}_a = 0$).

Für den Außenwirtschaftsverkehr von Gütern wurde – wie in der Außenwirtschaftsliteratur üblich – eine normale Reaktion des Außenbeitrags unterstellt. Danach reagieren die reale Export- und die reale Importnachfrage ausreichend preiselastisch, so daß der inländische Außenbeitrag bei einer relativen Erhöhung des Inlandspreisniveaus sinkt. Außerdem nimmt der inländische Außenbeitrag bei einer Abwertung der heimischen Währung zu.

Um die Ergebnisformeln zu vereinfachen, wurde für offene Volkswirtschaften unterstellt, daß der inländische Außenbeitrag im Ausgangsgleichgewicht gleich Null ist. Ist der Außenbeitrag in der Anfangssituation dagegen ungleich Null, zeigen sich in den dann umfangreicheren Multiplikatorausdrücken Effekte aus der Umbewertung des anfänglichen Außenbeitrags, wie beispielsweise in Formel (5.13a). Diese Effekte aus der Umbewertung eines im Ausgangsgleichgewichts positiven oder negativen Außenbeitrags ändern aber das Vorzeichen des Multiplikators nicht.

Übersicht 2: Multiplikatoren für geschlossene, große offene und kleine offene Volkswirtschaften bei Staatsausgabenerhöhung

Richtungen abnehmender Expansionswirkungen → → →

↓ ↓ ↓ a) Geldpolitik im In- und Ausland	Wechselkurs	Inland: geschlossene Volkswirtschaft	Inland: große offene Volkswirtschaft b)	Inland: kleine offene Volkswirtschaft b)
Zinsen konstant	flexibel	$\frac{1}{\alpha_1}$	$\frac{1}{\alpha_1}$ (5.26)	$\frac{1}{\alpha_1}$ (5.14)
Zinsen konstant	fest	$\frac{1}{\alpha_1}$	$\frac{1}{\alpha_1+(Im_{Y_R}+\alpha_2\cdot p_{Y_R}-Im_R\cdot p_R)\cdot\frac{1}{1+\frac{1}{\alpha_{1_a}}\cdot(Ex_{Y_{aR}}-\alpha_{2_a}\cdot p_{a_{Y_{aR}}}-Im_R\cdot p_{a_{Y_{aR}}})}}$ (5.25)	$\frac{1}{\alpha_1+(Im_{Y_R}+\alpha_2\cdot p_{Y_R}-Im_R\cdot p_{Y_R})}$ (5.13)
Geldmengen konstant	fest	$\frac{1}{\alpha_1+I_i\cdot\frac{\alpha_4}{L_i}}$	$\frac{1}{\alpha_1+I_i\cdot\frac{\alpha_4}{L_i}+(Im_{Y_R}+\alpha_2\cdot p_{Y_R}-Im_R\cdot p_{Y_R})\cdot\frac{1}{1+\frac{1}{\alpha_{1_a}+I_{a_{i_a}}\cdot\frac{\alpha_{4_a}}{L_{a_{i_a}}}}\cdot(Ex_{Y_{aR}}-\alpha_{2_a}\cdot p_{a_{Y_{aR}}}-Im_R\cdot p_{a_{y_{aR}}})}}$ (5.27)	$\frac{1}{\alpha_1+I_i\cdot\frac{\alpha_4}{L_i}+(Im_{Y_R}+\alpha_2\cdot p_{Y_R}-Im_R\cdot p_{Y_R})}$ (5.15)
Geldmengen konstant	flexibel	$\frac{1}{\alpha_1+I_i\cdot\frac{\alpha_4}{L_i}}$	$\frac{1}{\alpha_1+I_i\cdot\frac{\alpha_4}{L_i}-(K_i\cdot\frac{\alpha_4}{L_i})\cdot\frac{1}{1+\frac{1}{\alpha_{1_a}+I_{a_{i_a}}\cdot\frac{\alpha_{4_a}}{L_{a_{i_a}}}}\cdot(K_{ia}\cdot\frac{\alpha_{4_a}}{L_{a_{i_a}}})}}$ (5.28)	$\frac{1}{\alpha_1+I_i\cdot\frac{\alpha_4}{L_i}-(K_i\cdot\frac{\alpha_4}{L_i})}$ (5.16)

a) In senkrechter Richtung sind die Expansionswirkungen in offenen Volkswirtschaften in der letzten Tabellenzeile kleiner als in der vorletzten Zeile, wenn eine hohe Zinselastizität der Kapitalimporte unterstellt wird.

5.5. Ein „Assignment-Problem"

Die Wirtschaftspolitik hat in der Regel verschiedene Ziele zu verfolgen, und ihr stehen zu diesem Zweck die verschiedensten *Instrumente* zur Verfügung. Abgesehen von dem Idealfall, in dem alle Ziele bereits erreicht sind, steht sie bei jeder Diagnose der wirtschaftlichen Situation vor der Notwendigkeit, ein wirtschaftliches Programm aufzustellen oder ein vorhandenes an die neue Lage anzupassen. Dabei ist abzuschätzen, welche Maßnahmen mit welcher Intensität zur Förderung welcher Ziele eingesetzt werden sollen, damit sich die tatsächliche Wirtschaftssituation in möglichst kurzer Zeit der gewünschten Situation annähert. Bei der Aufstellung des Programms ist es zweckmäßig, ein Mittel, das sich für verschiedene Ziele eignet, jenem Ziel zuzuordnen, bei dem es die vergleichsweise größte Wirksamkeit hat.

Zu den Zielen der Konjunkturpolitik zählen die Vollbeschäftigung und das außenwirtschaftliche Gleichgewicht; zu den Mitteln rechnen die „fiscal policy" (Veränderung der Staatsausgaben oder der Steuerbemessungsgrundlagen und Steuersätze) und die Geldpolitik (Veränderung der Notenbankzinsen oder der Geldmenge). Es fragt sich deshalb, welches Ziel welcher Politik zugewiesen werden sollte (Zuweisen heißt im Englischen „to assign", deshalb spricht man hier vom „assignment problem"[+]).

Oft werden *binnenwirtschaftliche Ziele* (eher) der *„fiscal policy", außenwirtschaftliche Ziele* (eher) der *Geldpolitik* zugeordnet. Diesem Vorgehen entspricht auch die bisherige Analyse der „fiscal policy" in diesem Lehrbuch: Vorrangiges Anliegen war es, die Auswirkungen von zusätzlichen Staatsausgaben und von Steueränderungen auf das Sozialprodukt, die Beschäftigung und das Preisniveau aufzudecken.

Die Zuordnung binnenwirtschaftlicher Ziele, besonders des Vollbeschäftigungsziels, zur „fiscal policy" ist dann überzeugend und berechtigt, wenn die „fiscal policy" hier gegenüber der Geldpolitik komparative Vorteile besitzt und wenn es entsprechend der Geldpolitik leichter fällt, ein außenwirtschaftliches Gleichgewicht zu erreichen, d.h. bei festen Wechselkursen für einen Ausgleich der Devisenbilanz und bei flexiblen Wechselkursen für einen stabilen Wechselkurs zu sorgen.

Die Lösung des „Assignment-Problems" wird dadurch erschwert, daß die Auswirkungen fiskalpolitischer Maßnahmen auf den Devisenmarkt einerseits und den Beschäftigungsgrad andererseits bei Zinskonstanz andere als bei Geldmengenkonstanz sind. Somit müßte die Frage, im Hinblick auf welches Ziel die „fiscal policy" komparative Vorteile gegenüber der Geldpolitik hat, zweimal beantwortet werden: einmal für den Fall, daß Neutralität der Geldpolitik mit Hilfe von $di = 0$ definiert wird, zum anderen unter der Bedingung, daß $d\overline{M} = 0$ als Ausdruck einer neutralen Geldpolitik gesehen wird. Die Rechnungen zur Bestimmung der Vorteile einzelner Politikmaßnahmen sind jedoch umfangreich. Deshalb soll hier exemplarisch vorgegangen und nur die Möglichkeit untersucht werden, daß die Geldpolitik sich bei *Maßnahmen der „fiscal policy"* ($d\overline{A}_{st} > 0$) neutral im Sinne konstanter Zinsen verhält ($di = 0$). Umgekehrt wird bei der Ermittlung der Wirkung *geldpolitischer Maßnahmen* ($di < 0$) angenommen, daß die „fiscal policy" neutral im Sinne von $d\overline{A}_{st} = 0$ bleibt. Die Neutralitätsbedingungen werden jeweils mit einem senkrechten Strich versehen und an die zu berechnende Größe angehängt. Beispielsweise gibt der Ausdruck $\left.\frac{dY_R}{d\overline{A}_{st}}\right| di = 0$ an, um wieviel sich das reale Sozialprodukt ändert, wenn unter der Bedingung eines konstanten Zinsniveaus (die Geldpolitik ist neutral im Sinne von di = 0) der Staat seine Ausgaben um $d\overline{A}_{st}$ erhöht. Die Analyse ist darüber hinaus auf den Fall einer kleinen offenen Volkswirtschaft nach Modell G beschränkt ($d\overline{Y}_a = d\overline{p}_a = d\overline{i}_a = 0$), deren Währung zu festem Wechselkurs gegen ausländische Währung getauscht wird ($d\overline{w} = 0$).

Um die komparativen Vorteile der „fiscal policy" gegenüber der Geldpolitik zu bestimmen, sind vier Politikwirkungen miteinander zu vergleichen. Dies sind auf der einen Seite die beiden Effekte einer Erhöhung der Staatsausgaben auf das Sozialprodukt und auf die Devisenbilanz (bei einer Geldpolitik, die die Zinsen konstant hält). Auf der anderen Seite geht es um die Wirkungen einer Zinssenkung auf das Sozialprodukt und auf die Devisenbilanz (unter der Annahme konstanter Staatsausgaben). Da die absoluten Werte der Staatsausgabenerhöhung und einer Zinssenkung nicht vergleichbar sind, wird bestimmt, unter welchen Bedingungen eine Politik *relativ* erfolgreich ist. Die „fiscal policy" ($d\overline{A}_{st} > 0$) hat einen komparativen Vorteil in der Erreichung des Sozialproduktsziels und die Geldpolitik ($di < 0$) entsprechend in der Erreichung oder Sicherung des außenwirtschaftlichen Gleichgewichts, wenn folgende Ungleichung erfüllt ist:

$$\frac{\dfrac{dY_R}{d\overline{A}_{st}}\Big|di = 0}{-\dfrac{dY_R}{di}\Big|d\overline{A}_{st} = 0} > \frac{\dfrac{dZ}{d\overline{A}_{st}}\Big|di = 0}{-\dfrac{dZ}{di}\Big|d\overline{A}_{st} = 0} \tag{5.29}$$

In der Bedingung (5.29) gibt dY_R/di die (reale) Sozialproduktsteigerung an, die erreicht wird, wenn die Zentralbank eine bestimmte Zinsänderung di realisiert und wenn gleichzeitig fiskalpolitische Maßnahmen zur Steigerung des Sozialprodukts nicht ergriffen werden ($d\overline{A}_{st} = 0$). Der Ausdruck dZ/di zeigt, wie sich die Währungsreserven des Landes aufgrund geldpolitischer Maßnahmen bei neutraler Fiskalpolitik ändern. Bei der Aufstellung der Ungleichung wurde auf der linken Seite durch Minuszeichen berücksichtigt, daß die Absicht, das reale Sozialprodukt zu erhöhen, im Rahmen der „fiscal policy" Ausgaben*steigerungen* ($d\overline{A}_{st} > 0$) und im Rahmen der Geldpolitik Zins*senkungen* ($di < 0$) erfordert. Auf der rechten Seite der Bedingung (5.29) dient das Minuszeichen im Nenner des Hauptbruchs dazu, die die Devisenbilanz *verschlechternde* Staatsausgabenerhöhung mit der die Bilanz *verbessernden* Zinsrücknahme vergleichbar zu machen.

Zur Auswertung von (5.29) kann weitgehend auf frühere Ergebnisse zurückgegriffen werden. Das Ergebnis des Ausdrucks im Zähler der linken Seite von (5.29) ist schon als Gleichung (5.13) ermittelt worden:

$$\left[\frac{dY_R}{d\overline{A}_{st}}\Big|di = 0\right] = \frac{1}{\alpha_1 + (Im_{Y_R} + \alpha_2 \cdot p_{Y_R} - Im_R \cdot p_{Y_R})} > 0$$

Aus Gleichung (5.9)' ergibt sich nach Umformen:

$$\left[-\frac{dY_R}{di}\Big|d\overline{A}_{st} = 0\right] = -\frac{1}{\alpha_1 + (Im_{Y_R} + \alpha_2 \cdot p_{Y_R} - Im_R \cdot p_{Y_R})} \cdot I_i > 0$$

Die Division von Gleichung (5.10)' durch Gleichung (5.9)' führt zu:

$$\left[\frac{dZ}{d\overline{A}_{st}}\bigg|di = 0\right] = -\frac{(Im_{Y_R} + \alpha_2 \cdot p_{Y_R} - Ex_R \cdot p_{Y_R})}{\alpha_1 + (Im_{Y_R} + \alpha_2 \cdot p_{Y_R} - Im_R \cdot p_{Y_R})} < 0$$

Durch Einsetzen von dY_R aus Gleichung (5.9)' in (5.10)' erhält man schließlich:

$$\left[-\frac{dZ}{di}\bigg|d\overline{A}_{st} = 0\right] = \frac{(Im_{Y_R} + \alpha_2 \cdot p_{Y_R} - Ex_R \cdot p_{Y_R})}{\alpha_1 + (Im_{Y_R} + \alpha_2 \cdot p_{Y_R} - Im_R \cdot p_{Y_R})} \cdot I_i - K_i < 0$$

Werden die vier Einzelausdrücke in die Ungleichung (5.29) eingesetzt und diese so weit wie möglich zusammengefaßt, bleibt als Bedingung für eine relative Überlegenheit der „fiscal policy" im Hinblick auf das Sozialproduktsziel:

$$\frac{K_i}{-I_i} \cdot \frac{\alpha_1 + (Im_{Y_R} + \alpha_2 \cdot p_{Y_R} - Im_R \cdot P_{Y_R})}{(Im_{Y_R} + \alpha_2 \cdot p_{Y_R} - Ex_R \cdot p_{Y_R})} > 0 \tag{5.30}$$

Die Bedingung (5.30) ist erfüllt, da für Zähler und Nenner des ersten Faktors auf der linken Seite gilt

$K_i > 0$ und $-I_i > 0$.

Bei normaler Reaktion des Außenbeitrags sind, wie schon mehrfach ausgeführt, auch der Zähler und Nenner des zweiten Faktors positiv.

Somit ergibt sich, daß in einem System fester Wechselkurse die „fiscal policy" komparative Vorteile bei der Erreichung der Vollbeschäftigung hat, die Geldpolitik dagegen beim Bemühen um ein außenwirtschaftliches Gleichgewicht.

Der Grund hierfür liegt darin, daß die „fiscal policy" die Devisenbilanz nur über Güterexporte und Güterimporte verändern kann. Bei neutraler Geldpolitik im Sinne von di = 0 hat sie keinen Einfluß auf die internationalen Kapitalbewegungen. Die Geldpolitik dagegen, die den Zinssatz steigen oder fallen läßt, führt zu Änderungen sowohl des Außenbeitrags als auch der Kapitalverkehrsbilanz. Der Außenbeitrag ändert sich, weil sich Zinsänderungen auf die Investitionstätigkeit auswirken und dadurch expansive oder kontraktive Prozesse auslösen, die Einfuhr- und Ausfuhränderungen nach sich ziehen. Die Kapitalverkehrsbilanz wird beeinflußt, weil der Zinssatz sowohl für Kapitalimporteure wie für Kapitalexporteure die unmittelbare Entscheidungsgrundlage darstellt.

Die „fiscal policy" besitzt in einem System fester Wechselkurse auch dann komparative Vorteile bei den Bemühungen um Vollbeschäftigung, wenn Neutralität der Geldpolitik durch $d\overline{M} = 0$ statt durch di = 0 definiert wird. Um diese Aussage zu beweisen, müßten die Ausdrücke, die in der Ungleichung (5.29) die Zähler der beiden Hauptbrüche bilden unter der Voraussetzung einer konstanten Geldmenge ($d\overline{M} = 0$ statt di = 0) ausgerechnet und in die Formel eingesetzt werden. Man erhält deshalb das gleiche Ergebnis, weil die Zentralbank auch mit einer auf ein Geldmengenziel gerichteten Politik den internationalen Kapitalverkehr (und damit die Devisenbilanz) viel unmittelbarer beeinflussen kann als die „fiscal policy" und weil der Staat mit eigenen Ausgaben den Gütermarkt viel direkter bewegen kann als die Geldpolitik.

Auch im Fall flexibler Wechselkurse ergibt sich eine klare Lösung des „Assignment-Problems". Die „fiscal policy" behält ihren komparativen Vorteil bei der Verfolgung des Vollbeschäftigungsziels.

Alle bisher genannten Ergebnisse gelten nur unter den gemachten Annahmen. Sie dürfen somit nicht unzulässig verallgemeinert werden. So wurden beispielsweise die Kapitalimporte als ausschließlich von den Zinssätzen des Inlands und des Auslands bestimmt angesehen. Wären die Kapitalbewegungen auch vom heimischen Sozialprodukt bestimmt, etwa weil ein höheres Wachstum im Inland bessere Gewinnaussichten beinhaltet, so ließe sich eine eindeutige Aussage über den komparativen Vorteil der „fiscal policy" bei der Bekämpfung von Arbeitslosigkeit nicht mehr ableiten. Von erwarteten Wechselkursänderungen ganz zu schweigen!

Übungsaufgabe 23

Ist es richtig, das außenwirtschaftliche Gleichgewicht als Ziel vornehmlich der Geldpolitik und die Vollbeschäftigung als Ziel besonders der „fiscal policy" anzuvertrauen?

Literaturhinweise zum 5. Kapitel

a. Die **grundlegenden Zusammenhänge** können nachgelesen werden bei:

Hans-Joachim Jarchow, Peter Rühmann, Monetäre Außenwirtschaft, I. Monetäre Außenwirtschaftstheorie, 4. Auflage, Göttingen 1994, S. 89–189,
Klaus Rose, Karlhans Sauernheimer, Theorie der Außenwirtschaft, 12. Auflage, München 1995, Kapitel 4.

b. Einzelhinweise:

Ähnliche Modellansätze wie in diesem Buch verwendet:
Harmen Lehment, Fiskalpolitik in offenen Volkswirtschaften, Kieler Studien 219, Tübingen 1988.

b. 1. Einen vertieften Einblick in den Aufbau der Modelle offener Volkswirtschaften vermitteln

Alan V. Deardorff, A Framework for Analysis in International Macroeconomics, „Weltwirtschaftliches Archiv", Bd. 133 (1977), S. 209–236,
Victor Argy, Joanne Salop, Price and Output Effects of Monetary and Fiscal Policy under Flexible Exchange Rates, „International Monetary Fund, Staff Papers", Vol. 26 (1979), S. 224–256.

Zu den Erfolgschancen der Konjunkturpolitik in offenen Volkswirtschaften siehe auch

Ernst Dürr, Probleme der Konjunkturpolitik, Freiburg 1968, S. 163–289.
M. Bahmani-Oskooee, S. Payestek, Do Budget Deficits Cause Capital Inflows? Evidence from the United States, „Quarterly Review of Economics", Vol. 34 (21), 1994, S. 63–74.

b. 2. Eine Analyse der Wirkungen der „fiscal policy" in rohstoffabhängigen Ländern nehmen vor

Horst Herberg, Helmut Hesse, Andreas Schuseil, Imports of Intermediate Goods and the Efficacy of Fiscal Policy under Flexible Exchange Rates, „Weltwirtschaftliches Archiv", Bd. 118 (1982), S. 104–130.

b. 3. Die Wirkungen einer expansiven Fiskalpolitik in einer aus zwei großen Ländern bestehenden Währungsunion wird untersucht in:

Hans-Joachim Jarchow, Fiskalpolitik in einer Währungsunion, „Finanzarchiv", N. F., Band 50 (1993), S. 187–202.

b. 4. Grundlegend für die Diskussion des „Assignment-Problems“ sind

Robert A. Mundell, The Appropriate Use of Monetary and Fiscal Policy for Internal and External Stability, „International Monetary Fund, Staff Papers“, Vol. 9 (1962), S. 70–76,
Egon Sohmen, The Assignment Problem, in: *R. A. Mundell, A. K. Swoboda* (Eds.), Monetary Problems of the International Economy, Chicago, London 1969, S. 183–197,

oder in deutsch nachzulesen bei

Egon Sohmen, Wechselkurs und Währungsordnung, Tübingen 1973, S. 164–177.

Kapitel 6: Langfristwirkungen der „fiscal policy"

Lehrziele

In den vorangegangenen Kapiteln wurden Maßnahmen der „fiscal policy" im Hinblick auf ihre kurzfristigen Konjunkturwirkungen untersucht. Diese eingeschränkte Betrachtungsweise war im Abschnitt 1.1 des Buches angekündigt worden. Dort wurde auch begründet, warum die kurzfristig orientierte Nachfragepolitik des Staates mit dem englischen Begriff „fiscal policy" gekennzeichnet werden sollte und nicht durch die umfassendere deutsche Übersetzung „Fiskalpolitik". Das Herauslösen der „fiscal policy" aus der allgemeinen Finanzpolitik der öffentlichen Hand war vorteilhaft, weil sich die kurzfristigen makroökonomischen Wirkungen von Änderungen der Staatsausgaben und der Steuern auf diese Weise isoliert von anderen Staatstätigkeiten und damit besonders klar darstellen ließen.

Die Analyse der Budgetwirkungen darf jedoch nicht bei kurzfristigen Wirkungen stehenbleiben. Es geht darum zu erkennen, daß ein dauerhaftes, neues gesamtwirtschaftliches Gleichgewicht nicht bereits dann vorliegt, wenn die im Modell erfaßten *Strömungsgrößen* je einen neuen Gleichgewichtswert erreicht haben. Von einem endgültigen Gleichgewichtszustand darf man erst sprechen, wenn sich auch die *Bestandsgrößen* nicht mehr ändern. In den neunziger Jahren ist vor allem der in vielen Ländern im Vergleich zum Bruttosozialprodukt anhaltend zunehmende Schuldenstand des Staates in das Blickfeld gerückt. Die daraus resultierenden steigenden Zinsverpflichtungen können den Spielraum für eine expansive „fiscal policy" im Lauf der Zeit spürbar einschränken. Kurzfristig belebende Maßnahmen der „fiscal policy" können unter Umständen wegen mittelfristig immer drückenderer Zinslasten nicht mehr ergriffen werden.

Nach Durcharbeiten dieses Kapitels sollten Sie in der Lage sein,

- den Unterschied zwischen den bisher erlernten, „normalen" Multiplikatoren zu den sog. „steady state"-Multiplikatoren einerseits und zu den sog. „dynamischen" Multiplikatoren andererseits anzugeben,
- den „steady state"-Multiplikator zusätzlicher Staatsausgaben aus der Budgetrestriktion des Staates abzuleiten,
- geometrisch und verbal zu erläutern, warum Vermögenseffekte bei einer Bondsfinanzierung zu einem „crowding out" führen können,
- welcher Umfang an staatlicher Nettokreditaufnahme mit einem „steady state" vereinbar erscheint und
- welche Grenzen der Stabilitätspakt der Europäischen Währungsunion der Nettokreditaufnahme zieht.

6.1. Problemstellung

In den vorangegangenen Kapiteln dieses Lehrbuchs wurden nur die kurzfristigen Auswirkungen fiskalpolitischer Maßnahmen, die sog. „first round effects", auf Sozialprodukt, Beschäftigung, Preisniveau und andere gesamtwirtschaftlich wichtige Größen abgeleitet. So wurde in den Kapiteln 3 und 4.1 unterstellt, daß Änderungen der staatlichen Ausgaben oder Einnahmen eine *einmalige* Verlagerung der gesamtwirtschaftlichen Nachfragekurve verursachen; und den Erörterungen in den Kapiteln 4 und 5 wurde explizit eine gesamtwirtschaftliche Angebotskurve zugrunde gelegt, die nur die *kurzfristigen* Preis- und Mengenreaktionen der Unternehmen auf Abweichungen vom allgemeinen Gleichgewicht angibt.

So wie die gesamtwirtschaftliche Angebotsfunktion, die in die Modelle D, E, F, G und H übernommen worden ist, nur kurzfristig gilt, kann auch die bisher formulierte gesamtwirtschaftliche Nachfragefunktion (z.B. auf S. 77) nicht als stabil bzw. dauerhaft angesehen werden; denn mit ihr werden die auf fiskalpolitische Maßnahmen in Folgeperioden notwendig eintretenden Änderungen der Bestandsgrößen⁺ „Geldmenge" und „Wertpapierbestand" vernachlässigt. Deshalb waren alle in Kapitel 3 ermittelten Multiplikatoren „impact-multipliers" (vgl. dazu S. 69). Man kann sich diesen Sachverhalt anhand der *Abbildung 28* verdeutlichen, die beispielhaft die Auswirkungen einer Staatsausgabenerhöhung darstellt.

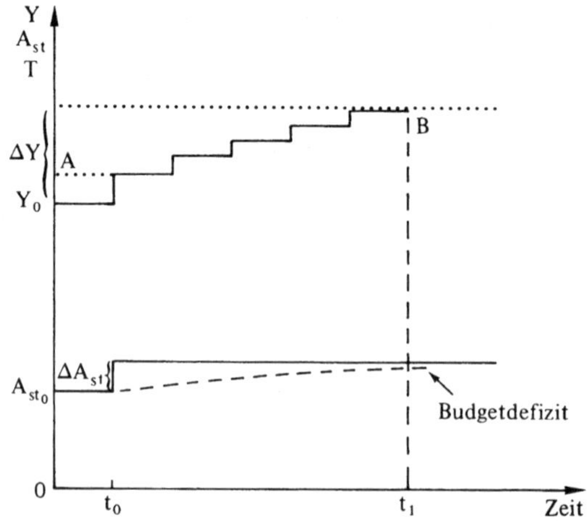

Abbildung 28: Budgetdefizit am Ende des (Impakt-)Multiplikatorprozesses

Im Zeitpunkt t_0 herrsche Gleichgewicht. Das Sozialprodukt sei Y_0; die Staatsausgaben betragen A_{st_0}, ihnen seien die Steuereinnahmen gleich. Das staatliche Budget sei ausgeglichen.

In dieser Situation erhöhe der Staat seine Ausgaben um ΔA_{st} und entschließe sich, das neue Ausgabenniveau zukünftig beizubehalten. In *Abbildung 28* ist deshalb die Staatsausgabenkurve um den Betrag ΔA_{st} parallel nach oben verschoben worden.

Zur Finanzierung der zusätzlichen Staatsausgaben reichen die Steuereinnahmen nicht aus. Diese betragen lediglich $T_0 = A_{st_0}$. So muß sich der Staat – wenn er die Steuergesetze nicht ändern will – für das auf den Zeitpunkt t_0 folgende Etatjahr auf anderen Wegen Finanzierungsmittel beschaffen. Hier sei angenommen, daß er zu diesem Zweck Bonds an das Publikum verkauft.

Die zusätzlichen Staatsausgaben lösen einen Multiplikatorprozeß aus. Der sich im Zuge des Multiplikatorprozesses von Multiplikatorrunde zu Multiplikatorrunde ergebende Anstieg des Sozialprodukts entspreche in *Abbildung 28* der eingezeichneten Treppenkurve. Diese muß wie folgt interpretiert werden: Würden die Staatsausgaben sämtlich zu Beginn des Etatjahrs getätigt und würde sich keine weitere Sozialproduktsteigerung als die in der ersten Runde bewirkte ergeben, dann würde das Sozialprodukt in der dem Etatjahr entsprechenden Periode gleich $\overline{0A}$ sein.

In *Abbildung 28* ist angenommen worden, daß in dem auf den Zeitpunkt t_0 folgenden Etatjahr fünf Multiplikatorrunden ablaufen und am Ende des Jahres der Multiplikatorprozeß nahezu abgeschlossen ist.

Mit dem steigenden Sozialprodukt haben sich die Steuereinnahmen des Staates erhöht. In der Abbildung ist das durch die Strich-Linie dargestellt worden. Die Steuereinnahmen reichen jedoch auch vom Zeitpunkt t_1 an nicht aus, die Staatsausgaben (A_{st_0} + ΔA_{st}) zu finanzieren; es bleibt ein Budgetdefizit. Man möge sich diesen wichtigen Sachverhalt an einem Zahlenbeispiel verdeutlichen. Dabei nehme man an, die Steuerfunktion sei $T = 0{,}3Y$ und der Multiplikator betrage 2. Dann ist $\Delta Y = 2\Delta A_{st}$ und

$$\Delta T = 0{,}3\Delta Y = 0{,}3 \cdot 2\Delta A_{st} < \Delta A_{st}.$$

Zur Deckung des eingetretenen Defizits muß der Staat sich in dem auf den Zeitpunkt t_1 folgenden Etatjahr neu verschulden. Im dargestellten Beispiel muß er weitere Bonds an das Publikum verkaufen. Er könnte sich auch bei der Zentralbank verschulden und dadurch eine Geldmengenerhöhung auslösen. Von diesen Finanzierungsaktionen, die nach Jahresfrist notwendig auf die im Zeitpunkt t_0 vorgenommene Staatsausgabenerhöhung folgen, gehen Wirkungen auf den Wirtschaftskreislauf aus. Die Erhöhung des Wertpapierbestands beispielsweise kann sich auf den Konsum und die Liquiditätspräferenz auswirken (Vermögenseffekte, behandelt in Kapitel 3.4). Würde der Staat nicht weitere Bonds ausgeben, sondern sich bei der Zentralbank verschulden, würde die Geldmenge steigen und damit zinssenkend wirken. Das beeinflußt die Investitionstätigkeit positiv. Alle diese Effekte sind in den bisherigen Analysen nicht erfaßt worden, sie schlagen sich im „impact multiplier" nicht nieder.

Auch nach einem weiteren Jahr, im Zeitpunkt t_2 also, könnte sich ein Budgetausgleich noch nicht eingestellt haben. So hätte sich der Staat neu zu verschulden; und dies hätte weitere Folgen für den Wirtschaftskreislauf. Er könnte sich demnach noch nicht in einem dauerhaften Gleichgewicht befunden haben. Dieses wird erst erreicht, wenn die Steuereinnahmen auf ein Niveau gestiegen sind, das eine vollständige Finanzierung der Staatsausgaben $A_{st_0} + \Delta A_{st}$ gestattet. Erst dann muß sich der Staat nicht weiter verschulden. Man sagt, jetzt erst seien auch die Bestandsgrößen M und B in einen neuen Gleichgewichtszustand gebracht worden.

Die vorgetragene Argumentation ist nicht daran gebunden, daß der mit dem Impaktmultiplikator charakterisierte Expansionsprozeß innerhalb des ersten Etatjahres und damit vor Beginn der nächsten Budgetperiode nahezu abgeschlossen ist. Die abgeleiteten Ergebnisse gelten auch dann, wenn das Sozialprodukt nach Ablauf eines Jahres erst eine dem Punkt B entsprechende Größe erreicht hat und nach dem Zeitpunkt t_1 weiterhin ansteigt. Auch in diesem Fall erzwingt das Budgetdefizit, das jetzt wegen der geringeren Sozialprodukt- und Steuereinnahmensteigerung sogar noch größer ausfällt, eine weitere Staatsverschuldung. Deren Wirkungen auf den Kreislauf schließen allerdings nicht mehr wie bisher zeitlich an den (Impakt-)Multiplikatorprozeß an, sondern sie überlagern ihn vom Zeitpunkt t_1 an. Auch bei solchen Überlagerungen messen die bisher ermittelten Multiplikatorformeln die Effekte nicht, die von der nachfolgend notwendig werdenden Schuldenzunahme auf das Sozialprodukt ausgehen.

6.2. Der langfristige, „steady-state" – Staatsausgabenmultiplikator

Wenn somit die „impact multipliers" nicht die endgültige und vollständige Wirkung zusätzlicher Staatsausgaben (oder anderer Maßnahmen der „fiscal policy") auf das Sozialprodukt angeben, wird man die makroökonomische Analyse der Wirkungen des Budgets nicht allein mit ihrer Hilfe durchführen können. Man muß sie vielmehr durch *„langfristige Multiplikatoren"* ergänzen, welche die Differenz dY zwischen dem Ausgangsgleichgewichtswert des Sozialprodukts und seinem langfristigen Endgleichgewichtswert messen, bei dem sich auch die Bestandsgrößen M und B nicht mehr verändern. Ist nach Ablauf einer längeren Frist dieser Endgleichgewichtswert des Sozialprodukts erreicht, befindet sich – wie man es formuliert hat – die Volkswirtschaft in einem „steady-state"⁺, also in einem „stationären Zustand". Alle Variablen, die Strömungsgrößen⁺ des Kreislaufs wie die Bestandsgrößen, verharren – sofern nicht weitere Änderungen exogener Variablen eintreten – in völlig „unveränderlicher Lage", d.h. sie behalten ihre Beträge bei. Der langfristige Multiplikator wird deshalb auch „steady-state"-Multiplikator der Staatsausgaben (oder anderer Maßnahmen der „fiscal policy") genannt.

Seine **Berechnung** erweist sich als verhältnismäßig einfach. Man hat nämlich lediglich zu beachten, daß der von zusätzlichen Staatsausgaben verursachte Verschuldungsprozeß erst dann aufhört, wenn das Volkseinkommen auf ein Niveau gestiegen ist, bei dem genügend Steuern gezahlt werden, um Staatsausgaben und Zinszahlungen voll finanzieren zu können. Dabei ist es *gleichgültig, auf Grund welcher Verhaltensweisen und Mechanismen das Volkseinkommen dieses erhöhte Niveau erreicht hat.* Dieses überraschende Ergebnis folgt zwingend aus der Budgetrestriktion des Staates, wie sie in Kapitel 3.4 mit Gleichung (3.50) aufgestellt worden ist. Geht man der Einfachheit halber (und um den Kern des Sachverhalts deutlich herauszuarbeiten) von monetären Größen aus, so lautet diese Restriktion in jeder Periode (Jahr):

$$A_{st} + B - T = \frac{dB}{i} + dM_{Def.} \tag{6.1}$$

Im Ausgangsgleichgewicht ist das Budget ausgeglichen:

$$A_{st_0} + B_0 - T_0 = 0. \tag{6.2}$$

Ein neues „steady-state"-Gleichgewicht, das nach der Staatsausgabenerhöhung erreicht wird, liegt nur dann vor, wenn weder Bonds neu ausgegeben werden müssen noch zusätzliches Geld geschaffen werden muß, um das staatliche Budget auszugleichen. Es gilt dann

$$A_{st_1} + B_1 - T_1 = 0 \tag{6.3}$$

Mit dem Suffix 1 werden die Variablenwerte im neuen langfristigen Gleichgewicht bezeichnet.

Die Differenzbeträge der Variablen A_{st}, B und T zwischen dem neuen und dem alten „steady-state“-Gleichgewicht müssen dann – ausgehend von (6.2) und (6.3) – der Bedingung

$$(A_{st_1} - A_{st_0}) + (B_1 - B_0) - (T_1 - T_0) = 0$$

bzw.

$$\Delta A_{st} + \Delta B - \Delta T = 0 \qquad (6.4)$$

genügen. Es ist zu beachten, daß die Variablendifferenzen hier – wie schon bisher im Kapitel 6 – mit Hilfe des Operators Δ für endliche Änderungen anstelle des Operators d für sehr kleine Änderungen erfaßt sind. Dies soll auch optisch verdeutlichen, daß es sich um Differenzen zwischen zwei langfristigen „steady-state“-Gleichgewichten handelt und **nicht** um kurzfristige Änderungen im Rahmen der „fiscal policy“. Besonders wichtig ist diese Unterscheidung im Fall der Ausdrücke ΔB und dB. Mit ΔB wird erfaßt, wie sich der Bestand an Bonds zwischen den beiden (weit auseinanderliegenden) Zeitpunkten 0 und 1 geändert hat, dB gibt dagegen die Neuverschuldung des Staates in einer einzelnen Periode (Jahr) an.

Wie bisher wird auch im folgenden die Staatsausgabenerhöhung als Ergebnis von Parlamentsentscheidungen betrachtet:

$$\Delta A_{st} = \Delta \overline{A}_{st}. \qquad (6.5)$$

Bei hier als unverändert angenommenen Steuersätzen und Steuerbemessungsgrundlagen ist ΔT demgegenüber eine endogene Variable, die mit Hilfe der Steuerfunktion berechnet werden kann. Wird der Anteil der Steuereinnahmen an den Gesamteinkommen (einschließlich der Zinseinnahmen aus dem Besitz von Bonds) wie bisher mit t bezeichnet, ist die Steuerfunktion

$$T = t \cdot (Y + B) \qquad (6.6)$$

und die Steueränderung

$$\Delta T = t \cdot (\Delta Y + \Delta B). \qquad (6.7)$$

Die in (6.7) errechnete Steueränderung wird in (6.4) eingesetzt:

$$\Delta \overline{A}_{st} + \Delta B - t \cdot \Delta Y - t \cdot \Delta B = 0 \qquad (6.8)$$

Löst man Gleichung (6.8) nach ΔY auf, erhält man:

$$\boxed{\Delta Y = \frac{1}{t} \cdot [\Delta \overline{A}_{st} + (1-t) \cdot \Delta B] \qquad (6.9)}$$

Bei der Interpretation dieses Ausdrucks hat man sich an die auf S. 60 gegebene Definition von B zu erinnern. B bezeichnet die Stückzahl der Bonds. Dabei ist ein Stück so definiert worden, daß es jährlich eine nominale Verzinsung von einer Geldeinheit erbringt. Somit gibt B auch die jährlichen (nominalen) Zinszahlungen des Staates an.

[Vorauseilender Hinweis: Gleichung (6.9) darf nicht ohne weitere Überlegungen zu der Aussage verleiten, daß jede denkbare Sozialproduktserhöhung durch eine entsprechende kreditfinanzierte Staatsausgabenerhöhung erreichbar ist. Darauf wird in den Abschnitten 6.3 und 6.4 näher einzugehen sein. Dann ist zu prüfen, ob das theoretisch denkbare neue „steady-state"-Gleichgewicht in der Realität auch tatsächlich realisierbar ist.]

Wenn der Staat seine *zusätzlichen* (hier: monetären) *Ausgaben ausschließlich mit zusätzlichem Geld finanziert,* ist dB = 0. Der „steady-state"-Multiplikator wird dann zu

$$\Delta Y = \frac{1}{t} \cdot \Delta \overline{A}_{st.} \tag{6.10}$$

Der Multiplikator wird in diesem Fall ausschließlich von der marginalen Steuerquote gebildet. Je kleiner sie ist, desto mehr muß Y steigen, um jene Steuermehreinnahmen zu bewirken, die für den Budgetausgleich notwendig sind. Solange diese Einkommenssteigerung noch nicht erreicht ist, wird der Staat von Jahr zu Jahr ein Budgetdefizit feststellen und gezwungen sein, sich bei der Zentralbank weiter zu verschulden mit der Wirkung, daß die Geldmenge steigt und den Expansionsprozeß in Gang hält.

Lehrsatz 24:
Finanziert der Staat zusätzliche Ausgaben mit Zentralbankgeld, so wird ein neues langfristiges Gleichgewicht erst erreicht, wenn das nominale Sozialprodukt um einen Betrag gestiegen ist, der dem Produkt aus dem zusätzlichen Staatsausgabenbetrag und dem reziproken Wert der marginalen Steuerquote gleich ist.

Finanziert der Staat seine Defizite nicht mit zusätzlichem Zentralbankgeld, sondern durch Ausgabe neuer Bonds, so wird der Multiplikator größer. Dieses überraschende Ergebnis erklärt sich damit, daß der Staat von Jahr zu Jahr höhere Zinszahlungen zu leisten hat. Er ist deshalb darauf angewiesen, entsprechend mehr Steuereinnahmen zu erzielen. Ein Ausgleich des Staatsbudgets kann somit erst bei höherem Einkommen zustande kommen.

Lehrsatz 25:
Finanziert der Staat zusätzliche Ausgaben mit Hilfe von Bonds, so wird ein neues Gleichgewicht erst bei einem Sozialprodukt erreicht, das höher als bei Finanzierung mit zusätzlichem Geld ist.

Bei der **Interpretation** der Lehrsätze 24 und 25 muß stets beachtet werden, daß zu ihrer Ableitung kein Modell aufgestellt worden ist, das eine detaillierte Analyse der einzelnen, langfristigen Wirkungen der „fiscal policy" erlaubt. Es ist allein danach gefragt worden, wann eine weitere, auf Grund staatlicher Budgetdefizite neu eintretende Verlagerung der gesamtwirtschaftlichen Nachfragekurve nicht mehr stattfindet. Mit anderen Worten: Es wurde lediglich die Sozialproduktsteigerung ermittelt, bei der die Steuereinnahmen auf das Niveau gestiegen sind, das gerade zur Finanzierung von Staatsausgaben für Güter und Dienste und Zinszahlungen ausreicht.

Bei der Interpretation der Lehrsätze 24 und 25 ist außerdem zu bedenken, daß sie *ohne Berücksichtigung der Angebotsverhältnisse* in der Volkswirtschaft abgeleitet worden sind. Auf diese Ableitung konnte verzichtet werden, weil es lediglich um die Ableitung einer langfristigen Gleichgewichtsbedingung geht und nicht um die Analyse des Wirkungsmechanismus, der zu diesem Gleichgewicht führt. Ist die Budgetrestriktion – so wie geschehen – mit Hilfe von Nominalgrößen formuliert, ist lediglich die Änderung des Nominaleinkommens anzugeben, die bei den herrschenden Steuertarifen jene Steuereinnahmen bewirkt, die zum Ausgleich des Budgets ausreichen; jedoch ist nicht darzulegen, wieso es zu dieser Änderung kommt und welche Prozesse dabei auf der Angebotsseite der Volkswirtschaft ablaufen.

Ein ähnliches Ergebnis erhält man auch dann, wenn der Staat seine Ausgaben real plant und die Nominalausgaben prozentual stets in dem Maße erhöht, wie das Preisniveau steigt. Zur Verdeutlichung dieses Zusammenhangs sei beispielhaft die *Abbildung 29* betrachtet.

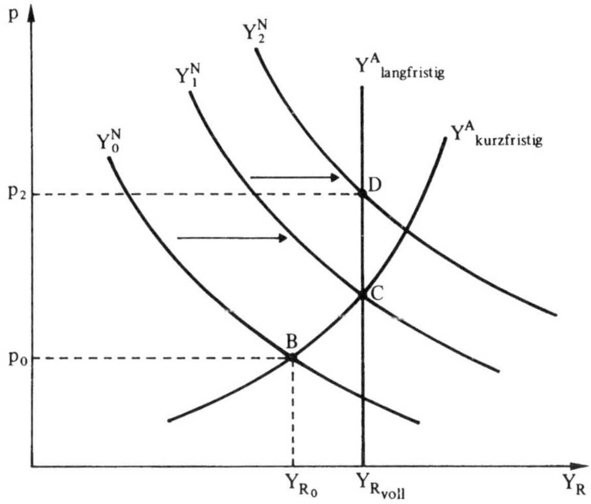

Abbildung 29: Folgewirkungen einer staatlichen Ausgabenerhöhung

In *Abbildung 29* werden die gesamtwirtschaftliche Nachfrage und das gesamtwirtschaftliche Angebot wie üblich durch reale Größen erfaßt. In der Ausgangssituation (Punkt B) herrsche Arbeitslosigkeit. Die Regierung tätige deshalb zusätzliche (reale) Ausgaben. Das wird durch Verschiebung der gesamtwirtschaftlichen Nachfrage in die durch Y_1^N gekennzeichnete Lage angezeigt. Bei einer kurzfristigen Angebotskurve BC wird Vollbeschäftigung erreicht.

In der durch den Punkt C angegebenen neuen Situation sei das staatliche Budget nicht ausgeglichen. Der Staat muß sich zusätzlich beim privaten Sektor oder bei der Zentralbank verschulden. Die gesamtwirtschaftliche Nachfragekurve verlagert sich nach rechts, und dies von Etatjahr zu Etatjahr neu, bis das Budget ausgeglichen ist. Obwohl der Staat seine Ausgaben annahmegemäß real plant und demzufolge seine monetären Ausgaben proportional zum Anstieg des Preisniveaus erhöht und obwohl in dem erläuterten Beispiel *(Abbildung 29)* das reale Sozialprodukt langfristig nicht mehr steigen kann, kommt es zu einem Budgetausgleich. Dieser ist dann erreicht, wenn A_{st_R} + $(B/p) = T_R$, d.h. das Budget ist dann ausgeglichen, wenn der Preisanstieg die staatlichen Zinszahlungen so sehr entwertet hat, daß sie gerade der Differenz von realen Ausgaben und Einnahmen entsprechen. Das sei in *Abbildung 29* der Fall, wenn sich die gesamtwirtschaftliche Nachfragekurve nach Y_2^N verschoben hat und das Preisniveau p_2 beträgt.

Die Entwertung staatlicher Zinszahlungen ist nicht die einzige Möglichkeit für die Erfüllung der langfristigen Gleichgewichtsbedingung bei vertikaler langfristiger Angebotskurve, denn diese Angebotskurve ist ohne Berücksichtigung des wirtschaftlichen Wachstums konstruiert worden. Bei technischem Fortschritt und Zunahme des Kapitalstocks – möglicherweise durch angebotsorientierte „fiscal policy“ mitverursacht – verlagert sich die vertikale Angebotskurve nach rechts.

6.3. Der dynamische Staatsausgabenmultiplikator

Die ermittelten „steady-state"-Multiplikatoren geben – wie bereits mehrfach hervorgehoben – lediglich an, wie weit das Sozialprodukt steigen muß, damit jene Steuereinnahmen erzielt werden, die einen Budgetausgleich gestatten. Die Multiplikatoren geben dagegen nicht an, welche Kräfte und Mechanismen das Sozialprodukt auf die notwendige Höhe bringen. In der Multiplikatorformel erscheinen – sieht man von t ab – keine Verhaltensparameter, was nicht ausschließt, daß die Größe ΔB im konkreten Fall von den jeweiligen Verhaltensweisen abhängt. So ist es für das gewonnene Ergebnis gleichgültig, wie sich beispielsweise Konsumenten, Investoren, Kassenhalter, Tarifparteien und Produzenten verhalten. Die *Multiplikatorformel ist somit weitgehend modellunabhängig, sie ergibt sich im wesentlichen aus der Budgetrestriktion des Staates.* Deshalb ergibt sich die wichtige Frage, ob das Sozialprodukt überhaupt auf das für das Gleichgewicht jeweils notwendige Niveau steigt. Diese Frage ist nicht ohne Kenntnis der bzw. nicht ohne Hypothesen über die Verhaltensweisen der am Wirtschaftskreislauf beteiligten Gruppen zu beantworten. Hier soll die Antwort – exemplarisch – aus dem im Kapitel 3.4 entwickelten **Modell C** abgeleitet werden. Die Besonderheit dieses Modells ist darin zu erblicken, daß das Konsumverhalten wie auch die Kassenhaltung vom realen finanziellen Vermögen abhängig ist.

Bei der Auswertung des Modells sei an die *Abbildung 5* auf S. 68 angeknüpft. Sie ist für den Fall entwickelt worden, daß der Staat eine Anleihe beim Publikum aufnimmt und damit zusätzliche Ausgaben finanziert. Hier wird die Abbildung nochmals wiedergegeben *(Abbildung 30).* Wie sie ausweist, mißt der (Impakt-)Multiplikator das Zusammenwirken dieser Kräfte auf das Sozialprodukt: den unmittelbaren Staatsausgabeneffekt ①, den Vermögenseffekt auf den Konsum ② und den Vermögenseffekt auf die Kassenhaltung ③. Insgesamt ergibt sich eine Sozialproduktsteigerung um $\overline{AE}$.

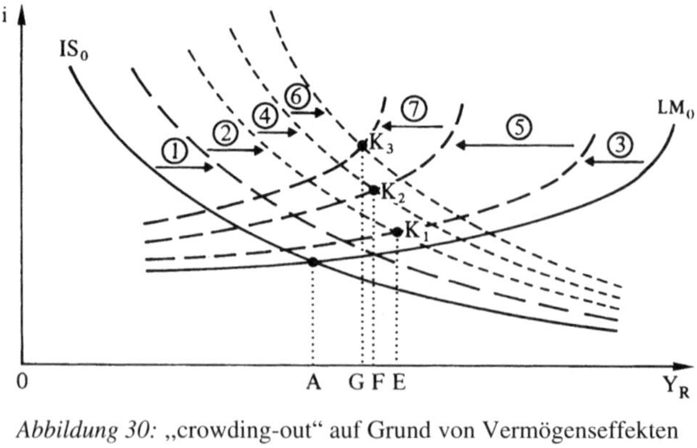

Abbildung 30: „crowding-out" auf Grund von Vermögenseffekten

Diese durch den (Impakt-)Multiplikator gemessene Sozialproduktsteigerung erhöht das Sozialprodukt nicht derart, daß mit den damit verbundenen höheren Steuereinnahmen die zusätzlichen Staatsausgaben finanziert werden könnten und ein Budgetausgleich möglich wäre. Es bleibt ein Budgetdefizit, das der Staat durch Ausgabe weiterer Bonds ausgleichen muß. Dadurch erhöht sich das reale finanzielle Vermögen beim Publikum. Nach der Hypothese (C 2) des Modells C auf S. 63 sehen sich dadurch die privaten Haushalte veranlaßt, ihre Konsumgüterausgaben zu erhöhen. In *Abbildung 30* wird das durch die mit ④ gekennzeichnete Verschiebung der I=S-Kurve angezeigt. Gleichzeitig sehen die Haushalte ihre optimale Vermögensstruktur gestört, sie reagieren darauf mit einer steigenden Liquiditätspräferenz. Dies wird durch die mit ⑤ angegebene Verschiebung der L=M-Kurve dargestellt. In *Abbildung 30* ist unterstellt worden, daß der Vermögenseffekt auf die Kassenhaltung stärker als der auf den Konsum ist und deshalb das Sozialprodukt von $\overline{OE}$ auf $\overline{OF}$ sinkt. Dieser kontraktive Prozeß sei in dem Etatjahr, das auf die Bondsfinanzierung des erstmalig auftretenden Budgetdefizits folgt, abgeschlossen. Am Ende des Etatjahrs ergibt sich somit, daß die Steuereinnahmen rückläufig waren und ein abermaliges, nun noch größeres Budgetdefizit entstanden ist und mit einer weiteren Anleihe beim Publikum gedeckt werden muß. Im Gefolge dieser neuerlichen Anleihe entstehen wiederum Vermögenseffekte, die sogar stärker sind als im vorangegangenen Etatjahr. Weil – wie angenommen – der Vermögenseffekt auf die gewünschte Kassenhaltung (in der *Abbildung 30* ⑦) den auf die Konsumgüternachfrage ⑥ übersteigt, geht das Sozialprodukt abermals zurück, und zwar um $\overline{FG}$ auf $\overline{OG}$. Damit ist der Prozeß nicht abgeschlossen; denn es hat sich ein noch größeres Budgetdefizit eingestellt, das eine weitere Anleihe erforderlich macht usw. Der Fortgang des Prozesses ist in *Abbildung 30* nicht dargestellt worden; auch so wird deutlich, was weiterhin geschehen wird: *Das Sozialprodukt sinkt ständig,* und zwar von Jahr zu Jahr um größere Beträge. Das Gleichgewicht, das mit dem „steady-state"-Multiplikator angegeben worden ist, kann nicht erreicht werden; es ist instabil. Der Grund hierfür ist darin zu sehen, daß der relativ starke Vermögenseffekt auf die Kassenhaltung den Zins ansteigen läßt und dadurch die Investitionsgüternachfrage negativ beeinflußt. Diese *Verdrängung privater Investitionen* stellt ebenso einen „crowding-out"+-Effekt dar wie jene in Kapitel 4.3.2.1 geschilderte Zurückdrängung privater Investitionen, die zustandekam, weil zusätzliche Staatsausgaben Preissteigerungen und mit ihnen eine Zinserhöhung bewirkten. Hier tritt ein „Crowding-out"-Effekt als Folge der gestiegenen Liquiditätspräferenz auf, die von der Bondsfinanzierung ausgelöst worden ist.

Im gewählten Beispiel ist der „crowding-out"-Effekt so stark, daß er die „fiscal policy" gänzlich unwirksam macht. Ja, eine Erhöhung der Staatsausgaben zur Bekämpfung von Arbeitslosigkeit erreicht langfristig das Gegenteil: Sie verstärkt die Arbeitslosigkeit. Dieses Ergebnis muß sich nicht einstellen. Dies zeigt *Abbildung 31,* bei deren Konstruktion angenommen worden ist, daß der Vermögenseffekt auf die Liqui-

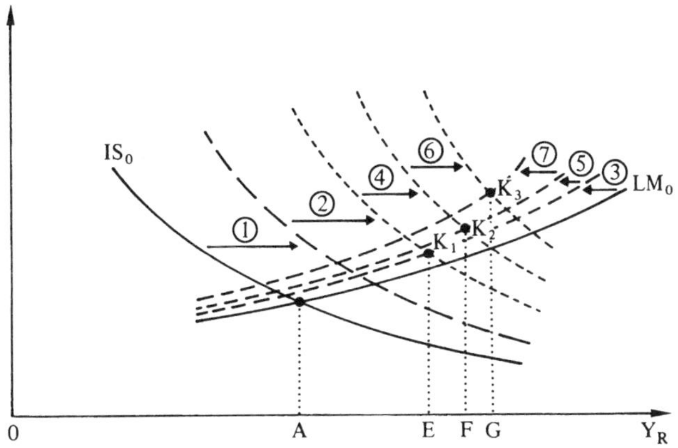

Abbildung 31: Expansive Entwicklung auf Grund von Bestandsgrößenänderungen

ditätspräferenz relativ schwach ist. Indem von Jahr zu Jahr das *Sozialprodukt steigt,* nähern sich die Steuereinnahmen nach und nach jenem Niveau, das einen Budgetausgleich gestattet.

Die beim Vergleich der beiden *Abbildungen 30* und *31* vorgetragenen Erörterungen führen zu einem zwiespältigen Ergebnis: Zusätzliche Staatsausgaben, die mit Hilfe der Ausgabe von Bonds finanziert werden, können theoretisch sowohl zu einer verhältnismäßig großen Steigerung als auch zu einem absoluten Rückgang des Sozialprodukts führen. Deshalb bedarf es empirischer Forschung, um zu klären, ob die „fiscal policy" überhaupt erfolgreich sein kann.

Im folgenden werden einige **Ergebnisse dieser ökonometrischen Forschung** genannt. Um sie richtig einschätzen und den Bezug mit den in diesem Lehrbuch bisher geführten theoretischen Analysen herstellen zu können, sind unter anderem zwei Aspekte zu beachten:

(a) Die nachfolgend zitierten ökonometrischen Modelle sind Großmodelle, die von bedeutenden Forschungsinstituten in Deutschland und in den Vereinigten Staaten von Amerika insbesondere zu Prognosezwecken aufgestellt worden sind. Die Modelle sind dynamisch in dem Sinn, daß sie die laufenden Aktivitäten der verschiedenen am Kreislaufgeschehen beteiligten Gruppen auch aus Sachverhalten vergangener Perioden herleiten. Für jede endogene Variable läßt sich ein Zeitpfad ermitteln, der auf eine Veränderung der Staatsausgaben folgt. Die Differenz der jeweiligen Periodenwerte des Sozialprodukts (z. B. der Jahres- oder der Vierteljahreswerte) zu seinem Ausgangswert kann auf den Betrag der zusätzlichen Staatsausgaben bezogen werden. Die Ausdrücke, die man dadurch erhält, geben an, um wieviel mal größer als die zusätzlichen Staatsausgaben die Veränderung des Sozialprodukts in einer Periode t gegenüber der Ausgangsperiode 0 ist, in der die Staatsausgaben erhöht wurden. Diese Ausdrücke sind nicht mit den Multiplikatoren zu verwechseln, die in diesem Lehrbuch bisher aus verschiedenen Modellen abgeleitet worden sind; denn sie messen nicht die Differenz zwischen zwei Gleichgewichtswerten. Dennoch werden auch sie „Multiplikatoren" genannt; oft wird das Adjektiv *„dynamisch"* hinzugefügt.

(b) In den Großmodellen sind *alle Mechanismen* erfaßt worden, die die Wirksamkeit der „fiscal policy" schmälern und „crowding-out"-Effekte im Gefolge haben: die Vermögenseffekte ebenso wie die Wirkungen auf das Preisniveau und den Wechselkurs und die von diesen Variablen ausgehenden Rückwirkungen auf das Sozialprodukt. Aus den im folgenden angeführten „Multiplikatoren" läßt sich deshalb nicht ableiten, ob Vermögenseffekte für sich betrachtet zu einer Verdrängung privater Investitionsgüternachfrage führen. Es lassen sich lediglich Schlußfolgerungen daraus ziehen, ob insgesamt, d. h. auf Grund der zueinanderkommenden Vermögens-, Preis- und Wechselkurseffekte, ein „crowding-out" stattfindet.

Deutschland

An der *Universität Bonn* ist viele Jahre im Rahmen des Sonderforschungsbereichs 21 der *Deutschen Forschungsgemeinschaft* ein ökonometrisches Großmodell des Wirtschaftskreislaufs der Bundesrepublik Deutschland weiterentwickelt und auf verschiedene Fragestellungen hin ausgewertet. Im Jahr 1976 veröffentlichte der Sprecher des Sonderforschungsbereichs folgende **„Multiplikatoren"** von zusätzlichen Staatsausgaben für Güter und Dienstleistungen. Die Werte zeigen, um wieviel Mrd. DM das reale Bruttoinlandsprodukt steigt, wenn die Staatsausgaben um 1 Mrd. DM erhöht werden:

Jahr	1	2	3	4
„Multiplikator“	0,79	1,50	1,71	1,96

Quelle: *Wilhelm Krelle,* Multiplikatoren für die Bundesrepublik Deutschland, „Jahrbücher für Nationalökonomie und Statistik“, Band 190 (1976), S. 276.

Aus den „Multiplikatoren“ läßt sich kein Hinweis auf einen „crowding-Out“-Effekt entnehmen.

USA

In den USA sind von verschiedenen Institutionen ökonometrische Großmodelle entwickelt worden. Die ihnen entsprechenden dynamischen Staatsausgabenmultiplikatoren sind – allerdings für schon weiter zurückliegende Zeiträume – in der folgenden Tabelle zusammengestellt worden, um einen Eindruck zu vermitteln von den Schwierigkeiten, dabei zu eindeutigen Aussagen zu gelangen. Dabei sind alle Werte (der Staatsausgabenänderung wie der Sozialproduktänderung) in Preisen des Jahres 1958 angegeben. Somit geben die „Multiplikatoren“ das Verhältnis der Zunahme des realen Sozialprodukts und der Zunahme der realen Staatsausgaben an. Die Spaltenköpfe der Tabelle geben in abgekürzter Form den Namen der Institution an, die das jeweilige Modell aufgestellt hat und regelmäßig auswertet.

Tabelle 1: Dynamische Staatsausgabenmultiplikatoren

Institutionen / Vierteljahre	BEA	Brookings	DHL Modell III	DRI 71	Fair	Federal Reserve Bank of St. Lois	MPS	Wharton Modell III	HC (Jahreswerte)
1	1.1	1.8	1.4	1.4	1.1	0.5	1.2	1.3	
2	1.7	2.4	1.6	1.7	1.4	1.0	1.5	1.6	
3	2.1	2.7	1.7	1.7	1.5	1.0	1.9	1.8	
4	2.2	2.8	1.7	1.6	1.5	0.5	2.2	2.0	1.6
5	2.3	2.8	1.6	1.4	1.6	−0.1	2.3	2.1	
6	2.3	2.8	1.5	1.2		−0.2	2.4	2.2	
7	2.3	2.8	1.4	1.0		−0.2	2.4	2.3	
8	2.2	2.7	1.4	0.9		−0.2	2.2	2.4	1.4
12	1.8	2.4	1.0	0.6		−0.2	0.7	2.6	1.7
16	1.6	2.0	1.0	0.3		−0.2	−0.5	2.4	1.3
20	1.3	1.5	1.1	−0.1		−0.2		1.9	1.0
24	0.03	1.2	1.1	−2.5				1.2	1.4
28	−3.8	1.1	0.7	−1.4				0.3	1.4
32	−7.4	1.0	0.2	2.2				−0.8	1.3
36	−11.2	1.0	0.1	2.7				−1.9	1.3
40	−23.2	0.9	−0.0	2.5				−3.0	1.3

Quelle: *Gary Fromm, Lawrence R. Klein,* A Comparison of Eleven Econometric Models of the United States. „The American Economic Review“, Papers and Proceedings, Vol. 63 (Mai 1973), S. 391.

Wie die Tabelle zeigt, führen die Modelle (wie bei der Unterschiedlichkeit der gemachten Verhaltenshypothesen nicht anders zu erwarten ist) zu ganz unterschiedlichen Ergebnissen hinsichtlich der Wirksamkeit der „fiscal policy". In acht von neun Fällen sind die „Multiplikatoren" für das erste Jahr deutlich höher als Eins. Nur das Modell der *Federal Reserve Bank of St. Louis* ergibt „Multiplikatoren", die den Wert Eins nicht überschreiten. Wichtig ist es, in diesem Zusammenhang zu wissen, daß die genannte Bank als „Hochburg" der sog. Monetaristen gilt (vgl. S. 19). *Monetaristen* „glauben" an die grundsätzliche Stabilität von Volkswirtschaften mit einem dezentralen Entscheidungsmechanismus; aktive Stabilisierungspolitik führt ihrer Meinung nach zur Destabilisierung. *Fiskalisten* oder Keynesianer demgegenüber „glauben" daran, daß die Volkswirtschaften fundamentale Instabilitäten aufweisen, die ein aktives Eingreifen der Regierungen erfordern. Die „Multiplikatoren" der *Federal Reserve Bank* entsprechen somit dem „Glauben" der Monetaristen über die Wirksamkeit staatlicher Politik.

Langfristig sind die Unterschiede zwischen den Modellen noch größer als kurzfristig. In den meisten Modellen werden die „Multiplikatoren" von Jahr zu Jahr kleiner, in einigen Fällen werden sie *sogar negativ;* das bedeutet, daß zusätzliche Staatsausgaben langfristig zu einem absoluten Rückgang des Sozialprodukts führen. Jedoch ist dieses Ergebnis nicht eindeutig. Deshalb darf nicht behauptet werden, ökonometrische Studien hätten den „crowding-out"-Effekt erwiesen und damit den Streit zwischen Fiskalisten und Monetaristen zugunsten der letzteren entschieden. (Es sei angemerkt, daß dieser Streit durch empirische Tests mutmaßlich auch nicht beendet werden kann, wie *Charles K. Wilber* überzeugend ausgeführt hat.)

Übungsaufgabe 24

Warum ist der langfristige Staatsausgabenmultiplikator bei Bondsfinanzierung größer als bei Finanzierung mit zusätzlichem Geld?

Übungsaufgabe 25

Zeigen Sie, inwiefern eine Erhöhung der Staatsnachfrage nach Gütern und Dienstleistungen über Vermögenseffekte zu einem „crowding-out" privater Nachfrage führen und Arbeitslosigkeit verursachen kann.

6.4. Tragfähigkeit der „fiscal policy"

Zu den Erkenntnissen, die in den vorangegangenen Abschnitten 6.1 bis 6.3 vermittelt werden sollten, gehörte, daß der Staat mit seinen Entscheidungen über Ausgaben und Einnahmen langanhaltende Anpassungsprozesse im Wirtschaftskreislauf auslösen kann, die bei der jährlichen Budgetgestaltung zu berücksichtigen sind. Eine „fiscal policy", die diesem Erfordernis nicht genügt, muß, weil kurzsichtig, als problematisch gelten.

Zu einer vergleichbaren Einsicht gelangt man, wenn man folgenden Sachverhalt bedenkt. Mit der Aufstellung des vollzugsverbindlichen jährlichen Budgets wird vielfach über die Verwendung der staatlichen Einnahmen in künftigen Jahren vorweg entschieden. Man denke an staatliche Investitionen, mit denen Folgekosten (Betrieb, Instandhaltung) verbunden sind, oder an Personaleinstellungen, die Versorgungsleistungen nach sich ziehen. Jedes Budget steht deshalb in einem engen Zusammenhang mit seinen Vorgängern und seinen Nachfolgern.

Von besonderer Bedeutung ist in diesem Zusammenhang die Finanzierung laufender Ausgaben mit Hilfe von Krediten. Wenn eine Regierung – etwa zur Ankurbelung der Konjunktur – die Staatsausgaben erhöht und dabei die staatliche Nettokreditaufnahme ausweitet, nehmen mit der wachsenden Staatsschuld auch die späteren Zinsverpflichtungen zu. Insofern wird über die Verwendung späterer Einnahmen des Staates vorweg entschieden, möglicherweise mit der Konsequenz, daß die Regierung in späteren Jahren für eine expansive „fiscal policy" keinen Handlungsspielraum mehr besitzt.

Dieser intertemporale Zusammenhang zwischen einer expansiven „fiscal policy" in der Gegenwart und den daraus resultierenden Zinsausgaben in der Zukunft ist bisher nicht erörtert worden. Bei seiner nun folgenden Analyse ist insbesondere zu klären, ob die zunehmenden Zinsverpflichtungen des Staates es in späteren Jahren erforderlich machen, die laufenden Ausgaben für Waren und Dienste oder die Transferzahlungen relativ oder gar absolut einzuschränken. Wäre dies notwendig, käme es zu einem „budgetinternen crowding out": Die Zinsausgaben würden andere Staatsausgaben „verdrängen", der Staat verlöre an Handlungsfähigkeit, und dies nicht allein auf dem Feld der „fiscal policy".

Um das Phänomen des „budgetinternen crowding out" zu erfassen, mache man sich zunächst noch einmal klar, daß die mit der Gleichung (6.1) erfaßte Budgetrestriktion in jeder einzelnen Periode (Jahr) gilt. Wenn man berücksichtigt, daß der Vertrag von Maastricht neuerdings für Mitgliedsländer der Europäischen Währungsunion Zentralbankkredite an den Staat ausschließt, kann (6.1) umformuliert werden zu:

$$\text{Zinszahlungen} + \left(A_{st}^{gesamt} - T^{gesamt}\right) = \text{Nettokreditaufnahme am Markt} \qquad (6.11)$$

In der Bedingung (6.11) ist eine seit Beginn des Buches verwendete Annahme aufgegeben worden. Auf S. 14f. wurde argumentiert, daß zur Analyse der kurzfristigen Wirkungen der „fiscal policy" von Sozialbeiträgen der Bürger und von Sozialtransfers des Staates abgesehen werden kann, weil staatliche Umverteilungsmaßnahmen nicht mit dem Ziel der Konjunkturbeeinflussung vorgenommen werden. Hinzu kommt, daß Regierung und Parlament unmittelbar nur für die Haushalte der Gebietskörperschaften (Bund, Länder und Gemeinden) verantwortlich sind, nicht jedoch für eigenständige Haushalte wie die von Sozialversicherungen.

Da es in diesem Abschnitt jedoch um die Einordnung der „fiscal policy" in einen längerfristigen Rahmen geht, können Transferzahlungen nicht länger ausgeklammert bleiben. Finanzierungsdefizite bei der Sozialversicherung oder in anderen Nebenhaushalten zwingen die Gebietskörperschaften, finanzielle Unterstützung zu gewähren. Man erinnere sich an die Debatte über die Erhöhung des MWSt-Satzes 1997/98, um eine Erhöhung der Zwangsabgaben zur Finanzierung der sozialen Rentenversicherung zu vermeiden. Die Budgetrestriktion (6.11) gilt deshalb für das konsolidierte Budget aller Gebietskörperschaften und Sozialversicherungsträger. Mit der Verwendung der Symbole A_{st}^{gesamt} für die Ausgaben des staatlichen Gesamtbereichs und T^{gesamt} für seine Einnahmen wird dies auch formal verdeutlicht. Über A_{st} hinausgehend umfaßt A_{st}^{gesamt} sowohl die Ausgaben für Waren und Dienste, als auch die vom (Gesamt-)Staat geleisteten Transfers (ohne Zinszahlungen). Die Transfer gehen insbesondere an private Haushalte, darüber hinaus aber auch an Unternehmen und das Ausland (z. B. an die EU). T^{gesamt} steht für die Summe aller Zwangsabgaben (Steuern und Sozialbeiträge), die vom privaten Sektor aufzubringen sind.

Die in (6.11) aufgeführten Zinszahlungen des laufenden Jahres sind die Konsequenz der gesamtstaatlichen Verschuldung in den Vorjahren und lassen sich insofern als vorwegbestimmte oder *Sekundärausgaben*⁺ bezeichnen. *Primärausgaben*⁺ sind dann die laufenden Ausgaben A_{st}^{gesamt}, die vom Parlament für anzukaufende Waren und Dienste sowie für Transfers in der jeweiligen Budgetperiode vorgesehen sind.[1] Übersteigen die laufenden Gesamtausgaben A_{st}^{gesamt} die laufenden Gesamteinnahmen T^{gesamt}, spricht man von einem *Primärdefizit*⁺; der zweite, in Klammern gesetzte Ausdruck in (6.11) ist dann negativ. Bleiben die laufenden Ausgaben jedoch hinter den laufenden Einnahmen zurück, erzielt der Staat einen *Primärüberschuß*.

Die Budgetrestriktion (6.11) verdeutlicht, daß die Nettokreditaufnahme (das gesamte Budgetdefizit) vergleichsweise hoch sein muß, wenn aufgrund früherer Schuldenaufnahme die Zinszahlungen in der laufenden Periode recht hoch sind und zugleich ein Primärdefizit abgedeckt werden muß. In diesem Fall droht der Staat in eine Schuldenfalle zu geraten: Die hohe Nettokreditaufnahme zieht steigende Zinszahlungen nach sich, und diese machen möglicherweise, z. B. in Zeiten eines schwächeren Wirtschaftswachstums mit entsprechend geringer Zunahme der Einnahmen aus Steuern und Sozialbeiträgen, in kommenden Jahren eine noch höhere Nettokreditaufnahme nötig. Dann erscheint eine Gegensteuerung unausweichlich.

Um ein „budgetinternes crowding out“ und damit eine Einengung des Handlungsspielraums für die „fiscal policy“ zu verhindern, ist als Mindesterfordernis eine an die wirtschaftliche Entwicklung und das herrschende Zinsniveau angepaßte Budgetstruktur zu verwirklichen, bei der die Zinsverpflichtungen nicht mit einer höheren Rate ansteigen als die staatlichen Einnahmen. Mit anderen Worten: Die Budgetstruktur muß sicherstellen, daß die Zins-Abgaben-Quote, das ist der Quotient aus staatlichen Zinszahlungen und Einnahmen aus Steuern und Sozialabgaben, von Periode zu Periode konstant bleibt. Es muß dazu in jeder Periode gelten:

$$d\left(\frac{\text{Zinszahlungen}}{\text{Einnahmen aus Steuern und Sozialabgaben}}\right) = d\left(\frac{\text{Zinszahlungen}}{\text{Abgabenquote} \cdot \text{BIP}_{\text{nom}}}\right) = 0.$$

Da die Zinszahlungen sich als Produkt des Schuldenstands, mit dem der Staat in die jeweilige Budgetperiode eintritt, und der Durchschnittsverzinsung ergeben, die für diese Schulden zu zahlen ist, wird diese Bedingungsgleichung zu

$$d\left(\frac{\text{Durchschnittsverzinsung} \cdot \text{Schuldenstand}}{\text{Abgabenquote} \cdot \text{BIP}_{\text{nom}}}\right) = 0 \qquad (6.12)$$

Aus Gründen der Vereinfachung wird im folgenden angenommen, daß die Durchschnittsverzinsung und die Abgabenquote (nahezu) unverändert bleiben. Führt man

[1] Bei der Entscheidung über diese Ausgaben ist das Parlament nicht ganz frei; es muß sich an früher abgeschlossene Verträge halten. Beispielsweise lassen sich die Personalausgaben von einem Jahr zum anderen nur in einem relativ geringen Ausmaß (z. B. durch Verfügung eines Einstellungsstopps) verringern.

unter diesen Bedingungen die totale Differentiation durch, muß von Budgetperiode zu Budgetperiode folgende Gleichung eingehalten werden[2]:

$$\frac{d\,(\text{Schuldenstand})}{\text{BIP}_{\text{nom}}} - \frac{\text{Schuldenstand}}{\text{BIP}_{\text{nom}}} \cdot \frac{d\,(\text{BIP}_{\text{nom}})}{\text{BIP}_{\text{nom}}} = 0 \qquad (6.13)$$

Die Veränderung des Schuldenstands ist gleich dem gesamten Budgetdefizit, das nach Gleichung (6.11) durch Nettokreditaufnahme am Markt gedeckt werden muß. Damit läßt sich (6.13) wie folgt schreiben:

$$\frac{\text{Nettokreditaufnahme}}{\text{BIP}_{\text{nom}}} = \text{Schuldenstandsquote} \cdot w_{\text{BIP}_{\text{nom}}} \qquad (6.14)$$

Dieses Ergebnis besagt: Bleibt, wie in einem „steady state", die Wachstumsrate des Bruttoinlandsprodukts über einen längeren Zeitraum konstant, dann wird das eingangs formulierte Mindesterfordernis, eine unveränderte Zins-Abgaben-Quote, mit einer Budgetstruktur erreicht, bei der die Defizitquote (der Anteil der Nettokreditaufnahme am nominalen Bruttoinlandsprodukt) dem Produkt aus der (konstanten) Schuldenstandsquote und der Wachstumsrate des nominalen Bruttoinlandsprodukts gleich ist.

Obwohl Formel (6.14) nur für einen Zustand des „steady state" gilt und nur die aus der Budgetrestriktion (also nicht mit Hilfe eines makroökonomischen Modells) abgeleitete Bedingung für die „Tragfähigkeit" des Budgets in dem Sinne angibt, daß die Zins-Abgaben-Quote und die Schuldenstandsquote nicht (weiter) steigen, kann sie Regierung und Parlament bei der jährlichen Budgetplanung und -aufstellung Orientierung geben.

Wie weit diese Orientierung reicht, wird offenbar, wenn man eine Implikation der Formel (6.14) aufdeckt. Dividiert man die Budgetrestriktion (6.11) durch das nominale Bruttoinlandsprodukt und berücksichtigt man – wie bereits erläutert –, daß die Zinszahlungen das Produkt aus Durchschnittsverzinsung und Schuldenstand darstellen, erhält man:

$$\frac{\text{Durchschnittsverzinsung} \cdot \text{Schuldenstand}}{\text{BIP}_{\text{nom}}} + \frac{(A_{\text{st}}^{\text{gesamt}} - T^{\text{gesamt}})}{\text{BIP}_{\text{nom}}} = \frac{\text{Nettokreditaufnahme}}{\text{BIP}_{\text{nom}}}$$

Unter Berücksichtigung der Formel (6.14) wird daraus

$$\frac{(A_{\text{st}}^{\text{gesamt}} - T^{\text{gesamt}})}{\text{BIP}_{\text{nom}}} = \left(w_{\text{BIP}_{\text{nom}}} - \text{Durchschnittsverzinsung}\right) \cdot \text{Schuldenstandsquote} \qquad (6.15)$$

---

[2] Mit i und D als Symbole für Durchschnittsverzinsung und Schuldenstand ergibt sich:

$$d\left(\frac{i \cdot D}{t \cdot \text{BIP}_{\text{nom}}}\right) = \frac{i}{t} \cdot d\left(\frac{D}{\text{BIP}_{\text{nom}}}\right) = \frac{i}{t} \cdot \frac{dD \cdot \text{BIP}_{\text{nom}} - D \cdot d\left(\text{BIP}_{\text{nom}}\right)}{\text{BIP}_{\text{nom}}^2}$$

$$= \frac{i}{t} \cdot \left(\frac{dD}{\text{BIP}_{\text{nom}}} - \frac{D}{\text{BIP}_{\text{nom}}} \cdot \frac{d\left(\text{BIP}_{\text{nom}}\right)}{\text{BIP}_{\text{nom}}}\right) = 0$$

In dieser Formel ergibt sich in der runden Klammer auf der rechten Seite ein negativer Wert, wenn die Wachstumsrate des nominalen BIP niedriger ist als die Durchschnittsverzinsung der Staatsschuld. Die Gleichung ist nur erfüllt, wenn auch auf der linken Seite ein negativer Wert steht, wenn also die gesamten Staatsausgaben niedriger als die Staatseinnahmen sind. Damit ergibt sich

Lehrsatz 25:
Das staatliche Budget ist in dem hier definierten Sinn nur „tragfähig", wenn es bei einer die Wachstumsrate des nominellen BIP übersteigenden Durchschnittsverzinsung einen *Primärüberschuß* aufweist, wenn also der Staat seine laufenden Gesamtausgaben *unter* den laufenden Einnahmen aus Steuern und Sozialbeiträgen hält.

Daß die Erzielung eines Primärüberschusses in den neunziger Jahren nicht eben eine leichte Aufgabe darstellt, deutet bereits Abb. 32 an. Um dies noch klarer herauszuarbeiten, können alle Variablen in Gleichung (6.15) durch den gleichen Preisindex dividiert und damit als reale Größen geschrieben werden. Es ergibt sich dann:

$$\frac{\left(A_{st,\,real}^{gesamt} - T_{real}^{gesamt}\right)}{BIP_{real}} = \left(w_{BIP_{real}} - \text{Durchschnittsverzinsung}_{real}\right) \cdot \text{Schuldenstandsquote}_{real} \tag{6.16}$$

Das Realzinsniveau, welches sich auf dem Weltkapitalmarkt durch das Angebot an und die Nachfrage nach knappem Ersparniskapital bildet, liegt in den neunziger Jahren mit annähernd 4 Prozent um etwa einen Prozentpunkt höher als dreieinhalb Jahrzehnte zuvor.[3] Zugleich hat sich das (reale) Wirtschaftswachstum verlangsamt, und dies auch aufgrund einer vergleichsweise geringen Fähigkeit zur Anpassung an das sich schnell wandelnde weltwirtschaftliche Umfeld.[4] In einer Zeit relativ hohen Realzinsniveaus und verlangsamten Wirtschaftswachstums den Staatshaushalt zu konsolidieren, um seine „Tragfähigkeit" sicherzustellen, stellt für Politik und Gesellschaft eine große Herausforderung dar.

Welche weiteren Orientierungshilfen die Formeln (6.14) und (6.15) gewähren, läßt sich mit Hilfe der folgenden Tabelle 2 aufzeigen. Darin sind mögliche „steady state"-Situationen beispielhaft angegeben.

---

[3] Group of Ten, Saving, Investment, and Real Interest Rates. A Study for the Ministers and Governors by the Group of Deputies. October 1995, S. 4. In dieser Studie wird der Realzins als Differenz zwischen Nominalzins und Inflationsrate definiert, nicht, wie es üblicherweise geschieht, als Differenz zwischen Nominalzins und erwarteter Inflationsrate.

[4] In einer grundlegenden Beschäftigungsstudie diagnostiziert die OECD für ihre Mitgliedsländer eine immer größere Lücke zwischen dem mit dem Prozeß des raschen Wandels verbundenen Anpassungsbedarf und der in Wirtschaft und Gesellschaft gegebenen Anpassungskapazität. OECD, Fakten, Analysen, Strategien. Paris, 1994, S. 29.

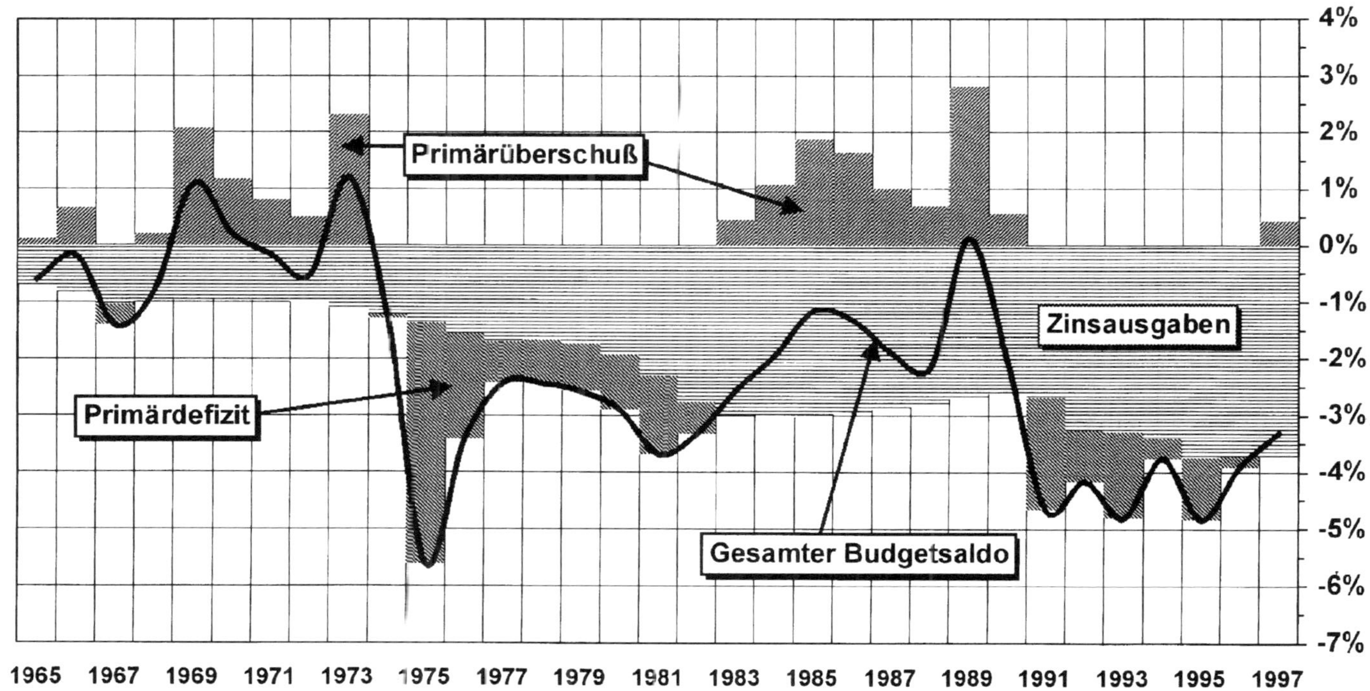

Die sprunghafte Erhöhung der Zinsausgaben, des Primärdefizits und des Budgetdefizits, die durch Übernahme der Schulden der Treuhandanstalt und eines Teils der Altschulden der ostdeutschen Wohnungswirtschaft in den öffentl. Sektor im Jahr 1995 entstand, wurde geglättet, indem die Ausgaben gleichmäßig auf die Jahre 1991-95 verteilt wurden. In diesen Jahren waren die Ausgaben entstanden. Berechnet nach: Sachverständigenrat, Jahresgutachten 1996/97, Nov. 1996.

Abb. 32: Zinsausgaben, Primärsaldo und gesamter Budgetsaldo in Deutschland, 1965 bis 1997 (in Prozent des BIP)

Tabelle 2: Die Struktur des Staatshaushalts in möglichen „steady state"-Situationen [a] (Zahlenangaben in Prozent des nominalen BIP)

Schuldenstands-quote	$w_{BIP_{nom}}$ = 5 Prozent [b]		$w_{BIP_{nom}}$ = $5\frac{3}{4}$ Prozent [c]	
	Nettokredit-aufnahme	Primär-überschuß	Nettokredit-aufnahme	Primär-überschuß
40	2,0	0,9	2,3	0,6
60 [b]	3,0	1,35	3,45	0,9
80	4,0	1,8	4,6	1,2

a) Bei einer Durchschnittsverzinsung der Staatsschuld von 7¼ Prozent. Dies ist der Durchschnittszinssatz für die deutsche Staatsschuld in den beiden Jahrzehnten vor 1995.

b) „Maastricht-Fall": Als der Maastricht-Vertrag Ende der achtziger Jahre beraten wurde, belief sich die Schuldenstandsquote der EU-Mitgliedsländer im Durchschnitt auf knapp 60 Prozent. Bei dieser Quote sollte die Staatsschuld „abgedeckelt" werden. Damals durfte von einer langfristigen durchschnittlichen Wachstumsrate des BIP_{nom} von 5 Prozent ausgegangen werden.

c) Das ist die durchschnittliche Rate, mit der das deutsche BIP_{nom} in den beiden Jahrzehnten vor 1995 gewachsen ist.

Tabelle 2 ermöglicht mehrere Einsichten.

Erstens: Bei einem Absinken der langfristigen durchschnittlichen Wachstumsrate des nominalen Bruttoinlandsprodukts (z.B. von 5¾ auf 5 Prozent) ist das Staatsbudget nur „tragfähig", wenn es gelingt, das Budgetdefizit und damit die Nettokreditaufnahme zu verringern. Ist – wie im realistisch gewählten Beispiel der Tabelle 2 – die Durchschnittsverzinsung höher als die Wachstumsrate des BIP_{nom}, erfordert dies, durch energisches Konsolidieren den Primärüberschuß des Budgets entsprechend anzuheben.

Zweitens: Wenn es in einer Situation, die durch eine bestimmte Schuldenstandsquote (z.B. 60 Prozent) und eine langfristige Wachstumsrate des BIP_{nom} (z.B. 5 Prozent) gekennzeichnet ist, nicht gelingt, die dazu „passende" Defizitquote (in diesem Fall 3,0 Prozent) zu verwirklichen, gerät das Budget in Bewegung. Bei einer dauerhaft höheren Defizitquote (z.B. 4,0 Prozent) steigt die Staatsschuldenquote an (im Beispiel bis zur Erreichung eines neuen „steady state" von 80 Prozent). Es kommt dann zu einem „budgetinternen crowding out". Da die Zinsverpflichtungen überproportional ansteigen, kann eine höhere Schuldenstandsquote nur gehalten werden, wenn ein höherer Primärüberschuß des Budgets gesichert wird (im Beispielfall muß der Primärüberschuß auf 1,8 Prozent des BIP_{nom} angehoben werden).

Drittens: Will ein Land seine Schuldenstandsquote senken, so muß es sein Budget dauerhaft so einrichten, daß die Defizitquote unter dem Wert liegt, der in einem „steady state" zu der Ausgangsschuld „paßt". Das sei am Beispiel der Niederlande aufgezeigt, wo die Schuldenstandsquote sich im Jahr 1995 auf 79 Prozent belief. Würden sich das niederländische Parlament und die Regierung ab 1996 Jahr für Jahr auf eine staatliche Nettokreditaufnahme in Höhe von konstant 3 Prozent des nominalen Bruttoinlandsprodukts (alternativ 2 oder gar nur 1 Prozent) festlegen, so würde sich bei einem anhaltend mit 5 Prozent wachsenden BIP_{nom} die Schuldenstandsquote so entwickeln, wie es in der folgenden Abbildung 33 dargestellt ist. Zu beachten ist, daß die Anpassung an den neuen Ruhezustand einige Jahrzehnte dauert. Im Jahr 2009 hätten die Niederlande bei Durchhalten einer Defizitquote von 3 Prozent eine Senkung ihrer Schuldenquote auf zunächst 70 Prozent erreicht. Im Fall der restriktiveren Budgetpolitik wäre die Schuldenquote im Jahr 2009 auf 60 Prozent (bei Nettokreditaufnahme von 2 Prozent des BIP) bzw. 50 Prozent (bei Nettokreditaufnahme von 1 Prozent des BIP) gefallen.

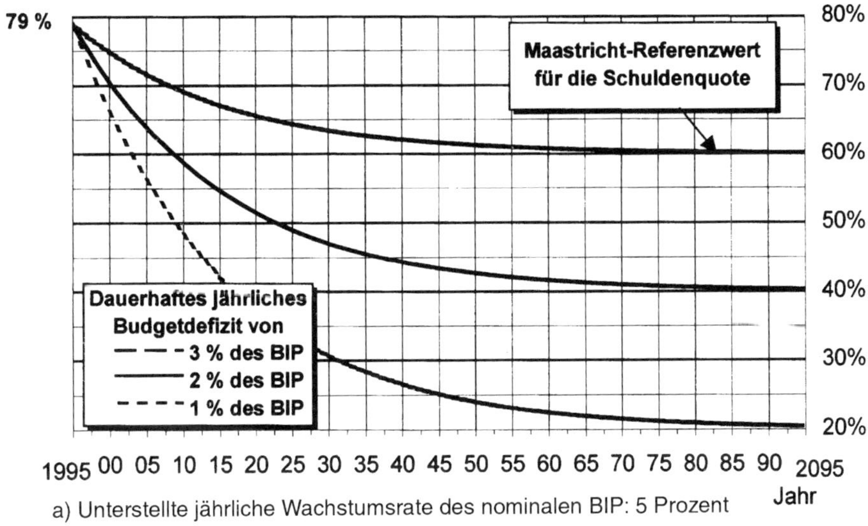

Abbildung 33: Entwicklung der Schuldenquote der Niederlande bei alternativen jährlichen Quoten des Budgetdefizits a)

Anmerkung zum Problem alternder Bevölkerungen[5]:

Die Verlagerung von staatlichen Finanzierungslasten auf zukünftig lebende Generationen wird mit Hilfe des Budgetdefizits nicht eindeutig erfaßt; der staatliche Schuldenstand beinhaltet lediglich explizite, verbriefte Schulden, während beispielsweise gesetzliche Leistungsansprüche von Wirtschaftssubjekten an den Staat hier nicht erscheinen. Dies gilt vor allem für den Bereich der sozialen Sicherungssysteme. Wird das System der Alterssicherung eines Landes im Umlageverfahren finanziert, so kann es zu einer intergenerativen Umverteilung zu Lasten zukünftiger Generationen selbst bei einem ausgeglichenen laufenden Budget kommen, wenn sich eine deutliche Bevölkerungsalterung als Folge sinkender Geburtenzahlen und einer längeren Lebenserwartung abzeichnet. Dann wird die finanzielle Absicherung alter Menschen von immer weniger arbeitenden Menschen übernommen werden müssen, so daß deren Belastung im Vergleich mit der früheren Generation steigen muß, um eine dauerhafte Finanzierbarkeit der bestehenden Systeme zu gewährleisten.

Verteilungseffekte öffentlicher Haushalte dieser Art werden unter der Bezeichnung „generational accounting“ seit Anfang der neunziger Jahre mit Hilfe intergenerativer Belastungsrechnungen ermittelt. Dabei werden sogenannte Generationenkonten („generational accounts“) aufgestellt, welche die Nettovermögenspositionen einzelner Wirtschaftssubjekte gegenüber dem Staat widerspiegeln. Jedes Wirtschaftssubjekt zahlt Steuern und Beiträge an den öffentlichen Sektor und erhält von dort Transferzahlungen. Ermittelt man diese (auf der Basis der absehbaren demographischen und volkswirtschaftlichen Entwicklungen und der gegebenen gesetzlichen Regelungen geschätzten) Zahlungen über die restliche Lebenszeit eines Menschen, so kann man daraus den Barwert seiner gesamten zukünftigen Nettobelastungen berechnen.

[5] Die folgenden Ausführungen sind – z. T. wörtlich – übernommen worden aus: Stephan Boll, Intergenerative Verteilungseffekte öffentlicher Haushalte – Theoretische Konzepte und empirischer Befund für die Bundesrepublik Deutschland. Diskussionspapier 6/96, Volkwirtschaftliche Forschungsgruppe der Deutschen Bundesbank, Frankfurt a. M., August 1996.

Die Summe der Generationenkonten aller derzeit und zukünftig lebenden Wirtschaftssubjekte entspricht dem Barwert aller derzeitigen und zukünftigen Nettoeinnahmen (Steuern und Beiträge abzüglich Transfers) des Staates. Für einen Zeitraum berechnet, der durchaus lang sein darf, aber politisch vertretbar bleiben muß, muß dieser Barwert zuzüglich des im Betrachtungszeitpunkt bestehenden – positiven oder negativen – staatlichen Nettovermögensbestandes gerade so groß sein, daß damit der Barwert aller sonstigen Staatsausgaben finanziert werden kann. Dann, und nur dann darf die Budgetpolitik als „tragfähig" bezeichnet werden.

Berechnungen dieser Art für Deutschland führen zu dem Ergebnis, daß – trotz möglicher Einwände gegen die bei solchen Rechnungen unvermeidbaren Annahmen über die weiteren Entwicklungen der Bevölkerung und der Volkswirtschaft – „die gegenwärtig betriebene Finanzpolitik in Deutschland … gemessen an den Erfordernissen langfristiger Zahlungsfähigkeit nicht tragfähig"[6] ist. Ohne Änderungen des Mitte der neunziger Jahre gültigen Regelwerks werden zukünftige Generationen somit netto, das heißt nach Abzug aller vom Staat empfangenen Leistungen, wesentlich stärker belastet als die gegenwärtig lebenden Generationen. Damit engt sich der Handlungsspielraum der „fiscal policy" weiter ein.

Übungsaufgabe 26

Leiten Sie aus der Budgetrestriktion des Gesamtstaats ab, auf welchen Wert der Anteil der Nettokreditaufnahme am Bruttoinlandsprodukt mittelfristig beschränkt werden muß, wenn die Schuldenstandsquote – bei einem nominalen Wirtschaftswachstum von 5 Prozent pro Jahr – auf 50 Prozent gehalten werden soll.

Übungsaufgabe 27

Erläutern Sie, warum zur Stabilisierung der staatlichen Schuldenstandsquote in den Industrieländern gegenwärtig (2. Hälfte der 1990er Jahre) ein anhaltender Primärüberschuß des Budgets gesichert sein muß.

6.5. Der Europäische Stabilitätspakt

Das Handlungsfeld, auf dem sich die „fiscal policy" bewegen darf, ist in Europa durch die Entschließung des Europäischen Rates über den Stabilitäts- und Wachstumspakt am 16./17. Juni 1997 in Amsterdam beschränkt worden. Der Pakt hat seine Grundlage in Artikel 104 c des EG-Vertrags, bestehend aus 14 Abschnitten, von denen die beiden ersten wie folgt lauten:

„(1) Die Mitgliedstaaten vermeiden übermäßige öffentliche Defizite.

(2) Die Kommission überwacht die Entwicklung der Haushaltslage und der Höhe des öffentlichen Schuldenstands in den Mitgliedstaaten im Hinblick auf die Feststellung schwerwiegender Fehler. Insbesondere prüft sie die Einhaltung der Haushaltsdisziplin anhand von zwei Kriterien, nämlich daran,

a) ob das Verhältnis des geplanten oder tatsächlichen öffentlichen Defizits zum Bruttoinlandsprodukt einen bestimmten Referenzwert überschreitet, es sei denn, daß

[6] Ebenda, S. 46.

- entweder das Verhältnis erheblich und laufend zurückgegangen ist und einen Wert in der Nähe des Referenzwertes erreicht hat
- oder der Referenzwert nur ausnahmsweise und vorübergehend überschritten wird und das Verhältnis in der Nähe des Referenzwertes bleibt;

b) ob das Verhältnis des öffentlichen Schuldenstands zum Bruttoinlandsprodukt einen bestimmten Referenzwert überschreitet, es sei denn, daß das Verhältnis hinreichend rückläufig ist und sich rasch genug dem Referenzwert nähert.

Die Referenzwerte werden in einem diesem Vertrag beigefügten Protokoll über das Verfahren bei einem übermäßigen Defizit im einzelnen festgelegt.“

Im „Protokoll über das Verfahren bei einem übermäßigen Defizit“ lautet der Artikel 1: „Die in Artikel 104c, Absatz 2 dieses Vertrages genannten Grenzwerte sind:

- 3% für das Verhältnis zwischen dem geplanten oder tatsächlichen öffentlichen Defizit und dem Bruttoinlandsprodukt zu Marktpreisen,
- 60% für das Verhältnis zwischen dem öffentlichen Schuldenstand und dem Bruttoinlandsprodukt zu Marktpreisen.“

Der Artikel 104 c des EG-Vertrags sowie das o. a. Protokoll stellen Verhaltensregeln auf Dauer dar; sie sollen die Bestandsfestigkeit einer Währungsunion als Stabilitätsgemeinschaft sichern helfen. Doch im Hinblick auf dieses Ziel wurden sie im Vorfeld der Europäischen Währungsunion als nicht wirksam genug empfunden. Deshalb hat der Europäische Rat den o. a Pakt mit folgenden Elementen geschlossen:

A. Zielsetzung/Geltungsbereich

1. Die Mitgliedsländer der Währungsunion sind jährlich zur Vorlage und Veröffentlichung von Stabilitätsprogrammen (das erste Mal vor dem 1. März 1999) verpflichtet. Nichtmitgliedsländer müssen entsprechend Konvergenzprogramme vorlegen und veröffentlichen.
2. Die Mitgliedsländer sind verpflichtet, an dem in ihren Stabilitäts- oder Konvergenzprogrammen festgelegten mittelfristigen **Ziel eines nahezu ausgeglichenen oder einen Überschuß aufweisenden Haushalts** festzuhalten und die haushaltspolitischen Korrekturmaßnahmen, die ihres Erachtens zur Erreichung der Ziele ihrer Stabilitäts- oder Konvergenzprogramme erforderlich sind, zu ergreifen, wenn deutlich wird, daß eine merkliche Abweichung von diesen Zielen besteht oder absehbar ist.

B. Sanktionen bei einem übermäßigen Defizit

1. In der Regel ist eine unverzinsliche Einlage bei jeder ersten Verhängung von Sanktionen bei der Kommission vorzunehmen. Sie besteht aus einem Sockelbetrag in Höhe von 0,2 Prozent des nominalen BIP und einer variablen Komponente in Höhe von einem Zehntel desjenigen Betrags, um den das Haushaltsdefizit den Referenzwert von 3 Prozent des BIP überschreitet. Der jährliche Höchstbetrag dieser Einlage ist auf 0,5 Prozent des BIP festgelegt worden.
2. Wird die 3-Prozent-Defizitgrenze im folgenden Jahr wieder überschritten, muß das Land die variable Komponente zusätzlich abführen. Der Prozeß wiederholt sich bei anhaltender Überschreitung in den folgenden Jahren. Es wird somit zugelassen, daß die kumulative Einlage 0,5 Prozent des BIP übersteigt.
3. Nach zwei Jahren anhaltender Überschreitung der 3-Prozent-Defizitgrenze wird die unverzinsliche Einlage in der Regel in ein Bußgeld umgewandelt.

4. Die Zinsen aus den Einlagen sowie die Bußgelder werden bei der Kommission hinterlegt und nur zugunsten derjenigen Staaten ausgegeben, die an der Währungsnion teilnehmen.

C. Ausnahmeregelungen

1. Eine nur ausnahmsweise und temporäre Überschreitung des Referenzwertes von 3 Prozent bleibt „straffrei", wenn sie „auf ein außergewöhnliches Ereignis zurückzuführen ist, das sich der Kontrolle des betreffenden Mitgliedstaates entzieht und erhebliche Auswirkungen auf die Finanzlage des Staates hat, oder auf eine ernste Rezession zurückzuführen ist".
2. „Die Mitgliedstaaten legen bei der Prüfung der Frage, ob der Wirtschaftsrückgang schwerwiegend [d.h. die Rezession ernst] ist, in der Regel als Referenzpunkt einen Rückgang des realen BIP um mindestens 0,75 % auf Jahresbasis zugrunde".
3. Bei einem Rückgang des realen BIP um mindestens 2% bleibt eine Überschreitung der 3-Prozent-Grenze für die Defizitquote in der Regel straffrei. Bei einem Rückgang von weniger als 2 Prozent (aber mehr als 0,75 Prozent) ist Straffreiheit in Aussicht gestellt, sofern der betreffende Staat besondere Gründe geltend machen kann, z. B. die Plötzlichkeit des Rückgangs oder die Höhe der kumulierten Produktionseinbußen im Vergleich zu früheren Trends.

Literaturhinweise zum 6. Kapitel

a. Grundlegend sind für die Nacharbeitung des 6. Kapitels:

Alan S. Blinder, Robert M. Solow, a. a. O., S. 45–57,
Jürgen Siebke, Die Berücksichtigung des Staates in dem Keynesianischen Makrosystem, Teil II, „Wisu", Heft 11/1975, S. 538–540,
Gustav Dieckheuer, Eine dynamische Analyse des „Crowding-out"-Effekts zusätzlicher Staatsausgaben, „Finanzarchiv", N. F., Bd. 33 (1975), S. 387–417.
Olivier Blanchard, Jean-Claude Chouraqui, Robert P. Hagemann, Nicola Sartor, The Sustainability of Fiscal Policy: New Answers to an Old Question, „OECD Economic Studies", Vol. 15 (1990), S. 7–36.

b. Analysen zu einzelnen Problemen finden sich in folgenden Publikationen:

Jürgen Siebke, Dieter Knoll, Wolf-Dieter Schmidberger, Theoretische Aspekte des Crowding-Out Effekts, in: *W. Ehrlicher* (Hrsg.), Geldpolitik, Zins und Staatsverschuldung (Schriften des Vereins für Socialpolitik, N. F., Bd. 111), Berlin 1981, S. 227–262.

Zu den Versuchen, mit Hilfe von empirischen Untersuchungen die „Crowding-Out"-Debatte zu entscheiden, siehe

Charles K. Wilber, Empirical Verification and Theory Selection: The Keynesian-Monetarist Debate, „Journal of Economic Issues", Vol. 13 (1979), S. 973–982.

Einen Einblick in die Konstruktion ökonometrischer Modelle gibt

Wilhelm Krelle, Erfahrungen mit einem ökonometrischen Prognosemodell für die Bundesrepublik Deutschland, Meisenheim am Glan 1974.

Einen guten Überblick über die Ergebnisse und die Konstruktion ökonometrischer Großmodelle geben

Helmut Petit, Jürgen John, Stabilisierungspolitik, Theorie und Empirie, Neuwied 1977, S. 149–173.

Die neuere Modelldiskussion wird wiedergegeben von

Chris Allen, Stephen G. Hall (eds.), Macroeconomic Modelling in a Changing World. Towards a Common Approach. Chichester et al., 1997.

Das Modell des amerikanischen Federal Reserve System diskutieren

Andrew Levin, John Rogers (with assistance of *Asim Husain*), Evaluating International Economic Policy with the Federal Reserve's Global Model, „Federal Reserve Bulletin", Vol. 83, No. 10, October 1997, S. 797–817.

Viele Aspekte langsam steigender **Staatsschulden** behandeln (weitgehend ohne formale Ableitungen)

Helmut Schlesinger, Manfred Weber, Gerhard Ziebarth, Staatsverschuldung – ohne Ende? Zur Rationalität und Problematik des öffentlichen Kredits, Darmstadt 1993, vor allem Kap. II und V.

Auf mittelfristige Zinsbelastungen weisen hin:

Kurt Schmidt, Auf die Zinslast kommt es an! Zur Neuorientierung der Haushaltskonsolidierung, „Wirtschaftsdienst", 75. Jg. (1995), S. 451–456.
Jean-Claude Chouraqui, Brian Jones, Robert Bruce Montador, Public Debt in a Medium Term Context and its Implications for Fiscal Policy, OECD, Department of Economics and Statistics, Working Papers 30, Paris 1986.
Luigi Spaventa, The Growth of Public Debt. Sustainability, Fiscal Rules, and Monetary Rules. „IMF Staff Papers", Vol. 34, 1987, S. 374–399.
Sachverständigenrat zur Begutachtung der gesamtwirtschaftlichen Entwicklung, Reformen voranbringen, Jahresgutachten 1996/97, Stuttgart 1997.

Theoretisch ausführlicher geht auf die Verbindung von kurzfristiger „fiscal policy" und längerfristiger Verschuldungssituation des Staates ein:

Peter Bartsch, Zur Theorie der längerfristigen Wirkungen „expansiver" Fiskalpolitik, Frankfurt a. M., New York 1986.

Bedingungen für die langfristige Tragbarkeit der staatlichen Budgetposition leiten ab:

Stephan Boll, Intergenerative Verteilungseffekte öffentlicher Haushalte – Theoretische Konzepte und empirischer Befund für die Bundesrepublik Deutschland. Volkswirtschaftliche Forschungsgruppe der Deutschen Bundesbank, Diskussionspapier 6/96, Frankfurt a. M., August 1996.
Bernd Raffelhüschen, Jan Walliser, Was hinterlassen wir künftigen Generationen? Ergebnisse der nationalen Bilanzierung. Vortrag vor dem 27. Wirtschaftswissenschaftlichen Seminar Ottobeuren vom 14.9.–17. 9. 1997.
David W. Wilcox, The Sustainability of Government Deficits: Implications of the Present-Value Borrowing Constraint, „Journal of Money, Credit, and Banking", Vol. 21 (1989), S. 291–306.

Zur Frage, ob die langfristige (reale) Wachstumsrate in Industrieländern über dem (realen) Zinssatz für langfristige festverzinsliche Wertpapiere liegt, siehe:
Andrew B. Abel et al., Assessing Dynamic Efficiency: Theory and Evidence, „Review of Economic Studies", Vol. 56 (1989), S. 1–20.
Group of Ten, Saving, Investment, and Real Interest Rates. A Study for the Ministers and Governors by the Group of Deputies. October 1995

c. Studenten, die sich für **weiterführende Überlegungen,** insbesondere solche, die einen **variablen Kapitalstock** in das Modell aufnehmen, interessieren, sei neben der Lektüre von *Siebke/Knoll/Schmidberger* empfohlen:

James Tobin, Willem H. Buiter, Long-Run Effects of Fiscal and Monetary Policy on Aggregate Demand, in: *J. L. Stein* (Ed.) Monetarism, Amsterdam,. New York, Oxford 1976, S. 273–309,
H.-Dieter Wenzel, Zur Effizienz und Stabilität geld- und bondfinanzierter Staatsausgabenpolitik in Makromodellen mit Government Budget Restraint, „Zeitschrift für die gesamte Staatswissenschaft", Bd. 137 (1981), S. 17–35.

Grundsätzlich mit dem Problem der Staatsverschuldung beschäftigen sich:

Rolf Caesar, Theoretische Grundfragen der Staatsverschuldung, „WiSt", 20. Jg. (1991), S. 218–224.

Hans Tietmeyer, In welchem Umfang darf sich der Staat verschulden? „Aus Politik und Zeitgeschichte". Beilage zur Wochenzeitung Das Parlament. Bd. 18 (30. April 1993), S. 13–18.

Einen Überblick zur Begründung und zu Grenzen staatlicher Kreditaufnahme (einschließlich weiterführender Literatur) bietet:

Wolfram F. Richter, *Wolfgang Wiegard*, Zwanzig Jahre „Neue Finanzwissenschaft". Teil II: Steuern und Staatsverschuldung, „Zeitschrift für Wirtschafts- und Sozialwissenschaften", 113. Jg. (1993), S. 337–400, speziell S. 365 ff.

Mögliche Zielgrößen für die Staatsausgaben und die Staatsverschuldung diskutiert:

Stephen J. Bailey, Public Sector Economics. Theory, Policy, and Practice, Houndsmill et al. 1995, S. 146–184, 239–261.

Für die USA wird gezeigt, daß überhöhte, nicht durchhaltbare Staatsdefizite unter anderem dann auftraten, wenn Regierungen relativ sicher von ihrer Wiederwahl ausgehen konnten:

Randall G. Holcombe, *Jeffrey A. Mills*, Politics and Deficit Finance, „Public Finance Quarterly, Vol. 23 (1995), S. 448–466.

Zu einer Spezifikation der in der deutschen Verfassung verankerten Staatsschuldenregel siehe:

Otto Gandenberger, Verfassungsgrenzen der Staatsverschuldung. Eine Auseinandersetzung mit dem Urteil des Bundesverfassungsgerichts vom 18. April 1989, „Finanzarchiv", N.F., Band 48 (1990), S. 28–51.

Anhand eines Modells überlappender Generationen wird eine kritische Einschätzung des § 115 GG geliefert, der die Nettokreditaufnahme des Staates auf die Höhe seiner Investitionen beschränkt:

Hans Fehr, *Peter Gottfried*, Optimale Verschuldungspolitik und öffentliche Investitionen, „Finanzarchiv", N.F., Band 50 (1993), S. 324–343.

Anwendungsorientiert behandelt das Thema Staatsverschuldung für die Bundesrepublik

Eberhard Fricke, Kreditbegrenzung im Staatshaushalt – Eine vertane Chance des Bundesgesetzgebers, „Finanzarchiv", N.F., Band 48 (1990), S. 222–243.

Allerdings gibt es auch Gegenmeinungen zu einer fiskalpolitischen Zurückhaltung. So werden zunehmende Konjunkturschwankungen als Ergebnis fiskalischer Selbstbeschränkungsregeln herausgearbeitet in:

Tamim Bayoumi, *Barry Eichengreen*, Restraining Yourself: The Implications of Fiscal Rules for Economic Stabilization, „IMF Staff Papers", Vol. 42 (1995), S. 32–48.

In diesem Lehrbuch werden nur zwei Aspekte der langfristigen Wirkungen der „fiscal policy" exemplarisch herausgegriffen. Eine Übersicht über andere langfristige Wirkungen auf die Allokation der Ressourcen und, davon nicht unabhängig, die langfristige Entwicklung makroökonomischer Variablen erstellt

Lars Calmfors, Long-run Effects of Short-run Stabilization Policy – An Introduction, „Scandinavian Journal of Economics", Vol. 84 (1982), S. 133–146.

Kapitel 7: Handlungsspielraum für die „fiscal policy“?

Lehrziele

Bei der jährlichen Haushaltsplanung ist nicht nur der längerfristigen Budgetentwicklung unter Tragfähigkeitsgesichtspunkten Rechnung zu tragen, sondern auch den von der laufenden Konjunkturentwicklung auf das Budget ausgehenden Einflüssen. Mit anderen Worten: Der Handlungsspielraum, den Regierung und Parlament für diskretionäre Maßnahmen zur Konjunkturbelebung haben, wird auch von den unmittelbaren, kurzfristig unausweichlichen Wirkungen der Konjunktur auf das Budget bestimmt. Wies beispielsweise das Budget des Vorjahres ein Defizit von 1 Prozent des BIP aus, darf man nicht sagen, daß für aktive, von Parlament und Regierung zu beschließende Maßnahmen (z.B. in Form zusätzlicher Ausgaben) ein Spielraum von 2 Prozent des BIP bestehe, ohne damit Gefahr zu laufen, die vom Stabilitätspakt gezogene 3-Prozent-Grenze (siehe Abschnitt 6.4) zu überschreiten; denn das Budget könnte automatisch zu höheren Defiziten tendieren, wenn sich die Konjunktur verlangsamt. In einer konjunkturellen Abschwungphase gehen beispielsweise die Steuereinnahmen zurück, und die staatlichen Sozialleistungen zur Absicherung von Arbeitslosen steigen. Bei einer wirtschaftlichen Belebung kommt es entsprechend zu einer Verbesserung der staatlichen Finanzlage. Die Grundfrage, die an dieser Stelle aufscheint, lautet: Welcher Teil eines Budgetdefizits ist in einer bestimmten Periode rein konjunkturbedingt und welcher Teil ist Ausfluß unmittelbarer staatlicher Entscheidungen?

Nach Durcharbeitung des Kapitels sollten Sie in der Lage sein,

- den allgemeinen Ansatz zur Messung von konjunkturellen Effekten auf die Staatseinnahmen und die Staatsausgaben zu erklären,
- die unterschiedlichen Methoden zur Festlegung des Wertes von Y_{voll} und zur Berechnung der konjunkturbedingten Einnahme- und Ausgabeänderungen zu erläutern,
- das Kriterium der „investitionsorientierten Verschuldung“ des deutschen Sachverständigenrats zur Begutachtung der gesamtwirtschaftlichen Entwicklung zu erläutern,
- die unterschiedlichen Berechnungsansätze der OECD und des deutschen Sachverständigenrats zum strukturellen Budgetdefizit darzulegen.

7.1. Grenzen für die Staatsverschuldung durch den in Europa vereinbarten Stabilitätspakt

Der in Europa vereinbarte Stabilitätspakt läßt sich als Versuch deuten, langfristige Überlegungen zur „Tragfähigkeit" („sustainability") von Budgetpositionen mit der Forderung zu versöhnen, den Staatshaushalt in Rezessionszeiten in den Dienst der Konjunkturpolitik zu stellen. Indem er für normale Konjunktursituationen einen Budgetausgleich oder Überschüsse vorschreibt, schafft er Raum für steigende Staatsausgaben oder sinkende Steuereinnahmen in konjunkturell schwachen Zeiten, ohne daß dadurch die Tragfähigkeit des Budgets gefährdet wird.

Angesichts der Staatsfinanzen der Industrieländer in der zweiten Hälfte der neunziger Jahre bleibt jedoch zu prüfen, ob diese „Versöhnung" gelingen kann. Einerseits weisen etliche Industrieländer ein Budgetdefizit auf, das den im Stabilitätspakt vereinbarten Höchstwert von 3 Prozent des Bruttoinlandsprodukts bereits erreicht hat oder diesen sogar überschreitet (vgl. *Tabelle 3*). Spielraum für konjunkturstimulierende Maßnahmen muß erst geschaffen werden.

Tabelle 3: Budgetdefizite in OECD-Ländern von 1982 bis 1998
(in Prozent des BIP)

Land	1982	1987	1992	1996	1997	1998
USA	3,5	2,6	4,4	1,6	1,1	1,2
Japan	3,6	–0,5	–1,5	4,4	3,1	2,3
Deutschland a)	3,3	1,9	2,8	3,8	3,2	2,7
Frankreich	2,8	1,9	3,8	4,2	3,2	3,0
Italien	11,4	11,0	12,1	6,7	3,2	3,8
Großbritannien	2,5	1,6	6,3	4,4	2,8	1,8
Kanada	5,9	3,8	7,4	1,8	0,2	-0,5
Alle angeführten großen Länder	4,0	2,5	4,0	3,1	2,1	1,9
Kleinere OECD-Länder	4,0	1,9	3,6	1,7	1,0	0,5
Alle OECD-Länder	4,0	2,4	3,9	2,9	1,9	1,7

a) Ab 1996 einschließlich Bundeseisenbahnvermögen und Erblastentilgungsfonds.

Quelle: OECD Economic Outlook, Vol. 61, June 1997, Annex Table 30. – Die Angaben für 1997 und 1998 sind Schätzungen bzw. Projektionen der OECD.

Andererseits darf nicht einfach davon ausgegangen werden, daß die ausgewiesenen Defizite auf andere als konjunkturelle Gründe zurückzuführen seien und deshalb auf Null herabzuführen wären. Bei der Beurteilung des Budgetsaldos einer Periode ist nämlich zu berücksichtigen, daß jedes Budget mit der Konjunktur „atmet". Ohne daß es diskretionärer Maßnahmen bedürfte, ändern sich die Steuereinnahmen und die Staatsausgaben im Auf und Ab der Konjunktur, sozusagen „automatisch". Diese Konjunktureinflüsse auf den Staatshaushalt sind in der Regel sogar bewußt in das Abgaben- und Ausgabensystem des Staates eingebaut worden.

Die Vorstellung, daß der Staatshaushalt sich automatisch mit der Konjunktur ändert, ist für den Leser dieses Lehrbuchs nicht gänzlich neu. Bereits im ersten Kapitel wurde die Steuerfunktion $Y = t \cdot Y$ begründet und in die Kreislaufmodelle eingefügt. Die Konjunkturabhängigkeit gilt entsprechend auch für die in Abschnitt 6.4 eingeführte Summe aller Zwangsabgaben T^{gesamt}, die neben den Steuern auch die Sozialabgaben erfaßt. Auf der Ausgabenseite ist bisher mit der Hypothese fest geplanter Staatsausgaben für Waren und Dienste ($A_{st} = \overline{A}_{st}$) gearbeitet worden. Dieses Vorgehen ist nicht mehr angemessen, wenn die Analyse auf die Ausgaben des Gesamtstaates (einschließlich der von den Sozialversicherungen geleisteten Transfers) A_{st}^{gesamt} bezogen wird. Vor allem (aber nicht allein) die öffentlichen Leistungen an Arbeitslose schwanken bei unveränderten gesetzlichen Regelungen mit der Konjunktur und können bei der Haushaltsaufstellung nicht immer exakt vorhergesehen und mit den sich im Verlauf der Budgetperiode ergebenden Beträgen eingestellt werden.

Wenn die im Konjunkturverlauf „automatisch" eintretenden Veränderungen der Zwangsabgaben und der Ausgaben des Gesamtstaats von den später statistisch gemessenen Gesamteinnahmen bzw. Gesamtausgaben (einschließlich Transfers) abgezogen werden, ergibt sich das von Regierungen und Parlamenten durch diskretionäre Einnahme- und Ausgabeentscheidungen bestimmte Budget. Ein auf diese Weise „konjunkturbereinigtes Budgetdefizit"$^{+}$ wird vielfach als „strukturelles Budgetdefizit"$^{+}$ bezeichnet und als geeignet angesehen, den aktuellen Staatshaushalt anhand der im Abschnitt 6.4 formulierten Stabilitätsbedingungen bewerten zu können. Der o.a. europäische Stabilitätspakt könnte deshalb so interpretiert werden, daß die Mitgliedstaaten strukturelle Defizite vermeiden sollten. Da der (deutsche) Sachverständigenrat zur Begutachtung der gesamtwirtschaftlichen Entwicklung diesem Sprachgebrauch nicht folgt, soll im folgenden zunächst vom „diskretionären" (im Gegensatz zum konjunkturbedingten) Budgetdefizit gesprochen werden.

7.2. Konjunkturbedingtes Budgetdefizit: Theoretische Vorüberlegungen

Die Vorstellung, das gesamte Budgetdefizit eines Jahres in einen konjunkturbestimmten und einen nicht konjunkturbestimmten (diskretionären) Teil aufspalten zu können, läßt sich wie folgt formulieren:

$$Bd^{gesamt} = Bd_{konj}^{gesamt} + Bd_{diskret}^{gesamt} \tag{7.1}$$

Das gesamte Budgetdefizit ergibt sich als Differenz zwischen den gesamten Staatsausgaben A_{st}^{gesamt} und den gesamten Staatseinnahmen T^{gesamt}. Analog erhält man für den den konjunkturbedingten Teil:

$$Bd_{konj}^{gesamt} = A_{st,\,konj}^{gesamt} - T_{konj}^{gesamt} \tag{7.2}$$

Diese Definition verlangt die Klärung, in welchem Umfang Veränderungen von Staatsausgaben für Waren und Dienste und staatliche Transferleistungen einerseits und Staatseinnahmen aus Steuern und Sozialversicherungsabgaben andererseits durch konjunkturelle Einflüsse verursacht sind. Anders formuliert: Um wieviel wären A_{st}^{gesamt} und T^{gesamt} größer oder kleiner, wenn statt wie in der aktuellen Konjunktursituation die Produktionsfaktoren voll ausgelastet (Y_{voll}) wären.

7.2.1. Konjunktureinfluß auf die Staatseinnahmen

Um zu berechnen, um wieviel die aktuelle Konjunktursituation die Staatseinnahmen einer Periode gegenüber der Vollbeschäftigung verändert, muß die bisher verwendete Steuerfunktion umformuliert werden. Im Modell A, dem ersten Modell dieses Lehrbuchs, wurde unterstellt, die Parlamente legten die Steuerbemessungsgrundlagen und Steuertarife so fest, daß ein Teil $\bar{t}$ des Sozialprodukts dem Staat zufällt. Bei anziehender Konjunktur erhöhen sich nach dieser Hypothese parallel zum Sozialprodukt auch die in öffentliche Kassen fließenden Beträge; bei wirtschaftlicher Flaute gehen die Staatseinnahmen entsprechend der allgemeinen Entwicklung zurück. Damit erfaßt die einfache Steuerfunktion $T = \bar{t} \cdot Y$ zwar konjunkturelle Wirkungen auf die Steuereinnahmen; und die totale Differentiation der Steuergleichung zeigt auch, daß sich die Steuereinnahmen bei einer Änderung des Sozialprodukts um $dT = \bar{t} \cdot dY$ verändern. Dieses Ergebnis ist aber für die anstehenden Überlegungen aus zwei Gründen nicht aussagekräftig genug. Zum einen fehlen die Sozialversicherungsbeiträge in der Gleichung, zum anderen sind die bei Vollauslastung der Produktionsfaktoren anfallenden Staatseinnahmen nicht explizit als Referenzgröße in der Gleichung ausgewiesen.

Es macht keine Schwierigkeiten, die einfache Steuerfunktion in eine geeignetere Form umzuformulieren. Die Sozialabgaben lassen sich einbeziehen, indem statt der Steuerquote $\bar{t}$ die Zwangsabgabenquote $\bar{t}^{\,gesamt}$ verwendet wird, die neben den Steuern auch die Sozialversicherungsbeiträge erfaßt. Und die mit Y_{voll} verbundenen Staatseinnahmen können durch Addition und gleichzeitige Subtraktion auf der rechten Seite der Funktion berücksichtigt werden. Durch diesen Schritt wird inhaltlich nichts geändert. Man erhält:

$$T^{gesamt} = \bar{t}^{\,gesamt} \cdot Y_{voll} + \bar{t}^{\,gesamt} \cdot (Y - Y_{voll}) \tag{7.3}$$

Die Abgabenfunktion (7.3) geht von den Staatseinnahmen bei Vollauslastung der Produktionskapazitäten aus und mißt zusätzlich die Abweichung der Einnahmen, die durch eine Unterauslastung oder Überauslastung der Kapazitäten entsteht. Der erste Summand von (7.3) gibt die Einnahmen bei Vollauslastung der Produktionskapazitäten an, der zweite erfaßt, um wieviel die Einnahmen bei gegebenen Abgabevorschriften von diesem Referenzwert abweichen, wenn das Sozialprodukt einer Periode unter oder über Y_{voll} liegt. Der zweite Summand wurde oben mit T^{gesamt}_{konj} bezeichnet:

$$T^{gesamt}_{konj} = \bar{t}^{\,gesamt} \cdot (Y - Y_{voll}) \tag{7.4}$$

Sind die Kapazitäten unterausgelastet, fallen niedrigere Staatseinnahmen als bei Y_{voll} an. Bei einer „überschäumenden“ Konjunktur $(Y > Y_{voll})$ erhält der Staat höhere Einnahmen.

7.2.2. Konjunktureinfluß auf die Ausgabenseite des Budgets

In den bisher verwendeten Modellen wurden die Staatsausgaben als eine betragsmäßig von den Parlamenten festgelegte Größe $\overline{A}_{st}$ angesehen, die nur durch jeweils neue Beschlüsse der Parlamente (in Form von Nachtragshaushalten) verändert werden kann. Diese Annahme ist insofern auch weiterhin sachlich gerechtfertigt, als nach dem Prinzip der Vorherigkeit das Budget vor Beginn der Periode, in der es vollzugsverbindlich ist, aufgestellt sein muß und bei der Haushaltsplanung die während der Budgetperiode erwartete Konjunkturentwicklung in Rechnung gestellt wird. Dabei ist jedoch zu unterscheiden zwischen

a) den auf Grund bestehender Gesetze infolge konjunktureller Schwankungen entstehenden zusätzlichen oder verringerten Ausgaben (man denke an Arbeitslosengeld und Sozialhilfe), die vorhergesehen und in den Haushalt übernommen werden, und

b) zusätzlichen (in der Regel sind es expansive, konjunkturankurbelnde) befristeten Ausgabenprogrammen auf Grund eigenständiger Parlaments- und Regierungsentscheidungen.

Man kann die beiden Arten konjunkturbestimmter Ausgaben gedanklich von den übrigen Ausgaben trennen und je in einem Term erfassen. Dabei empfiehlt es sich, die Vorgehensweise zu wiederholen, die auf der Einnahmeseite gewählt worden ist. Dann lassen sich die gesamten Staatsausgaben in die beiden konjunkturbestimmten Teile und in einen weiteren, von der Konjunktur unbeeinflußten Teil $\overline{A}_{st,0}^{gesamt}$ aufspalten.

zu a): Hinsichtlich der gesetzlich geregelten, von der Konjunkturentwicklung abhängigen Ausgaben sei hier angenommen, daß

- das Parlament die entsprechenden Gesetze so gefaßt hat, daß beim Sozialprodukt Y_{voll} keine Ausgaben anfallen;
- mit zunehmender Unterauslastung des Produktionspotentials die Ausgaben proportional zunehmen.

Diese Hypothese läßt sich wie folgt schreiben:

$$A_{st}(Y) = \overline{z}^{gesamt} \cdot (Y - Y_{voll}) \qquad \text{für } Y < Y_{voll}$$

Bei der Planung des Staatshaushalts wäre Y durch Y^*, das vom Parlament in der kommenden Haushaltsperiode erwartete Sozialprodukt, zu ersetzen. Bei rationalen Erwartungen sind beide Größen einander gleich.

zu b): Befristete, zur Konjunkturankurbelung beschlossene (zusätzliche) Staatsausgaben werden mit A_{st}^{Pr} abgekürzt (Pr = Programm).

Insgesamt erhält man dann

$$A_{st}^{gesamt} = \begin{cases} \overline{A}_{st,0}^{gesamt} & \text{für } Y \geq Y_{voll} \\ \overline{A}_{st,0}^{gesamt} + A_{st}^{Pr} - \overline{z}^{gesamt} \cdot (Y - Y_{voll}) & \text{für } Y < Y_{voll} \end{cases}$$

In den letzten Jahren sind in Europa keine nennenswerten staatlichen Ausgabenprogramme zur Konjunkturankurbelung aufgelegt worden. Deshalb ist es vielfach vertretbar, den Ausdruck A_{st}^{Pr} gleich Null zu setzen. Dann gilt:

$$A_{st}^{gesamt} = \begin{cases} \overline{A}_{st,0}^{gesamt} & \text{für } Y \geq Y_{voll} \\ \overline{A}_{st,0}^{gesamt} - \overline{z}^{gesamt} \cdot (Y - Y_{voll}) & \text{für } Y < Y_{voll} \end{cases} \qquad (7.5)$$

Bei der Interpretation von (7.5) ist zu beachten, daß der Ausdruck $(Y - Y_{voll})$ bei einer Unterauslastung der Produktionsfaktoren negativ ist. Die Multiplikation mit dem ebenfalls negativen Faktor $(-\overline{z}^{gesamt})$ läßt die Staatsausgaben gegenüber dem Referenzwert $\overline{A}^{gesamt}_{st,0}$ ansteigen. Das gleiche ist zu berücksichtigen, wenn aus (7.5) der allein konjunkturbestimmte Teil der gesamten Staatsausgaben abgeleitet wird:

$$A^{gesamt}_{st,\,konj} = \begin{cases} 0 & \text{für } Y \geq Y_{voll} \\ -\,\bar{z}^{\,gesamt} \cdot (Y - Y_{voll}) & \text{für } Y < Y_{voll} \end{cases} \qquad (7.6)$$

7.2.3. Zusammenfassung: Das konjunkturbedingte Defizit

Werden die durch Konjunktureinflüsse hervorgerufenen Abweichungen der tatsächlichen Staatseinnahmen von den bei Vollauslastung der Produktionsfaktoren gemäß Gleichung (7.4) erzielbaren und die Abweichungen der tatsächlichen Staatsausgaben von $\overline{A}^{gesamt}_{st,0}$ gemäß Gleichung (7.6) in die Gleichung (7.2) für die konjunkturbedingte Änderung des Budgetdefizits eingesetzt, erhält man:

$$Bd^{gesamt}_{konj} = A^{gesamt}_{st,\,konj} - T^{gesamt}_{konj} =$$

$$\begin{cases} -\,\bar{t}^{\,gesamt} \cdot (Y - Y_{voll}) & \text{für } Y \geq Y_{voll} \\ -\left(\bar{z}^{\,gesamt} + \bar{t}^{\,gesamt}\right) \cdot (Y - Y_{voll}) & \text{für } Y < Y_{voll} \end{cases} \qquad (7.7)$$

Werden in einem Jahr die Produktionsfaktoren voll ausgelastet $(Y = Y_{voll})$, entsteht weder ein konjunkturell bedingtes Budgetdefizit noch ein konjunkturell bedingter Überschuß. Weist das gesamte Staatsbudget gleichwohl einen Saldo aus, ist dieser in voller Höhe diskretionär verursacht.

In einer Phase „überschäumender" Konjunktur $(Y > Y_{voll})$ sind die Staatseinnahmen konjunkturell bedingt um $\bar{t}^{\,gesamt} \cdot (Y - Y_{voll})$ höher als bei Vollauslastung der Produktionsfaktoren. Es entsteht ein konjunkturbedingter Budgetüberschuß[1] und das gesamte (konjunkturell bedingte plus diskretionäre) Budgetdefizit ist relativ gering oder verwandelt sich sogar ebenfalls in einen Überschuß.

In Zeiten mit unterausgelasteten Produktionsfaktoren $(Y < Y_{voll})$ entsteht wegen der Einnahmeausfälle des Staates und der gleichzeitigen Ausgabesteigerungen ein konjunkturbedingtes Budgetdefizit, welches das gesamte Budgetdefizit über die ursprünglich geplante Höhe ansteigen läßt.

7.3. Konjunkturbedingtes Defizit: Empirische Ermittlung

Das konjunkturbedingte Defizit und seine Veränderungen werden in der Praxis auf der Grundlage der Formel (7.7) ermittelt. Dabei wird allerdings auf Grenzen und Unzulänglichkeiten dieses Budgetmaßes hingewiesen, die teilweise zu Modifikationen des Ansatzes führen:

---

[1] Man beachte das Minuszeichen vor dem Ausdruck $\bar{t}^{\,gesamt} \cdot (Y - Y_{voll})$ in der ersten Zeile von (7.7)!

- Nicht alle Veränderungen der Ausgaben und der Einnahmen des Staates lassen sich empirisch eindeutig als konjunkturell bedingt oder diskretionär einordnen. So mag die Zunahme der Arbeitslosigkeit zwar durch einen Wirtschaftsabschwung verursacht worden sein, die Wiedereingliederung der arbeitslos gewordenen Menschen in den Arbeitsprozeß kann aber in einem nachfolgenden Wiederanstieg der wirtschaftlichen Aktivität aus strukturellen Gründen schwierig werden. Die während der Konjunkturflaute zunehmenden Ausgaben des Staates zur Unterstützung von Arbeitslosen dürften dann nicht vollständig als konjunkturbedingt eingeordnet werden. Ein weiteres Beispiel sind Veränderungen wichtiger Vorleistungspreise im Zeitablauf, etwa der Preise für Energie. Hiervon ausgehende Einflüsse auf das staatliche Budget sind zwar nicht unabhängig von der Konjunkturlage; sie lassen sich aber im allgemeinen nicht auf rein nationale Wirtschaftsschwankungen zurückführen.
- Bei einzelnen Positionen kann es auch aus anderen, grundsätzlichen Gründen umstritten sein, ob sie zu den konjunkturell bedingten Ausgabe- und Einnahmeänderungen gehören oder als diskretionär anzusehen sind. Der deutsche Sachverständigenrat zur Begutachtung der gesamtwirtschaftlichen Entwicklung beispielsweise rechnet Haushaltsbelastungen, die aus befristeten Konjunkturprogrammen resultieren, dem konjunkturellen Teil des Budgetdefizits zu.[2] Dagegen wertet die Organisation für wirtschaftliche Zusammenarbeit und Entwicklung (OECD), die sich vor allem mit internationalen Wirtschaftsvergleichen beschäftigt, Änderungen von Gesetzen und Verordnungen, die von Regierungen und Parlamenten mit dem Ziel der antizyklischen Konjunkturbeeinflussung vorgenommen werden, als diskretionäre Budgetverschiebungen. Da die Beträge, um die es bei dieser Zuordnung geht, zuletzt relativ klein waren, werden sie bei empirischen Anwendungen zumeist kommentarlos der einen oder anderen Position zugeschlagen.
- Es gibt von Land zu Land unterschiedliche Vorstellungen zur Berechnung des Wertes Y_{voll}. Diese gehen z.T. auf nationale Eigenheiten der Märkte für Arbeit und Kapital zurück. Da sie größere quantitative Auswirkungen auf die Berechnung des konjunkturbedingten Defizits haben, sollen sie im folgenden näher behandelt werden (Abschnitt 7.3.1).
- Ebenfalls genauer soll auf Kritik eingegangen werden, nach der die zur Ableitung von Gleichung (7.7) verwendete lineare Abgabenfunktion (7.4) zu einfach sei. Diese impliziere, daß die Parlamente in der Lage seien, etwas zu tun, was nicht möglich sei, nämlich alle Bemessungsgrundlagen für die von den Bürgern zu leistenden Zwangsabgaben und auch die Abgabensätze so festzulegen, daß die durchschnittliche Abgabenquote $\bar{t}^{gesamt}$ stets konstant, das heißt unabhängig vom jeweils realisierten Sozialprodukt Y sei. Tatsächlich aber sei die Proportionalität der Bemessungsgrundlagen und des Sozialprodukts nicht gegeben; und die durchschnittlichen Steuersätze seien, z.B. wegen der Progression in der Einkommensteuer oder der Möglichkeit des Verlustvortrags bei der Körperschaftsteuer, ebenfalls nicht konstant zu halten (Abschnitt 7.3.2).

7.3.1. Unterschiedliche Methoden zur Festlegung von Y_{voll}

Das konjunkturbedingte Budgetdefizit Bd^{konj} wurde abgeleitet, ohne Aussagen darüber zu machen, wie der Schwellenwert Y_{voll} festzulegen ist. In der Praxis finden verschie-

[2] Sachverständigenrat zur Begutachtung der gesamtwirtschaftlichen Entwicklung, 1994, Textziffer 181. Vgl. auch *Peffekoven*, 1994, S. 266ff.

dene Meßkonzeptionen Anwendung. Dabei wird in keiner der Konzeptionen die Situation wirklicher *Voll*beschäftigung der Produktionsfaktoren als Maßstab verwendet, sondern es werden wirtschaftliche Aktivitätsniveaus *unterhalb* dieser Marke zugrunde gelegt[3], die als mittel- bis langfristig „normal" bzw. durchhaltbar gelten.

Der **Sachverständigenrat zur Begutachtung der gesamtwirtschaftlichen Entwicklung** verwendet für Berechnungen konjunktureller Effekte auf das Budget einen Schwellenwert, den er als *„spannungsfrei nutzbares gesamtwirtschaftliches Produktionspotential"* bezeichnet. Die Zahlenwerte dazu ermittelt der Rat in mehreren Schritten. Er definiert zunächst das reale Produktionspotential der Unternehmen (ohne Land- und Forstwirtschaft, Fischerei sowie ohne Wohnungswirtschaft) als Produkt aus dem jahresdurchschnittlichen Bruttoanlagevermögen und der *potentiellen* Kapitalproduktivität, d.h. der möglichen Produktion pro eingesetzter Kapitaleinheit. Als Daten zum Bruttoanlagevermögen übernimmt der Rat die offiziellen Schätzungen des Statistischen Bundesamts. Die zeitliche Entwicklung der Kapitalproduktivität wird zunächst als Trendfunktion der tatsächlichen Jahreswerte geschätzt und die gefundene Trendlinie dann parallel durch denjenigen Wert der empirisch gemessenen Kapitalproduktivitäten verschoben, der am weitesten von seinem errechneten Trendwert nach oben abweicht. Die so gefundene – nach oben verschobene – Trendlinie gibt die potentiellen Kapitalproduktivitäten an. Die Multiplikation der potentiellen Kapitalproduktivitäten mit den Werten des Bruttoanlagevermögens ergibt jeweils das Produktionspotential der Unternehmen.

Zum geschätzten Produktionspotential der Unternehmen hinzugezählt werden die Potentiale der Bereiche Staat, Land- und Forstwirtschaft, Fischerei, Wohnungswirtschaft, private Haushalte und private Organisationen ohne Erwerbszweck. Wegen Datenmangels muß dabei allerdings angenommen werden, daß die Produktionspotentiale dieser Zweige immer voll ausgelastet und daher mit der (bekannten) Bruttowertschöpfung identisch sind.

Abschließend berücksichtigt der Sachverständigenrat die empirisch untermauerte Erkenntnis, daß das gesamtwirtschaftliche Produktionspotential nur in Ausnahmejahren (z.B. 1991 während des deutschen Vereinigungsbooms) nahezu voll ausgelastet ist. Als spannungsfrei nutzbar sieht der Rat deshalb nur einen Nutzungsgrad an, der dem langfristigen Durchschnitt der Auslastung entspricht. Im Zeitraum zwischen 1963 und 1993 lagen die ermittelten Nutzungsgrade am häufigsten zwischen 96 und 97%, eine durchschnittliche Nutzung von 96¾ % wird deshalb als *Normalauslastung* angesehen.

In den **Vereinigten Staaten von Amerika** wird für die von der Administration und vom **Council of Economic Advisers** durchgeführten Berechnungen eine theoretische Sozialproduktshöhe zugrunde gelegt, die im jeweils betrachteten Jahr gerade noch ohne zunehmende Verknappungserscheinungen auf dem Arbeitsmarkt und dadurch erzeugte zusätzliche Lohn- und Preissteigerungstendenzen erreichbar erscheint. Mit dem so berechneten realen Sozialprodukt wäre dann eine *„non accelerating-inflation rate of unemployment"*, abgekürzt *NAIRU*, verbunden. Nach Berechnungen des Council of Economic Advisers lag diese Arbeitslosenrate in den Fiskaljahren 1994 bis 1996 in ei-

[3] Beispielsweise werden Arbeitskräfte, die auf der Suche nach einem neuen Arbeitsplatz sind (sogenannte Sucharbeitslosigkeit), dem Arbeitskräftepotential nicht zugerechnet. Auch darf nicht von einer 24stündigen Auslastung der maschinellen Kapazitäten ausgegangen werden, wenn gesetzliche oder tarifliche Bestimmungen dem entgegenstehen.

nem Band von 5 bis 6%.[4] In den achtziger Jahren lag sie mit rund 6% jeweils geringfügig höher.[5] Das mit der NAIRU verträgliche Produktionsniveau wird als ein wünschenswertes langfristiges Ziel der Wirtschaftspolitik angesehen; Abweichungen davon werden als nicht dauerhafte Konjunktureinbrüche bzw. Boomauswirkungen betrachtet. Das Budgetbüro des Kongresses und andere Institutionen weisen darauf hin, daß die NAIRU-Schätzungen und die dazugehörigen Sozialproduktswerte erhebliche Unsicherheiten aufweisen.

Eine dem amerikanischen Vorgehen ähnliche Variante zur Berechnung des Schwellenwertes Y_{voll} wendet die **Organisation für wirtschaftliche Zusammenarbeit und Entwicklung** an. Sie ermittelt das Produktionspotential in mehreren Schritten. Zunächst werden für die nationalen Unternehmenssektoren aus Zeitreihenangaben über die reale Wertschöpfung einerseits und die Einsatzmengen der Produktionsfaktoren Sachkapital und Arbeit andererseits Cobb-Douglas-Produktionsfunktionen geschätzt.[6] Die bei der Schätzung auftretenden, nicht durch den Kapital- und Arbeitseinsatz erklärten Wertschöpfungsanteile dienen dabei als Maß für die Zunahme der totalen Faktorproduktivität. In den gefundenen durchschnittlichen Zusammenhang zwischen Ausbringungs- und Faktoreinsatzmengen können aktuelle Jahreswerte über den Kapitalstock und die „potentielle" Beschäftigung eingesetzt werden.

Dazu sind Werte für die Meßgröße „potentielle" Beschäftigung zu gewinnen. Bei dieser Meßgröße handelt es sich um die Arbeitskräfteressourcen, die maximal eingesetzt werden können, ohne die heimische Inflation über steigende Löhne zu beschleunigen. Dabei wird unterstellt, daß Lohnsteigerungen um so eher zu erwarten seien, je besser die Verhandlungsposition der Gewerkschaften gegenüber den Unternehmen ist. Diese werde wiederum entscheidend von der Arbeitslosenquote bestimmt. Bei vergleichsweise schlechter Absatzlage und hoher Arbeitslosigkeit vermieden es die Tarifparteien, die Arbeitskosten durch hohe Lohnabschlüsse anzuheben und damit weitere Freisetzungen zu induzieren. Seien die Konjunkturlage hingegen günstig und die Arbeitslosigkeit relativ niedrig, spiele der Gesichtspunkt der Beschäftigungsstabilisierung nur eine untergeordnete Rolle. Die Tarifparteien vereinbarten dann nicht selten kräftige Lohnanhebungen, die von den Unternehmen umgehend in Preiserhöhungen auf den Gütermärkten weitergeben würden.

Die Arbeitslosenquote, bei der es gerade noch nicht zu einer lohnbedingten Beschleunigung der Inflation kommt, wird als *non accelerating wage inflation rate of unemployment* (*NAWRU*) bezeichnet. Die OECD ermittelt die NAWRUs mit Hilfe ökonometrischer Schätzverfahren und korrigiert die so erhaltenen Rohwerte durch Informationen aus anderen Quellen, unter anderem durch Urteile von Arbeitsmarktexperten.

Die in die Produktionsfunktion einzusetzende „potentielle" Beschäftigung ergibt sich, indem von der tatsächlichen Beschäftigung in einem Jahr die Differenz zwischen NAWRU und tatsächlicher Arbeitslosenquote abgezogen wird. Liegt die NAWRU über der aktuellen Arbeitslosenquote, so ist das Arbeitskräftepotential größer als das wirklich genutzte; ist die NAWRU kleiner als die gemessene Arbeitslosigkeit, liegt eine vorübergehende „Überbeschäftigung" vor.

---

[4] United States Government, Economic Report of the President, together with the Annual Report of the Council of Economic Advisers. Washington (February 1997), S. 88.

[5] Congressional Budget Office, The Economic and Budget Outlook. Fiscal Years 1995–1999. Washington (January 1994), S. 87.

[6] Im Fall Japans wendet die OECD eine CES-Produktionsfunktion mit einer Substitutionselastizität zwischen Arbeit und Kapital von 0,4 an.

Insgesamt gesehen ergibt sich als

Lehrsatz 26:
Je nach Verfügbarkeit von Daten oder spezieller nationaler Wirtschaftssituation wird das Sozialprodukt Y_{voll}, bei dem die Produktionsfaktoren „normal" bzw. durchhaltbar ausgelastet sind, auf unterschiedliche Art ermittelt.

7.3.2. Unterschiede in den verwendeten Abgabenfunktionen

Die oben angeführte Kritik, es sei problematisch, den durchschnittlichen Abgabenanteil $\bar{t}^{gesamt}$ am Sozialprodukt als konstant anzusehen, wenn nur die Abgabengesetze und -verordnungen nicht geändert würden, hat zu unterschiedlichen Reaktionen bei den die Rechnung durchführenden Institutionen geführt. Dabei zeigen sich Unterschiede insbesondere darin, daß Budgetanalysen entweder für das eigene Land oder aber für internationale Zwecke vorgenommen werden.

7.3.2.1. Linearer Zusammenhang zwischen Abgaben und Sozialprodukt

Sowohl der deutsche Sachverständigenrat als auch der amerikanische Council of Economic Advisers, deren Aufgabe es ist, jeweils die wirtschaftliche Situation ihres Landes zu untersuchen, berechnen den Konjunktureinfluß auf die Staatseinnahmen anhand der linearen Funktion (7.4).

Beide Gremien unterstellen entweder, daß der durchschnittliche Abgabenanteil $\bar{t}^{gesamt}$ am Sozialprodukt bei gegebenen Bemessungsgrundlagen und Abgabesätzen unabhängig von der Höhe von Y ist, oder aber, daß mögliche Veränderungen von $\bar{t}^{gesamt}$ im Konjunkturverlauf quantitativ vernachlässigbar sind. Wie in Gleichung (7.4) angegeben, ergibt sich die konjunkturell bedingte Änderung der Staatseinnahmen T^{gesamt}_{konj} durch Multiplikation der jeweiligen Abgabenquote mit der Abweichung des jeweiligen Sozialprodukts von seinem Vollbeschäftigungswert.

7.3.2.2. Verallgemeinerung der Abgabenfunktion und Umformung in Elastizitätsschreibweise

Gleichung (7.4) anzuwenden, beinhaltet unter Umständen eine allzu starke Vereinfachung. Die Abgabenbestimmungen in den Industrieländern sehen nämlich vor, daß sich die Abgabenanteile am Sozialprodukt mit dem wirtschaftlichen Aktivitätsniveau verändern. So sind die *Bemessungsgrundlagen* einzelner Abgaben so gewählt, daß sie *teilweise überproportional, teilweise unterproportional oder aber gar nicht* auf Schwankungen des Sozialprodukts reagieren. Zur ersten Gruppe von Abgaben gehören die Körperschaft- und Gewerbeertragsteuern, da die Gewinne der Unternehmen im Konjunkturaufschwung relativ stark zunehmen, im Abschwung aber vergleichsweise stark schrumpfen. Eine wirtschaftliche Belebung läßt die staatlichen Einnahmen aus diesen Quellen, vielfach allerdings mit langen Verzögerungen, überproportional steigen, eine Flaute läßt sie deutlich sinken. Zur dritten Gruppe sind u.a. die Grundsteuern zu rechnen, deren Bemessungsgrundlagen unabhängig vom laufenden Sozialprodukt festgelegt sind. Einflüsse des Aktivitätsniveaus machen sich hier praktisch nicht bemerkbar. Ob die unterschiedlichen Konjunkturwirkungen auf die Bemessungsgrundlagen den durchschnittlichen Abgabeanteil t bei einer Wirtschaftsbelebung insgesamt steigen oder sinken lassen, ist a priori nicht zu entscheiden.

Die *Steuer- und Abgabentarife* haben hingegen bei Schwankungen des Sozialprodukts einen eindeutigen Effekt auf den Anteil t, weil Sätze der Einkommensteuern für die meisten Einkommensarten progressiv gestaltet sind. Eine konjunkturelle Belebung läßt diese Einnahmen des Staates also *überproportional* anwachsen. Umgekehrt drükken progressive Einkommensteuern wegen ihres großen Gewichts bei der Einnahmeerzielung in einer Wirtschaftsflaute den Anteil t oft merklich. Die meisten übrigen Steuerarten, vor allem die Umsatzsteuern, haben feste Sätze, verhalten sich also insoweit konjunkturell neutral.[7]

Wegen der unterschiedlichen Gewichte progressiver Abgaben an den Gesamteinnahmen der verschiedenen Länder wird der beschriebene Effekt stärker oder schwächer auftreten. Eine genauere Aussage läßt sich ohne weitere Auffächerung der Abgabefunktionen der einzelnen Staaten nicht machen. Die OECD legt den vergleichenden Analysen der öffentlichen Budgets ihrer Mitgliedsländer deshalb eine allgemeine nicht-lineare Abgabefunktion und mehrere Abgabearten zugrunde. Stilisiert läßt sich das **Vorgehen der OECD** in drei Schritten darlegen.

Der erste Schritt besteht darin, die lineare Abgabenfunktion $T^{gesamt} = t^{gesamt} \cdot Y$ durch eine allgemeinere Formulierung zu ersetzen:

$$T^{gesamt} = T^{gesamt}(Y) \qquad (7.8)$$

Diese Funktion zeigt die Gesamteinnahmen des Staats bei jedem Wert von Y, und daß heißt auch bei Y_{voll} und dem jeweils aktuellen Sozialprodukt an. Die konkrete Form der Steuerfunktion (7.8) spiegelt die Beschlüsse des Parlaments und der Regierung zu den Bemessungsgrundlagen und Abgabentarifen wider.

Das totale Differential dieser allgemeinen Steuerfunktion ist

$$dT^{gesamt} = \frac{\partial T^{gesamt}}{\partial Y} \cdot dY \text{ mit } \frac{\partial T^{gesamt}}{\partial Y} > 0 \qquad (7.8)'$$

Erweitert man (7.8)', so erscheinen Steuerelastizitäten in der Gleichung:

$$dT^{gesamt} = \frac{\partial T^{gesamt}}{\partial Y} \cdot \frac{Y}{T^{gesamt}} \cdot \frac{T^{gesamt}}{Y} \cdot dY = E_{T/Y} \cdot \frac{T^{gesamt}}{Y} \cdot dY \qquad (7.8)''$$

$E_{T/Y}$ ist die Elastizität der Staatseinnahmen in bezug auf das Sozialprodukt und gibt – grob gesprochen – an, um wieviel Prozent die Staatseinnahmen steigen, wenn das Sozialprodukt um 1 Prozent zunimmt. $E_{T/Y}$ ist positiv.

Bei den folgenden Überlegungen wird – wie bisher – stets von Y_{voll} ausgegangen. Dann darf man unter dY die Differenz $(Y - Y_{voll})$ verstehen[8]. Da $(Y - Y_{voll})$, d.h.

---

[7] Beruht ein konjunktureller Anstieg im wesentlichen auf einem Exportboom, so wachsen – wegen der Steuerfreiheit der Auslandsverkäufe – die MWSt-Einnahmen nur unterproportional.

[8] Die Gleichsetzung ist streng mathematisch betrachtet fragwürdig. Da aber vielfach Y in der Nähe von Y_{voll} liegt und die Steuerfunktion im Nahbereich von Y_{voll} durch eine lineare Funkion approximiert werden kann, erscheint das Vorgehen den Empirikern vertretbar.

die Abweichung des laufenden Sozialprodukts von Y_{voll}, als Ergebnis konjunktureller Einflüsse gedeutet wird, ist somit dT^{gesamt} gleich dem Minus an Steuereinnahmen gegenüber der Vollbeschäftigungs- bzw. Normalbeschäftigungssituation der Volkswirtschaft. Dieses Minus ist bereits mit dem Symbol T^{gesamt}_{konj} bezeichnet worden:

$$dT^{gesamt} \equiv T^{gesamt}_{konj}.$$

Da man in der Analyse – wie gesagt – von Y_{voll} ausgeht, bezeichnet der Quotient T^{gesamt}/Y die durchschnittliche Steuerquote in der Vollbeschäftigungs- bzw. Normalauslastungssituation: $\dfrac{T^{gesamt}}{Y} = \left(\dfrac{T^{gesamt}}{Y}\right)_{voll}$.

Berücksichtigt man dies alles, so läßt sich (7.8)" wie folgt schreiben:

$$T^{gesamt}_{konj} = E_{T/Y} \cdot \left(\frac{T^{gesamt}}{Y}\right)_{voll} \cdot \left(Y - Y_{voll}\right) \qquad (7.9)$$

Gleichung (7.9) läßt erkennen, wovon der Konjunktureffekt auf die Staatseinnahmen abhängt: Er ist um so größer, je elastischer die Staatseinnahmen auf eine Änderung des Sozialprodukts reagieren, d.h. je höher der Wert von $E_{T/Y}$ und je höher der Anteil $(T^{gesamt}/Y)_{voll}$ der Abgaben am Sozialprodukt sind.

7.3.2.3. Aufschlüsselung der Abgabeelastizitäten nach Abgabearten

Die Aufschlüsselung der gesamten Einnahmen des Staates in einzelne Abgabearten läßt sich als dritter Schritt des OECD-Verfahrens kennzeichnen. Dadurch wird der Tatsache Rechnung getragen, auf die zu Beginn von Abschnitt 7.3.2.2 schon hingewiesen wurde, daß verschiedene Staatseinnahmen *unterschiedlich stark* mit der Konjunktur schwanken, sei es, weil ihre Bemessungsgrundlagen verschieden auf Y-Änderungen reagieren, sei es, weil die Abgabesätze verschieden konjunkturreagibel sind. Werden die einzelnen Abgabearten mit dem Index j (j=1, ..., n) bezeichnet, läßt sich (7.9) erweitern zu

$$T^{gesamt}_{konj} = \left[\sum_{j=1}^{n} E^{j}_{T/Y} \cdot \left(\frac{T^{gesamt,\,j}}{Y}\right)_{voll}\right] \cdot \left(Y - Y_{voll}\right) \qquad (7.10)$$

Die OECD verwendet für ihre empirischen Analysen vier verschiedene staatliche Einnahmekategorien (n = 4): Körperschaftsteuern, persönliche Einkommensteuern, indirekte Steuern und Sozialversicherungsabgaben. Mit Ausnahme der indirekten Steuern, für die eine Aufkommenselastizität von Eins angenommen wird, wurden für jedes OECD-Mitgliedsland Aufkommenselastizitäten der einzelnen Einnahmearten aus Zeitreihendaten geschätzt. Ergebnisse sind für sieben große Industrieländer in der folgenden Tabelle 4 wiedergegeben.

Tabelle 4: Einkommenselastizitäten von Staatseinnahmen in sieben großen OECD-Ländern

Land	Körperschaftsteuer	Persönliche Einkommensteuern	Indirekte Steuern	Sozialversicherungsabgaben
USA	2,5	1,1	1,0	0,8
Japan	3,7	1,2	1,0	0,6
Deutschland	2,5	0,9	1,0	0,7
Frankreich	3,0	1,4	1,0	0,7
Italien	2,9	0,4	1,0	0,3
Großbritannien	4,5	1,3	1,0	1,0
Kanada	2,4	1,0	1,0	0,8

Quelle: *Claude Giorno, Pete Richardson, Deborah Roseveare, Paul van den Noord*, Potential Output, Output Gaps and Structural Budget Balances. OECD Economic Studies No. 24 (1995), S. 192.

Wie die *Tabelle 4* zeigt, sind die gewinnbestimmten Körperschaftsteueraufkommen in allen Ländern erheblich konjunkturempfindlicher als die anderen staatlichen Einnahmekomponenten. Die persönlichen Einkommensteuern reagieren weniger stark auf Schwankungen der Volkseinkommen, allerdings zumeist noch mit einer Elastizität von größer Eins. Die in der Regel (Ausnahme Großbritannien) relativ unelastische Reaktion der Sozialversicherungsabgaben, die eng an das Beschäftigungsniveau gekoppelt sind, wird darauf zurückgeführt, daß diese Abgaben nur bis zu Höchstgrenzen proportional zu den Einkommen berechnet werden. Bei anziehender Konjunktur steigen die Abgaben für Einkommen, die über dieser Grenze liegen, nicht mehr an.

7.3.3. Kosten der Arbeitslosigkeit als einzige konjunkturvariable Staatsausgabe

Im Gegensatz zu den unterschiedlichen Ansätzen bei der Konjunkturbereinigung der Staatseinnahmen wird bei der Messung konjunktureller Effekte auf die Staatsausgaben weitgehend einheitlich vorgegangen. Nur eine Position, nämlich die mit Arbeitslosigkeit verbundenen Ausgaben des Staates, wird als abhängig vom wirtschaftlichen Aktivitätsniveau behandelt – und auch das nur für Werte von Y unterhalb der Vollbeschäftigungsgrenze Y_{voll}. Andere staatliche Zahlungsverpflichtungen gelten entweder als kaum von der Sozialproduktsentwicklung beeinflußt, oder ihre Konjunkturabhängigkeit wird als zu unbestimmt angesehen.

7.3.3.1. Linearer Zusammenhang zwischen Arbeitseinsatz und Sozialprodukt

Die Einschränkung der Überlegungen auf die „Kosten der Arbeitslosigkeit" erlaubt es, den oben mit Gleichung (7.6) allgemein erfaßten Konjunktureffekt auf die Staatsausgaben direkt auf den Arbeitsmarkt zu beziehen. Werden feste staatliche Unterstützungskosten von durchschnittlich $\bar{z}_u$ pro Arbeitslosem unterstellt[9], so läßt sich Gleichung (7.6) spezifizieren zu

[9] Das ist nicht überall der Fall. Der deutsche Sachverständigenrat beispielsweise differenziert in Arbeitslosengeld und Kurzarbeitergeld.

$$A^{gesamt}_{st,\,konj} = \begin{cases} 0 & \text{für} \quad Y \geq Y_{voll} \\ -\bar{z}_U \cdot [A(Y) - A(Y_{voll})] = \bar{z}_U \cdot dU & \text{für} \quad Y < Y_{voll} \end{cases} \tag{7.11}$$

$A(Y)$ steht dabei für den in der Volkswirtschaft beim realisierten Y gemessenen Beschäftigungsstand (in Personen), $A(Y_{voll})$ ist der Beschäftigungsumfang bei Vollauslastung (sprich: Normalauslastung) der Kapazitäten, und $dU = |A(Y) - A(Y_{voll})|$ mißt das Ausmaß der konjunkturell bedingten Unterbeschäftigung.[10]

Für eine kurze Betrachtungsperiode kann man – wie im Kapitel 4 des Buches geschehen – einen linearen Zusammenhang zwischen dem Arbeitseinsatz A und dem Sozialprodukt unterstellen (vgl. die Ausführungen zu „Okuns Gesetz" auf S. 92). Dann ist auch die konjunkturelle Unterbeschäftigung eine lineare Funktion der jeweiligen Abweichung des Sozialprodukts vom Vollbeschäftigungswert. Der deutsche Sachverständigenrat geht bei der Berechnung der jährlichen konjunkturbedingten Budgetdefizite in dieser Weise vor.

7.3.3.2. Variabler Zusammenhang zwischen Arbeitseinsatz und Sozialprodukt

Für den Vergleich zwischen mehreren Volkswirtschaften mit unterschiedlich flexiblen Arbeitsmärkten empfiehlt es sich, nicht von vornherein eine lineare Abhängigkeit zwischen der jeweils nationalen konjunkturellen Unterbeschäftigung und dem jeweils erreichten Sozialproduktswert zu unterstellen. Deshalb geht die OECD bei ihren Berechnungen anders vor.[11] Sie ermittelt, um wieviel Prozentpunkte sich die Arbeitslosenquote (definiert als Quotient der Arbeitslosen U und der Gesamtzahl A_{max} der Erwerbspersonen) ändert, wenn sich das Sozialprodukt um 1 Prozent verändert. Dabei wird unterstellt, daß sich mit Y in kurzer Frist die Zahl der Arbeitslosen nur aus konjunkturellen Gründen ändert, so daß die Erhöhung oder Verminderung der Arbeitslosenquote U/A_{max} nur konjunkturelle Gründe hat. Die OECD bezeichnet ihren Indikator als Elastizität, obwohl es sich streng genommen nicht um eine Elastizität handelt. Dieser Indikator ist:

$$E_{U/Y} = \frac{d\left[\dfrac{U}{A_{max}}\right]}{\dfrac{dY}{Y}} = \frac{\dfrac{dU}{A_{max}}}{\dfrac{dY}{Y}}.^{12}$$

[10] Beachte: Bei Y_{voll} kann Arbeitslosigkeit bestehen. Diese geht auf alle anderen als konjunkturelle Gründe zurück.

[11] Außerdem geht die OECD davon aus, daß die Höhe des Arbeitslosengeldes vom Unterbeschäftigungsgrad abhängt.

[12] Eine „echte" Elastizität wäre $\dfrac{d\left(\dfrac{U}{A_{max}}\right)}{\dfrac{U}{A_{max}}} \Bigg/ \dfrac{dY}{Y}$

Die „Elastizität" $E_{U/Y}$ der Arbeitslosenquote in bezug auf das Sozialprodukt ist negativ. Nach den von der OECD geschätzten Werten in *Tabelle 5* reagieren die Arbeitsmärkte der USA und Großbritanniens relativ stark, die Kontinentaleuropas schwächer und die Japans kaum auf Konjunkturveränderungen .

Die ermittelten Elastizitätswerte lassen sich nutzen, um nach Gleichung (7.11) den Konjunktureinfluß auf die Staatsausgaben quantitativ zu bestimmen. Aus der Definition der Elastizität folgt nämlich

$$dU = E_{U/Y} \cdot \frac{A_{max}}{Y} \cdot dY.$$

Tabelle 5: „Elastizitäten" der Arbeitslosenquote in bezug auf das Sozialprodukt in sieben großen OECD-Ländern

Land	Elastizität
USA	- 0,5
Japan	- 0,1
Deutschland	- 0,3
Frankreich	- 0,3
Italien	- 0,2
Großbritannien	- 0,5
Kanada	- 0,4

Quelle: *C. Giorno* et al., a. a. O., S. 193.

Da zur Messung der Konjunktureffekte auf das Budget immer die Voll- bzw. Normalbeschäftigung als Referenzsituation verwendet wird, ist der Ausgangswert von Y gleich Y_{voll} und der Wert dY ist gleich der Differenz $(Y - Y_{voll})$. Berücksichtigt man dies, so ergibt das Einsetzen des Ausdrucks für dU in (7.11):

$$A_{st,\,konj}^{gesamt} = \begin{cases} 0 & \text{für } Y \geq Y_{voll} \\ \bar{z}_U \cdot E_{U/Y} \cdot \dfrac{A_{max}}{Y_{voll}} \cdot (Y - Y_{voll}) & \text{für } Y < Y_{voll} \end{cases} \qquad (7.12)$$

7.3.4. Schätzungen des konjunkturbedingten Defizits nach der Methode der OECD

Mit den voranstehenden Ausführungen ist ein mögliches Maß für die Konjunktureffekte auf Staatseinnahmen und Staatsausgaben gefunden. Die Gleichungen (7.10) und (7.12) zeigen in vereinfachter Form die von der OECD angewandte Methode. Werden sie in die Ausgangsgleichung (7.2) eingesetzt, ergibt sich als konjunkturbedingtes Defizit:

$$Bd^{gesamt}_{konj} = \begin{cases} -\left(\sum_{j=1}^{n} E^{j}_{T/Y} \cdot \left(\frac{T^{gesamt,j}}{Y}\right)_{voll}\right) \cdot (Y - Y_{voll}) & Y \geq Y_{voll} \\ & \text{für} \\ \left[\bar{z}_U \cdot E_{U/Y} \cdot \frac{A_{max}}{Y_{voll}} - \sum_{j=1}^{n} E^{j}_{T/Y} \cdot \left(\frac{T^{gesamt,j}}{Y}\right)_{voll}\right] \cdot (Y - Y_{voll}) & Y < Y_{voll} \end{cases} \quad (7.13)$$

Die OECD ermittelt regelmäßig die zur Ausfüllung der Gleichung (7.13) notwendigen empirischen Angaben. Auf diese Weise ergeben sich die in *Tabelle 6* aufgelisteten konjunkturbedingten Budgetdefizite.

Tabelle 6: Konjunkturbedingte Budgetdefizite[a)] in OECD-Ländern von 1982 bis 1998 (in Prozent des nominalen BIP[b)])

Land	1982	1987	1992	1996	1997	1998
USA	2,0	0,0	0,4	0,2	−0,3	−0,3
Japan	−0,1	0,8	−0,6	1,3	1,3	1,3
Deutschland	1,7	1,0	−1,5	0,7	0,6	0,4
Frankreich	−0,2	1,3	0,3	1,6	1,3	0,9
Italien	0,3	0,3	0,1	0,6	0,8	0,8
Großbritannien	2,3	−1,7	1,4	0,8	0,4	0,1
Kanada	3,0	−0,7	2,1	1,3	0,9	0,6
Alle angeführten großen Länder	1,3	0,2	0,2	0,6	0,4	0,3
Kleinere OECD-Länder	−0,5	−1,1	−0,9	−0,6	−0,5	−0,7
Alle OECD-Länder	1,1	0,0	0,0	0,5	0,2	0,2

a) Negative Werte in der Tabelle kennzeichnen Budgetüberschüsse.

b) Bei der Berechnung wurden die Differenzen gebildet zwischen den von der OECD ermittelten Budgetdefiziten insgesamt in Prozent des BIP (Annex Table 30) und den strukturellen Defiziten in Prozent des „Potential GDP" (Annex Table 31). Beide Defizitquoten unterscheiden sich durch unterschiedliche Bezugsgrößen: einmal Y, zum anderen Y_{voll}. Insofern ist die Differenzenbildung fragwürdig. Da jedoch Y und Y_{voll} nahe beieinander liegen, sind die Fehler, die man bei der Differenzenbildung macht, sehr klein; in der Regel liegen sie unter 0,1.

Quelle: Eigene Berechnungen nach OECD Economic Outlook, Vol. 61 (June 1997), Annex Tables 30 und 31. – Die Angaben für 1997 und 1998 sind Schätzwerte bzw. Projektionen der OECD.

Tabelle 6 zeigt, daß das staatliche Budgetdefizit bei gegebenen Abgabevorschriften und Ausgabeplanungen in erheblichem Umfang mit dem wirtschaftlichen Aktivitätsniveau „atmet". Im Jahr 1996 machten die konjunkturbedingten Fehlbeträge in Frankreich 1,6 Prozent und in Japan und Kanada jeweils 1,3 Prozent des nominalen Bruttoinlandsprodukts aus. Großbritannien, Deutschland und Italien verzeichneten Defizite durch Unterauslastung der Produktionsfaktoren zwischen 0,8 und 0,6 Prozent des BIP. Den günstigsten Wert erreichten 1996 die USA, für die das konjunkturbedingte Defizit nur 0,2 Prozent des BIP betrug. Mit Ausnahme von Italien und Japan führen Belebungstendenzen in den beiden Folgejahren 1997 und 1998 – den Projektionen der OECD zufolge – dazu, daß die rein konjunkturbedingten Fehlbeträge des Budgets in den großen OECD-Ländern zurückgehen. In den USA ergeben sich sogar konjunkturbedingte Budgetüberschüsse von 0,3 Prozent des BIP.

Die betrachteten Länder bewegten sich vor allem in den achtziger Jahren nicht immer im Konjunkturgleichschritt. So belief sich das durch die schwache Konjunktur hervorgerufene Staatsdefizit in Großbritannien 1982 auf 2,3 Prozent des BIP, während Frankreich im gleichen Jahr einen entsprechenden Überschuß von 0,2 Prozent verzeichnete. Fünf Jahre später hatte sich die Situation umgekehrt: Großbritannien wies einen Positivsaldo von 1,7 Prozent, Frankreich einen Negativsaldo von 1,3 Prozent aus. Das verstärkte Zusammenwachsen der Volkswirtschaften durch grenzüberschreitenden Handels-, Dienstleistungs- und Kapitalverkehr in den neunziger Jahren hat die Konjunkturen in den verschiedenen Ländern zunehmend synchronisiert. Dementsprechend entwickeln sich die konjunkturbedingten Budgetdefizite heute stärker parallel als früher.

Unter dem Gesichtspunkt der durch den EWU-Stabilitätspakt festgelegten Grenze der staatlichen Nettokreditaufnahme auf 3 Prozent des Bruttoinlandsprodukts ist es wichtig, mit welchen allein durch Konjunkturbewegungen entstehenden Schwankungen des Budgetdefizits die Regierungen und Parlamente rechnen müssen. Eine Auswertung der OECD-Daten der achtziger und neunziger Jahre läßt vermuten, daß der Anteil der Budgetdefizite der Industrieländer am BIP in einem Abschwung um etwa 1½ Prozentpunkte zunimmt. Bei schwereren Rezessionen kann der Anstieg auch über 2 Prozentpunkte betragen. Entlastet werden die Staatshaushalte in Boomphasen. Sie weisen dann konjunkturbedingte Budgetüberschüsse auf, die bis auf 1½ Prozent des BIP ansteigen. Anzunehmen ist somit, daß konjunkturbedingte Schwankungen des Budgetdefizits in einer Größenordnung von ± 1½ Prozent des BIP auftreten können.

7.4. Berechnung des diskretionären Defizits

Aus Gleichung (7.1) läßt sich für das von Konjunktureinflüssen bereinigte, durch diskretionäre Entscheidungen der Regierung und des Parlaments bedingte Budgetdefizit ableiten als

$$Bd^{gesamt}_{diskret} = Bd^{gesamt} - Bd^{gesamt}_{konj} \qquad (7.14)$$

7.4.1. Die für internationale Vergleiche angewandte Methode der OECD

Wie oben erwähnt, bezeichnet die OECD die konjunkturbereinigten Fehlbeträge im Staatshaushalt als strukturelle Defizite. Diese geben nach Ansicht der Organisation den Kern des staatlichen Defizitproblems wieder. Sie zu beseitigen, wäre danach eine vom Stabilitätspakt der Europäischen Währungsunion geforderte Aufgabe. In *Tabelle 7* sind die diskretionären Budgetdefizite für ausgewählte Industrieländer angegeben. Sie sind direkt aus den OECD-Statistiken übernommen und deshalb, wie in der Fußnote b) zu *Tabelle 6* dargestellt, in Prozent des Produktionspotentials angegeben.

Tabelle 7: Strukturelle Budgetdefizite in Industrieländern von 1982 bis 1998 nach der Methode der OECD (in % des nominalen Produktionspotentials)

Land	1982	1987	1992	1996	1997	1998
USA	1,5	2,6	4,0	1,4	1,4	1,5
Japan	3,7	–1,3	–0,9	3,1	1,8	1,0
Deutschland	1,6	0,9	4,3	3,1	2,6	2,3
Frankreich	3,0	0,6	3,5	2,6	1,9	2,1
Italien	11,1	10,7	12,0	6,1	2,4	3,0
Großbritannien	0,2	3,3	4,9	3,6	2,4	1,7
Kanada	2,9	4,5	5,3	0,5	–0,7	–1,1
Alle angeführten großen Länder	2,7	2,3	3,8	2,5	1,7	1,6
Kleinere OECD-Länder	4,5	3,0	4,5	2,3	1,5	1,2
Alle OECD-Länder	2,9	2,4	3,9	2,4	1,7	1,5

Quelle: OECD Economic Outlook, Vol. 61 (June 1997), Annex Table 31. – Die Angaben für 1997 und 1998 sind Schätzwerte bzw. Projektionen der OECD.

Tabelle 7 zeigt für die Jahre 1996 bis 1998 für mehrere Länder strukturelle Budgetdefizite in einer Größenordnung, die der „fiscal policy" keinen Manövrierspielraum mehr lassen. Dies gilt vor allem für Italien, Deutschland und Frankreich jeweils mit Defizitquoten von 2 Prozent und mehr. Günstiger, aber noch immer eng bemessen, fallen die Spielräume in den USA und ab 1998 auch in Japan und Großbritannien aus. Nur Kanada hat seine Staatsfinanzen so geordnet, daß es 1996 mit einem strukturellen Defizit von 0,5 Prozent auskommt und in den Jahren 1997 und 1998 sogar einen strukturellen Budgetüberschuß aufweist.

Gegenüber den Jahren 1982, 1987 und 1992 läßt sich eine Tendenz zu insgesamt eher rückläufigen strukturellen Budgetdefiziten erkennen. Italien und Kanada haben die diskretionäre staatliche Kreditaufnahme sogar deutlich eingeschränkt. Es setzt sich offenbar allmählich die Erkenntnis durch, daß anhaltende hohe Staatsdefizite den Schuldenstand und damit die Zinslasten der öffentlichen Hand auf die Dauer untragbar werden lassen (vgl. die Diskussion des Stabilitätspaktes der Europäischen Währungsunion oben im Abschnitt 6.4).

7.4.2. Engere Abgrenzung des strukturellen Defizits durch den deutschen Sachverständigenrat

Die vom deutschen Sachverständigenrat zur Begutachtung der gesamtwirtschaftlichen Entwicklung vorgenommene Berechnung des strukturellen Budgetdefizits weicht in einigen Punkten vom Vorgehen der OECD ab. Besonders auffällig ist, daß der Rat das strukturelle Defizit enger als die OECD faßt. Er geht zwar ebenfalls vom gesamten Budgetdefizit aus und bereinigt dieses um konjunkturbedingte Veränderungen, die bei gegebenen Abgaberegeln „automatisch" eintreten. Darüber hinaus korrigiert der Rat das Gesamtdefizit aber um weitere Positionen. Im Ergebnis fällt der von ihm ermittelte Fehlbetrag geringer aus als das strukturelle Defizit nach OECD-Berechnung. Bei der konkreten Berechnung nutzt der Sachverständigenrat darüber hinaus Informationen zur deutschen Wirtschaftssituation, die in anderen Ländern mit anders gearteten ökonomischen Strukturen und anderen Denkweisen entweder statistisch nicht aufbereitet oder nicht berücksichtigt werden.

Zwei der vom Rat zusätzlich vorgenommenen Korrekturen ergeben sich bereits aus seiner Definition des strukturellen Defizits: „Danach ist nur jener Teil des Fehlbetrags in den öffentlichen Haushalten zu konsolidieren, der dauerhaften Charakter hat, sich mithin nicht im Laufe eines Konjunkturzyklus selbsttätig abbaut oder durch *gesetzlich befristete Maßnahmen* begründet ist, und der den mittelfristig als unbedenklich, somit *als akzeptabel erscheinenden Umfang staatlicher Kreditfinanzierung* überschreitet.“[13]

Die erste vom Sachverständigenrat zusätzlich vorgenommene Korrektur bedeutet eine Fortentwicklung des Gedankens einer Konjunkturbereinigung des Staatshaushalts. Wenn Haushaltsbelastungen aus zeitlich begrenzten Konjunkturprogrammen der „fiscal policy“ entstehen, fallen sie automatisch nach Ablauf der festgesetzten Fristen fort. Sie sind dann nicht als Teil eines mittelfristig zu konsolidierenden strukturellen Defizits zu sehen. Fraglich bleibt allerdings, ob die einmal gesetzten Fristen tatsächlich eingehalten werden. Die Erfahrung lehrt, daß „Konjunkturprogramme“ verlängert und in Zeiten, in denen es einer Konjunkturanregung nicht mehr bedarf, beibehalten werden. In solchen Fällen geht ein konjunkturell bedingtes Defizit in ein strukturelles über.

Der zweiten vom Sachverständigenrat durchgeführten Korrektur liegt eine Überlegung zugrunde, die von Konjunkturschwankungen weitgehend losgelöst ist[14]. Der Rat sieht eine Nettokreditaufnahme zur Finanzierung solcher staatlicher Aktivitäten als akzeptabel an, die – unter Berücksichtigung möglicher „crowding out“-Effekte auf private Investitionen – das gesamtwirtschaftliche Wachstum so beschleunigen, daß durch die steigenden Staatseinnahmen eine „Selbstfinanzierung“ der zusätzlichen Schulden erwartet werden kann. Damit wird an die auch im Art. 115 des Grundgesetzes einbezogene traditionelle Vorstellung angeknüpft, nach der staatliche Investitionen per Kredit finanziert werden dürfen („goldene Regel“). Der Sachverständigenrat legt diese Vorschrift restriktiv aus und hält eine Nettokreditaufnahme nur in Höhe der staatlichen Bauinvestitionen für dauerhaft vertretbar. Er bezeichnet die zu diesem Zweck aufgenommenen Kredite als „investitionsorientierte Verschuldung“.

Mit der dritten, in den neunziger Jahren quantitativ weniger bedeutenden Korrektur wird der Einfluß der Gewinnabführung der Deutschen Bundesbank auf das Budgetdefizit „verstetigt“. Überweist die Zentralbank in einem Jahr mehr Gewinn an den Bund, als bei stabilitätsorientierter Geldpolitik langfristig im Durchschnitt zu erwarten ist, so kommt es zu einer vorübergehenden Entlastung der Staatsfinanzen, die nach Ansicht des Rats nicht als Erfolg bei der mittelfristigen Beseitigung des strukturellen Defizits berücksichtigt werden darf.[15]

Bei Einbeziehung aller Korrekturen ist nach den Berechnungen des deutschen Sachverständigenrats zur Begutachtung der gesamtwirtschaftlichen Entwicklung das strukturelle Budgetdefizit gleich:

dem tatsächlichen Budgetdefizit des Gesamtstaates
abzüglich des Saldos aus konjunkturbedingten staatlichen Mehrausgaben und veränderten Staatseinnahmen (einschließlich Belastungen durch zeitlich befristete Konjunkturprogramme),

---

[13] *Sachverständigenrat zur Begutachtung der gesamtwirtschaftlichen Entwicklung,* 1994, Textziffer 179. Im Originaltext ohne Hervorhebungen.

[14] Ebenda.

[15] Die vom Rat angestellte Korrektur ist formal recht aufwendig. Sie soll hier nicht vollständig dargestellt werden. Zu Einzelheiten siehe: *Sachverständigenrat zur Begutachtung der gesamtwirtschaftlichen Entwicklung,* Jahresgutachten 1997/98, Anhang D, S. 262.

abzüglich der „investitionsorientierten Verschuldung",
zuzüglich des Teils der Gewinnabführung der Bundesbank an den Bund, der als vorübergehend anzusehen ist.

Lehrsatz 27:
Der deutsche Sachverständigenrat zur Begutachtung der gesamtwirtschaftlichen Entwicklung grenzt den Begriff des strukturellen Defizits enger als die OECD ab. Insbesondere rechnet er staatliche Bauinvestitionen im Rahmen einer „investitionsorientierten Verschuldung" nicht in sein strukturelles Defizit ein.

Das nach der Methode des Sachverständigenrats berechnete strukturelle Budgetdefizit hat im Jahr 1992 bei 2,5 Prozent des Bruttoinlandsprodukts gelegen (Tabelle 8). Mit den per Kredit aufgenommenen Mitteln sind erhebliche staatliche Aufwendungen zur sozialen Abfederung des wirtschaftlichen Umbruchs und zur Unterstützung privater Investitionen in den neuen ostdeutschen Bundesländern finanziert worden. Zusätzlich nahm der Staat Kredite in Höhe von 1,6 Prozent des BIP auf, um eigene Bauinvestitionen zu tätigen, die der Sachverständigenrat – wie dargestellt – als „investitionsorientierte Verschuldung" und damit als mittelfristig duldbar einordnet.

Tabelle 8: Strukturelles Budgetdefizit in Deutschland von 1992 bis 1997 nach der Methode des Sachverständigenrats zur Begutachtung der gesamtwirtschaftlichen Entwicklung (in Prozent des nominalen Bruttoinlandsprodukts)

Position		1992	1993	1994	1995	1996	1997
(1)	Budgetdefizit des Gesamtstaates	3,6	4,3	4,0	3,2	3,5	3,0
(2)	Saldo aus konjunkturbedingten staatlichen Mehrausgaben und veränderten Staatseinnahmen (einschließlich Belastungen durch zeitlich befristete Konjunkturprogramme)	–0,5	0,7	0,9	1,0	1,0	0,7
(3)	„investitionsorientierte Verschuldung"	1,6	1,5	1,4	1,2	1,1	1,0
(4)	Teil der Gewinnabführung der Bundesbank an den Bund, der als vorübergehend anzusehen ist	0	0	0,1	0	0	0
(5) = (1)–(2)–(3)+(4)	Strukturelles Budgetdefizit	2,5	2,1	1,8	1,0	1,4	1,3
Zum Vergleich: Strukturelles Budgetdefizit nach OECD-Methode		4,3	3,0	2,1	3,1	3,1	2,6

Berechnet nach: *Sachverständigenrat zur Begutachtung der gesamtwirtschaftlichen Entwicklung,* Jahresgutachten 1994/95 bis 1996/97. Wiesbaden. OECD Economic Outlook, Vol. 61 (June 1997), Paris, S. A34. – Jahr 1997 geschätzt.

Wie *Tabelle 8* ausweist, wurde im Jahr 1992 die gesamte Neuverschuldung durch den bis in dieses Jahr anhaltenden „Wiedervereinigungsboom", also konjunkturell, gedämpft. Dieser Boom führte zu vorübergehend erhöhten Steuereinnahmen, die den Saldo aus konjunkturbedingten staatlichen Mehrausgaben und aus veränderten Staatseinnahmen negativ werden ließen (-0,5 Prozent des BIP).

Im Jahr 1993 haben Regierung und Parlament begonnen, die Expansion des Staatskonsums zu verlangsamen und so einen schrittweisen Abbau des strukturellen Defizits einzuleiten. Dieses ist deshalb in den Folgejahren gesunken. Gemessen an den Vorgaben des Stabilitätspakts der Europäischen Währungsunion ist es jedoch noch nicht gelungen, dem Staat Spielraum für eine expansive „fiscal policy" zurückzugewinnen.

Die nach der Methode des Sachverständigenrats ermittelten Werte des strukturellen Budgetdefizits bleiben – wie oben begründet – durchweg unter den nach der OECD-Methode berechneten Vergleichswerten. Dies liegt vor allem daran, daß der Rat die „investitionsorientierte Verschuldung" als langfristig akzeptabel ansieht und dementsprechend nicht dem strukturellen Defizit zuschlägt. Nach *Tabelle 8* macht die „investitionsorientierte Verschuldung" zwischen 1 und 1½ Prozent des BIP aus.

Übungsaufgabe 28

Sowohl der deutsche Sachverständigenrat zur Begutachtung der gesamtwirtschaftlichen Entwicklung als auch die Organisation für wirtschaftliche Zusammenarbeit und Entwicklung (OECD) berechnen ein strukturelles Budgetdefizit. Erläutern Sie die Unterschiede zwischen beiden Konzepten.

Literaturhinweise zum 7. Kapitel

a. Die **Originalquelle** für den Vorschlag des Sachverständigenrats zur Bereinigung des Staatsbudgets ist:

Sachverständigenrat zur Begutachtung der gesamtwirtschaftlichen Entwicklung, Den Aufschwung sichern – Arbeitsplätze schaffen, Jahresgutachten 1994/95, Stuttgart 1994, S. 151–158.

Ausführliche Darstellungen des Sachverständigenratskonzepts liefern auch:

Rolf Peffekoven, Betreibt die Bundesregierung eine Deflationspolitik? „Wirtschaftsdienst", 74. Jg. (1994), S. 265-271.
Michael Hüther, Strukturelles Defizit und konjunktureller Impuls, „Wirtschaftsdienst", 75. Jg. (1995), S. 332–340.

Mit den Schwierigkeiten der Schätzung struktureller Budgetdefizite setzt sich allgemein und ausführlich auseinander:

Gerhard Ziebarth, Methodik und Technik der Bestimmung struktureller Budgetdefizite, Volkswirtschaftliche Forschungsgruppe der Deutschen Bundesbank, Diskussionspapier 2/95, Frankfurt 1995.

b. Einzelhinweise:

b. 1. Kritisch untersucht wird das SVR-Konzept in den Aufsätzen:

Norbert Andel, Normalverschuldung, strukturelles Defizit und konjunktureller Impuls. Der Sachverständigenrat auf der Suche nach neuen methodischen Grundlagen, „Wirtschaftsdienst", 75. Jg. (1995), S. 219–224.

Eberhard Fees, Der konjunkturelle Impuls im Konzept des Sachverständigenrats. Einige kritische Anmerkungen, „Wirtschaftsdienst“, 77. Jg. (1997), S. 545–548.

Eine vom Konzept des Sachverständigenrats deutlich abweichende Definition des strukturellen Defizits, die u. a. Nebenhaushalte in die Rechnung einbezieht, liefert:

Alfred Boss, Fiskalpolitik und Konjunktur, Kieler Arbeitspapiere Nr. 772, Kiel 1996.

b. 2. Das Verfahren der OECD zur Ermittlung des strukturellen Defizits und zur Schätzung des Produktionspotentials wird erläutert in:

Jean-Claude Chouraqui, Robert P. Hagemann, Nicola Sartor, Indicators of fiscal policy: a Re-Examination, OECD, Department of Economics and Statistics, Working Paper 78, Paris 1990.
Organisation for Economic Co-operation and Development (OECD), OECD Economic Outlook, Vol. 61, Paris, June 1997.
Claude Giorno, Pete Richardson, Deborah Roseveare, Paul van den Noord, Potential Output, Output Gaps and Structural Budget Balances, „OECD Economic Studies“ No. 24, 1995, S. 167–209.

b. 3. Zur Abgrenzung des strukturellen Defizits vom konjunkturbedingten in den USA und zu grundlegenden Berechnungen des Produktionspotentials siehe:

United States Government Printing Office (Ed.), Economic Report of the President, together with the Annual Report of the Council of Economic Advisers, Washington 1994, S. 75–76.
Executive Office of the President of the United States, Budget of the United States Government. Analytical Perspectives. Fiscal Year 1995, S. 6f.
Congressional Budget Office, The Economic Outlook. Appendix B, Washington 1984, S. 103–118

b. 4. Übersichten und eigene Methoden zur Schätzung des strukturellen Budgetdefizits finden sich in:

Europäische Kommission, Methode der Kommissionsdienststellen zur Konjunkturbereinigung von Haushaltssalden. „Europäische Wirtschaft“ Nr. 60 (1995), S. 37–66.
European Monetary Institute, Estimation of Structural Budget Deficits in EU Countries, MES Department Paper No. S21296, Frankfurt, 26th March 1995.

c. Weiterführende Literatur

Weitere Ansätze zur Messung von Impulseffekten des Staatsbudgets diskutiert:

Sheetal K. Chand, Fiscal Impulses and Their Fiscal Impact, International Monetary Fund, IMF Working Paper WP/92/38, Washington D. C. 1992.

Ältere Ansätze zur Messung konjunktureller Wirkungen auf das Budget finden sich bei:

Klaus-Peter Fox, Konzepte zur Beurteilung der konjunkturellen Wirkungen öffentlicher Haushalte, Bern, Frankfurt 1974,
Otto Gandenberger, Zur Messung der konjunkturellen Wirkungen öffentlicher Haushalte, Tübingen 1973,
Eva Lang, Ansatzpunkte und Konzeptionen zur Bestimmung der konjunkturgerechten Budgetpolitik, Meisenheim am Glan 1975,
Willi Leibfritz, Überblick über die Methoden zur Messung der konjunkturellen Effekte öffentlicher Haushalte, „Zeitschrift für die gesamte Staatswissenschaft“, Bd. 130 (1974), S. 455–476.

Kapitel 8: Ausgewählte institutionelle Probleme

Lehrziele

In diesem Kapitel soll der Student die institutionellen Schwierigkeiten kennenlernen, auf die die „fiscal policy" trifft, und befähigt werden, Vorschläge zur Verringerung dieser Schwierigkeiten zu beurteilen.

Nach Durcharbeitung dieses Kapitels sollten Sie in der Lage sein,

- die zeitlichen Verzögerungen im Entscheidungs-, Handlungs- und Vollzugsprozeß der diskretionären „fiscal policy" anzugeben,
- zu beschreiben, was ein Regelmechanismus ist,
- zyklusorientierte von mittelfristig orientierten Regelmechanismen zu unterscheiden,
- die Vor- und die Nachteile von Regelmechanismen gegenüber einer diskretionären Politik aufzuzählen und begründet darzulegen, ob Regelmechanismen an die Stelle von diskretionärer Politik treten sollten,
- zu definieren, was eingebaute Flexibilität und Formelflexibilität sind.

Den Erörterungen in den vorangegangenen sieben Kapiteln dieses Lehrbuchs lagen zwei Kernfragen zugrunde:

- Welche Wirkungen auf den Wirtschaftskreislauf haben Veränderungen des staatlichen Budgets?
- Welche Änderungen des staatlichen Budgets lösen überhaupt Anpassungs- bzw. Multiplikatorprozesse im Wirtschaftskreislauf aus und dürfen als konjunkturelle Impulse betrachtet werden?

Im wesentlichen dienten somit die sieben Kapitel dem Lehrziel, den Leser zur Ableitung von Vorhersagen folgender Art zu befähigen: *Wenn* sich die Veränderungen des staatlichen Budgets in einem Jahr auf ΔA_{st} oder Δt oder ΔTr belaufen, *dann* werden die Wirkungen auf das Sozialprodukt, die Beschäftigung, das Preisniveau usw. kurzfristig diese … und langfristig jene … sein.

Reicht diese Befähigung aus, eine wirksame „fiscal policy" mitzugestalten? Würde die „fiscal policy", wenn ihre Träger verläßliche Vorhersagen dieser Art zu geben imstande wären, größere Arbeitslosigkeit und höhere Inflationsraten verhindern können? Die Beantwortung dieser Frage hängt u.a. davon ab, wie schnell und wie sicher konjunkturelle Störungen als solche erkannt werden und wie rasch Maßnahmen zur Bekämpfung dieser Störungen eingesetzt werden können. Es muß also analysiert werden, in welcher Weise die Träger der „fiscal policy" Kenntnis von konjunkturellen Änderungen erhalten und wie sie darauf bei den herrschenden institutionellen Gegebenheiten reagieren können. Um hierüber Aussagen machen zu können, ist der *gesamte Entschei-*

dungs-, Handlungs- und Vollzugsprozeß bei Maßnahmen der „fiscal policy" zu analysieren. Dabei soll unterschieden werden zwischen diskretionärer und regelgebundener Politik.

8.1. Institutionelle Analyse der diskretionären „fiscal policy"

Die diskretionäre⁺ „fiscal policy" ist dadurch definiert, daß ihre Träger stabilisierungspolitisch motivierte Budgetänderungen ausschließlich nach eigenem Ermessen vornehmen und Entscheidungen von Fall zu Fall treffen. Einer solchen Politik stehen verfahrenstechnische Probleme im Wege, die zu *zeitlichen Verzögerungen („lags")* führen. Ein Überblick über die verschiedenen „lags", den *Mackscheidt/Steinhausen* zusammengestellt haben, ist hier übernommen worden; im folgenden soll er ausgewertet werden. Das Schaubild zeigt auf seiner linken Seite (Kanal 1) die Ursachen derjenigen Zeitverzögerungen auf, die mit dem auf der rechten Seite (Kanal 3) aufgeführten Begriff bezeichnet werden. Im Mittelteil der Abbildung wird dargestellt, wie der durch eine Störung ausgelöste Prozeß der Planung und Durchführung von Maßnahmen der „fiscal policy" abläuft.

Die den einzelnen Feldern zugeordneten **Verzögerungen** lassen sich wie folgt skizzieren:

Feld I: Eine konjunkturelle Störung muß sich erst im Wirtschaftskreislauf ausbreiten, ehe sie die wichtigen Kreislaufvariablen, an denen sich die Träger der „fiscal policy" ausrichten, merklich ändern. Häufig wird sie erst dann *wahrgenommen,* wenn das Statistische Bundesamt, die Bundesanstalt für Arbeit oder eine andere Behörde den für eine vorangegangene Periode (Monat, Vierteljahr) statistisch ermittelten Lebenshaltungskostenindex, die Höhe des Bruttosozialprodukts, die Arbeitslosenzahl und ähnliche Größen veröffentlicht haben.

Feld II: Die durch solche Indikatoren angegebene oder angedeutete konjunkturelle Störung wird nicht gleich zum Anlaß fiskalpolitischer Maßnahmen genommen. Häufig bedarf es erst des Anstoßes betroffener gesellschaftlicher Gruppen, ehe die Träger der „fiscal policy" feststellen, daß sie *reagieren müssen.*

Feld III: Ehe konkrete Maßnahmen ergriffen werden können, muß eine genaue Diagnose der konjunkturellen Störung vorgenommen werden. Es sind sowohl die Ursachen der Störung zu diagnostizieren als auch die von ihr ausgehenden weiteren Einflüsse auf den Wirtschaftskreislauf zu prognostizieren. Davon hängen nämlich Art und Umfang der Maßnahmen ab. *Diagnose* und *Prognose* lassen sich häufig nicht eindeutig geben; so werden langanhaltende Diskussionen geführt.

Feld IV: Die einzelnen Maßnahmen, mit denen der Störung begegnet werden kann, haben oft unterschiedliche Auswirkungen (Nebenwirkungen) auf die Einkommensverteilung, auf den Wachstumsprozeß und auf die Allokationseffizienz. Deshalb sprechen sich im allgemeinen die verschiedenen gesellschaftlichen Gruppen jeweils für andere Maßnahmen aus. Die *Entscheidung* für oder gegen eine Maßnahme kann deshalb häufig nicht sofort getroffen werden.

Übersicht 3: Zeitliche Verzögerungen im Entscheidungs-, Handlungs- und Vollzugsprozeß der diskretionären „fiscal policy"

	Kanal 1		Kanal 2			Kanal 3
	Effizienzprobleme		Störung			Auswirkung in der Zeit
Feld (I)	Kenntnis der ökonomischen Interdependenz		Verstärkung der Störung Ausbreitung der Störung Meßbarkeit der Störung = Auswirkung auf einen Indikator	disturbance lag		
Feld (II)	persönliche Bereitschaft, ökonomische Tatbestände zu akzeptieren	Datenstand und persönliche Fähigkeit, Informationen zu verarbeiten	Information dringt ein Schwelle der Reaktionsbereitschaft wird überschritten Reaktion auf Störung beginnt	recognition lag		inside lag
Feld (III)		Diagnose- und Progosestreit	Einordnen der Störung in eine Gesamtdiagnose = Beurteilen der Störung (entweder als ungefährlich abweisen oder zu Gegenhandlungen aufrufen) Grundsätzliche Bereitschaft zu handeln	diagnostic lag	administrative lag	
Feld (IV)	Kosten- und Nutzenkalküle der Gruppen	a) Gruppeninteressen bei der Auswahl der geeigneten Maßnahmen b) Projektionsstreit: Dosierung, Timing	Diskussion über die Wahl der geeigneten Maßnahmen (erste) Entscheidung über die Maßnahmen	decision lag		
Feld (V)	Durchlaufsträgheit innerhalb der Administrative		Auftrag an die Durchführungsinstanzen (Signalwirkungen beginnen) → Verkürzungsprozeß Durchführung der Maßnahmen (Änderung von Ausgaben oder Einnahmen)	instrumental lag		
Feld (VI)	spezifisch instrumentelle Wirkungen auf die private Aktivität	a) Reaktionsbereitschaft der Privaten b) Konsequenzen der Reaktion für andere wirtschaftspolitische Ziele	Änderung der Angebots- und Nachfragedeterminanten auf dem Markt Verhaltensänderungen bei den Privaten (neue Dispositionen von Konsum und Investition in Reaktion auf die Maßnahmen) ← Verkürzungsprozeß Auswirkungen auf die konj. Indikatoren	operational lag		

Quelle: Mackscheidt, Steinhausen, a. a. O., S. 74.

Feld V: Hat sich das Parlament bzw. die Regierung für eine Maßnahme ausgesprochen, wird die *Verwaltung* beauftragt, entsprechend zu handeln (z.B. entsprechende Ausgaben zu tätigen). Erfahrungsgemäß benötigt die Verwaltung hierfür Zeit.

Feld VI: Mit der Änderung von Ausgaben und Einnahmen ist lediglich ein konjunktureller Impuls gegeben. Die erhoffte *Wirkung* auf Sozialprodukt, Beschäftigung, Preisniveau etc. tritt erst nach Ablauf von Multiplikatorprozessen auf.

Überblickt man alle diese Felder, so wird man folgende **Schwächen der diskretionären „fiscal policy"** feststellen.

(a) Maßnahmen der „fiscal policy" können nicht immer schnell genug ergriffen werden. Es ist deshalb nicht auszuschließen, daß sich ihre Wirkungen in dem Zeitpunkt, in dem sie eintreten, entweder als zu gering oder sogar als unerwünscht erweisen, – als unerwünscht deshalb, weil sich inzwischen die konjunkturelle Situation wieder gewandelt hat. Diskretionäre „fiscal policy" erfordert somit häufige Korrekturen des in Gang gesetzten Prozesses zur Kompensation einer Störung. Sie wird zu einer Politik des *„stop and go"*. Dies kann (muß aber nicht) ein Moment der Unsicherheit in die Volkswirtschaft tragen: die Produktions-, Investitions- und Sparentscheidungen treffenden Personen müssen mit häufigem Wechsel der „fiscal policy" und damit der für ihr Handeln gesetzten Daten rechnen.

(b) Maßnahmen der „fiscal policy" können auch dann, wenn sie sofort erfolgen, *nicht immer treffsicher genug* ergriffen werden. Dies ist zum einen darauf zurückzuführen, daß eine genaue Diagnose der konjunkturellen Situation häufig aus Mangel an faktischen Kenntnissen und wegen des Fehlens einer allgemein anerkannten Konjunkturtheorie scheitert. Zum andern läßt sich dieser Sachverhalt mit den Schwierigkeiten von Konjunkturprognosen erklären. Da die Wirkungen von Maßnahmen der „fiscal policy" erst mit zeitlicher Verzögerung einsetzen und dann eine Zeitlang anhalten, sollte für die Auswahl der Maßnahmen und die Festlegung ihres Umfangs die zukünftige Situation der Volkswirtschaft mehr als die gegenwärtige maßgeblich sein. Diese vorauszusehen, scheitert vor allem wieder daran, daß es eine allgemein akzeptierte, klare Konjunkturtheorie, mit deren Hilfe auch die Wendepunkte im Konjunkturverlauf vorausberechnet werden könnten, nicht gibt.

(c) Maßnahmen der „fiscal policy" können nicht immer eindeutig genug auf das Stabilitätsziel ausgerichtet werden. Wegen ihrer unterschiedlichen *Nebenwirkungen* versuchen Vertreter widerstreitender Interessengruppen die Träger der „fiscal policy" zu beeinflussen und zur Ergreifung bestimmter Maßnahmen zu veranlassen. Auswahl und Festlegung des Umfangs von Maßnahmen werden deshalb häufig weniger nach stabilitätspolitischen Gesichtspunkten als nach oft vordergründigen Interessen einzelner gesellschaftlicher Gruppen vorgenommen.

Wegen der unter (a) bis (c) aufgezählten Schwächen der diskretionären „fiscal policy" darf der folgende Lehrsatz aufgestellt werden:

Lehrsatz 27:
Diskretionäre „fiscal policy" stößt auf eine Reihe institutionell bedingter Schwierigkeiten, die die Effektivität der Politik schmälern können.

Aus diesen (und weiteren, hier nicht genannten) Gründen ist vielfach gefordert worden, die Stabilitätspolitik an feste, vom Parlament für längere Zeit gesetzte **Regeln** zu binden bzw. durch solche Regeln die Eingriffsnotwendigkeiten zu verringern. Dabei ist sowohl daran gedacht worden, bestimmte Signale zur Grundlage des Handelns zu machen und dadurch einer freien Interpretation der Lage Grenzen zu setzen, als auch daran, den Handlungsspielraum der wirtschaftspolitischen Instanzen durch ihre Festlegung auf bestimmte Instrumente einzuengen und den Entscheidungsprozeß zu verkürzen und dadurch effizienter zu gestalten.

Regeln dieser Art können recht unterschiedlich sein. Sie unterscheiden sich nach dem Ausmaß der Bindungen ebenso wie nach den die stabilitätspolitischen Aktivitäten auslösenden Signalen oder Indikatoren. Entsprechend unterschiedlich sind die Regelsysteme, d.h. die Summe und das Gefüge der einzelnen in einem Land gültigen Regeln. Je nach ihrem Charakter werden die einzelnen Regelsysteme in unterschiedliche Klassen eingeteilt. Dabei spielen eine besondere Rolle die Klasse der *„zyklusorientierten* Regelmechanismen"+ und die der *„mittelfristig orientierten* Regelmechanismen"+. Zyklusorientiert wird ein Regelsystem dann genannt, wenn die Handlungsbindungen zu Maßnahmen führen, die mit dem Konjunkturverlauf variieren und diesem entgegenwirken. Demgegenüber sind sie mittelfristig orientiert, wenn wichtige wirtschaftliche Größen, die Sollwerte, entsprechend einem mittelfristigen Trend, verändert werden.

8.2. Zyklusorientierte Regelmechanismen

Zu den zyklusorientierten Regelmechanismen gehören die „eingebaute Flexibilität"+ („built-in flexibility")+, auch „passive Haushaltsflexibilität"+ genannt, und die „Formelflexibilität"+ („formula flexibility")+.

8.2.1. Eingebaute Flexibilität

Unter eingebauter Flexibilität versteht man (so definiert der *Wissenschaftliche Beirat beim Bundesministerium für Wirtschaft,* 1971, S. 607) „eine Gestaltung des Steuersystems sowie gewisser öffentlicher Ausgaben (wie etwa der Aufwendungen für Arbeitslose), die, ohne daß es dazu irgendwelcher legislativer oder administrativer ad hoc Entscheidungen bedürfte, sowohl bei einer Abschwächung als auch bei einer Übersteigerung der Konjunktur die dann jeweils erwünschten antizyklischen Effekte (Belebung oder Bremsung der effektiven Nachfrage) erzeugt". Mit der Schaffung einer solchen Haushaltsflexibilität wird der Zweck verfolgt, den gesamten *„inside lag"+ auszuschalten.*

Die Ersetzung diskretionärer „fiscal policy" durch einen **umfassenden Regelmechanismus** ist u.a. an **vier Bedingungen** gebunden:

(a) Die Konstruktion eines solchen Regelmechanismus setzt voraus, daß man die vielfältigen, den Wirtschaftskreislauf charakterisierenden *Interdependenzen* ziemlich genau *kennt* und in einem ökonometrischen Konjunkturmodell abbilden kann.

(b) Von einem solchen Mechanismus darf man nur dann eine ständige, hinreichende Ausschaltung konjunktureller Ausschläge erwarten, wenn die *Konjunkturverläufe* einigermaßen *regelmäßig* und die auf sie einwirkenden exogenen Kräfte nicht von Mal zu Mal andere sind.

(c) Da bisher eine umfassende passive Haushaltsflexibilität nicht tatsächlich erprobt worden ist, weiß man nicht, ob mit ihr unerwünschte *Nebenwirkungen* verbunden sind. Somit muß das Parlament, wenn es sich zur Automatisierung der „fiscal policy" entschließt, zur Übernahme des Risikos solcher Nebenwirkungen bereit sein.

(d) Es muß sichergestellt sein, daß *komplementäre Maßnahmen* ergriffen werden. Wenn beispielsweise in einem konjunkturellen Boom die Steuereinnahmen relativ stark steigen, müßte ein Teil von ihnen bei der *Bundesbank* stillgelegt werden. Würde das nicht geschehen, würden statt dessen beispielsweise die Staatsausgaben entsprechend erhöht, so würde – wie aus der Diskussion des Haavelmo-Theorems bekannt ist (vgl. Lehrsatz 5, Kapitel 3.1.2.1) – der erwünschte antizyklische Effekt ausbleiben.

Nationalökonomen sind sich weitgehend darin einig, daß weder die bisher zur Erklärung des Konjunkturverlaufs entwickelten Konjunkturmodelle die Konstruktion eines verläßlichen Regelmechanismus gestatten noch die Konjunkturen so gleichartig und regelmäßig verlaufen, daß man die „fiscal policy" weitgehend automatisieren könne. Auch wird zu bedenken gegeben, daß die Beachtung von Nebenwirkungen weitgehend vom Wandel der wirtschaftspolitischen Zielvorstellungen und Erfahrungen abhängt; kein Parlament könne deshalb das Risiko unerwünschter Nebenwirkungen bedenkenlos übernehmen. Schließlich läßt sich nicht immer garantieren, daß komplementäre Maßnahmen ergriffen werden. So kann man im Fall der Arbeitslosenversicherung beispielsweise nicht verlangen, daß die in einer Boomphase bei abnehmender Arbeitslosigkeit möglicherweise entstehenden Beitragsüberschüsse bei der Notenbank zinslos angelegt werden, weil dadurch dem Stabilitätsziel am besten gedient werde. Der Verzicht auf Verzinsung steht nämlich der Forderung nach einer kostengünstigen Verwaltung des Fonds entgegen und bedeutet letztlich, daß die zwangsversicherten Arbeitnehmer einen höheren als sonst notwendigen Beitrag zahlen müßten.

Aus diesen (und weiteren, nicht genannten) Gründen wird eine völlige Automatisierung der „fiscal policy" von niemandem befürwortet. Es wird lediglich gefordert, die „fiscal policy" durch einige *„vollautomatische Regler"* zu erleichtern und effektiver zu gestalten. Dabei denkt man besonders an die Ausgestaltung des Steuersystems, aber auch an die Arbeitslosenversicherung.

Wie die automatische Reaktion der Steuereinnahmen auf Veränderungen des Volkseinkommens verstärkt werden könnte, läßt sich mit Hilfe des von *Musgrave* (1969, S. 473 ff.) für die „built-in flexibility" vorgeschlagenen Maßes darlegen. Er sieht in dem Koeffizienten $\gamma = 1 - (dY/dY_h)$ einen brauchbaren **Maßstab** für den kompensatorischen Effekt der **„built-in flexibility".** Dabei ist dY diejenige Einkommensänderung, die sich auf Grund einer autonomen Nachfrageänderung (z.B. $d\bar{I}$) im Wirtschaftskreislauf ergibt; und dY_h zeigt diejenige Änderung an, die sich ergäbe, würden Staatsausgaben und Staatseinnahmen trotz der Nachfrageänderung gleich bleiben.

Beide Änderungsgrößen lassen sich errechnen, wenn man über ein verläßliches Modell des Wirtschaftskreislaufs verfügt. (Hierin liegt der Nachteil des von *Musgrave* vorgeschlagenen Maßes: es ist modellabhängig.) Wäre dieses Modell beispielsweise das folgende **Modell I**

Y	$\overset{!}{=} C + I + A_{st}$	Gleichgewichtsbedingung für den Gütermarkt	(I 1)
C	$= a + b\,(Y - T)$	Konsumfunktion	(I 2)
T	$= T_0$	Steuerfunktion: konstante Steuereinnahmen	(I 3a)
T	$= t\,(Bg) \cdot Bg\,(Y)$	Steuerfunktion: Steuersatz ändert sich mit der Bemessungsgrundlage Bg, und Bemessungsgrundlage ändert sich mit Y	(I 3b)
I	$= \bar{I}$	Modellunabhängige Nettoinvestionen	(I 4)
A_{st}	$= \bar{A}_{st}$	Konstante Staatsausgaben	(I 5)

so würde bei einer Änderung der Nachfrage nach Investitionsgütern um $d\bar{I}$ und *unveränderten Steuereinnahmen* (es gilt I 3a) das Sozialprodukt um

$$dY_h = \frac{1}{1 - b}\, d\bar{I} \text{ steigen.} \tag{8.1}$$

Gilt jedoch (I 3b), so erhält man:

$$dY = b\,(dY - dT) + d\bar{I} \tag{8.2}$$

Berücksichtigt man, daß die Steueraufkommenselastizität⁺ E_T definiert ist als

$$E_T \equiv \frac{dT}{T} \Big/ \frac{dY}{Y}, \tag{8.3}$$

so kann man schreiben

$$dY = b\left(dY - E_T \cdot dY \cdot \frac{T}{Y}\right) + d\bar{I}$$

und erhält die *tatsächlich eintretende Änderung des Sozialprodukts:*

$$dY = \frac{d\bar{I}}{1 - b\left(1 - E_T \cdot \frac{T}{Y}\right)} \tag{8.4}$$

Aus (8.1) und (8.4) kann man den *Koeffizienten der „built in-flexibility"* bestimmen.

$$\gamma = 1 - \frac{\dfrac{1}{1 - b\left(1 - E_T \cdot \frac{T}{Y}\right)}\, d\bar{I}}{\dfrac{1}{1-b} \cdot d\bar{I}} = \frac{bE_T \cdot \frac{T}{Y}}{1 - b\left(1 - E_T \cdot \frac{T}{Y}\right)} \tag{8.5}$$

Die Bedeutung dieses Maßes wird deutlich, wenn man die Steueraufkommenselastizität weiter aufgliedert.

Nach (I 3b) ist die Steueränderung gleich:

$$dT = t \cdot dBg + Bg \cdot dt. \tag{I 3b)'}$$

Dieser Ausdruck läßt sich so umformen, daß in ihm die Elastizität der Steuerbemessungsgrundlage in bezug auf das Volkseinkommen

$$E_{Bg} \equiv \frac{dBg}{Bg} \Big/ \frac{dY}{Y} \tag{8.6}$$

und die Elastizität des Steuersatzes in bezug auf die Steuerbemessungsgrundlage

$$E_t \equiv \frac{dt}{t} \Big/ \frac{dBg}{Bg} \tag{8.7}$$

explizit erscheinen. Aus (8.6) ergibt sich nämlich:

$$dBg = E_{Bg} \cdot Bg \cdot \frac{dY}{Y}.$$

Entsprechend erhält man aus (8.7):

$$dt = E_t \cdot t \cdot \frac{dBg}{Bg}.$$

Setzt man diese beiden Ausdrücke in (I 3b)' ein, gelangt man zu:

$$\begin{aligned} dT &= t \cdot E_{Bg} \cdot Bg \cdot \frac{dY}{Y} + Bg \cdot E_t \cdot t \cdot E_{Bg} \cdot \frac{dY}{Y} \\ &= T \cdot E_{Bg} \cdot \frac{dY}{Y} + T \cdot E_t \cdot E_{Bg} \cdot \frac{dY}{Y}. \end{aligned} \tag{8.8}$$

Wird dieses Ergebnis berücksichtigt, kann man (8.3) auch wie folgt schreiben:

$$E_T = E_{Bg}(1 + E_t). \tag{8.9}$$

Die Steueraufkommenselastizität ist gleich dem Produkt aus der Elastizität der Steuerbemessungsgrundlage und der um 1 vergrößerten Elastizität des Steuersatzes. Das in (8.5) ermittelte *Maß für die built-in-flexibility* läßt sich somit auch wie folgt angeben

$$\gamma = \frac{b \cdot E_{Bg}(1 + E_t) \cdot \frac{T}{Y}}{1 - b \cdot \left[1 - E_{Bg}(1 + E_t) \cdot \frac{T}{Y}\right]} \tag{8.10}$$

Je größer E_{Bg} und E_t jeweils sind, desto größer ist γ und desto mehr reagieren die Steuereinnahmen auf Veränderungen des Volkseinkommens. Wollte man die built-in flexibility verstärken, müßte man deshalb jenen Steuern ein größeres Gewicht im Steuersystem zuerkennen, deren Bemessungsgrundlage vergleichsweise stark mit dem Volkseinkommen schwankt (z.B. Körperschaftsteuer, Gewerbeertragsteuer) oder deren Tarif relativ progressiv gestaltet ist (veranlagte Einkommensteuer). Hierbei stößt man jedoch auf enge Grenzen, denn oft haben Allokations- und Gerechtigkeitserwägungen bei der Ausformung des Steuersystems den Vorrang vor Stabilitätsüberlegungen. Aus diesem Grund darf man in der tatsächlich auftretenden kompensatorischen bzw. automatisch-stabilisierenden Wirkung des Steuersystems auch weniger das primär gewollte Ergebnis eines stabilitätsbewußten Steuergesetzgebers als vielmehr einen *Nebeneffekt* sehen, an den das Parlament bei einigen seiner Steuerbeschlüsse nicht einmal gedacht haben mag.

Auch aus Verfahrensgründen stößt man bei dem Versuch, eine stärkere Flexibilität im Steuersystem einzubauen, auf **Grenzen:**

(a) Es fällt schwer, Volkseinkommen und Steueraufkommen stabilitätspolitisch ideal zu *synchronisieren.* Ein gewisser zeitlicher Abstand zwischen Einkommensentstehung und Steuerzahlung ist unvermeidbar. Er kann so groß werden, daß von den Steuerzahlungen schließlich prozyklische statt antizyklische Wirkungen ausgehen. Bei der veranlagten Einkommensteuer, bei der Körperschaftsteuer und der Gewerbeertragsteuer beträgt dieser Abstand immerhin bis zu zwei Jahren.

(b) Auf Grund des Wachstums der Volkswirtschaften und wegen verbreiteter Inflationstendenzen führen konjunkturelle Schwankungen nicht zu einer Folge von absoluten Zunahmen und absoluten Rückgängen des Volkseinkommens. Vielmehr schwankt das monetäre Volkseinkommen um einen steigenden Trend. Bei gleichbleibender Tarifgestaltung nimmt das Steueraufkommen ständig zu. Absolute Steueraufkommensrückgänge können gar nicht auftreten. Die Progression des Steuersystems bewirkt weniger eine konjunkturelle Stabilisierung als vielmehr ein Abbremsen des Wachstumsprozesses, einen „fiscal drag". Zur Verhinderung der Wachstumsverluste müßten Steuersenkungen vorgenommen werden.

(c) Der built-in-flexibility des Steuersystems wird *„mangelnde Phaseneffizienz"* vorgeworfen. Dem Argument liegt die Einteilung des Konjunkturverlaufs in vier Phasen zugrunde. Das Argument stellt dabei auf die 2. und die 4. Phase ab.

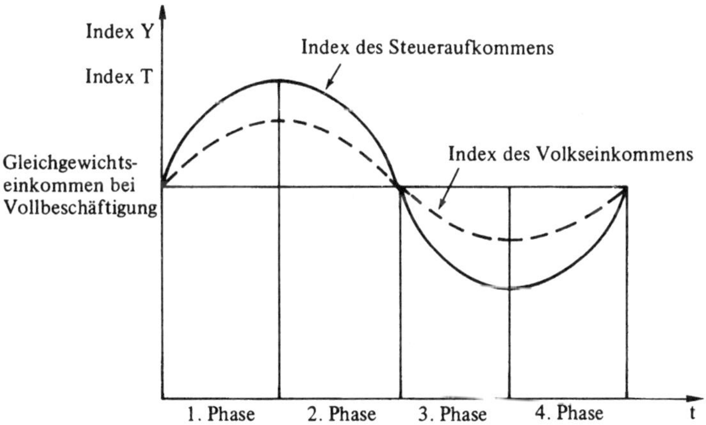

Abbildung 34: Die mangelnde Phaseneffizienz des Steueraufkommens

In der 2. Phase ist das Steueraufkommen zwar größer als im Gleichgewichtszustand der Volkswirtschaft, und insofern gehen von ihm positiv zu beurteilende Entzugseffekte aus; aber die Entzugseffekte werden schwächer, obwohl das nominale Volkseinkommen seinen Gleichgewichtswert noch übersteigt. Die Wiedererreichung des Gleichgewichts wird dadurch verlangsamt.

Analog nehmen in der 4. Phase die Steuereinnahmen wieder zu und verhindern eine schnellere Wiedererlangung der Vollbeschäftigung. Die eingebaute Flexibilität wäre effizienter, würde in dieser Phase das Steueraufkommen relativ lange auf seinem im unteren Wendepunkt erreichten Betrag verharren und erst kurz vor Ende der 4. Phase ansteigen. Ein solcher Verlauf der Steuereinnahmen läßt sich verfahrenstechnisch kaum sicherstellen.

8.2.2. Formelflexibilität

Von *Formelflexibilität* der öffentlichen Haushalte *i. e. S.* spricht man dann, wenn „gemäß einer gesetzlich festgelegten Formel die gesamtwirtschaftlichen Bedingungen bestimmt werden, die ebenfalls gesetzlich zuvor exakt bestimmte Steuer- und/oder Ausgabenvariationen, von denen antizyklische Effekte erwartet werden, *automatisch* auslösen" (Beirat 1971, S. 607). Der *„inside lag"* kann auf diese Weise deutlich *verkürzt* werden. *Im weiteren Sinn* liegt Formelflexibilität vor, wenn das Parlament Gesetze verabschiedet, die der Regierung für den Fall *Handlungsvollmacht* geben, daß im Gesetz quantifizierte oder aber qualitativ umrissene Bedingungen erfüllt sind. Die Gesetze können darüber hinaus angeben, welche Maßnahmen die Regierung ergreifen darf oder zwischen welchen Maßnahmen sie auswählen soll.

Eingebaute Flexibilität und Formelflexibilität haben die gleiche formale Struktur. Hier wie da führt die Veränderung einer volkswirtschaftlichen Variable – z. B. des Volkseinkommens oder der Zahl der Arbeitslosen – zu Veränderungen öffentlicher Ausgaben oder Einnahmen. Der Unterschied besteht lediglich darin, daß die Automatik im ersten Fall vollkommen ist, während im zweiten Fall die Regierung oder die Verwaltung als Handlungsträger in Erscheinung tritt. Für die Beurteilung der Formelflexibilität i. e. S. ist dieser Unterschied kaum bedeutsam. Für sie gilt analog, was im Kapitel 8.2.1 zur eingebauten Flexibilität ausgeführt worden ist. Die Formelflexibilität i. w. S. eröffnet der Regierung dagegen *mehr Spielraum,* da hier an die Stelle einer Verpflichtung zu bestimmten Maßnahmen Empfehlungen oder die Erlaubnis zu entsprechendem Vorgehen treten. Dies läßt der Regierung die Möglichkeit, auf Grund einer entsprechenden Konjunkturdiagnose und -prognose ad hoc Entscheidungen zu treffen. Handelt es sich dabei um die im Gesetz vorgesehenen Maßnahmen, können sie unverzüglich, d. h. ohne (neuerliche) Erlaubnis des Parlaments ergriffen werden. „Fiscal policy" könnte in diesem Fall effektiver gestaltet werden.

8.3. Zyklusunabhängige, mittelfristig orientierte Regelmechanismen

Zyklusunabhängige, mittelfristig orientierte Regelmechanismen werden deshalb gefordert, weil vermutet wird, daß trotz aller Bemühungen um eine Verkürzung des „inside lag" zeitliche Verzögerungen bei der Lagebeurteilung, bei der Entscheidung über Maßnahmen sowie bei ihrer Durchführung aufträten. Auch die time-lags der Wirkungen staatlicher Politik würden den Erfolg einer antizyklischen „fiscal policy" beeinträchtigen. Jedenfalls lasse es sich nicht vermeiden, daß die Träger einer antizyklischen Politik immer wieder neu auf jeweils andersartige Situationen reagieren müßten. Dadurch würde notwendig ein Moment der *Unsicherheit* und der *Unstetigkeit* in die Volkswirtschaft getragen. Weil antizyklische „fiscal policy" schwerlich anders denn als stop-and-go Politik betrieben werden könne, würde sich der im staatlichen Sektor entstehende Teil des Sozialprodukts unstetig entwickeln. Dies würde wechselnde Anpassungsprozesse des privaten Sektors auslösen. Die in ihm tätigen Wirtschaftssubjekte müßten zudem ihre Entscheidungen unter großer Unsicherheit über Art, Ausmaß und Zeitpunkt der staatlichen Maßnahmen treffen. Aus allen diesen Gründen erreiche die antizyklische „fiscal policy" *das Gegenteil* von dem, was sie anstrebe: Sie vereitele die Entwicklung der Volkswirtschaft auf einem Gleichgewichtspfad. Demgegenüber wird erwartet, daß ein mittelfristig orientiertes Handeln des Staates nicht nur zu einer stetigen Entwicklung des Budgets führe, sondern wegen dieser Wirkung über eine induzierte Verstetigung der Erwartungsbildung privater Wirtschaftssubjekte weitere Verstetigungen wirtschaftlichen Handelns auslösen würde. Deshalb wird gefordert, durch *Einhaltung von Regeln* (z.B. das staatliche Budget in jedem Jahr gerade um x Prozent zu erhöhen) den Wirtschaftsablauf unmittelbar und mittelbar glätten zu helfen.

Gegen diese Forderung werden im wesentlichen **drei Argumente** geltend gemacht:

(a) Die Ansicht, antizyklische „fiscal policy“ sei selbst Ursache zyklischer Schwankungen, während ein zyklusunabhängiger, mittelfristig orientierter Regelmechanismus zur Verstetigung des Wirtschaftsablaufs beitrage, läßt sich – jedenfalls zur Zeit – nicht empirisch abstützen. Die zur Bestätigung der Verstetigungsargumente notwendigen Kenntnisse können nur im Wege einer empirischen Erprobung gewonnen werden. Insofern enthält die Forderung ein *ideologisches Element.*

(b) Der Forderung liegt die *implizite Annahme* zugrunde, daß das *Wirtschaftssystem stabil* sei: Abweichungen vom Gleichgewichtspfad der Volkswirtschaft würden Anpassungsprozesse auslösen, die zu einem Gleichgewicht zurückführten. Indem man die Entwicklung des öffentlichen Sektors verstetigt, verläßt man sich – ohne dies empirisch nachweisen zu können – auf eine schnelle Selbststabilisierung des privaten Sektors für den Fall, daß hier konjunkturelle Störungen auftreten. Mehr noch, man unterstellt, daß dieser Selbststabilisierungsprozeß letztlich nicht durch Maßnahmen der „fiscal policy“ beschleunigt werden kann, weil – wie erwähnt – von ihnen mehr destabilisierende als stabilisierende Wirkungen ausgehen.

(c) Zur Konstruktion mittelfristig orientierter Regelmechanismen ist es erforderlich, Sollwertgrößen mittelfristig festzulegen. Wollte man beispielsweise den öffentlichen Haushalt in Ausgaben, Einnahmen und Neuverschuldung mit derselben Rate wie das gesamtwirtschaftliche Produktionspotential wachsen lassen, so müßte es unter anderem möglich sein, die Wachstumsrate des Produktionspotentials auf mittlere Sicht im voraus zu bestimmen. Das ist jedoch kaum möglich.

Wertet man diese Argumente aus, so gelangt man zu dem Schluß, daß zyklusunabhängige, mittelfristig orientierte Regelmechanismen ebenso starken Bedenken begegnen, wie es zyklusorientierte Regelmechanismen tun. In ihnen ein mögliches Substitut für diskretionäre „fiscal policy“ zu erkennen, fällt jedenfalls schwer. Dagegen können sie bei entsprechender Ausgestaltung diskretionäre Politik ergänzen und dadurch erleichtern.

Übungsaufgabe 29

Was versteht man unter eingebauter Flexibilität? Wie kann man sie messen? Verdient sie eindeutig Vorrang vor einer diskretionären „fiscal policy“?

Übungsaufgabe 30

Wird die Effektivität der „fiscal policy“ erhöht, wenn man von der diskretionären Politik zu umfassenden Regelmechanismen übergeht?

Literaturhinweise zum 8. Kapitel

a. Grundlegende Literatur:

Klaus Mackscheidt, Jörg Steinhausen, a.a.O., S. 70–104.

Vieles kann auch in Lehrbüchern zur Konjunkturpolitik nachgelesen werden. Erwähnt seien beispielsweise

Herbert Giersch, Konjunktur- und Wachstumspolitik in der offenen Wirtschaft, Wiesbaden 1977, S. 133–188,
Ulrich Teichmann, Grundriß der Konjunkturpolitik, 3. Auflage, München 1982, S. 241–257.

b. Einzelhinweise:

b.1. Für die grundsätzliche Diskussion über diskretionäre versus regelgebundene Politik siehe

Fritz Neumark, Ermessenfreiheit oder Automatismus? (Baseler Vorträge), Zürich 1971,
Wissenschaftlicher Beirat beim Bundesministerium für Wirtschaft, Gutachten vom 11. Juni 1971: Regelmechanismen und regelgebundenes Verhalten in der Wirtschaftspolitik, in: Sammelband der Gutachten von 1948 bis 1972, Göttingen 1973, S. 597–618.

b.2. Grundlegend für die Aufstellung und Bestimmung des „built-in-flexibility"-Maßes ist

Richard A. Musgrave, a.a.O., Kap. 17, S. 465–494.

Möglichkeiten und Grenzen „automatischer Stabilisatoren" im Budget, die ohne diskretionäre Entscheidungen der Regierung und des Parlaments zu einer Konjunkturdämpfung beitragen, werden erörtert in:

Organisation for Economic Co-operation and Development (OECD), OECD Wirtschaftsausblick, Vol. 53, Paris, June 1993, S. 42–50.

Willi Albers, Die automatische Stabilisierungswirkung der Steuern – Möglichkeiten und Problematik in der Bundesrepublik Deutschland, „Jahrbücher für Nationalökonomie und Statistik", Bd. 180 (1967), S. 99–131,
Fritz Neumark, Wandlungen in der Beurteilung eingebauter Steuerflexibilität, „Kyklos", Bd. 32 (1979), S. 177–204,
Manfred Rose, Die Steuerprogression als automatischer Stabilisator, Göttingen 1975.

Stellvertretend für ältere Beiträge hierzu sei genannt

Herbert Timm, Möglichkeiten und Probleme konjunkturorientierter Steuerpolitik, Rostock 1936.

b.3. Zur Formelflexibilität siehe

Brita Steinbach, „Formula Flexibility", Kritische Analyse und Vergleich mit diskretionärer Konjunkturpolitik, Frankfurt, Bern 1977.

c. Für **weiterführende Aspekte** sind interessant:

Helmut Meinhold, Fiskalpolitik durch sozialpolitische Parafisci, Tübingen 1976,
Alois Oberhauser, Stabilitätspolitik bei steigender Staatsquote (Kommission für wirtschaftlichen und sozialen Wandel, Bd. 43), Göttingen 1975.

Zu den Umsetzungsschwierigkeiten der „fiscal policy" in einem föderativen Staat:

Eva Lang, Stabilisierungspolitik in einem föderativen Staat, WiSt, 21. Jg. (1992), S. 9–13.

Schwächen der bisher in Deutschland angewandten praktischen Haushaltsverfahren deckt auf:

Heinrich Mäding, Haushaltsplanung – Haushaltsvollzug – Haushaltskontrolle. XI. Konstanzer Verwaltungsseminar, Schriften der öffentlichen Verwaltung und der öffentlichen Wirtschaft, Band 109, Baden-Baden 1987.

Allgemeine Literaturhinweise

a. Vergleichbare Analysen der „fiscal policy" nehmen vor:

1. *Alan S. Blinder, Robert M. Solow*, Analytical Foundations of Public Finance, Washington, D. C., 1974, S. 3–115,
2. *Werner Lachmann*, Fiskalpolitik, Berlin u. a. 1987,
3. *Alan Peacock, G. K. Shaw*, The Economic Theory of Fiscal Policy, 2nd Edition, London 1976.

Eines dieser Bücher sollte parallel zur Durcharbeitung dieses Lehrbuchs gelesen werden!

b. Neben diesen und den zu den einzelnen Kapiteln dieses Lehrbuchs genannten Literaturhinweisen kann eine Reihe von Lehrbüchern empfohlen werden, die sich – ganz oder nur teilweise – der Analyse der „fiscal policy" widmen.

4. *Norbert Andel*, Finanzwissenschaft, 3. Auflage, Tübingen 1992,
5. *Dieter Brümmerhoff*, Finanzwissenschaft, 7. Auflage, München, Wien 1996, S. 391–420,
6. *Heinz Haller*, Finanzpolitik, 5. Auflage, Tübingen, Zürich 1972,
7. *Günter Hedtkamp*, Lehrbuch der Finanzwissenschaft, 2. Auflage, Neuwied 1979, S. 106–213, 398–416,
8. *Leif Johansen*, Public Economics, Amsterdam 1965, S. 27–122,
9. *Klaus Mackscheidt, Jörg Steinhausen*, Finanzpolitik I, Grundfragen fiskalpolitischer Lenkung, 3. Auflage, Tübingen, Düsseldorf 1978,
10. *Richard A. Musgrave, Peggy B. Musgrave, Lore M. Kullmer*, Die öffentlichen Finanzen in Theorie und Praxis, Bd. 4, Tübingen 1978, S. 1–98,
11. *Richard A. Musgrave*, Finanztheorie, 2. Auflage, Tübingen 1969, S. 26–32, 353–526,
12. *Ewald Novotny* (unter Mitarbeit von *Christian Scheer*), Der öffentliche Sektor: Einführung in die Finanzwissenschaft, 3. Auflage, Berlin 1996,
13. *Rolf Peffekoven*, Einführung in die Grundbegriffe der Finanzwissenschaft, Darmstadt 1976, S. 93–140,
14. *Manfred Rose*, Finanzwissenschaftliche Makrotheorie, München 1980,
15. *Bernd Rürup, Heiko Körner*, Finanzwissenschaft, 2. Auflage, Düsseldorf 1995,
16. *Günter Schmölders*, Finanzpolitik, 3. Auflage, Berlin, Heidelberg, New York 1970,
17. *Wolfgang Weigel*, Ökonomie des öffentlichen Sektors, Wien u. a. 1992,
18. *Walter Wittmann*, Einführung in die Finanzwissenschaft, 4. Teil; Finanzpolitik, 2. Auflage, Stuttgart 1977,
19. *Horst Zimmermann, Klaus-Dirk Henke*, Finanzwissenschaft, 7. Auflage, München 1994, S. 293–377.

c. Bedeutende, ältere Beiträge zur „fiscalen policy" sind zusammengefaßt in:

20. *Arthur Smithies, J. Keith Butlers*, (Eds.), Readings in Fiscal Policy, London 1955,
21. *Horst Claus Recktenwald* (Hrsg.), Finanzpolitik, Köln, Berlin 1969.

d. Streitpunkte und Entwicklungsperspektiven der „fiscal policy" werden diskutiert von:

22. *Stephen T. Cook, Peter M. Jackson* (Eds.), Current Issues in Fiscal Policy, Oxford 1979,
23. *Richard A. Musgrave*, The future of fiscal policy, Leuven 1978.

e. Die Bedeutung geordneter Staatsfinanzen im Prozeß wirtschaftlicher Entwicklung betonen mehrere Aufsätze der Sammlung:

24. *Mario I. Blejer, Theresa Ter-Minassian* (Eds.), Fiscal Policy and Economic Reform. Essays in Honour of Vito Tanzi, London 1997.

Lösungen zu den Übungsaufgaben

Übungsaufgabe 1

In Schweden ist der (marginale) Steuersatz höher als in Brasilien. Das bedeutet, daß den Empfängern zusätzlicher Bruttoeinkommen in Schweden ein kleineres zusätzliches, verfügbares Einkommen verbleibt als in Brasilien. Somit dürfte – bei sonst gleichen Verhältnissen – die zusätzliche Konsumgüternachfrage, die einem Einkommensanstieg zu folgen pflegt, in Schweden geringer als in Brasilien ausfallen. Der Expansionskraft zusätzlicher Staatsausgaben stehen somit in Schweden größere „Sickerverluste durch Steuerzahlungen" gegenüber als in Brasilien: Der Multiplikator ist entsprechend in Schweden kleiner als in Brasilien. Das wird erkennbar, wenn man in der Gleichung (3.28) einmal für t einen hohen Wert ansetzt (etwa 0,8 – was besagt, daß 80% zusätzlicher Einkommen weggesteuert werden), zum andern einen niedrigen (etwa 0,25).

Übungsaufgabe 2

(a) Werden die Gleichungen der zusammengefaßten Form des Ausgangsmodells total differenziert, so erhält man nach Umformulierung:

$$dY_R = \frac{1}{1 - b\,(1-t) + \dfrac{k \cdot \dfrac{\partial I}{\partial i}}{\dfrac{\partial L^S}{\partial i}}} \cdot d\overline{A}_{st}, \text{ wenn } d\overline{M} = 0.$$

Die Effizienz der „fiscal policy" ist dann um so größer,

- je größer die marginale Konsumquote (b) ist,
- je kleiner der Steueranteil am Sozialprodukt (t) ist,
- je geringer der Bedarf an Transaktionskasse für eine Einheit von Y_R ist,
- je geringer die Investitionsneigung $\partial I/\partial i$ ist,
- je größer (absolut) die Elastizität der Geldnachfrage aus Spekulationszwecken in bezug auf den Zins ist.

(b) „Fiscal policy" ist unwirksam, wenn der Nenner des Multiplikators unendlich wird.

- Dies kann bei $\partial L^S/\partial i = 0$ eintreten. Eine Zinsererhöhung führt dann nicht zur Verminderung der Spekulationskasse. Der zunächst infolge der Staatsausgabenerhöhung vermehrte Bedarf an Transaktionskasse führt deshalb solange zu einer Zinssteigerung, bis die Investitionen um eben diesen Betrag gesunken sind.
- Sollten die Investitionen vollständig zinselastisch reagieren ($\partial I/\partial i = -\infty$), nehmen die Investitionen ebenfalls um den Betrag der Staatsausgabenerhöhung ab.

Übungsaufgabe 3

(a) Wenn folgende Hypothesen des Ausgangsmodells geändert werden, ergibt sich das gewünschte Ergebnis.

(1) Der Steuerbetrag wird autonom festgelegt, so daß gilt: $T_R = \overline{T}_R$

(2) Für Investitionen wird ein ganz bestimmter Geldbetrag angesetzt. Das bedeutet $I_R^+ = \overline{I}_R$

Dieser Fall wird normalerweise in Lehrbüchern dargestellt. Es gibt jedoch andere Möglichkeiten (Hypothesenänderungen), das „Haavelmo-Theorem" abzuleiten.

(b) Modell

$$Y_R \overset{!}{=} C_R + I_R^+ + A_{st_R} \quad (1)$$

$$C_R = a + b\,Y_{R,v} \quad (2)$$

$$Y_{R,v} = Y_R - T_R \quad (3)$$

$$T_R = \overline{T}_R \quad (4)$$

$$I_R^+ = \overline{I} \quad (5)$$

$$A_{st_R} = \overline{A}_{st} \quad (6)$$

Für Y_R erhält man:

$$Y_R = \frac{a - b\overline{T}_R + \overline{I} + \overline{A}_{st}}{1 - b}.$$

Die Veränderung von Y_R bei einer Erhöhung der Staatsausgaben um $d\overline{A}_{st}$ ist:

$$dY_{R_1} = \frac{1}{1-b}\,d\overline{A}_{st}.$$

Die Veränderung von Y_R bei einer Erhöhung der Steuern um $d\overline{T}_R$ ist:

$$dY_{R_2} = \frac{-b}{1-b}\,d\overline{T}_R.$$

Wenn die Staatsausgaben und Steuern um denselben Betrag erhöht werden, erhält man:

$$dY = dY_{R_1} + dY_{R_2} = \frac{1}{1-b}\,d\overline{A}_{st} - \frac{b}{1-b}\,d\overline{A}_{st}$$

$$= \frac{1-b}{1-b}\,d\overline{A}_{st} = d\overline{A}_{st} = d\overline{T}_R.$$

Übungsaufgabe 4

Eine Änderung des Steueranteils „t" berührt zunächst die Spar-, die Steuer- und die aggregierte $S_R + T_R$-Funktion. Die Sparkurve dreht sich nach unten, die Steuerkurve dreht sich nach oben, und die aggregierte $S_R + T_R$-Kurve muß sich (da $0 < b < 1$) nach oben drehen. Entsprechend muß sich die IS-Kurve nach unten verschieben. Der

Schnittpunkt der neuen IS-Kurve mit der LM-Kurve (bzw. mit der neuen LM-Kurve bei di = 0) gibt die Wirkung einer Änderung des Steueranteils auf das Sozialprodukt an.

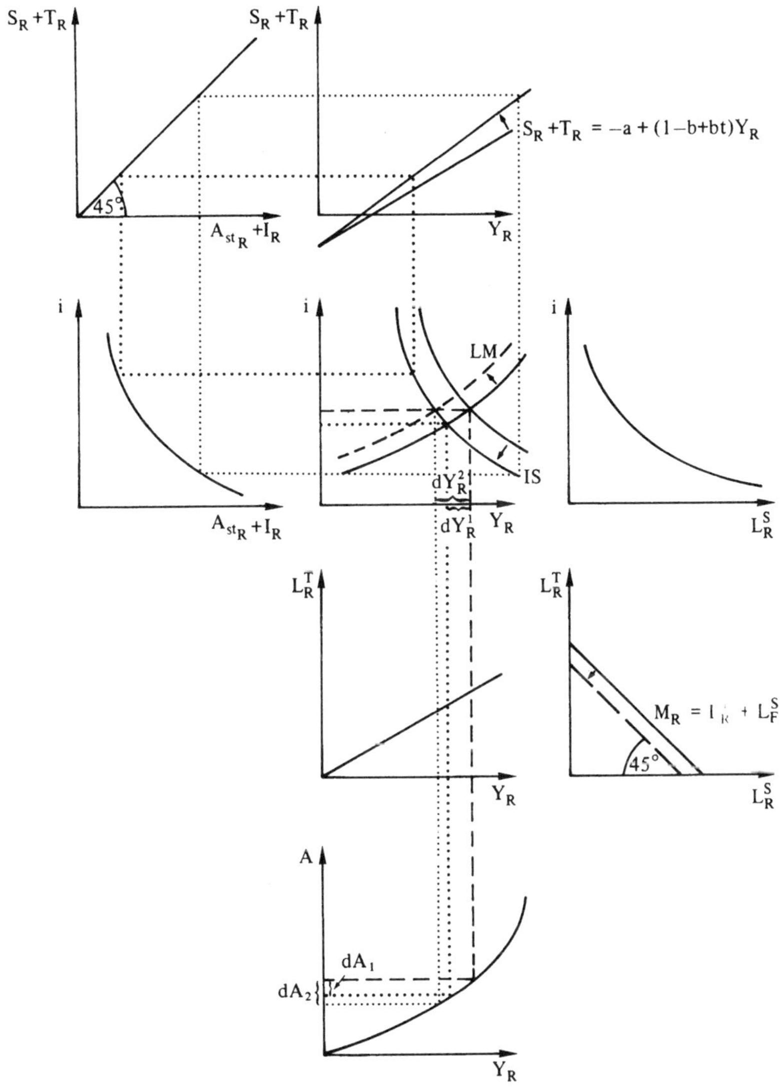

Abbildung zu Aufgabe 4

Übungsaufgabe 5

Fall (a)

$\partial L^S/\partial i = 0$. Die Kurve der spekulativen Kassenhaltung verläuft im entscheidenden Bereich parallel zur Ordinate. Dann wird die L=M-Kurve ebenfalls parallel zur Ordinate verlaufen.

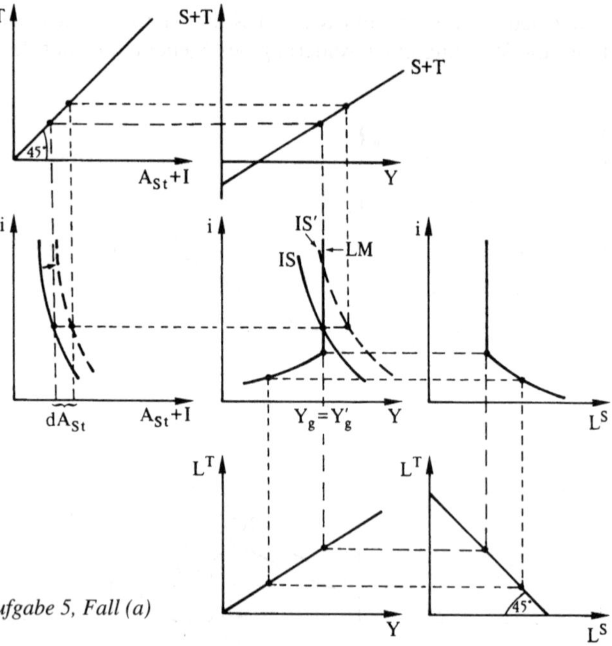

Abbildung zu Aufgabe 5, Fall (a)

Fall (b)

$\partial I/\partial i = -\infty$. Die Investitionsfunktion verläuft parallel zur Abszisse, ebenfalls die I=S-Kurve.

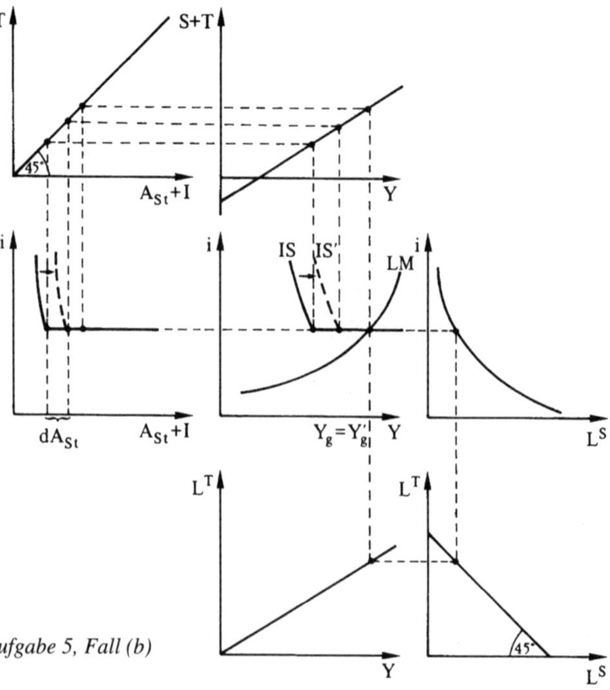

Abbildung zu Aufgabe 5, Fall (b)

Übungsaufgabe 6

Die Frage soll mit Hilfe des im Kapitel 3.2 aufgestellten Modells beantwortet werden. Das Modell wird hier nicht noch einmal wiederholt.

Die Frage (a) kann mit Hilfe von Gleichung (3.35)' beantwortet werden. Setzt man, so wie es die Aufgabenstellung angibt,

$d\overline{A}_{st} = di = dt^G = dn = 0$, erhält man

$$dY = b(1-g)(1-t^W)\,dY - b(1-g)\,Y \cdot dt^W + \frac{\partial I}{\partial G_v}\, g(1-t^G)\,dY$$

Isoliert man die gesuchte Größe dY, ergibt sich

$$dY = -\frac{1}{1 - b(1-g)(1-t^W) - \dfrac{\partial I}{\partial G_v}\, g(1-t^G)}\; b(1-g)\,Y \cdot dt^W$$

Da dt^W negativ ist (die Steuersätze werden gesenkt), ist dY positiv: Das Sozialprodukt steigt.

Die Veränderung der Steuersätze erhöht das verfügbare Einkommen der Lohnempfänger um $-\,dt^W \cdot W = -\,dt^W \cdot (1-g)\,Y$. Darauf reagieren sie mit einer Ausweitung des Konsums um $dC = -\,b \cdot (1-g)\,Y \cdot dt^W$. Damit ist der Anstoßeffekt, d.h. die erste Nachfrageänderung (= Multiplikand), bestimmt, auf den die im Kreislauf handelnden Gruppen reagieren. Ein Multiplikatorprozeß setzt ein.

Dieser Multiplikatorprozeß wird durch zwei Kräfte getragen. Einmal erhöht sich von Multiplikatorrunde zu Multiplikatorrunde neu das Einkommen der Lohnempfänger. Einen Teil dieses zusätzlichen (Brutto-)Einkommens müssen die Arbeitnehmer als Steuer an den Staat abführen, einen Teil sparen sie. Den Rest verwenden sie für zusätzliche Konsumgüternachfrage, die jeweils eine weitere Produktionsausdehnung und Einkommenssteigerung bewirkt. Der Ausdruck $1 - b(1-g)(1-t^W)$ im Nenner des Multiplikators zeigt diese Kraft an. Sie ist um so größer, je weniger gespart wird und je weniger Steuern zu entrichten sind (mit anderen Worten: je kleiner die „Sickerverluste" sind).

Zum anderen erhöht sich von Runde zu Runde das Gewinneinkommen der Unternehmer. Darauf reagieren sie mit zusätzlicher Investitionsgüternachfrage, die zu weiteren Produktions- und Einkommenserhöhungen führt. Diese zweite Expansionskraft wird durch den Term $(\partial I/\partial G_v) \cdot g(1-t^G)$ im Nenner des Multiplikators angezeigt und ist bei gegebener Einkommensverteilung (d.h. bei gegebenem g) um so stärker, je geringer der Steuersatz t^G und je höher der Verhaltensparameter $\partial I/\partial G_v$ sind.

Zu Frage (b): Die Behauptung ist falsch; denn im Aufschwung steigen auch die Unternehmereinkommen, und zwar gemäß Hypothese (B 11) um $dG = g \cdot dY$. Die Unternehmer reagieren hierauf mit einer Erhöhung ihrer Investitionsgüternachfrage. Diese beträgt nach den Hypothesen (B 8), (B 9) und (B 11)

$$dI = \frac{\partial I}{\partial G_v} \cdot g(1-t^G)\,dY$$

Übungsaufgabe 7

Da das Sozialprodukt insgesamt unverändert bleiben soll, sind die steuerlichen Vorschriften so zu ändern, daß $dY_G + dY_W = 0$ werden (die Symbolik entspricht derjenigen des Kapitels 3.2). Setzt man die bei der Behandlung des 3. und des 4. Falles gefundenen Multiplikatorformeln ein, erhält man

$$dY = -\,Mu\,\frac{\partial I}{\partial G_v}\,g \cdot Y \cdot dt^G - Mu \cdot b\,(1-g) \cdot Y \cdot dt^W = 0.$$

Darin müssen $dt^G < 0$ und $dt^W > 0$ sein. Hieraus läßt sich das Verhältnis bestimmen, in dem die Steueränderungen zueinander stehen müssen:

$$\left|\frac{dt^W}{dt^G}\right| = \frac{\frac{\partial I}{\partial G_v} \cdot g}{b\,(1-g)} \qquad (1)$$

Da die marginale Konsumquote b der Lohneinkommensbezieher auf ungefähr 0,8 und der Anteil $(1 - g)$ des Lohns am Volkseinkommen auf annähernd 0,7 geschätzt werden, kann der Ausdruck $\frac{g}{b\,(1-g)}$ bei etwa 0,54 angesetzt werden.

Aus (1) kann dann gefolgert werden: Die Erhöhung der Steuersätze für Lohneinkommen muß gleich der Senkung der Steuersätze für Gewinn- und Kapitaleinkommen sein ($dt^W = |\,dt^G\,|$), wenn $\partial I/\partial G_v$ etwa den Wert 1,85 annimmt. Ist der Wert für $\partial I/\partial G_v$ kleiner (größer) als 1,85, muß die Erhöhung des Steuersatzes für Lohneinkommen (dt^W) geringer (größer) als die Senkung des Steuersatzes für Gewinn- und Kapitaleinkommen ausfallen.

Nach Änderung der Steuerstruktur in der oben beschriebenen Weise beträgt der Konsumanteil am Sozialprodukt

$$\frac{C_0 + dC}{Y}, \qquad (2)$$

wobei C_0 der Konsum vor Veränderung der Steuerstruktur und

$$\begin{aligned} dC &= b\,(1-g)\,(1-t^W)\,dY - b\,(1-g)\,Y\,dt^W \\ &= -\,b\,(1-g)\,Y\,dt^W \qquad \text{(da: } dY = 0) \end{aligned}$$

ist.

Eingesetzt in (2) erhält man:

$$\frac{C_0 - b\,(1-g)\,Y\,dt^W}{Y} = \frac{C_0}{Y} - b\,(1-g)\,dt^W < \frac{C_0}{Y}.$$

Somit hat der Anteil der Konsumgüter am Sozialprodukt abgenommen.

Der Anteil der Investitionen am Sozialprodukt nach Veränderung der Steuerstruktur ist

$$\frac{I_0 + dI}{Y}, \qquad (3)$$

wobei I_0: Investitionen vor Veränderung der Steuerstruktur und

$$dI = \frac{\partial I}{\partial i} \, di + \frac{\partial I}{\partial G_v} \, g \, (1 - t^G) \, dY - \frac{\partial I}{\partial G_v} \, Y \cdot g \cdot dt^G - \frac{\partial I}{\partial G_v} \, dn.$$

Da $di = dY = dn = 0$, ist $dI = - \frac{\partial I}{\partial G_v} \cdot Y \cdot g \cdot dt^G$.

Aus (3) folgt

$$\frac{I_0 - \frac{\partial I}{\partial G_v} \cdot Y \cdot g \cdot dt^G}{Y} = \frac{I_0}{Y} - \frac{\partial I}{\partial G_v} \cdot g \cdot dt^G. \tag{4}$$

Nach (1) muß gelten

$$| \, dt^G \, | = \frac{b \, (1 - g)}{\frac{\partial I}{\partial G_v}} \, dt^W$$

Eingesetzt in (4):

$$\frac{I_0}{Y} + b \, (1 - g) \, dt^W > \frac{I_0}{Y},$$

d.h. der Anteil der Investitionen am Sozialprodukt hat zugenommen.

Übungsaufgabe 8

Bei der Diskussion der Erfolgsaussichten beider Maßnahmen sollten Sie auf die nachfolgend genannten Aspekte, die im Kapitel 3.3 ausführlich diskutiert worden sind, eingehen.

- Eine dauerhafte Erhöhung der verfügbaren Periodeneinkommen erhöht das permanente Einkommen der Haushalte und bewirkt eine Konsumsteigerung.
- Eine vorübergehende Erhöhung des verfügbaren Periodeneinkommens erhöht das permanente Einkommen nur geringfügig.
- Die Erfolgsaussichten der Maßnahmen sind demnach davon abhängig, ob der Konsum auf der Grundlage des permanenten Einkommens geplant wird. In diesem Fall ist eine dauerhafte Steuersenkung vorzuziehen.
- Nur bei Gültigkeit der absoluten Einkommenshypothese kommt es bei einer einmaligen Steuersenkung zu einer starken einmaligen Konsumerhöhung, die einen expansiven Prozeß einleiten könnte.
- Der Erfolg einer Steuersenkung, insbesondere der einer nur vorübergehend gewährten, kann zudem dadurch vereitelt werden, daß zukünftige Steuerzahlungen zur Finanzierung des Defizits des Staatshaushalts von den Konsumenten antizipiert und bei der Bestimmung des permanenten Einkommens berücksichtigt werden. Im Extremfall träte überhaupt keine Konsumsteigerung auf.

Übungsaufgabe 9

Der Lösung liegt das im Kapitel 3.4 dargestellte Modell zugrunde. Nach Gleichung (3.56)' sind die Beschäftigungswirkungen

$$dA = \frac{\partial A}{\partial Y_R} dY_R.$$

dY_R beträgt bei Bondsfinanzierung (entsprechend Fall 1, Gleichung (3.57))

$$dY_R \Big|_{d\overline{M} = 0} = \frac{1}{1 - b(1 - t) + k \cdot \alpha} \left[1 + \frac{\partial C}{\partial V_R} - \frac{\partial L^S}{\partial V_R} \cdot \alpha \right] d\overline{A}_{st}$$

wobei α definiert ist als:

$$\alpha \equiv \frac{\dfrac{\partial I}{\partial i} - \dfrac{\partial C}{\partial V_R} \cdot \dfrac{B_0}{i^2}}{\dfrac{\partial L^S}{\partial i} - \dfrac{\partial L^S}{\partial V_R} \cdot \dfrac{B_0}{i^2}}.$$

dY_R beträgt bei Geldfinanzierung (entsprechend Fall 2, Gleichung (3.58))

$$dY_R \Big|_{d\overline{B} = 0} = \frac{1}{1 - b(1 - t) + k \cdot \alpha} \left[1 + \frac{\partial C}{\partial V_R} + \left(\frac{1}{h} - \frac{\partial L^S}{\partial V_R} \right) \cdot \alpha \right] d\overline{A}_{st}.$$

Ob

$$dY_R \Big|_{d\overline{M} = 0} \gtreqless dY_R \Big|_{d\overline{B} = 0}$$

ist, hängt davon ab, ob

$$1 + \frac{\partial C}{\partial V_R} - \frac{\partial L^S}{\partial V_R} \cdot \alpha \gtreqless 1 + \frac{\partial C}{\partial V_R} + \frac{1}{h} \cdot \alpha - \frac{\partial L^S}{\partial V_R} \cdot \alpha$$

oder

$$0 \gtreqless \frac{1}{h} \cdot \alpha$$

Da α größer als 0 ist, gilt

$$0 < \frac{1}{h} \cdot \alpha,$$

und:

$$dY_R \Big|_{d\overline{B} = 0} > dY_R \Big|_{d\overline{M} = 0}$$

Somit ist die Beschäftigungswirkung

$$dA = \frac{\partial A}{\partial Y_R} dY_R$$

größer, wenn die zusätzlichen Staatsausgaben mit Geld finanziert werden, da der Geldmengeneffekt eine nachfragestimulierende Wirkung hat und dieser Effekt bei Bondsfinanzierung ausbleibt.

Übungsaufgabe 10

Die Änderung des Volkseinkommens (und damit der Beschäftigung $dA = (\partial A/\partial Y_R \cdot dY_R)$ auf Grund erhöhter Staatsausgaben ergibt sich aus der in Kapitel 3.4 entwickelten Formel bei Verwendung der Definition für α in Aufgabe 9:

$$dY_R = \frac{1}{1 - b(1-t) + k \cdot \alpha} \left[1 + \frac{\partial C}{\partial V_R} - \frac{\partial L^S}{\partial V_R} \cdot \alpha \right] d\overline{A}_{st}.$$

Dieses Ergebnis unterscheidet sich von der in Kapitel 3.1.2 ermittelten Multiplikatorformel in vierfacher Weise.

(a) Den ersten Unterschied bewirkt der Term $\frac{\partial C}{\partial V_R} \frac{B_0}{i^2}$. Da die marginale Konsumquote in bezug auf das Vermögen positiv ist, bewirkt er eine Verkleinerung des Multiplikators.

(b) Der zweite Unterschied wird durch den Term $\frac{\partial L^S}{\partial V_R} \frac{B_0}{i^2}$ verursacht. Der marginale Kassenhaltungseffekt in bezug auf das Vermögen ist positiv, deshalb bewirkt er eine Vergrößerung des Multiplikators.

(c) Die folgenden Unterschiede beziehen sich auf die Anstoßwirkung. Der Term $\frac{\partial C}{\partial V_R} d\overline{A}_{st}$ bewirkt eine Vergrößerung der Anstoßwirkung.

(d) Schließlich unterscheiden sich die beiden Multiplikatoren noch durch den Term

$$-\frac{\partial L^S}{\partial V_R} \cdot \alpha \cdot d\overline{A}_{st} \equiv -\frac{\partial L^S}{\partial V_R} \cdot \frac{\frac{\partial I}{\partial i} - \frac{\partial C}{\partial V_R} \cdot \frac{B_0}{i^2}}{\frac{\partial L^S}{\partial i} - \frac{\partial L^S}{\partial V_R} \cdot \frac{B_0}{i^2}} \cdot d\overline{A}_{st}$$

Durch diesen Term wird eine Verringerung der Anstoßwirkung angezeigt. Da die genannten Kräfte in unterschiedlicher Richtung wirken, ist die Gesamtwirkung ungewiß. Die obige Frage kann nicht eindeutig beantwortet werden.

Übungsaufgabe 11

Die Wirksamkeit der „fiscal policy" ist von der Größe des Multiplikators des zugrundegelegten Modells abhängig (siehe z.B. Formel 4.33). Der Multiplikator ist um so größer, je kleiner $\partial p/\partial Y_R$ ist.

Bei weit verbreiteter Arbeitslosigkeit ist anzunehmen, daß $\partial p/\partial Y_R$ klein ist, weil

- freie Kapazitäten zur Verfügung stehen und somit eine Produktionssteigerung ohne starkes Sinken der Arbeitsproduktivität möglich ist,
- Unternehmer möglicherweise ihren Aufschlag auf die Durchschnittskosten gering halten, da die Absatzchancen relativ schlecht sind,
- genügend gut ausgebildete Arbeitskräfte eine Arbeitsstelle suchen.

Bei relativ geringer Arbeitslosigkeit ist $\partial p/\partial Y_R$ hoch, weil

- bei angespannter Arbeitsmarktlage Lohnsteigerungen durchgesetzt werden können,

- starke Zunahmen der durchschnittlichen Kosten infolge der intensiveren Nutzung der Produktionsfaktoren und des Mangels an gut ausgebildeten Arbeitskräften auftreten
- und Unternehmer möglicherweise ihren Aufschlag auf die Durchschnittskosten erhöhen.

Übungsaufgabe 12

Das im Kapitel 4.3 aufgestellte und abgebildete Modell D kann zur Beantwortung dieser Frage herangezogen werden.

Eine Steigerung der Staatsausgaben um $d\overline{A}_{st}$ führt zu einer Rechtsverschiebung der „$I_R = S_R$"-Kurve und der gesamtwirtschaftlichen Nachfragekurve. In der Abbildung (s. S. 249) ist dieser Sachverhalt angezeigt. Dabei ist davon ausgegangen worden, daß das Ausgangsgleichgewicht (Punkt A'' in dem p/Y_R -Diagramm unten links) bekannt ist. Zu diesem Ausgangsgleichgewicht gehört das System der ausgezogenen Linien. Somit ist A der im i/Y_R -Diagramm zugehörige Punkt. Dazu gehört $I_R^0 + A_{stR}^0$ als Ausgangssumme von Staatsausgaben und Investition.

Nun gilt es, die $I_R^0 + A_{stR}^0$-Kurve um $d\overline{A}_{st}$ zu verschieben und die Folgeverschiebungen in den i/Y_R - und p/Y_R -Diagrammen sowie der Summenkurve $L_R = L_R^T + L_R^S$ zu konstruieren.

Beachte: In der Abbildung sind D, D' und D'' lediglich Punkte auf den gesuchten neuen gestrichelten Kurven. Ein Gleichgewicht kann damit noch nicht verbunden werden, dieses wird erst sichtbar, wenn der Schnittpunkt der neuen gesamtwirtschaftlichen Nachfragekurve mit der gesamtwirtschaftlichen Angebotskurve gefunden ist. Der neue Gleichgewichtspunkt ist G und zeigt an, daß das Sozialprodukt um dY_R gestiegen ist bei gleichzeitiger Erhöhung des Preisniveaus um dp.

Wirkungslos wäre die „fiscal policy" erst dann, wenn die Verschiebung der Nachfragekurve im unelastischen Bereich der Angebotsfunktion erfolgt.

[Anmerkung: Vom neuen Gleichgewichtspunkt G aus sind die Verbindungslinien zur Bestimmung der zugehörigen Werte von I_R, T_R und S_R usw. aus Übersichtlichkeitsgründen nicht gezogen worden. Es ist danach auch nicht gefragt worden.]

Übungsaufgabe 13

Der Beantwortung dieser Frage kann das Modell D auf Seite 90 zugrunde gelegt werden.

Nach der totalen Differenzierung der zusammengefaßten Form des Modells erhält man die auf Seite 105 und 106 wiedergegebenen Steuerwirkungen, deren Wirksamkeit zu vergleichen ist:

$$\left.\frac{dY_R}{dt_d}\right|_{d\overline{M}=0} \overset{?}{\gtreqless} \left.\frac{dY_R}{dt_i}\right|_{d\overline{M}=0}$$

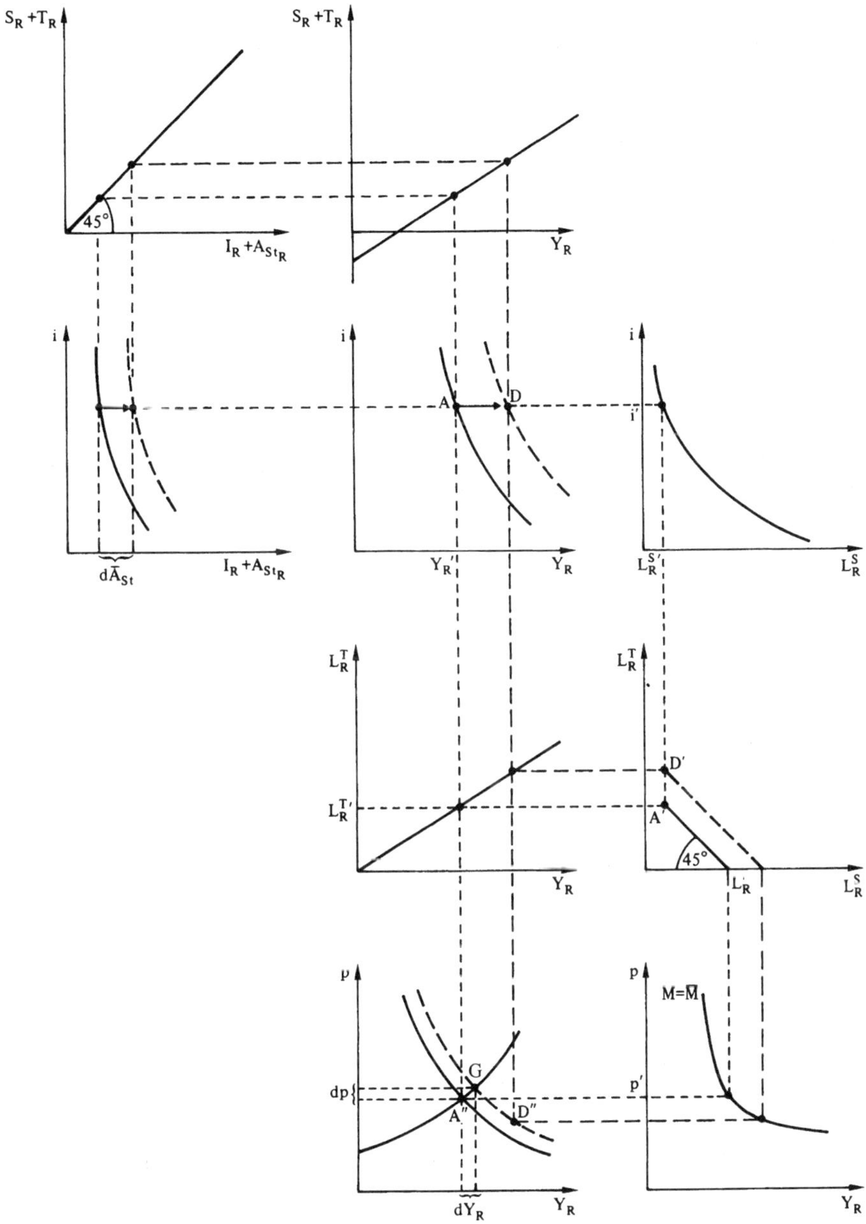

Abbildung zur Übungsaufgabe 12

$$- \alpha \cdot b(1-t_i) \cdot Y_R \overset{?}{\gtreqless} - \alpha \cdot b(1-t_d) \cdot Y_R - \alpha \cdot \frac{\dfrac{\partial I}{\partial i}}{\dfrac{\partial L^S}{\partial i}} \cdot \frac{\partial p}{\partial t_i} \cdot \frac{\overline{M}}{p^2},$$

wobei α den Multiplikator des Modells angibt. Sind die Steueranteile am Sozialprodukt bzw. Volkseinkommen einander gleich ($t_i = t_d$), so gilt:

$$0 > -\frac{\frac{\partial I}{\partial i}}{\frac{\partial L^S}{\partial i}} \cdot \frac{\partial p}{\partial t_i} \cdot \frac{\overline{M}}{p^2},$$

denn

$$\frac{\partial I}{\partial i}, \frac{\partial L^S}{\partial i} < 0, \frac{\partial p}{\partial t_i} > 0.$$

Die Veränderung der indirekten Steuer ist dann wirksamer als eine Veränderung der direkten Steuer.

Hält die Zentralbank nicht die Geldmenge, sondern das Zinsniveau konstant, so zeigt sich jedoch, daß es für die Wirksamkeit der „fiscal policy“ gleichgültig ist, ob sie mit Hilfe der direkten oder der indirekten Steuer betrieben wird. Man erhält unter Verwendung der auf S. 107 ermittelten Ausdrücke für $dt_d = dt_i$ nämlich:

$$\left.\frac{dY_R}{dt_d}\right|_{di = 0} = \left.\frac{dY_R}{dt_i}\right|_{di = 0}$$

Zur Ermittlung der Preiswirkungen muß verglichen werden, ob

$$\frac{dp}{dt_i} = \frac{\partial p}{\partial Y_R} \cdot \frac{\partial Y_R}{\partial t_i} + \frac{\partial p}{\partial t_i} \overset{?}{\gtreqless} \frac{dp}{dt_d} = \frac{\partial p}{\partial Y_R} \cdot \frac{\partial Y_R}{\partial t_d}$$

ist, und dies einmal für $dM = 0$ und zum andern für $di = 0$.

Der Vergleich der Multiplikatoren in beiden Fällen ergibt, daß wegen $(\partial p/\partial t_i) > 0$ Variationen der indirekten Steuern stärkere Preisniveauveränderungen nach sich ziehen.

Übungsaufgabe 14

Zur Beantwortung kann auf das Modell E zurückgegriffen werden. Man erhält die kurzfristigen Wirkungen mit dem Multiplikator (4.43). Kurzfristig kann demnach die Senkung der direkten Steuern vier Anstoßwirkungen haben:

- die Haushalte konsumieren einerseits mehr, weil ihr verfügbares Einkommen gestiegen ist,
- sie schränken andererseits ihren Konsum ein, weil die Steuersatzsenkung die Ersparnis im Verhältnis zum Konsum begünstigt;
- die Investoren reagieren möglicherweise mit einer Steigerung der Investitionen;
- die Arbeiter erhöhen möglicherweise ihr Arbeitsangebot, was zu Lohn- und Preissenkungen führen kann.

Der erste und der dritte Anstoßeffekt bewirken eine Rechtsverschiebung der gesamtwirtschaftlichen Nachfragefunktion; der zweite wirkt in entgegengesetzter Richtung.

Der vierte Effekt verursacht eine Rechtsverschiebung der kurzfristigen gesamtwirtschaftlichen Angebotsfunktion. Die Wirkung der Steuersatzsenkung ist somit nicht eindeutig zu bestimmen; eine expansive Wirkung ist jedoch anzunehmen.

Übungsaufgabe 15

Kapitalmangelarbeitslosigkeit liegt vor, wenn die Unternehmer eine Produktionstechnologie wählen, bei der selbst bei Vollauslastung der Kapazitäten Unterbeschäftigung herrscht. Man kann dies in der folgenden Abbildung durch eine vom Sozialprodukt $Y_{R_{Vollausl.}}$ an sehr steil verlaufende kurzfristige, gesamtwirtschaftliche Angebotsfunktion kenntlich machen. Diese Kapazitätsgrenze ist bei geringerem als dem Vollbeschäftigungssozialprodukt $Y_{R_{voll}}$ erreicht.

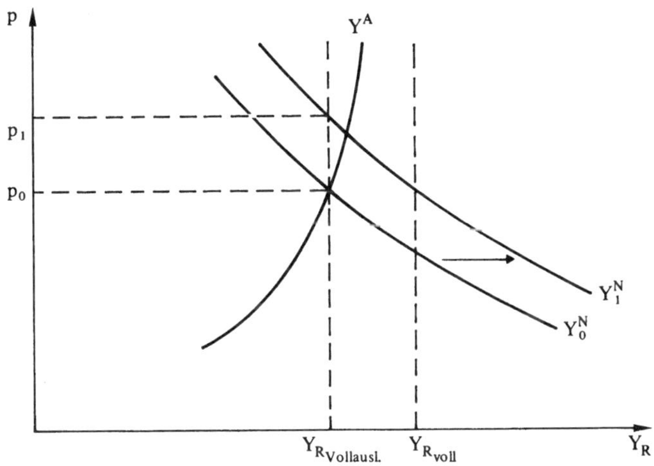

Abbildung zur Übungsaufgabe 15

Die gesamtwirtschaftliche Nachfragekurve Y^N schneide Y^A gerade so, daß im Ausgangsgleichgewicht Vollauslastung herrscht. Eine Erhöhung der Staatsausgaben kann dann keinen wesentlichen Beitrag zur Überwindung der Arbeitslosigkeit leisten: die Verschiebung der gesamtwirtschaftlichen Nachfragefunktion nach rechts auf Y_1^N bewirkt nur eine geringe Steigerung des Sozialproduktes und – weil die Durchschnittskosten stark ansteigen – eine starke Preissteigerung auf p_1.

Die eintretende Preissteigerung bedingt eine Zinssteigerung. Infolgedessen werden private Investitionen verdrängt. Der Kapitalstock, dessen Steigerung eine Verschiebung von $Y_{R_{Vollausl.}}$ und Y^A nach rechts in der nachfolgenden Periode ermöglicht, wird demnach durch die Staatsausgabenerhöhung sogar vermindert. Eine Senkung der direkten Steuern bewirkt dagegen eine Steigerung der Ersparnis und der Investition. Hierdurch wächst der Kapitalstock in den darauffolgenden Perioden. Das Sozialprodukt bei Vollauslastung steigt deshalb, und die Kapitalmangelarbeitslosigkeit kann beseitigt werden.

Übungsaufgabe 16

Die Bildung von Inflationserwartungen verursacht zwei Probleme.

Erstens erschwert sie die Verfolgung expansiver fiskalpolitischer Maßnahmen. Bei adaptiver Erwartungsbildung induziert die von der „fiscal policy“ ausgelöste Preissteigerung Inflationserwartungen in späteren Perioden. Diese Inflationserwartungen werden bei Lohnforderungen berücksichtigt und bedingen entsprechende Lohnsteigerungen. Hierdurch verschiebt sich die kurzfristige gesamtwirtschaftliche Angebotskurve nach oben. „Fiscal policy“ löst dann einen Inflationsprozeß aus, der letztlich zu keiner Erhöhung des Sozialproduktes führt.

Bei rationaler Erwartungsbildung und vollständiger Umsetzung der Lohnforderungen in höhere Löhne ist „fiscal policy“ auch kurzfristig unwirksam.

Zur langfristigen Steigerung des Sozialprodukts und der Beschäftigung sind Maßnahmen durchzuführen, die verhindern, daß die Angebotskurve vertikal verläuft (beispielsweise durch Einkommenspolitik, die die Lohnsteigerungen begrenzt), oder die zur Vergrößerung des Vollbeschäftigungssozialprodukts $Y_{R_{voll}}$ führen (beispielsweise Arbeitsmarktpolitik, Steuerpolitik, vgl. Kapitel 4.4).

Zweitens können Inflationserwartungen für die tatsächlich herrschende hohe Inflationsrate verantwortlich sein. Eine schnelle Senkung der Inflationsrate ist dann durch eine kontraktive „fiscal policy“ nur bei relativ großem Rückgang des Sozialprodukts und der Beschäftigung möglich (Schocktherapie). Es kann deshalb sinnvoller sein, über einen längeren Zeitraum hinweg durch relativ schwach kontraktive Maßnahmen die tatsächliche Inflationsrate und damit auch die erwartete Inflationsrate langsam zu senken (Gradualismus).

Übungsaufgabe 17

Angebotsschocks bewirken unmittelbar eine Schlechtererfüllung der beiden wichtigen Zielsetzungen Vollbeschäftigung und Preisniveaustabilität. Sie lösen möglicherweise einen Inflationsprozeß aus, der zu weiterer Arbeitslosigkeit führen kann („Trägheitsinflation“).

Der Einsatz expansiver „fiscal policy“ würde zu weiteren Preissteigerungen, der Einsatz kontraktiver „fiscal policy“ zur Erhöhung der Arbeitslosigkeit führen. Die „fiscal policy“ sollte deshalb Mittel einsetzen, die eine Rechtsverschiebung der Angebotskurve bewirken bzw. versuchen, die Angebotspolitik durch nachfragesteuernde Maßnahmen zu unterstützen.

Übungsaufgabe 18

Das den Erörterungen im 5. Kapitel zugrunde gelegte Modell unterscheidet sich von allen in den Kapiteln 3 und 4 aufgestellten Modellen besonders durch folgende Sachverhalte:

(a) Das im Inland hergestellte Gut i wird auch im Ausland verkauft. Es ist deshalb erforderlich, über das Verhalten der ausländischen Käufer eine plausible Hypothese aufzustellen.

(b) Der Preisindex der im Inland verbrauchten Güter wird auch durch die in Inlandswährung umgerechneten Importgüterpreise beeinflußt. Realeinkommen und inländisches Sozialprodukt sind dann einander nicht mehr gleich.

(c) Inländische Wirtschaftssubjekte kaufen nicht nur das heimische Gut, sie fragen auch ein im Ausland hergestelltes Gut nach. Über ihr Importnachfrageverhalten ist eine Hypothese zu formulieren.

(d) Inlands- und Auslandsprodukt sind nicht identisch. Somit ist das Modell ein Zwei-Güter-Modell. Die Menge des Auslandsguts ist in Einheiten des Inlandsprodukts umzurechnen. Das geschieht mit Hilfe der terms-of-trade, einem Güterpreisverhältnis. In keinem früheren Modell mußte ein Preisverhältnis explizit berücksichtigt werden.

(e) Das Modell umfaßt mit dem Devisenmarkt einen vierten Markt. Auf ihm kann der Preis (der Wechselkurs) fest oder flexibel sein. Wenn der Wechselkurs flexibel ist, muß überlegt werden, wie seine Änderungen die Export- und Importmengen und das Devisenangebot und die Devisennachfrage beeinflussen.

(f) Ein Devisenbilanzsaldo kann die inländische Geldmenge beeinflussen.

(g) Es sind internationale Kapitalbewegungen zu berücksichtigen, die den Wechselkurs und über ihn den Außenbeitrag beeinflussen und dadurch die Wirksamkeit der „fiscal policy" beeinträchtigen können.

Übungsaufgabe 19

Die Beantwortung dieser Frage läßt sich nur mit Hilfe einer Reihe von plausiblen Hypothesen geben, die zu einem Modell zusammengestellt werden. Es empfiehlt sich, auf das Modell G zurückzugreifen.

Die Gleichungen der zusammengefaßten Form des Modells werden total differenziert. Mit Hilfe der Ergebnisse wird ermittelt, wie groß dY_R nach einer Erhöhung der (realen) Staatsausgaben um dA_{st} ist. Dabei darf der Aufgabe gemäß $di = 0$ gesetzt werden. Die Rechnung ist zweimal durchzuführen, einmal unter der Voraussetzung fester, zum andern unter der Annahme flexibler Wechselkurse. Man erhält als Ergebnis die Ausdrücke (5.13) und (5.14).

Um die beiden Ausdrücke leichter vergleichen zu können, empfiehlt es sich, Gleichungen (5.13) in (5.13 a) umzuformen, indem man im Nenner von (5.13) den Ausdruck $(- Ex_R \cdot p_{Y_R} + Ex_R \cdot p_{Y_R}) = 0$ hinzufügt. Gleichung (5.13 a) unterscheidet sich von (5.14) durch den Klammerausdruck $(Im_{Y_R} + \alpha_2 \cdot p_{Y_R} - Ex_R \cdot p_{Y_R})$ im Nenner.

Multipliziert man dY_R gibt er (mit umgekehrtem Vorzeichen) an, um wieviel sich der nominale Außenbeitrag des Inlands als Folge höherer Staatsausgaben verändert. Dabei erfaßt der (positive) Summand Im_{Y_R} die als Folge steigender Inlandseinkommen zunehmende Importe und der (ebenfalls positive) Summand $\alpha_2 \cdot p_{Y_R}$ die bei Inländern und Ausländern zu beobachtende Substitutionsreaktion auf steigende Inlandspreise: Statt inländischer Güter werden verstärkt ausländische nachgefragt. Die beschriebenen Effekte stellen Sickerverluste des Außenhandels dar und verringern den expansiven Effekt höherer Staatsausgaben. In entgegengesetzter Richtung wirkt die durch den (negativen) Summanden $(- Ex_R \cdot p_{Y_R})$ gemessene Umbewertung des ursprünglichen Exportvolumens. Das im Zuge des Multiplikatorprozesses steigende inländische Preisniveau verbessert die terms of trade und erhöht damit das Realeinkommen des Inlands.

Wird – wie stets in diesem Buch – eine normale Reaktion des Außenbeitrags unterstellt, so überwiegen die dämpfenden Reaktionen den expansiv wirkenden Umbewertungseffekt. Der Klammerausdruck $(Im_{Y_R} + \alpha_2 \cdot p_{Y_R} - Ex_R \cdot p_{Y_R})$ im Nenner von

(5.13a) ist dann positiv und der gesamte Multiplikator von (5.13a) kleiner als der Multiplikator von (5.14). Normalerweise gilt deshalb bei von der Zentralbank unverändert gehaltenen Zinsen, daß die „fiscal policy" bei flexiblen Wechselkursen wirksamer ist als bei festen Wechselkursen.

Übungsaufgabe 20

Zur Beantwortung dieser Aufgabe kann man auf das auf S. 142ff. aufgestellte Modell G und seine graphische Darstellung zurückgreifen.

Die Kapitalimporte sind Argument der Gleichung für den Devisenmarkt. Die Steigung der Kurve, die für einen gegebenen Wechselkurs alle gleichgewichtigen Kombinationen von i und Y_R angibt, wird durch die Zinselastizität der Kapitalimporte wie folgt beeinflußt: Reagieren die Kapitalimporte relativ stark auf eine Zinssteigerung, so muß sich, damit wieder Gleichgewicht auf dem Devisenmarkt herrscht, der Außenbeitrag in gleichem Maße verschlechtern. Hierzu ist bei gegebenem Wechselkurs eine relativ große Steigerung des Sozialprodukts notwendig. Die Kurve, die die Gleichgewichtskombinationen von i und Y auf dem Devisenmarkt angibt, verläuft dann relativ flach ansteigend. Bei vollkommen zinselastischen Kapitalimporten verläuft sie horizontal, bei zinsunelastischen Kapitalimporten vertikal.

Zur Beantwortung der Frage können diese beiden Extremfälle herangezogen werden.

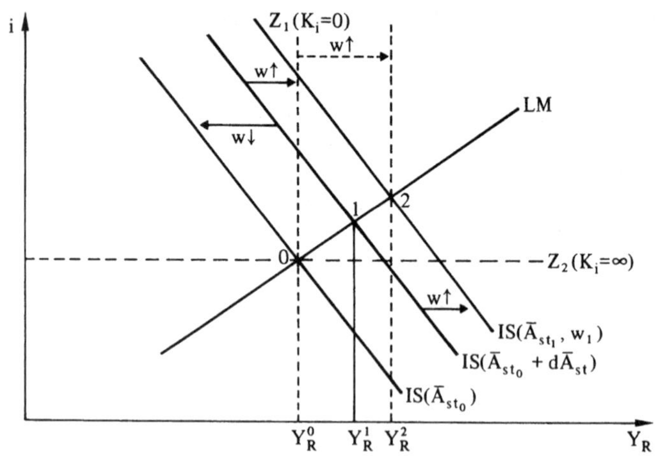

Abbildung zu Aufgabe 20

Die Verschiebung der „neuen" IS-Kurve infolge der Erhöhung der Staatsausgaben führt zu einem Gleichgewicht des Güter- und Geldmarkts 1, in dem bei Geltung von Z_1 ($K_i = 0$) ein Defizit, bei Z_2 ($K_i = \infty$) ein Überschuß in der Devisenbilanz vorliegt.

Die Abwertung führt zu einer Rechtsverschiebung der Kurven Z_1 und IS so, daß ein neues Gleichgewicht im Punkt 2 erreicht werden kann. Das Sozialprodukt ist gestiegen und ist größer, als es bei festen Wechselkursen sein würde ($Y_R^2 > Y_R^1$).

Eine Aufwertung (bei Z_2 ($K_i = \infty$)) führt zur Linksverschiebung der IS-Kurve, während die Kurve Z_2 weiterhin ihren alten Verlauf behält. Ein neues Gleichgewicht kann dann nur bei der Aufwertung existieren, die die IS-Kurve wieder auf die Ausgangslage zurückführt.

Ergebnis: je zinselastischer die Kapitalimporte sind, desto geringer ist ceteris paribus die Wirksamkeit der „fiscal policy" bei flexiblen Wechselkursen.

Übungsaufgabe 21

Die Beantwortung dieser weitreichenden Frage kann mit Hilfe des Modells G für eine kleine offene Volkswirtschaft (Kapitel 5.2) und des Modells H für eine große offene Volkswirtschaft (Kapitel 5.3) erfolgen. Dabei sind vier mögliche Konstellationen zum Verhalten der in- und ausländischen Zentralbank und zum Wechselkursregime zu berücksichtigen:

(a) konstante Zinsen und fester Wechselkurs,

(b) konstante Geldmengen und fester Wechselkurs,

(c) konstante Zinsen und flexibler Wechselkurs,

(d) konstante Geldmengen und flexibler Wechselkurs.

Die für diese vier Fälle zu vergleichenden Multiplikatoren wurden im Buch abgeleitet und – für den Fall eines im Ausgangszeitpunkt ausgeglichenen Außenbeitrags – in Übersicht 2 noch einmal zusammengefaßt. Im Kern besteht die Lösung der gestellten Aufgabe darin, diese Übersicht auszuwerten.

Zu (a): Wird unterstellt, daß sich die Geldpolitik neutral im Sinne von $di = di_a = 0$ verhält und der Wechselkurs fest ist ($d\overline{w} = 0$), so führt eine Staatsausgabenerhöhung im Fall eines kleinen Landes zu einer Sozialproduktserhöhung von

$$dY_R = \frac{1}{\alpha_1 + (Im_{Y_R} + \alpha_2 \cdot p_{Y_R} - Im_R \cdot p_{Y_R})} \cdot d\overline{A}_{st} \tag{5.13}$$

und im Fall eines großen Landes zu

$$dY_R = \frac{1}{\alpha_1 + (Im_{Y_R} + \alpha_2 \cdot p_{Y_R} - Im_R \cdot p_{Y_R}) \cdot \dfrac{1}{1 + \dfrac{1}{\alpha_{1_a}} \cdot (Ex_{Y_{aR}} - \alpha_{2_a} \cdot p_{a_{Y_{aR}}} - Im_R \cdot p_{a_{Y_{aR}}})}} \cdot d\overline{A}_{st} \tag{5.25}$$

Maßnahmen der „fiscal policy" sind in einem großen Land dann wirksamer, wenn der Multiplikator in (5.25) größer ausfällt als der in (5.13). Bei normaler Reaktion des Außenbeitrags weist der Klammerausdruck ($Im_{Y_R} + \alpha_2 \cdot p_{Y_R} - Im_R \cdot p_{Y_R}$) im Nenner beider Multiplikatoren einen positiven Wert auf. Der Ausdruck (5.25) ist unter dieser Bedingung größer als (5.13), wenn gilt:

$$\frac{1}{1 + \dfrac{1}{\alpha_{1_a}} \cdot (Ex_{Y_{aR}} - \alpha_{2_a} \cdot p_{a_{Y_{aR}}} - Im_R \cdot p_{a_{Y_{aR}}})} < 1.$$

Da ($Ex_{Y_{aR}} - \alpha_{2_a} \cdot p_{a_{Y_{aR}}} - Im_R \cdot p_{a_{Y_{aR}}}$) bei normaler Reaktion des Außenbeitrags ebenfalls größer als Null ist, läßt sich die Ungleichung umformen zu:

$$0 < \frac{1}{\alpha_{1_a}} \cdot (Ex_{Y_{aR}} - \alpha_{2_a} \cdot p_{a_{Y_{aR}}} - Im_R \cdot p_{a_{Y_{aR}}}).$$

Die Ungleichung ist erfüllt. Man kann also sagen, daß die „fiscal policy" bei festen Zinsen und festen Wechselkursen in einer großen offenen Volkswirtschaft wirksamer als in einer kleinen ist.

Zu (b): Wird angenommen, daß die Geldpolitik für Konstanz der Geldmengen im In- und Ausland sorgt ($d\overline{M} = d\overline{M}_a = 0$) und der Wechselkurs fest ist ($d\overline{w} = 0$), so führt eine Staatsausgabenerhöhung in einem kleinen Land zu einer Sozialproduktserhöhung von

$$dY_R = \frac{1}{\alpha_1 + I_i \cdot \frac{\alpha_4}{L_i} + (Im_{Y_R} + \alpha_2 \cdot p_{Y_R} - Im_R \cdot p_{Y_R})} \cdot d\overline{A}_{st} \tag{5.15}$$

und in einem großen Land zu

$$dY_R = \frac{1}{\alpha_1 + I_i \cdot \frac{\alpha_4}{L_i} + (Im_{Y_R} + \alpha_2 \cdot p_{Y_R} - Im_R \cdot p_{Y_R})} \cdot \frac{1}{1 + \frac{1}{\alpha_{1_a} + I_{a_{i_a}} \cdot \frac{\alpha_{4_a}}{L_{a_{i_a}}}} \cdot (Ex_{Y_{aR}} - \alpha_{2_a} - p_{a_{Y_{aR}}} - Im_R \cdot p_{a_{Y_{aR}}})} \cdot d\overline{A}_{st} \tag{5.27}$$

Maßnahmen der „fiscal policy" sind in einem großen Land dann wirksamer, wenn der Multiplikator in (5.27) größer ausfällt als der in (5.15). Wie erwähnt, ist der Klammerausdruck ($Im_{Y_R} + \alpha_2 \cdot p_{Y_R} - Im_R \cdot p_{Y_R}$), der im Nenner beider Multiplikatoren steht, bei normaler Reaktion des Außenbeitrags positiv. Der Ausdruck (5.27) ist demnach größer als (5.15), wenn gilt:

$$\frac{1}{1 + \frac{1}{\alpha_{1_a} + I_{a_{i_a}} \cdot \frac{\alpha_{4_a}}{L_{a_{i_a}}}} \cdot (Ex_{Y_{aR}} - \alpha_{2_a} \cdot p_{a_{Y_{aR}}} - Im_R \cdot p_{a_{Y_{aR}}})} < 1.$$

Der Klammerausdruck im Nenner der linken Seite der Ungleichung hat ein positives Vorzeichen, ebenso die Koeffizienten α_{1_a} und α_{4_a}. Da sowohl die Investitionstätigkeit im Ausland als auch die Spekulationskassennachfrage im Ausland bei einem Anstieg des Auslandszinses zurückgehen, sind die Differentialquotienten $I_{a_{i_a}}$ und $L_{a_{i_a}}$ negativ. Der Quotient $1 / \alpha_{1_a} + I_{a_{i_a}} \cdot \frac{\alpha_{4_a}}{L_{a_{i_a}}}$ weist damit ein positives Vorzeichen auf, und die gesamte Ungleichung ist erfüllt. Auch im Fall fester Wechselkurse und einer Geldpolitik, die sich neutral im Sinne konstanter Geldmengen verhält, ist also die „fiscal policy" in einer großen offenen Volkswirtschaft wirksamer als in einer kleinen.

Zu (c): Von den Zentralbanken konstant gehaltene Zinsen in beiden Ländern ($di = di_a = 0$) und ein flexibler Wechselkurs ($dZ = 0$) isolieren die betrachteten Volkswirtschaften voneinander. Die festen Zinssätze sorgen dafür, daß es nicht zu (Netto-)

Kapitalbewegungen zwischen den Staaten kommt. Der Wechselkurs bildet sich allein durch das freie Spiel von Devisenangebot aus Güterexporten und Devisennachfrage aus Güterimporten; die Zentralbanken intervenieren nicht am Devisenmarkt. Unter diesen Bedingungen reagiert der Wechselkurs so, daß der nominale Außenbeitrag des Inlands unverändert bleibt. War er anfangs gleich Null, so bleibt er es auch nach der Staatsausgabenerhöhung im Inland. Durch die im Inland angestoßene wirtschaftliche Expansion ergibt sich zwar eine Tendenz zur Verschlechterung des inländischen Außenbeitrags ($Y_R \uparrow \rightarrow Im_R \uparrow$ sowie $Y_R \uparrow \rightarrow p \uparrow \rightarrow Ex_R \downarrow$ und $Im_R \uparrow$); diese wird aber durch die sofort einsetzenden Abwertungstendenzen vollständig kompensiert ($w \uparrow \rightarrow Ex_R \uparrow$ und $Im_R \downarrow$).

Im Falle fester Zinsen und flexibler Wechselkurse ist die „fiscal policy" also in einer großen offenen Volkswirtschaft genauso wirksam wie in einer kleinen (und dort ist sie genauso wirksam wie in einer geschlossenen Wirtschaft).

zu (d): Verfolgen die Zentralbanken im In- und Ausland eine Geldpolitik, bei der sie die Geldmengen konstant halten ($d\overline{M} = d\overline{M}_a = 0$) und gilt zwischen den Ländern ein Regime flexibler Wechselkurse ($dZ = 0$), so führt eine Staatsausgabenerhöhung in einem kleinen Land zu einer Sozialproduktserhöhung von

$$\frac{1}{\alpha_1 + I_i \cdot \frac{\alpha_4}{L_i} - (K_i \cdot \frac{\alpha_4}{L_i})}, \qquad (5.16)$$

in einem großen Land von

$$\frac{1}{\alpha_1 + I_i \cdot \frac{\alpha_4}{L_i} - (K_i \cdot \frac{\alpha_4}{L_i}) \cdot \frac{1}{1 + \frac{1}{\alpha_{1_a} + I_{a_{i_a}} \cdot \frac{\alpha_{4_a}}{L_{a_{i_a}}}} \cdot (K_{i_a} \cdot \frac{\alpha_{4_a}}{L_{a_{i_a}}})}}. \qquad (5.28)$$

Da gilt $\alpha_4 > 0$ und K_i sowie $L_i < 0$, sind Maßnahmen der „fiscal policy" in dem großen Land wirksamer, wenn folgende Ungleichung erfüllt ist:

$$\frac{1}{1 + \frac{1}{\alpha_{1_a} + I_{a_{i_a}} \cdot \frac{\alpha_{4_a}}{L_{a_{i_a}}}} \cdot (K_{i_a} \cdot \frac{\alpha_{4_a}}{L_{a_{i_a}}})} < 1$$

Die Vorzeichen der einzelnen Koeffizienten in dieser Ungleichung erlauben es, sie in folgende Bedingung umzuformulieren:

$$0 < \frac{1}{\alpha_{1_a} + I_{a_{i_a}} \cdot \frac{\alpha_{4_a}}{L_{a_{i_a}}}} \cdot (K_{i_a} \cdot \frac{\alpha_{4_a}}{L_{a_{i_a}}})$$

Diese Bedingung ist immer erfüllt. Auch im Falle konstanter Geldmengen in beiden Ländern und eines gleichzeitig flexiblen Wechselkurses ist also die „fiscal policy" in großen Ländern wirksamer als in kleinen.

Übungsaufgabe 22

Die Globalisierung der Finanzmärkte findet ihren Ausdruck in der erheblich gesteigerten weltweiten Mobilität von Finanzkapital. Kapitalanleger beziehen Chancen und Risiken außerhalb der Grenzen ihres Landes und in fremden Währungen inzwischen standardmäßig in ihre Suche nach ertragreichen Anlagemöglichkeiten ein. Leistungsfähige Kommunikationsverbindungen rund um den Globus ermöglichen es ihnen dabei, schnell und kostengünstig auf veränderte ökonomische und politische Rahmenbedingungen zu reagieren. Bei der Auswertung der in diesem Buch verwendeten Modelle G und H ergab sich, daß die Wirksamkeit der „fiscal policy“ entscheidend von der Zinsempfindlichkeit des (Netto-)Kapitalimports abhängt. Je zinselastischer der Kapitalimport reagiert, desto geringer sind die Effekte von Maßnahmen der „fiscal policy“ auf das reale Sozialprodukt. Verfolgt die Zentralbank bei flexiblem Wechselkurs eine neutrale Geldpolitik im Sinne von $d\overline{M} = 0$ und ist der Kapitalimport vollkommen zinselastisch, so kann eine expansive Maßnahme der „fiscal policy“ eine Erhöhung des Sozialprodukts nicht bewirken. In der Ergebnisformel (5.16), die für ein kleines Land gilt, ist dann $K_i = \infty$ und damit der Multiplikator gleich Null. Entsprechendes gilt für (5.28) bei einem großen Land.

Ein Vergleich der Modellergebnisse für eine kleine offene Volkswirtschaft mit denen für eine große offene Volkswirtschaft zeigt darüber hinaus, daß die Multiplikatoren für ein kleines Land stets kleiner ausfallen als die für ein großes Land. Der Grund für dieses Ergebnis liegt darin, daß Änderungen des Sozialprodukts, der Preise und anderer makroökonomischer Variabler in einer kleinen Volkswirtschaft (definitionsgemäß) keine Auswirkungen auf das Ausland haben. Bei expansiven Maßnahmen im Inland kommt es demgemäß auch nicht zu Rückkoppelungseffekten aus dem Ausland, die zusätzlich expansiv wirken würden.

An globalen Maßstäben gemessen ist Deutschland ein wirtschaftlich kleines Land, daß sich sehr zinssensiblen internationalen Kapitalbewegungen gegenübersieht. Die Geldpolitik ist geldmengenorientiert und der Wechselkurs der D-Mark ist gegenüber wichtigen Weltwährungen wie dem amerikanischen Dollar und dem japanischen Yen flexibel. Zusammengenommen engen diese Bedingungen die konjunktursteuernden Möglichkeiten der „fiscal policy“ in Deutschland erheblich ein.

Übungsaufgabe 23

Die Beantwortung dieser Frage hängt davon ab, welches der beiden Ziele die „fiscal policy“ relativ gut verwirklichen kann. Hat sie einen komparativen Vorteil in der Verfolgung des Sozialprodukts- und Beschäftigungsziels, ist die Behauptung richtig.

Bei der Überprüfung der komparativen Vorteile von „fiscal policy“ und Geldpolitik soll hier exemplarisch vorgegangen werden: Die Analyse eines Falles mag genügen, um die Vorgehensweise kennenzulernen, die bei der Lösung der Aufgabe zu wählen ist. In dem hier behandelten Fall sind die Instrumentvariablen der „fiscal policy“ und der Geldpolitik die Staatsausgaben bzw. der Zins. Außerdem soll die Überprüfung auf ein System fester Wechselkurse und auf eine kleine offene Volkswirtschaft beschränkt werden. Dazu wird auf Modell G in Kapitel 5.2 zurückgegriffen.

Um wieviel sich das Sozialprodukt verändert, wenn im Zuge einer expansiven oder kontraktiven „fiscal policy" die Staatsausgaben bei unveränderter Geldpolitik (di = 0) erhöht bzw. vermindert werden, wird durch Gleichung (5.13) angegeben:

$$dY_R = \frac{1}{\alpha_1 + (Im_{Y_R} + \alpha_2 \cdot p_{Y_R} - Im_R \cdot p_{Y_R})} \cdot d\overline{A}_{st} \qquad (5.13)$$

Betrachtet man den Fall einer expansiven „fiscal policy" ($d\overline{A}_{st} > 0$), so steigt das Sozialprodukt ($dY_R > 0$).

Die Wirkung einer expansiven oder kontraktiven Geldpolitik auf das Sozialprodukt bei unveränderter „fiscal policy" läßt sich ermitteln, indem in die reduzierte Form des Modells G als Anstoßeffekt eine Zinsänderung bei konstanten Staatsausgaben ($d\overline{A}_{st} = 0$) eingesetzt wird. Man erhält dann

$$dY_R = \frac{1}{\alpha_1 + (Im_{Y_R} + \alpha_2 \cdot p_{Y_R} - Im_R \cdot p_{Y_R})} \cdot I_i \cdot di$$

Um eine Sozialproduktsteigerung ($dY_R > 0$) zu erreichen, muß der Zins gesenkt werden ($di < 0$). Damit ist der erste Schritt der Lösung abgeschlossen.

Im zweiten Schritt ist eine entsprechende Untersuchung für das Ziel außenwirtschaftlichen Gleichgewichts anzustellen. Es ist zu fragen, wie sich der Devisenbilanzsaldo Z einerseits als Folge einer Staatsausgabenveränderung bei konstantem Zins und andererseits als Folge einer Zinsänderung bei konstanten Staatsausgaben verschiebt. Aus der reduzierten Form des Modells G läßt sich als Wirkung der „fiscal policy" auf Z herleiten (bei $di = 0$):

$$dZ = -\frac{(Im_{Y_R} + \alpha_2 \cdot p_{Y_R} - Ex_R \cdot p_{Y_R})}{\alpha_1 + (Im_{Y_R} + \alpha_2 \cdot p_{Y_R} - Im_R \cdot p_{Y_R})} \cdot d\overline{A}_{st}$$

Eine Veränderung des Zinssatzes, d. h. der Geldpolitik wirkt auf den Devisenbilanzsaldo wie folgt (bei $d\overline{A}_{st} = 0$):

$$dZ = \left[-\frac{(Im_{Y_R} + \alpha_2 \cdot p_{Y_R} - Ex_R \cdot p_{Y_R})}{\alpha_1 + (Im_{Y_R} + \alpha_2 \cdot p_{Y_R} - Im_R \cdot p_{Y_R})} \cdot I_i + K_i \right] \cdot di$$

Damit ist der zweite Schritt der Lösung abgeschlossen.

Zu vergleichen sind nun im dritten Schritt die Wirkungen der „fiscal policy" sowie der Geldpolitik einmal auf das Sozialprodukt und zum anderen auf die Devisenbilanz, und zwar so, daß dabei die *relative* Stärke der Politikbereiche bei der Verfolgung der beiden Ziele offenbar wird. Dieser Vergleich ist dadurch erschwert, daß die Wirkungen einer Ausgabenerhöhung ($d\overline{A}_{st} > 0$) sowie einer Zinssenkung ($di < 0$) sich in einer Sozialprodukt*erhöhung* ($dY_R > 0$) und gleichzeitig in einer Devisenbilanz*verschlechterung* ($dZ < 0$) zeigen. Man sollte jedoch bedenken, daß die Wirkungs*richtung* für die Frage nach dem komparativen Vorteil der Politikbereiche keine Rolle spielt und es nur um die *Stärke* geht, mit der das jeweilige Instrument wirkt. Deshalb reicht es aus, im folgenden die Absolutwerte der Wirkungen miteinander zu vergleichen.

Damit läßt sich im vierten Schritt der Lösung die Bedingung dafür formulieren, daß die „fiscal policy" einen komparativen Vorteil bei der Erreichung des Sozialprodukts- und Vollbeschäftigungsziels und die Geldpolitik bei der Erreichung des außenwirtschaftlichen Ziels aufweist. Die Bedingung lautet:

$$\frac{\left|\frac{dY_R}{d\bar{A}_{st}}\Big| di = 0\right|}{\left|\frac{dY_R}{di}\Big| d\bar{A}_{st} = 0\right|} > \frac{\left|\frac{dZ}{d\bar{A}_{st}}\Big| di = 0\right|}{\left|\frac{dZ}{di}\Big| d\bar{A}_{st} = 0\right|}$$

Die vier verwendeten Ausdrücke ergeben sich aus den vier zugehörigen Gleichungen, die oben abgeleitet wurden, indem jeweils die Wirkung (dY_R, dZ) durch den Anstoßeffekt ($d\bar{A}_{st}$, di) dividiert wird. Ob die Bedingung erfüllt ist, läßt sich prüfen, indem die (verbleibenden) rechten Seiten der obigen Gleichungen jeweils eingesetzt werden.

Nach Kürzen gleichartiger Terme und nach einigen Umstellungen ergibt sich als Bedingung für eine Überlegenheit der „fiscal policy" im Hinblick auf die Erreichung des Sozialprodukt- und Beschäftigungsziels:

$$-\frac{K_i}{I_i} \cdot \frac{\alpha_1 + (Im_{Y_R} + \alpha_2 \cdot p_{Y_R} - Im_R \cdot p_{Y_R})}{(Im_{Y_R} + \alpha_2 \cdot p_{Y_R} - Ex_R \cdot p_{Y_R})} > 0$$

Der zweite Faktor des Produkts auf der linken Seite der Ungleichung erfaßt die Sickerverluste durch Sparen und die Dämpfungseffekte durch außenwirtschaftliche Transaktionen. Bei normaler Reaktion des Außenbeitrags sind die mit Minuszeichen eingehenden Umbewertungseffekte ($Im_R \cdot p_{Y_R}$ und $Ex_R \cdot p_{Y_R}$) kleiner als die positiven Mengenreaktionen der Importe und Exporte ($Im_{Y_R} + \alpha_2 \cdot p_{Y_R}$). Der zweite Faktor auf der linken Seite der Ungleichung hat damit insgesamt ein positives Vorzeichen. Das gleiche gilt für den ersten Faktor ($-K_i/I_i$). Damit ist die Ungleichung erfüllt: Die „fiscal policy" hat einen komparativen Vorteil bei der Verfolgung des Ziels der Vollbeschäftigung; die Geldpolitik hat somit im dargestellten Fall einen komparativen Vorteil bei der Verfolgung des Ziels außenwirtschaftlichen Gleichgewichts. Dieser Vorteil läßt sich auch in anderen Konstellationen nachweisen.

Übungsaufgabe 24

Zur Beantwortung der Frage muß man auf die Definition der langfristigen Staatsausgabenmultiplikatoren zurückgreifen. Sie geben die endgültige Differenz der Volkseinkommen im Ausgangs- und im Endgleichgewicht an, in denen auch alle Bestandsgrößen des Modells unverändert bleiben.

Das Endgleichgewicht ist erst dann erreicht, wenn keine zusätzlichen Bonds (oder kein zusätzliches Geld) ausgegeben werden müssen, um das staatliche Budget zum Ausgleich zu bringen. Im Anfangsgleichgewicht lautet die Budgetrestriktion unter der Annahme, daß vorher keine Bonds ausgegeben worden sind:

$A_{st_0} = T_0.$

Nach der Staatsausgabenerhöhung wird ein neuer Budgetausgleich erreicht, wenn die neuen Ausgaben (Staatsausgaben + Zinszahlungen auf die Bonds) den Steuereinnahmen gleich sind:

$A_{st_1} + B = T_1$

So lautet die Budgetausgleichsbedingung mit Änderungsgrößen formuliert:

$dA_{st} + dB = dT$

Bei Geldfinanzierung gilt $dB = 0$. Dann muß gelten

$dA_{st} = dT$

Diese Bedingungen zeigen: Bei Geldfinanzierung müssen die Steuermehreinnahmen um soviel wie die zusätzlichen Staatsausgaben steigen. Bei Bondsfinanzierung müssen sie zusätzlich noch die Zinszahlungen für die ausgegebenen Bonds (dB) decken.

Bei einkommensabhängigen Steuern [T = T (Y + B)] muß daher Y bei Bondsfinanzierung stärker steigen als bei Geldfinanzierung.

Übungsaufgabe 25

Es wird angenommen, daß ein infolge der Erhöhung der Staatsnachfrage entstehendes Defizit im Staatshaushalt durch Bonds finanziert wird. Nach dem Modell aus Kapitel 3.4 bilden Bonds einen Vermögensbestandteil. Die Zunahme an Bonds bewirkt eine Erhöhung der Konsumausgaben um

$$\frac{\partial C}{\partial V_R} \cdot \frac{dB}{i}$$

– also einen expansiven Effekt auf die private Nachfrage.

Die Neutralität der Geldpolitik sei hier in dem Sinne unterstellt, daß dM = 0. Die Zunahme des Vermögens verursacht dann eine erhöhte gewünschte Kassenhaltung. Diese führt dazu, daß der Zins steigt. Die Zinssteigerung veranlaßt die privaten Investoren, ihre Investitionstätigkeit zu reduzieren. Also haben Vermögenseffekte eine kontraktive Wirkung auf die private Nachfrage. Parallel mit einer Zinssteigerung nimmt das Vermögen V um $-(B/i^2)di$ ab. Dieses wiederum hat einen kontraktiven Effekt auf die Konsumgüternachfrage.

Ist über die Vermögenseffekte auf die gewünschte Kassenhaltung der Rückgang der Investitionen größer als der durch Vermögenseffekte hervorgerufene positive Effekt auf die Konsumausgaben, wird die expansive Wirkung der Fiskalpolitik geschwächt oder sie bleibt aus. Wenn am Ende des Etatjahres das Budget nicht ausgeglichen ist, müssen weitere Bonds ausgegeben werden. Die oben beschriebenen Wirkungen wiederholen sich. Ein steady-state Gleichgewicht wird nicht erreicht. Das Defizit im Staatshaushalt nimmt dauernd zu, und die Beschäftigung geht zurück. Wird die Neutralität der Geldpolitik in dem Sinne unterstellt, daß di = 0, fällt der „crowding-out" der Investitionstätigkeit aus. In diesem Fall gibt es nur expansive Vermögenseffekte.

Übungsaufgabe 26

Die staatliche Schuldenstandsquote konstant zu halten, heißt:

$$d\left(\frac{\text{Schuldenstand}}{\text{BIP}_{\text{nom}}}\right) = 0$$

Die totale Differentiation dieser Bedingung ergibt

$$\frac{d(\text{Schuldenstand})}{\text{BIP}_{\text{nom}}} - \frac{\text{Schuldenstand}}{\text{BIP}_{\text{nom}}} \cdot \frac{d(\text{BIP}_{\text{nom}})}{\text{BIP}_{\text{nom}}} = 0,$$

was gleichbedeutend ist mit

$$\frac{d(\text{Schuldenstand})}{\text{BIP}_{\text{nom}}} = \frac{\text{Schuldenstand}}{\text{BIP}_{\text{nom}}} \cdot \frac{d(\text{BIP}_{\text{nom}})}{\text{BIP}_{\text{nom}}}$$

Definitionsgemäß ist die Veränderung des Schuldenstands gleich der Nettokreditaufnahme des Staates. Soll die Schuldenstandsquote konstant bleiben, muß also für den Anteil der Nettokreditaufnahme am nominalen BIP allgemein gelten:

$$\frac{\text{Nettokreditaufnahme}}{\text{BIP}_{\text{nom}}} = \frac{\text{Schuldenstand}}{\text{BIP}_{\text{nom}}} \cdot \frac{d(\text{BIP}_{\text{nom}})}{\text{BIP}_{\text{nom}}}.$$

Werden die in der Aufgabe vorgegebenen Zahlenwerte in die Formel eingesetzt, erhält man als Lösung

$$\frac{\text{Nettokreditaufnahme}}{\text{BIP}_{\text{nom}}} = 0{,}5 \cdot 0{,}05 = 0{,}025.$$

Der Anteil der Nettokreditaufnahme am BIP ist (mittelfristig) auf 2,5 Prozent jährlich zu beschränken.

Übungsaufgabe 27

Die Lösung von Übungsaufgabe 26 ergab, daß die Schuldenstandsquote nur konstant bleibt, wenn der Anteil der Nettokreditaufnahme am nominalen BIP das Produkt aus Schuldenstandsquote und Wachstumsrate des BIP nicht überschreitet:

$$\frac{\text{Nettokreditaufnahme}}{\text{BIP}_{\text{nom}}} = \frac{\text{Schuldenstand}}{\text{BIP}_{\text{nom}}} \cdot \frac{d(\text{BIP}_{\text{nom}})}{\text{BIP}_{\text{nom}}}.$$

Diese Bedingung für den Anteil der Nettokreditaufnahme am BIP kann in die Budgetrestriktion (6.11) eingesetzt werden, die der Staat in jeder Periode einzuhalten hat. Dazu werden beide Seiten von Gleichung (6.11) durch BIP_{nom} dividiert und es wird außerdem berücksichtigt, daß die Zinszahlungen des Staates sich als Produkt aus Durchschnittsverzinsung und Schuldenstand darstellen lassen. Dann kann die Budgetrestriktion geschrieben werden als

$$\frac{\text{Durchschnittsverzinsung} \cdot \text{Schuldenstand}}{\text{BIP}_{\text{nom}}} + \frac{(A_{\text{st}}^{\text{gesamt}} - T^{\text{gesamt}})}{\text{BIP}_{\text{nom}}} = \frac{\text{Nettokreditaufnahme}}{\text{BIP}_{\text{nom}}}$$

Wird die obige Bedingung für den Anteil der Nettokreditaufnahme am nominalen BIP auf der rechten Seite eingesetzt, ergibt sich nach Umstellungen:

$$\frac{(A_{\text{st}}^{\text{gesamt}} - T^{\text{gesamt}})}{\text{BIP}_{\text{nom}}} = (w_{\text{BIP}_{\text{nom}}} - \text{Durchschnittsverzinsung}) \cdot \text{Schuldenstandsquote}.$$

Sowohl theoretische Überlegungen als auch empirische Untersuchungen zeigen, daß die Wachstumsrate des nominalen BIP in Industrieländern während der angegebenen Periode kleiner ist als die Durchschnittsverzinsung. Damit hat die runde Klammer auf der rechten Seite der gefundenen Gleichung einen negativen Wert. Die Gleichung ist nur erfüllt, wenn auch auf der linken Seite ein negativer Wert steht, wenn also die gesamten Staatsausgaben (ohne Zinszahlungen) niedriger sind als die Staatseinnahmen. Das Budget muß also einen Primärüberschuß aufweisen.

Übungsaufgabe 28

Die OECD ermittelt das strukturelle Budgetdefizit, indem sie – vom gesamten Budgetdefizit ausgehend – die Staatseinnahmen und Staatsausgaben um solche Veränderungen korrigiert, die allein konjunkturbedingt erscheinen. Dazu bestimmt die OECD erstens, um wieviel die tatsächliche Produktion der Volkswirtschaft Y vom Wert Y_{voll} abweicht. Die ermittelte Abweichung dY wird jeweils mit den marginalen Abgabequoten $\partial T^{gesamt,j}/\partial Y$ (gleich Abgabeelastizität mal durchschnittliche Abgabequote) für die Abgabearten j (j=1, ..., n) multipliziert. Die Addition der Einzelergebnisse gibt dann an, um wieviel die Steuereinnahmen konjunkturbedingt anders als bei Y_{voll} ausfallen. Entsprechend geht die OECD auf der Ausgabenseite des Staates vor, wo der Konjunktureinfluß auf die Ausgaben für Arbeitslosenunterstützung berücksichtigt wird.

Der Sachverständigenrat zur Begutachtung der gesamtwirtschaftlichen Situation wendet zur Konjunkturbereinigung des Budgets ein dem OECD-Verfahren ähnliches Verfahren an. Im Gegensatz zur OECD sieht er aber keine zwingende Notwendigkeit, ein nach Konjunkturbereinigung verbleibendes Staatsdefizit in Gänze als strukturell anzusehen und deshalb zu beseitigen. Der Rat folgt hier dem Grundgedanken des Art. 115 des Grundgesetzes, der eine staatliche Kreditaufnahme bis zur Höhe der staatlichen Investitionsausgaben für zulässig erklärt. Allerdings legt der Sachverständigenrat bei der Prüfung einen strengen Maßstab an. Er sieht eine Nettokreditaufnahme zur Finanzierung nur solcher staatlicher Aktivitäten als akzeptabel an, die – unter Berücksichtigung möglicher „crowding out"-Effekte auf private Investitionen – das gesamtwirtschaftliche Wachstum so beschleunigen, daß durch die steigenden Staatseinnahmen eine „Selbstfinanzierung" der zusätzlichen Schulden erwartet werden kann.

Insgesamt gesehen ist also festzuhalten, daß das nach der Methode der OECD ermittelte strukturelle Budgetdefizit größer ausfällt als das nach der Methode des Sachverständigenrats berechnete. Die Konsolidierungserfordernisse für die Staatsfinanzen werden von der OECD also größer ausgewiesen als vom Rat.

Übungsaufgabe 29

Man versteht unter „eingebauter Flexibilität" eine Gestaltung des Steuersystems sowie öffentlicher Ausgaben, die ohne weitere legislative oder administrative Entscheidungen sowohl bei einer Abschwächung als auch bei einer Übersteigerung der Konjunktur die dann jeweils erwünschten antizyklischen Effekte erzeugt.

Ein Maß zur Messung der „eingebauten Flexibilität" ist der Koeffizient

$$\gamma = 1 - \frac{dY}{dY_h}.$$

Dabei bezeichnen dY die tatsächliche und dY_h die hypothetische Volkseinkommensänderung aufgrund einer autonomen Nachfrageänderung. Beide Änderungsgrößen werden mit Hilfe eines Modells errechnet; das Maß ist somit modellabhängig. Die hypothetische Volkseinkommenssteigerung (dY_h) wird unter der Annahme abgeleitet, Staatseinnahmen und Staatsausgaben blieben konstant.

Je näher γ dem Wert Eins kommt, desto größer ist die „eingebaute Flexibilität" (in dem unterstellten makroökonomischen Modell).

Einen eindeutigen Vorrang verdient die eingebaute Flexibilität aus mehreren Gründen nicht:

(1) Man kann bezweifeln, ob die zur Konstruktion eines Regelmechanismus notwendigen Kenntnisse der Interdependenzen des Wirtschaftskreislaufs vorhanden sind.

(2) Die Konjunkturverläufe sind keineswegs regelmäßig; die auf sie einwirkenden exogenen Kräfte sind von Mal zu Mal durchaus unterschiedlich.

(3) Einnahmen und Ausgaben haben wichtige allokations- und distributionspolitische Funktionen. Die Bewertung der Nebenwirkungen der eingebauten Flexibilität auf diese Bereiche verändert sich im Zeitablauf. Ein Parlament kann sich deshalb nicht auf Dauer festlegen.

Übungsaufgabe 30

Die Effektivität diskretionärer „fiscal policy" wird durch folgende Faktoren eingeschränkt:

(1) Maßnahmen können wegen der verschiedenen „lags" des Entscheidungs- und Handlungsprozesses häufig nicht rechtzeitig ergriffen und wirksam werden.

(2) Die gültigen Kenntnisse der Konjunkturtheorie zur zeitlich und quantitativ richtigen Dosierung der Maßnahmen sind unzureichend.

(3) Am Entscheidungsprozeß sind viele Gruppen beteiligt, die auf Kosten der Effektivität der „fiscal policy" Sonderinteressen vertreten.

Ein umfassender Regelmechanismus vermeidet die unter (1) und (3) geschilderten Schwächen. Dem Punkt (2) entsprechen dagegen ähnliche Unzulänglichkeiten bei der Schaffung von Regelmechanismen. Es fehlen sowohl die hinreichend genaue Kenntnis der Interdependenzen als auch die Regelmäßigkeit der Konjunkturzyklen, so daß ein umfassender Regelmechanismus zu unerwünschten Wirkungen führen kann.

Weiterhin stößt man bei der Ausgestaltung der Regelmechanismen auf Probleme, die die Effektivität einer regelgebundenen „fiscal policy" vermindern:

- So ist es z.B. schwierig, Volkseinkommen und Steueraufkommen konjunkturpolitisch richtig zu synchronisieren.
- So ist z.B. die eingebaute Flexibilität des Steuersystems nicht „phaseneffizient". Statt einer im Konjunkturverlauf kontinuierlichen Variation des Steueraufkommens wäre eine fehlerlose diskretionäre Politik vorzuziehen, die die Veränderung der Steuern auf die Wendepunkte des Konjunkturverlaufs konzentriert.

Von einem umfassenden Regelmechanismus kann man deshalb nicht unbedingt eine Effektivitätssteigerung der „fiscal policy" erwarten. Eine solche Verbesserung kann eher durch die partielle Einführung einzelner Regelmechanismen erreicht werden.

Glossar

Abwertung

Der Wechselkurs steigt.

Angebotsschock

Erhebliche und unerwartete Verschlechterung der Produktionsbedingungen.

Arbeitslosigkeit, friktionelle

(Vorübergehende) Arbeitslosigkeit, die im Zusammenhang mit dem Wechsel von Arbeitsplätzen oder mit dem Übergang vom formalen Bildungssystem in das Arbeitsleben entsteht.

„Assignment-Problem"

Welches wirtschaftspolitische Ziel soll welcher wirtschaftspolitischen Maßnahme bzw. welchem Politikbereich zugewiesen werden?

Aufwertung

Der Wechselkurs sinkt. Eine Aufwertung der DM bedeutet somit, daß für eine ausländische Währungseinheit (z.B. 1 US $) weniger DM gezahlt werden müssen.

Außenbeitrag

Saldo aus den Exporterlösen aus Waren- und Dienstleistungsverkäufen an das Ausland und den Importausgaben für solche Leistungen.

Bestandsgröße

Größe, deren Umfang oder Ausmaß durch Zählung (oder dgl.) an einem *Stichtag* ermittelt wird. Beispielsweise stellen die Geldmenge, die umlaufenden Wertpapiere und die Bevölkerung Bestandsgrößen dar (siehe zum Vergleich → Strömungsgröße).

Bonds

Schuldverschreibungen, die mit einem festen Nominalzinssatz ausgestattet sind.

Budget

Die in regelmäßigen Abständen vorgenommene systematische Zusammenstellung der prinzipiell vollzugsverbindlichen Voranschläge der für einen bestimmten zukünftigen Zeitraum geplanten Ausgaben und der Schätzungen der zur Deckung dieser Ausgaben vorgesehenen Einnahmen.

Budgetdefizit

Überhang der Staatsausgaben für Güter, Dienstleistungen und Transfers über die laufenden Einnahmen des Staates aus Steuern, Sozialversicherungsbeiträgen und Unternehmertätigkeit und Vermögen.

Budgetdefizit, konjunkturbereinigtes

Saldo aus konjunkturbereinigten Ausgaben und Einnahmen des Staates. Dieser Saldo ergibt sich, wenn von den Gesamtausgaben und Gesamteinnahmen (in beiden Fällen einschließlich Transfers) jeweils diejenigen Veränderungen abgezogen werden, die allein als Folge der konjunkturellen Entwicklung eintreten.

Budgetdefizit, strukturelles

Teil des (statistisch ausgewiesenen) gesamten Budgetdefizits, der sich als Konsequenz diskretionärer Entscheidungen von Regierung und Parlament einstellt, jedoch als längerfristig nicht tragbar angesehen wird und deshalb beseitigt werden soll.

Budgetrestriktion

Beschränkung der Ausgaben durch die zu ihrer Finanzierung vorhandenen oder beschaffbaren Mittel.

Built-in-Flexibility

= „eingebaute Flexibilität".

„Crowding-Out"

Verdrängung privater Investitions- oder Konsumgüternachfrage durch staatliche Nachfrage. Die Zurückdrängung erfolgt meist dadurch, daß zusätzliche Staatsausgaben zu Steigerungen des Zinsniveaus, des Preisniveaus und des Wechselkurses führen und dadurch die Privaten zu geringerer Nachfrage veranlassen.

Deckungsbeitrag

Beitrag, den Steuern oder sonstige Staatseinnahmen zur Finanzierung staatlicher Ausgaben leisten.

Devisenbilanz

Teilbilanz der Zahlungsbilanz; sie erfaßt die Änderungen des Goldbestandes und der Auslandsforderungen und -verbindlichkeiten der Währungsbehörden innerhalb einer Periode.

Diskretionäre „fiscal policy"

Ihre Träger nehmen stabilisierungspolitisch motivierte Budgetänderungen ausschließlich nach eigenem Ermessen vor und treffen Entscheidungen von Fall zu Fall.

Eingebaute Flexibilität

Das Steuersystem sowie gewisse öffentliche Ausgaben (wie etwa die Aufwendungen für Arbeitslose) werden so gestaltet, daß sie – ohne daß es dazu irgendwelcher legislativer oder administrativer ad hoc-Entscheidungen bedürfte – sowohl bei einer Abschwächung als auch bei einer Übersteigerung der Konjunktur dann jeweils erwünschte antizyklische Effekte erzeugen.

Einkommen, verfügbares privates

Volkseinkommen plus Summe aller Transfereinkommen von Inländerhaushalten minus direkte Steuern.

Einkommenspolitik

Politik, welche die Gestaltung der Einkommen bereits bei ihrer Entstehung als Mittel zur Erreichung größerer Preisniveaustabilität anstrebt.

Erwartungen, adaptive

Adaptive Erwartungen beruhen auf Lernprozessen. Sie werden gebildet auf Grund der Irrtümer, welche hinsichtlich der Erwartungen in der Vergangenheit festgestellt worden sind.

Erwartungen, autoregressive

Erwartungen werden als ein gewichteter Durchschnitt der Werte der Variablen in den vergangenen Perioden gebildet.

Erwartungen, rationale

Erwartungen sind dann „rational", wenn sie eine unverzerrte Schätzung der zu prognostizierenden Variablen auf Basis aller Informationen darstellen, die – in verarbeiteter Form – im Schätzzeitpunkt vorhanden sind.

First Round Effects

In Modellen mit Strom- und Bestandsgrößen die Multiplikatorwirkungen auf Grund der Änderungen derjenigen Stromgrößen, die sich unmittelbar anpassen können.

„Fiscal Policy"

Analyse der kurzfristigen Wirkungen des staatlichen Budgets auf die Beschäftigung (Sozialprodukt), das Preisniveau und das gesamtwirtschaftliche Gleichgewicht bei Beachtung der Wirkungen auf das Wachstum und das außenwirtschaftliche Gleichgewicht.

Formelflexibilität

Gemäß einer gesetzlich festgelegten Formel werden die gesamtwirtschaftlichen Bedingungen bestimmt, die ebenfalls gesetzlich zuvor exakt bestimmte Steuer- und/oder Ausgabenvariationen, von denen antizyklische Effekte erwartet werden, automatisch auslösen.

Formula Flexibility

= „Formelflexibilität".

Freiheit von Geldillusion

Menschen werden frei von Geldillusion genannt, wenn sie real planen und die gewünschte Gütermenge bei einer gleichen Steigerung von Geldeinkommen und Preisniveau nicht ändern.

Geldbasis

Bestand an Zentralbankgeld bei Geschäftsbanken und Nichtbanken (einschl. Münzumlauf, abzüglich Einlagen des Bundes).

Geldmenge

Konzept M_1: Bargeldumlauf (ohne Kassenbestände der Kreditinstitute) und Sichtguthaben inländischer Nichtbanken bei Banken (ohne Einlagen des Bundes).

Haushaltsflexibilität, passive

= „eingebaute Flexibilität".

Impact Multiplier

Gibt die „first round effects" an.

Inside-Lag

Zeitlicher Abstand zwischen dem Tag, an dem die Träger der Wirtschaftspolitik von einer konjunkturellen Störung Kenntnis erhalten, und dem Tag, an dem Maßnahmen zur Bekämpfung dieser Störung effektiv getätigt werden.

Instrumentvariable

Variable eines Modells, die durch Entscheidungen der Träger der Wirtschaftspolitik zur Erreichung bestimmter Ziele direkt verändert werden kann.

Investitionsprämien

Investoren können einen bestimmten Prozentsatz der in einer von der Regierung festgelegten Periode angefallenen Anschaffungs- oder Herstellungskosten bestimmter Investitionsgüter von ihrer ESt- oder KSt-Schuld abziehen.

Investitionszulagen

Investoren erhalten vom Staat eine Transferzahlung in Höhe eines bestimmten Prozentsatzes der Anschaffungs- oder Herstellungskosten von Investitionsgütern, wenn sie die Investitionen in einer von der Regierung festgelegten Periode vornehmen.

Kapitalexport

Zunahme des Saldos aus Forderungen und Verbindlichkeiten von Inländern gegenüber Ausländern.

Kapitalimport

Abnahme des Saldos aus Forderungen und Verbindlichkeiten von Inländern gegenüber Ausländern.

Kapitalmangelarbeitslosigkeit

Mit dem vorhandenen Realkapital lassen sich nicht alle diejenigen, die beim herrschenden Reallohn Arbeit suchen, beschäftigen.

Kapitalverkehrsbilanz

Zusammenstellung der Änderungen der Forderungen und Verbindlichkeiten gegenüber dem Ausland während einer Periode.

Kollektivkonsum

Gemeinsamer Konsum der Bürger von Gütern und Diensten, die der Staat zur Verfügung stellt. Da der Staat für seine Güter keinen Preis erzielt, wird der Kollektivkonsum mit den bei ihrer Bereitstellung aufgetretenen Kosten bewertet.

Lohnquote

(im Text: Bruttolohnquote): der Anteil des Einkommens aus unselbständiger Arbeit einschließlich des Arbeitgeberanteils an den Sozialabgaben am Volkseinkommen.

Multiplikatorprozeß

Die Abfolge von Multiplikatorrunden, die unter bestimmten Bedingungen zu einem neuen Gleichgewicht führt.

Multiplikatorrunde

Eine erstmalige Nachfrageerhöhung im Wirtschaftskreislauf bewirkt eine gleich hohe Einkommenserhöhung. Auf sie reagieren Wirtschaftssubjekte mit einer weiteren Steigerung ihrer Nachfrage, die eine gleich große, weitere Einkommenssteigerung bewirkt. Wiederum steigen die Nachfrage und daraufhin das Einkommen usw. Eine Multiplikatorrunde gibt den zeitlichen Abstand zwischen je zwei aufeinanderfolgenden Einkommenserhöhungen an.

Nettosozialprodukt zu Marktpreisen

Wert aller Güter und Dienste, die während eines Zeitraums von Inländern erzeugt worden sind, abzüglich des Werts aller Vorleistungen (einschl. des im Zuge des Produktionsprozesses eingetretenen Verschleißes der Kapitalgüter). Dabei werden die Güter und Dienstleistungen mit ihren Marktpreisen bewertet.

Öffentliche Güter

Vom Staat produzierte, von den Bürgern gemeinsam genutzte Güter, von deren Nutzung Zahlungsunwillige nicht ausgeschlossen werden können.

Preisüberhang

Bei der Berechnung der jährlichen Preissteigerungsraten (Inflationsraten) auftretendes statistisches Problem. Preisindexe, z.B. des Bruttosozialprodukts, geben in der Regel das *mittlere* jährliche Preisniveau an. Bei anhaltendem Preisanstieg liegt das Preisniveau am Jahresende über dem mittleren Niveau des Jahres. Um diese Differenz, Preisüberhang genannt, muß der Preisindex des Folgejahres über dem des laufenden Jahres liegen, selbst wenn sich vom ersten bis zum letzten Tag des Folgejahres das Preisniveau nicht ändert.

Primärausgaben

Um Zinszahlungen (Sekundärausgaben) bereinigte laufende Staatsausgaben, die vom Parlament für anzukaufende Waren und Dienste sowie für Transfers in der jeweiligen Budgetperiode vorgesehen sind.

Primärdefizit

Saldo aus Primärausgaben und Gesamteinnahmen (jeweils einschließlich Transfers).

Realplanung

Die Plangrößen von Nachfragern sind Mengengrößen, demgegenüber sind sie bei Nominalplanung Geldbeträge (Ausgaben).

Regelmechanismus, mittelfristig orientierter

Die Regierung (gegebenenfalls auch die Zentralbank) wird durch vom Parlament verabschiedete Regeln verpflichtet, wichtige wirtschaftliche Größen (z.B. die Staatsausgaben für Güter und Dienste) als Sollwerte, entsprechend einem mittelfristigen Trend, zu verändern.

Regelmechanismus, zyklusorientierter

Die Stabilitätspolitik wird vom Parlament an feste, für längere Zeit gesetzte

Regeln gebunden. Die Regeln zwingen die Regierung, konjunkturpolitisch tätig zu werden, wenn bestimmte Konjunkturindikatoren vom Parlament festgelegte Werte erreichen. Auch kann durch Regeln festgelegt werden, welche Maßnahmen dann zu ergreifen sind. Der Regelmechanismus wird zyklusorientiert genannt, wenn die Handlungsbindungen zu Maßnahmen führen, die mit dem Konjunkturverlauf variieren und diesem entgegenwirken.

Reinvermögen

Forderungen eines Wirtschaftssubjekts an andere Wirtschaftssubjekte zuzüglich seines Sachvermögens abzüglich seiner Verbindlichkeiten.

Sekundärausgaben

Zinszahlungen des Staates in der laufenden Periode für in früheren Perioden aufgenomme Kredite.

Sickerverlust

Teil der Einkommenserhöhung, der im Zuge eines Multiplikatorprozesses nicht zu einer Nachfrageerhöhung bei heimischen Produzenten führt.

Sonderabschreibungen

Herabsetzung des Werts von Wirtschaftsgütern und damit Verminderung des steuerpflichtigen Gewinns in gleicher Höhe auf Grund einer außerordentlichen unvorhergesehenen Wertminderung oder steuerlicher Sondervorschriften.

Sozialprodukt

Wert aller Güter und Dienste, die während eines Zeitraums von Inländern erzeugt worden sind, abzüglich des Werts aller in- und ausländischen Vorleistungen.

Staatskonsum

Gemeinschaftliche Nutzung der vom Staat produzierten Güter durch die Bürger.

Staatsquote

In der Definition des *Sachverständigenrats zur Begutachtung der gesamtwirtschaftlichen Entwicklung:* Verhältnis der Staatsausgaben zum Produktionspotential der Volkswirtschaft.

Stagflation

Gleichzeitig auftretende Inflation und Arbeitslosigkeit.

„Steady-State"

Zustand, in dem *alle* Größen, Bestandswie Strömungsgrößen, ihren Gleichgewichtswert haben. (In der Wachstumstheorie: Entwicklung, in der alle Größen mit konstanter Rate wachsen.)

Steueraufkommenselastizität

Die Elastizität gibt an, um wieviel Prozent die Steuereinnahmen der öffentlichen Körperschaften steigen, wenn sich das Nettosozialprodukt um 1 Prozent erhöht.

Steuerbemessungsgrundlage

Physische oder monetäre Größe, die der Ermittlung des Steuerbetrags zugrunde gelegt wird.

Steuern, direkte

Steuern sind Transfers ökonomischer Werte, die von den dazu aufgrund gesetzlicher Normen verpflichteten natürlichen oder juristischen Personen zugunsten des Staats bewirkt werden müssen, ohne daß sie einen Anspruch auf irgendwelche Gegenleistungen geltend machen können. Die Steuern werden „direkt" genannt, wenn nach dem Willen des Steuergesetzgebers Steuerzahler und -träger zusammenfallen.

Steuern, indirekte

Bei den indirekten Steuern soll die Steuerlast nicht vom Steuerzahler (also beispielsweise nicht vom Umsatzsteuerpflichtigen), sondern vom Endverbraucher getragen werden.

Steuerquote, volkswirtschaftliche

In der Definition des *Sachverständigenrats*: Verhältnis der Steuereinnahmen zum Bruttosozialprodukt.

Strömungsgröße

Größe, deren Umfang von der Periode abhängt, für die sie gemessen wird. So ist die Höhe des Sozialprodukts eines Jahres größer als eines Vierteljahres, und diese übersteigt wiederum die des Sozialprodukts eines Monats. Häufig vorkommende Strömungsgrößen neben dem Sozialprodukt sind beispielsweise die gesamtwirtschaftliche Nachfrage, die Investitionen, die Exporte und die Importe.

terms of trade – commodity terms of trade

Index des Durchschnittspreises der Exportgüter dividiert durch den Index des in Inlandswährung umgerechneten Durchschnittspreises der Importgüter:

$$\frac{p_t}{p_0} : \frac{(p_a \cdot w)_t}{(p_a \cdot w)_0}.$$

Setzt man die Indizes der Basisperiode 0 gleich 1, erhält man:

$$\frac{p_t}{(p_a \cdot w)_t}.$$

Ein Anstieg der commodity terms of trade bedeutet eine Verbesserung der terms of trade des Inlands.

Die commodity terms of trade stellen den Kehrwert der net barter terms of trade dar.

terms of trade – net barter terms of trade

Index des in Inlandswährung umgerechneten Durchschnittspreises der Importgüter bezogen auf den Index der Durchschnittspreise der Exportgüter:

$$\frac{(p_a \cdot w)_t}{(p_a \cdot w)_0} : \frac{p_t}{p_0}$$

bzw. – wenn die Indizes in der Basisperiode 0 gleich 1 gesetzt worden sind –:

$$\frac{(p_a \cdot w)_t}{p_t}.$$

Eine Verminderung der net barter terms of trade bedeutet eine Verbesserung der terms of trade für das Inland. Die net barter terms of trade stellen den Kehrwert der commodity terms of trade dar.

Trägheitsinflation

Inflationsprozeß, der durch das Festhalten an bestimmten Einkommensrelationen in Gang gehalten wird.

Transferzahlung

Zahlung ohne unmittelbare ökonomische Gegenleistung.

Volkseinkommen

Summe aller während einer Periode im Zuge des Produktions- und Tauschprozesses erworbenen Leistungseinkommen.

Wechselkurs

Preis einer ausländischen Währungseinheit in inländischer Währung.

Wechselkurs (fester)

Der Preis der Devisen (= ausländischer Zahlungsmittel) in inländischer Währung wird von der Regierung festgesetzt.

Wechselkurs (flexibler)

Der Preis der Devisen in inländischer Währung bildet sich auf dem Devisenmarkt und bringt Devisenangebot und Devisennachfrage in Übereinstimmung.

Zahlungsbilanz

Aufzeichnungen der ökonomischen Transaktionen zwischen Inländern und Ausländern während einer Periode. Gliederung häufig in Handels-, Dienstleistungs-, Übertragungs-, Kapitalverkehrs- und Devisenbilanz.

Personenverzeichnis

Sachverzeichnis